U0900649

权威·前沿·原创

皮书系列为

“十二五”“十三五”“十四五”时期国家重点出版物出版专项规划项目

北京蓝皮书
BLUE BOOK OF BEIJING

北京文化发展报告（2021~2022）

ANNUAL REPORT ON CULTURAL DEVELOPMENT OF BEIJING (2021-2022)

北京市社会科学院
主　编／祁述裕
执行副主编／黄仲山
副主编／王林生　陈　镭

社会科学文献出版社
SOCIAL SCIENCES ACADEMIC PRESS (CHINA)

图书在版编目(CIP)数据

北京文化发展报告. 2021-2022 / 祁述裕主编. --
北京：社会科学文献出版社，2022. 7
（北京蓝皮书）
ISBN 978-7-5228-0424-8

Ⅰ. ①北… Ⅱ. ①祁… Ⅲ. ①文化发展-研究报告-
北京-2021-2022 Ⅳ. ①G127. 1

中国版本图书馆 CIP 数据核字（2022）第 115822 号

北京蓝皮书
北京文化发展报告（2021～2022）

主　　编 / 祁述裕
执行副主编 / 黄仲山
副 主 编 / 王林生　陈　镭

出 版 人 / 王利民
责任编辑 / 王　展
责任印制 / 王京美

出　　版 / 社会科学文献出版社 · 皮书出版分社（010）59367127
地址：北京市北三环中路甲 29 号院华龙大厦　邮编：100029
网址：www. ssap. com. cn
发　　行 / 社会科学文献出版社（010）59367028
印　　装 / 天津千鹤文化传播有限公司

规　　格 / 开 本：787mm × 1092mm　1/16
印 张：28. 5　字 数：432 千字
版　　次 / 2022 年 7 月第 1 版　2022 年 7 月第 1 次印刷
书　　号 / ISBN 978-7-5228-0424-8
定　　价 / 158. 00 元

读者服务电话：4008918866

主要编撰者简介

祁述裕 中央党校（国家行政学院）教授，博士生导师，享受国务院政府特殊津贴专家。文化和旅游部“十四五”文化和旅游改革发展规划专家委员会委员、国家发改委服务业专家委员会委员、国家文化公园建设工作专家咨询委员会委员；兼任中国行政体制改革研究会行政文化委员会主任、北京观恒文化发展研究院院长等。长期从事文化政策与文化管理研究，重点研究文化产业、公共文化服务等。参与多项国家文化政策法律法规文件研究和起草。先后承担国家社科基金项目6项，承担国家高端智库委托课题、部委委托文化政策课题60余项，独著、主编学术著作30余部，获得中国文化产业20年学术贡献奖等学术荣誉20多项。

黄仲山 文学博士，北京市社会科学院文化研究所副所长，副研究员，北京市文艺学会副会长，主要从事文艺理论、文化理论和首都文化发展研究。在《山东大学学报》《北京社会科学》《浙江学刊》《光明日报》等报章杂志发表各类论文100余篇，出版专著《北京古都变迁与文化话语演变》。主持国家社科基金项目1项、北京市社科基金项目1项。曾参与编写《中国文学年鉴》《首都网络文化发展报告》等。

王林生 博士，北京市社会科学院文化研究所副研究员，研究方向为创意城市、文化产业。在各类报章杂志发表论文或评论近百篇，多篇文章被《新华文摘》、中国人民大学复印报刊资料全文转载。出版专著《拓展业态的边界：文化产业的转型升级与跨界融合》《图像与观者：论约翰·伯格的艺术理论及意义》，主笔《联合国教科文组织（中国）创意城市发展报告》《深圳建设中国特色社会主义先行示范区文化短板突破研究》等各类研究多项。

陈　镭　北京师范大学博士，北京市社会科学院博士后，北京市社会科学院文化研究所助理研究员、首都文化研究中心专职研究员，北京市文艺学会秘书长。主要从事文艺理论、文化理论、城市文化研究。出版《文化资本与北京文化创意产业》等专著。

摘　要

《北京文化发展报告（2021~2022）》是以北京市社会科学院文化研究所科研人员为核心编写团队，协同社会各界专家学者共同撰写的年度报告。本报告以习近平新时代中国特色社会主义思想、习近平总书记视察北京讲话为指引，以市委市政府关于北京文化发展建设的方针政策为指导，结合北京文化建设实际及“十四五”时期文化发展重点目标，分析与研究北京市文化发展态势。

《北京文化发展报告（2021~2022）》回顾和盘点2021年首都文化发展建设的总体格局和整体状况，坚持首都站位和首善标准，围绕“引领、传承、创新、交流”主题，梳理分析“十四五”开局之年北京全国文化中心建设的新进展、新成就、新动态，聚焦相关领域重要政策、重点工程和重大项目等展开具体研究，兼顾文化发展研究的全面性、战略性与实践性，在此基础上对文化发展前景、趋势进行展望，提出具有针对性与可行性的对策建议。

《北京文化发展报告（2021~2022）》总报告聚焦北京全国文化中心建设展开研究分析，共分为四个部分，第一部分对2021年北京文化发展总体态势进行分析；第二部分盘点2021年全国文化中心建设的重要政策、重大举措、重点工程；第三部分深入研究北京文化各领域建设进展与发展成效；第四部分对北京全国文化中心建设的发展前景进行展望。全书另设“思想引领与文化示范”“文化传承与遗产保护”“文化惠民与公共服务”“文化创新与融合发展”“文化交流与文明互鉴”五个主题性板块，分别论述北京在文化强国建设中的使命担当、红色文化发展、历史文化名城保护、中轴线申遗、公共文化服务体系构建、“博物馆之城”建设、文化产业新趋势、文旅融合、文化贸易与文化交流互鉴等重点与热点问题，既有从宏观角度对北京文化发展全局的系统性分析，也有针对文化发展具体领域的细致研究，并且结合问题提出了切实可行的对策建议。

关键词： 全国文化中心 文化建设 文化惠民 北京市

目 录

I 总报告

II 思想引领与文化示范

Ⅲ 文化传承与遗产保护

Ⅳ 文化惠民与公共服务

Ⅴ 文化创新与融合发展

Ⅵ 文化交流与文明互鉴

皮书数据库阅读**使用指南**

总 报 告

General Report

B.1 在服务保障党和国家工作大局中勇开新局

——2021 年北京全国文化中心建设发展报告

课题组*

摘 要： 北京全国文化中心建设在“十四五”开局之年稳步推进。在服务保障庆祝中国共产党建党百年、北京冬奥会筹备举办、抗击新冠肺炎疫情等工作大局中，首都文化展示了蓬勃向上的风貌，体现了勇于创新、引领时代的风范。本年度北京全国文化中心建设各领域均取得了突出的成就，文化传承与文化遗产保护有序推进，公共文化服务体系不断完善，文化产业向融合发展、高质量

* 课题组成员：黄仲山，北京市社会科学院文化研究所副所长，副研究员，主要研究方向为文艺理论、文化理论和首都文化发展；晏晨，北京市社会科学院文化研究所副研究员，主要研究方向为城市与文化研究；陈镭，北京市社会科学院文化研究所助理研究员，主要研究方向为文化理论、城市文化；王淑娇，北京市社会科学院文化研究所副研究员，主要研究方向为城市文化；张洪亮，北京市社会科学院文化研究所助理研究员，主要研究方向为城市文化；王林生，北京市社会科学院文化研究所副研究员，主要研究方向为创意城市、文化产业；阮飞，北京市社会科学院文化研究所博士。

发展之路迈进，文化交流与传播打开新局面。同时，北京在文化建设中全面推进与重点突破并行，聚焦重点工作，有序推进中轴线申遗、“博物馆之城”建设、文化产业数字化发展等；重点推动“大戏看北京”，长城、大运河国家文化公园，环球主题公园等重大工程的建设和开放，形成以点带面的发展格局，带动相关文化领域持续发展。北京作为大国首都，在文化建设中坚持首善标准，探索文化发展的“北京经验”和“北京模式”，体现北京在新时代文化强国建设中的使命担当。在“十四五”期间，面对新时代文化发展的新任务和新目标，北京将继续发挥全国文化中心的示范引领作用，在文化发展建设道路上探索前行。

关键词： 全国文化中心　文化产业　公共文化服务　文化遗产

2021 年是国家“十四五”规划开局之年，也是“两个一百年”奋斗目标历史交汇的关键节点。北京作为大国首都，经历了新冠肺炎大流行、国际复杂局势冲击等多重考验，在庆祝中国共产党建党百年、北京冬奥会筹备并成功举办等重大活动背景下，全国文化中心建设取得了一系列成绩，在多个领域和方向上取得进展，为服务保障党和国家工作大局创造了良好的软环境，为首都文化软实力的持续提升提供了不竭动力，为文化强国建设提供了“北京经验”和“北京模式”。

一　2021年北京文化发展总体态势

2021 年，北京文化发展在“十三五”成就的基础上勇开新局，从大国首都的高度增强传承中华优秀传统文化、弘扬革命文化、繁荣社会主义先进文化的历史担当，继续围绕做好首都文化这篇大文章，聚焦“四个文化”建设目标，加大力度推进全国文化中心建设向纵深发展。以文化服务人民生活为宗旨，继续优化健全公共文化服务体系，推进公共文化服务均等化发展，将更多资源投入文化基础设施建设，将更多文化惠民政策投向社会，使更多民众实实在在地享有便利的文化设施和服务。提升文化软实力，加强文化传播与交流，向全世界呈现传统与现代交融的文化形象。

（一）文化建设服务党和国家工作大局，首都功能定位不断强化

习近平总书记视察北京并发表重要讲话提出，要明确城市战略定位，坚持和强化全国政治中心、文化中心、国际交往中心、科技创新中心的首都核心功能。北京立足“四个中心”定位推进城市发展，文化建设围绕服务党和国家工作大局、保障国家重大活动的目标，体现了首都站位和首善标准。

2021 年，党和国家面临国内外复杂局势的考验，也迎来建党百年、北京冬奥会等展示党的光辉、大国形象的重大活动，北京文化发展建设与时代同行，与国家发展同频共振，奏响大国首都文化发展的最强音。这一年，新冠肺炎疫情依旧在全世界肆虐，国家防疫抗疫的形势依旧严峻，北京文化阵线坚持“文化抗疫”，记录抗疫故事，描画抗疫英雄，鼓舞全社会战胜疫情的斗志和士气；这一年，恰逢中国共产党建党百年，北京文化界举办纪念活动、创作文艺作品，掀起强劲有力的红色文化热潮，为纪念建党百年增添了浓墨重彩的一笔；这一年，北京冬奥会筹备工作紧锣密鼓，北京文化界凝心聚力，为冬奥会摇旗助威，以创作弘扬奥运文化，以作品展现奥运风采，以活动营造奥运氛围，将北京充满活力、富有韵味的文化形象传播到全世界。

1. 宣传抗疫成就，文化凝聚人心

首都文化文艺界努力克服疫情带来的不利影响，以积极的姿态融入团结抗疫工作大局中，用优秀作品和高品质文化活动凝心聚力，弘扬了中国人民坚强不屈、团结一心、无私奉献的战疫精神，发挥了文化凝聚民心、共克时艰的积极作用。

本年度北京文艺界延续 2020 年以来对抗疫题材的创作热情，致敬战疫英雄，展示抗疫成就，让观众体会到抗疫战士的顽强精神和高尚情怀。为弘

扬伟大抗疫精神，国家话剧院、北京人艺等演艺机构分别推出了抗疫题材话剧，国家话剧院创演的话剧《人民至上》，北京人艺创演的话剧《社区居委会》，朝阳区委宣传部、朝阳区文化和旅游局、朝阳区文联联合出品的北京市首都抗疫话剧《抗疫 12 小时》和北京凌空评剧团出品的评剧《楚云》等，皆从新冠肺炎疫情背景下的医护人员、社区居委会、志愿者、市民等多元视角出发探讨人们工作和生活中的故事，反映了人们在特殊时期患难与共、守望互助的大爱精神，受到观众的一致好评，凝聚了社会正能量。在抗疫相关的文化活动方面，北京市举办了多场主题艺术展。2022 年 1 月，北京国际美术双年展开幕，围绕“生命之光”主题，聚焦抗疫题材，国内外艺术家采用绘画、影像、雕塑等多种艺术形式，展示对于抗疫的感受。此外，整理抗疫历史、建设抗疫主题纪念馆也是文化抗疫行动的一部分。为纪念防疫先驱伍连德博士、建设疫病防控宣教中心，东城区东堂子胡同 4 号、6 号伍连德博士旧居获北京市政府批准将建设伍连德纪念馆，今后将围绕弘扬抗疫文化，打造全市抗疫精神宣传基地、卫生健康教育基地和健康产业交流基地。

2. 庆祝建党百年，文化点亮火炬

围绕中国共产党成立 100 周年这一重大主题，北京市举办一系列活动，营造建党百年的庆祝氛围，推动红色文化的传承传播，点亮思想的火炬。

在主题文化活动方面，开展“庆建党百年华诞　展首都最美风采”文明创建活动共计 15 项，共有 8.9 万名志愿者参与活动，在社会中形成广泛影响。举办“人民的心声”庆祝建党 100 周年专场演出，开展各区传唱活动 2000 余场，另外展演优秀舞台艺术作品 48 台，共 95 场。

3. 传承奥运精神，文化温暖世界

北京市紧密围绕冬奥主题，积极推动冬奥和冰雪主题文艺作品创作，涵盖歌曲、音乐剧、舞剧等多种文艺形式，受众群体广泛。冬奥主题口号推广歌曲《一起向未来》于 2021 年 9 月 17 日首次发行，截至 2021 年 12 月 26 日，“《一起向未来》全民唱响”活动全网总曝光量高达 168 亿次，总互动量 5288 万次，总覆盖量超 376 亿次。此外，一系列形式多样的演出也营造了浓厚的冬奥文化氛围，冰上舞剧《We are One》《踏冰逐梦》在北京天桥艺术中心、北京工人体育馆公演；儿童音乐剧《冰墩墩雪容融之冰雪梦》，在首都图书馆剧场、北京东图影剧院、石景山区文化艺术中心、国家大剧院等演出。

2021 年，北京市共开展冬奥主题城市文化活动 2317 场；2022 年，北京市的各类冬奥文化活动更加丰富多彩，共计组织线下线上活动 659 项 1.16 万场。冬奥文化活动精彩纷呈，营造全民迎接冬奥的热烈氛围。奥运火种展示、“我是火炬网络护跑手”活动传递了奥运精神，近 3000 万人领取了官方认证电子证书、超过 6000 万人次点亮了社交媒体昵称后的火炬标识。“奥林匹克小小讲解员与小记者培训活动”“‘我的冬奥梦’中俄儿童写作暨绘画竞赛”等活动在青少年中传播奥运文化。“国际奥林匹克集市”、“冰雪文化庙会——超级奥庙”、文化大集等庙会活动深入社区。“市民快乐冰雪季”向广大市民发放冰雪运动体验券，促进市民参与冰雪运动。

在传承奥运精神、普及奥运文化的同时，北京冬奥会还为向世界传播中国文化、讲述中国故事创造了良好契机。在冬奥会筹办期间，北京冬奥组委与文化和旅游部组织“北京 2022 冬奥文化全球行”主题活动，在全球 49 个国家的 54 个城市分阶段开展各类宣传，传播中国冰雪文化、长城文化、春节文化，讲好冬奥故事、中国故事。北京冬奥会的成功举办使其成为迄今收视率最高的一届冬奥会。国际奥委会旗下的奥林匹克广播服务公司提供的数据显示，北京冬奥会在许多国家都创造了收视率新高，在全球社交媒体上共吸引了超过 20 亿人关注。其中，开闭幕式是北京冬奥会期间收视率最高的节目，北京冬奥会开幕式总收视率达 20.1%，收视份额达 68.2%，电视直播观众规模达 3.16 亿人；闭幕式总收视率达 15.7%，收视份额达 53.9%，观众规模达 2.36 亿人。冬奥会和冬残奥会开闭幕式 4 场文化活动，通过充满中国文化元素的创意设计，创造了独特的中国式浪漫，展示了中华文化魅力，彰显了中国的文化自信，通过中国文化的传播温暖了世界。

（二）"四个文化"建设齐头并进，全国文化中心地位更加牢固

北京全国文化中心建设聚焦"古都文化、红色文化、京味文化、创新文化"，体现大国首都文化定位，符合北京历史文化底蕴，凸显北京文化独特气质与风采。本年度北京"四个文化"建设稳步推进，取得一系列成就，提升了北京世界文化都市的品质，巩固了全国文化中心地位。

1. 源远流长的古都文化散发光彩

2014 年，习近平总书记在考察北京时指出，北京是世界著名古都，丰富的历史文化遗产是一张金名片，传承保护好这份宝贵的历史文化遗产是首都的职责。2021 年北京积极发掘古都文化资源，以"一城三带"为核心的历史文化名城保护深入推进，城市遗产保护与有机更新、活化利用的结合不断深化，古都历史文化风貌和古今交融的城市文化魅力进一步彰显，为"十四五"时期深入推进传统文化传承和城市遗产保护奠定了良好开局。

作为中华文明源远流长的伟大见证，首都北京拥有体现中华文明的重要遗产遗迹，中轴线构成了北京古都的文化精髓，琉璃河考古遗址是古都悠久历史的明证，长城更是成为中华民族的精神标志。本年度在古都文化保护和文化传承方面，北京市在老城改造、中轴线申遗、"三条文化带"资源发掘、琉璃河遗址考古等重点工作和重大项目上持续发力，取得了令人瞩目的成就。以琉璃河遗址考古发掘为例，2021 年，为高质量推动琉璃河国家考古遗址公园建设，北京市对琉璃河遗址再次进行考古发掘，共发掘西周早期墓葬 5 座、房址 3 座、疑似城外环壕 1 条，出土铜器、漆器、陶器、海贝、象牙器、丝织品标本等各类文物 100 余件。10 月 18 日，第三届中国考古学大会公布了"百年百大考古发现"，琉璃河遗址名列其中，这也是国家文物局确认的"十四五"时期的大遗址之一，在北京新时代考古工作中具有重要地位，展示了古都悠久的历史，体现了北京在古都保护方面的新成就。

2. 丰富厚重的红色文化成为顶流

随着建党百年系列活动的开展，北京红色文化场馆建设快速推进，众多的红色文化遗址迎来参观热潮，红色戏剧、影视作品成为热门，红色旅游路

线从数量到质量都大幅提升。在北京这座近代以来拥有光荣革命传统的城市，红色文化成为顶级流量。

2021 年北京市紧紧围绕庆祝建党 100 周年持续推进革命活动旧址的保护修缮，包括公布北京市第一批革命文物名录，保护修缮北大红楼与中共早期北京革命活动旧址等 31 处，举办纪念建党百年主题展览 80 多个。全市爱国主义教育示范基地数量居全国首位，北大红楼及具备条件的旧址全部对外开放，并推出“1+9”展览。在建党百年精神感召及红色文化吸引之下，北大红楼迎来大批参观者，接待参观团队 2600 批次，参观人次达到 20 万，北大红楼和《新青年》编辑部旧址、京报馆旧址等红色文化地标成为最红打卡地，共接待了近 100 万人次参观者，以红色之旅营造了良好的红色文化氛围。北京市还公布了首批革命文物名录，其中包括不可移动革命文物 158 处、可移动革命文物 2111 件（套）。在红色文化旅游方面，推出北京红色旅游地图，包含了 120 家红色旅游景区及 9 条红色旅游线路。在影视、话剧作品方面，打造《觉醒年代》《长津湖》《香山之夜》《香山叶正红》《李大钊》等文艺精品，其中《觉醒年代》和《长津湖》成为现象级影视作品，带动社会持续的红色文化热潮。

3. 特色鲜明的京味文化受到追捧

京味文化承载着北京人的文化情怀，是具有地道“北京味”的特色文化。近年来，北京在保护、推介和开发京味文化方面下足功夫，“含京量”最足、京味最地道的人、事、物、地成为“香饽饽”，越来越受本地民众和外来游客的追捧。

2021 年国务院公布的第五批国家级非物质文化遗产代表性项目名录中，北京入选 25 项，位居全国前列，其中八大处传说、六郎庄五虎棍、北京果脯传统制作技艺等都是京味文化的代表。而由文化和旅游部非遗司指导，光明日报社、光明网主办的 2021“中国非遗年度人物”评选活动中，来自北京的非遗传承人王冠丽、孙亮、张同禄等人入选 30 位提名候选人名单，他们所传承的评剧、和香制作技艺、景泰蓝制作技艺等都是地道的京味文化，在全国乃至全世界都享有盛誉。北京还大力推介包含浓浓京味的产品、物件，开发蕴含传统京味元素的旅游文创商品，提升“北京礼物”的吸引力和品牌影响力。北京市文化和旅游局主办2021“北京礼物”旅游商品及文创产品大赛，经过作品征集和多轮评审，共有330项作品上榜，其中许多作品都体现鲜明的京味特色。北京还努力整修开放一些地标建筑，唱京戏、演评剧、赏京作技艺、观老北京风物有了固定去处。隆福寺、北京坊、燕京八绝博物馆、天桥剧场等，成为体验老北京文化的热门场所，丰富多彩的文化活动在这些场所举办，一场场精彩纷呈的演出不断上演。比如，在2022年1月23日~28日，北京演艺集团在天桥剧场举办“第八届天桥小年文化庙会暨老舍京味文化节”；北京曲剧为庆祝剧种命名七十周年，推出精心排演的《茶馆》《王致和》《正红旗下》等戏剧作品，使广大市民和旅游者体验了浓浓的老北京文化味道。

4. 蓬勃兴起的创新文化引领时代

北京虽是古都，却同时拥有浓厚的创新文化氛围，引领着新时代文化的发展方向。2021年9月24日，本年度的中关村论坛开幕，习近平总书记致贺词，强调当今世界，发展科学技术必须具有全球视野、把握时代脉搏，紧扣人类生产生活提出的新要求。中关村论坛作为国家级论坛，使中关村这个创新文化高地享誉全世界，也传递了北京作为大国首都创新发展的思路和决心。中关村的产业集群不仅是创新文化的显现，也是创新文化的成果。除此之外，北京近年来在文化建设中所强调的创新思维，所孵化的创新业态，所培育的创新人才等，都体现了北京在创新文化方面的发展成就。

（三）文化融合发展步伐加速，文化新业态成为亮丽风景线

文化与科技、金融、旅游、商务、体育等跨界深度融合发展，生长出具有生命力的文化新业态，支撑文化经济发展的一片天，在“文化+”的各个领域，都取得了一些标志性的成果，成为本年度北京文化建设的亮点。

在文化科技融合方面，北京充分利用文化中心与科技创新中心的优势地位和优势资源，加快文化科技融合步伐，形成以文化为内核，以科技为增长点的新业态。当前5G通信技术、人工智能技术、云计算技术等新技术不断

融入文化产业各门类，催生许多新兴业态。本年度全市数字经济核心产业增加值达 8918.1 亿元，增长 16.4%，占地区生产总值的比重达到 22.1%，提高 0.8 个百分点，展现了以数字经济为标杆的新业态发展的迅猛势头。此外，围绕数字文化还举办了一系列活动，比如 7~8 月举办的 2021 亚洲数字艺术展，汇聚了来自 7 个国家和地区的 60 余位艺术家（艺术团队）创作的 50 余件数字艺术作品。这些活动表明，“数字+文化”形成的新文化新艺术正在进入人们的视野，展现独特的魅力。

公共文化服务体系也在享受文化科技融合带来的红利。近些年，北京市将推动公共文化服务与科技、旅游、创意产业等领域融合发展作为提升公共文化服务质量的主要途径之一，进一步加强了公共文化数据库、公共文化服务云平台和各类数字文化场馆建设，推进“一键游北京”智慧文旅综合服务平台建设。2022 年 2 月，北京发布《北京市全民科学素质行动规划纲要（2021~2035 年）》，提出推动科技馆、博物馆和文化馆联动，构建具有北京特色的科技馆体系，重点推进北京自然博物馆新馆、数字科技馆、流动科技馆建设。这些措施不仅有利于提高全民科学文化素质，也对北京公共文化服务的品质提升有重要推动作用。

在文化旅游融合方面，北京市将文旅融合作为文化发展的突破口和旅游产业发展的重要增长点，不仅推出文化旅游精品线路，而且举办大量推广活动，增加旅游产品的文化蕴涵，提升旅游的文化品质。北京市文化和旅游局精心打磨，推出“2021 北京文化旅游进社区”系列活动，通过“1+5”场特色活动，把承载着古都文化、红色文化、京味文化和创新文化的旅游产品送进社区，将文化旅游的理念深植社区居民，使居民享受到高质量的文化旅游产品和服务。

（四）文化为民宗旨深入人心，文化惠民措施落到实处

文化为民是党和国家文化发展的宗旨，文化发展的目标和方向是满足人民文化需求，文化资源和文化发展的成果属于人民，为人民所享。在具体文化实践中，文化为民宗旨除了体现为扶持满足人民文化消费需求的文化产业，最主

要的还是提升公共文化服务水平，加大文化惠民各项措施推进的力度。

北京的公共文化服务体系建设一直走在全国前列，发挥着引领示范作用。新时代人民群众对美好生活的需要日益增长，这对公共文化服务提出了新的要求。公共文化服务体系建设在“十三五”时期成就显著，已建立起现代公共文化服务体系的基本框架，尤其是在标准化、均等化方面取得很大成绩，覆盖城乡的公共文化设施网络初步建成，有效保障了人民群众的基本文化权益。“十四五”时期面临的新的发展形势和任务是满足人民群众对更高水平、更高品质公共文化供给的需求，推动公共文化服务的高质量发展。

2021 年，北京以庆祝建党百年和服务保障冬奥会、冬残奥会为契机，带动全市公共文化活动开展和公共文化设施优化提升。除落实国家政策规划和《北京市公共文化服务体系示范区建设中长期规划（2019 年～2035 年）》外，还出台了新的政策措施，从品质发展、均衡发展、开放发展、融合发展等维度推动首都公共文化服务的高质量发展，同时加强了公共文化服务保障工作。

丰富多彩的文化活动是文化惠民政策落地的重要体现。本年度，北京围绕庆祝建党百年和迎冬奥开展了各种群众文化活动，继续开展首都市民系列文化活动和节庆活动，各大公共文化机构也举办了形式多样的展览和文化活动。市文旅局统筹 51 家成员单位开展冬奥主题城市文化活动 2317 场，编创推广冬奥广场舞《一起向未来》；各街道社区组织了旱地冰壶等体验活动。继续开展“歌唱北京”“舞动北京”“戏聚北京”“艺韵北京”“影像北京”“阅读北京”六大板块的首都市民系列文化活动，全年共计 2.3 万场，举办重点节庆文化活动 6000 余项。组织“文艺演出星火工程”等公益惠民演出活动，全年共完成近 1 万场公益演出。赴回天地区开展服务报到工作，为回天地区群众提供文艺演出、展览展示等服务。市文化馆主办，各级文化馆、文化中心共同开展了第三届“全民艺术普及月”活动；此外还举办“春雨工程”文化志愿者边疆行、“送福到家”文化志愿服务等文化惠民活动。在首博举办“5·18 国际博物馆日”中国主会场活动，线上举办国际博物馆协会藏品保护委员会第 19 届大会。北京地区博物馆全年共举办传统节日文化活动 507 项，其中临时展览 336 项、文化活动 171 项（含线上各类展览、活动 112 项）。尽管受到疫情的影响，但本年度还是举办了大量文化活动，极大地丰富了市民生活，提升了人民群众的文化获得感和生活幸福感。

（五）文化软实力稳步提升，首都文化形象传播有序推进

北京是一个传统与现代交融的城市，具有得天独厚的文化优势，通过全国文化中心建设的持续推进，文化软实力不断提升，在世界城市中也占据高地，是名副其实的世界文化都市。北京城市整体实力排名及城市竞争力排名都位居全球前列，其中文化是重要的拉动因素。文化不仅是北京城市发展的动力源泉，也为城市整体形象增添色彩。

2021 年北京城市综合实力不仅在国内领先，在世界城市中也位居前列。根据瑞士科尔尼发布的《2020 年全球城市指数报告》，北京 2021 年在全球城市中综合排名第 6，相比上一年度下降 1 名，但联系过去的排名来看，2015~2019 年都是排名第 9，说明北京在近两年排名总体处于上升趋势并保持稳定。在综合指数中，北京的文化软实力逐年提升，是总体排名重要的拉动因素。文化软实力上的优势，使北京在各种城市排名中占据优势地位。北京文化软实力的逐年快速提升，引起世人瞩目，也极大地提升了北京的整体形象。

表 1　2015~2021 年全球城市综合排名

城市	2015 年	2016 年	2017 年	2018 年	2019 年	2020 年	2021 年
纽约	1	2	1	1	1	1	1
伦敦	2	1	2	2	2	2	2
巴黎	3	3	3	3	3	3	3
东京	4	4	4	4	4	4	4
洛杉矶	6	6	8	6	7	7	5
北京	9	9	9	9	9	5	6
香港	5	5	5	5	5	6	7
芝加哥	7	7	7	8	8	8	8
新加坡	8	8	6	7	6	9	9
上海	21	20	19	19	19	12	10

资料来源：科尔尼，《全球城市指数报告》，2015~2020。

北京文化软实力为文化形象传播打下扎实的基础。作为国际交往中心和全国文化中心，北京大力开展对外文化交流活动，积极传播北京文化和中华文化，构建首都形象，展现大国风采。

2021 年，北京市围绕迎接党的二十大和举办北京冬奥会、冬残奥会的重大契机，并结合北京实际，组织策划重大主题传播活动，打造重点文化IP，创新北京叙事体系和话语体系，对外讲好最美北京故事。本年度围绕全国文化中心建设的总布局，北京市多层次、全方位地拓展对外文化交流传播活动的内容与形式，继续推进北京特色文化的海外传播，构建多元主体协作的传播交流平台，创新对外文化传播路径，有效提升了北京城市形象与北京文化影响力。以更好传播最新、最美、最好北京故事为目标，北京市建立起对外宣传工作联席会议机制，在结合北京实践、突出北京特色的基础上，重点讲好北京故事，传播北京文化，展示北京形象。2021 年，围绕全市重点工作、重大政策、重要活动，北京市建立起海外社交平台发声矩阵，账号总数达 1658 个，境外粉丝数超 2490 万；举办“一带一路”沿线国家特色文化展示、魅力北京、爱上北京的 100 个理由、丝路大 V 北京行、国际青年北京论坛等对外交流活动；首次线上举办“欢乐春节”，创新开展北京优秀影视剧海外展播季，拍摄“外国领导人登长城”系列微视频、“京外短视频”，推出城市形象宣传片《梦想北京》和外宣片《北京名物》《戏曲北京》。2021 年 6 月 7 日，由北京市人民政府新闻办公室主办、中央广播电视总台国际在线承办、东城区委宣传部协办的“百年恰是风华正茂　丝路大 V 感受北京”活动正式启动。适逢中国共产党成立 100 周年，2021 年丝路大 V 北京行活动以“百年恰是风华正茂　丝路大 V 感受北京”为主题，邀请数名在华的外籍大 V，围绕北京历史文化、科技创新、城市更新、生态环境等内容近距离多角度地感受百年来北京城市的新发展、新成就和新形象。

二　全国文化中心建设的重要政策、重大举措、重点工程

北京全国文化中心建设在各项法规制度保障下平稳推进，按照文化建设

的既定目标走在确定的道路上。本年度，配合“十四五”时期文化建设的规划，北京市密集出台了一系列政策法规，围绕中轴线申遗、“博物馆之城”建设等重点工作集中发力，推动“大戏看北京”，长城、大运河国家文化公园，环球影城主题公园等重点工程的建设和开放，为本年度北京文化建设增添了许多亮色。

（一）出台一系列政策法规，形成全国文化中心建设的制度保障

文化发展离不开政策法规的支撑和保障。在“十三五”文化发展经验总结的基础上，结合“十四五”文化发展目标和宗旨，北京市在文化遗产保护、公共文化服务体系构建、文化产业和文化消费等各领域出台了一系列政策法规，为全国文化中心建设下一阶段目标实现保驾护航。

1. 历史古都和文化遗产保护相关政策法规

2021 年北京历史古都和文化遗产保护在政策法规的助力下，在新的历史起点高位谋划、统筹推进、全面发力，不断完善保护格局，加大力度推进保护修缮和活化利用工作，在历史文化名城保护、历史文化街区更新、重点文物遗址发掘保护等方面取得实质性进展。

本年度出台《北京历史文化名城保护条例》，印发《北京市城市更新行动计划（2021~2025 年）》《北京中轴线风貌管控城市设计导则》，修订完成《北京中轴线文化遗产保护条例草案（第三次审议稿）》。在历史文化名城整体保护方面，《北京历史文化名城保护条例》从保护范围、保护名录、活化利用、公众参与等多个方面展开，突出全域保护和活化利用的新理念和新的时代要求，给北京历史文化名城保护利用提供了行之有效的指导和依据。老城是北京历史文化名城保护的重中之重，加强老城整体保护与复兴要达到历史文化遗产保护、地区更新和人居环境改善等多重目标。8 月印发的《北京市城市更新行动计划（2021~2025 年）》积极推动首都功能核心区平房（院落）申请式退租和保护性修缮、恢复性修建，以老城作为实施城市更新行动的重要内容，打造“共生院”，改善人居环境。中轴线申遗保护方面则以沿线风貌复现和遗产保护为重点，出台《北京中轴线风貌管控城市

设计导则》，下一步将推动“北京中轴线文化遗产保护条例”出台。

2. 公共文化服务体系构建的相关政策法规

2021年，北京以庆祝建党百年和服务保障冬奥会、冬残奥会为契机，带动全市公共文化活动的开展和公共文化设施的优化提升。除落实国家政策规划和《北京市公共文化服务体系示范区建设中长期规划（2019年~2035年）》外，还出台了新的政策措施，从品质发展、均衡发展、开放发展、融合发展等维度推动首都公共文化服务的高质量发展，同时加强了公共文化服务保障工作。

2021年10月，市文旅局发布《北京市“十四五”时期文化和旅游发展规划》，提出“十四五”时期北京构建公共文化服务体系建设的主要任务，在加快公共文化设施建设、提升高质量公共文化服务的供给能力、提高公共文化服务的科技含量三个方面做出了具体要求。《北京市“十四五”时期文化和旅游发展规划》和《北京市公共文化服务体系示范区建设中长期规划（2019年~2035年）》一起明确了北京公共文化服务体系建设近期的目标任务，也勾勒了公共文化服务体系的未来图景。

2021年出台和拟出台的公共文化服务领域的专项政策规划还包括：市文旅局完成“北京市公共文化服务保障条例”的立项论证，“北京市公共文化服务保障条例（草案征求意见稿）”已向社会公开征集意见。市政府发布《北京市全民科学素质行动规划纲要（2021~2035年）》，提出推动科技馆、博物馆和文化馆联动，构建具有北京特色的科技馆体系。完成“北京市鼓励社会力量兴办博物馆的若干意见”起草和意见征集工作，正在编制“北京博物馆之城建设规划”。市新闻出版局发布《关于实体书店开展阅读文化活动有关要求的通知》。

3. 文化产业发展和文化消费促进完善相关的政策法规

文化产业新业态培育是文化建设的重点目标。2020年6月，《中共北京市委　北京市人民政府关于加快培育壮大新业态新模式促进北京经济高质量发展的若干意见》提出，培育壮大疫情防控期间出现的新业态新模式，打造北京经济新增长点。数字文化产业是文化产业新业态的核心组成部分，也是当前文化产业发展的重要战略，2020年10月《文化和旅游部关于推动数字文化产业高质量发展的意见》的出台与实施，意味着将在文化产业高质量发展的过程中，大力发展数字文化产业，积极推动文化与科技的融合。2021年1月出台的《北京市国民经济和社会发展第十四个五年规划和二〇三五年远景目标纲要》提出，推动文化与科技、金融、旅游等领域融合发展，实施文化产业数字化战略，开展5G+8K、人工智能、虚拟现实等技术在文化领域应用场景示范，实施超高清、智慧广电行动计划等。2021年8月，《北京培育建设国际消费中心城市实施方案（2021~2025年）》提出，到2025年，北京成为传统文化和现代文明交相辉映的全球旅游目的地、引领创新生态的数字消费和新型消费标杆城市。2021年9月，《北京市“十四五”时期文化和旅游发展规划》提出，准确把握文化和旅游发展趋势，依托现代科技手段推动文化和旅游在更广范围、更深层次、更高水平上实现创新发展。

本年度，文化产业发展的各类平台和园区建设受到重点关注，北京市延续并优化了既有的政策和措施，持续推进国家文化与金融合作示范区创建工作，在管理方面更加规范，以各种形式搭建文化产品的展示平台与消费平台。2021年度，北京继续推行“投贷奖”“房租通”等项目申报，并推出了北京市第一批国家级专精特新“小巨人”企业高质量发展项目、2021年北京新视听公益广告扶持项目征集、中关村科技信贷和融资租赁支持资金项目、2021年度北京市实体书店扶持资金项目、2021年特色产业园支持资金项目等，鼓励和扶持文化企业发展。同时推出“2021年度知识产权、标准支持资金”，为文化产品的生产流通提供政策支持，优化文化交易环境。

在文化消费方面，北京继续加快国际消费中心城市建设步伐，2021年8月推出《北京培育建设国际消费中心城市实施方案（2021~2025年）》，以发挥“两区”政策优势，推进“五子”联动协同，加快“十四五”时期北京国际消费中心城市建设。

（二）聚焦重点文化领域，努力推动文化建设重点工作

北京市近年来在文化各领域的发展思路总体上是全面推进与重点突破并

行。在重点领域推进重点工作，可以实现文化建设中最关键、最紧迫任务的顺利完成，比如当前正处于关键期的中轴线申遗工作，正在大力推进、力求成效的“博物馆之城”建设，以及风头正劲、处于爆发期的数字文化产业发展等，本年度在这些重点工作上加大了推进力度，取得了一系列成就。

1. 深挖历史文化内涵，中轴线保护与申遗工作取得突破性进展

中轴线是老城的灵魂和脊梁，作为线性文化遗产，中轴线申遗保护采取以点串线、以线带面的方式，带动沿线重点文物和历史建筑的腾退修缮，推动周边环境整治提升，依循中轴线空间结构，做好遗产点保护及中轴线与周边建筑风貌的协调。根据《北京中轴线申遗保护三年行动计划（2020 年 7 月~2023 年 6 月）》，48 项重点任务正逐步推进，中轴线所在的东城区和西城区不仅强化文化遗产保护，还重视沿线景观的复现，启动了大量腾退工作。中轴线沿线重点文物社稷坛、太庙、先农坛等核心区域腾退取得突破性进展，钟鼓楼周边历史街区申请式退租签约工作完成，景山、正阳门、天坛文物还将启动修缮展示，中轴线南段二期工程开工建设，中轴线历史景观越来越鲜明。中轴线申遗工作也在有条不紊地持续推进，目前在与联合国教科文组织、国际古迹遗址理事会等沟通交流的基础上进一步完善中轴线申遗文本[①]，已完成格式审查。

围绕传统中轴线遗产活化利用和文化传承，2021 年中轴线主题文化综艺、文化活动精彩纷呈，推动中轴线申遗保护走近大众。文化音乐类综艺节目《最美中轴线》让北京的城市中轴线以全新的讲述和传播方式进入大众视野。节目邀请了北京史和古都研究专家带领由音乐人组成的拾音团探访中轴线上的不同景点，从中轴线文物遗址和古建筑、周边人群和日常生活中探寻古老中轴线文化底蕴，通过创新的音乐创作和展演形式让观众走近并了解中轴线历史文化。东城区“中轴线上”系列文化活动推出了 2021 北京古建音乐季、中轴线影像展、中轴线数字创意展等多项活动，从历史与现代碰撞

① 《中轴线申遗保护 48 项重点任务稳步推进，部分重点文物腾退完成》，https：//baijiahao.baidu. com/s? id=1715227529150012726&wfr=spider&for=pc。

中激发灵感。沉浸式体验、数字化展陈和观众互动极大地拓展了人们对中轴线文物遗产的感知方式。为推进中轴线申遗，“双奥之城　城市之光”第五部正片《穿越中轴线》在距离北京冬奥会开幕 50 天之际发布，为配合冬奥会宣传展现了传统城市中轴线的序列美感。文化节目、文化活动的推出不断深化了公众对中轴线文化遗产价值的认识，加大了对中轴线遗产的文化展示力度，有助于培养公众支持中轴线申遗的共识。

2. 多管齐下，全面推进“博物馆之城”建设

2020 年 4 月，北京市发布《北京市推进全国文化中心建设中长期规划（2019 年~2035 年）》，提出要打造布局合理、展陈丰富、特色鲜明的博物馆之城。“博物馆之城”建设战略规划有利于完善公共文化设施网络、提升公共文化服务品质，助力全国文化中心建设。

2021 年，北京从顶层设计、战略合作、设施建设、活动开展等多个方面推进“博物馆之城”建设，取得积极成效。一是加强顶层设计，完成“北京市鼓励社会力量兴办博物馆的若干意见”起草和意见征集工作，正在编制“北京博物馆之城建设发展规划”。此外，还发布了《北京市“十四五”时期文物博物馆事业发展规划》，提出到“十四五”末期，实现每 10 万人拥有 1.2 家博物馆，博物馆数量超过 260 家。为顺利推进建设任务，在北京市推进全国文化中心建设领导小组下设博物馆之城专项工作组，实行折子工程绩效管理模式。二是强化战略合作，北京市政府与国家文物局签订了共建北京“博物馆之城”战略合作协议，建立部市合作机制。市文物局与北京广播电视台签订战略合作协议，与中国人民大学等科研单位展开合作，启动专项课题，研究“博物馆之城”的建设路径。三是持续加大博物馆设施建设的支持力度，“十四五”期间北京重点建设的 6 处博物馆正在稳步推进中：首都博物馆东馆（大运河博物馆）实现外立面亮相，预计 2022 年底完工；路县故城遗址保护展示工程项目正在加快建设，预计 2023 年投入使用；大葆台西汉墓博物馆改建工程、北京市唐代遗迹保护工程、中国长城博物馆改造提升工程、国家自然博物馆项目正在加快推进前期工作。此外，故宫博物院北院区项目可行性研究报告获国家发改委同意批复。四是密集推出

形式多样的主题活动，在2021年国际博物馆日期间，全市博物馆推出了94项打造“博物馆之城”的主题活动。北京广播电视台“北京之声·博物馆”项目入驻北京古代建筑博物馆等十余处场馆，为参观者提供了更优质的视听导览服务。

3. 迎接数字时代，集中打造数字文化产业矩阵

目前，北京正努力实施文化产业数字化战略，积极寻求将数字经济与文化产业发展结合，加快数字出版转型升级，强化数字阅读、网络视听、电子竞技等文化新业态发展引领效应，培育数字相关文化业态，满足数字时代文化需求。

2021年度北京充分发展数字出版、数字音乐等新形态，着力建设国家数字出版基地、中国（北京）高新视听产业园、北京音乐产业园。研究制定8K超高清标准等一揽子政策，推出《北京5G+8K新视听产业地图·2022》，修订《北京市5G+视听创新应用场景（2.0版）》，推出《北京市“十四五”时期智慧城市发展行动纲要》《北京市关于加快建设全球数字经济标杆城市的实施方案》《关于加快推进北京市广播电视媒体深度融合发展的三年行动计划（2021~2023）》《北京市“十四五”时期国际科技创新中心建设规划》《北京市“十四五”时期广播电视和网络视听发展规划》《关于加快推动区块链技术应用和产业发展的指导意见》等，为数字文化产业的发展提供政策扶持。

（三）推动一系列重大文化工程，文化建设走出一片新天地

重大文化工程是文化建设的着力点，以点带面，带动相关文化领域持续发展。此外，重大文化工程还是金名片，可通过这些工程的新闻性和传播力，展示北京全国文化中心建设欣欣向荣的面貌。

1. 大戏看北京：引领精品剧目创作潮流

2021年，北京市提出打造“大戏看北京”文化品牌，以带动提升全市文化艺术创作生产质量，立足首都文化资源优势，推进文艺创作从“高原”向“高峰”跨越。北京市为此制定出台了推动“大戏看北京”36条、深化

国有文艺院团改革发展 22 条、加强新时代北京文艺评论 14 条等一系列方案措施，成效显著。

近年来，北京聚焦全国文化中心建设，坚持以人民为中心，深耕精品剧目创作，特别是围绕主旋律发力，推出一批精品力作，形成了令人瞩目的创作潮流。据统计，2021 年，北京 13 家市属文艺院团和国家大剧院共创排舞台剧 111 部，其中新创原创 58 部，加工复排演出剧目 53 部，既呈现了类型多样、雅俗共赏的舞台艺术繁荣局面，又打造了艺术经典、扛鼎之作。同时，北京市推进标准化展演空间打造，目前已建成北京国际戏剧中心、吉祥戏院等，未来还将落地北昆国际文化艺术中心、京南艺术中心、中杂艺术中心、北京歌舞剧院、城市副中心剧院等一批综合性剧院，重点打造形成王府井、天桥、隆福寺、三里屯、会馆旧址等演艺群落和台湖演艺小镇，并形成不同艺术风格的演艺功能区，为“大戏”的生产表演提供有利的环境基础。为与疫情防控形势相呼应，文艺演出云端线下齐发力。截至 2021 年 4 月 11 日，国家大剧院线上系列演出已播出一年，64 期线上演出全网点击量接近 20 亿次；京演集团打造线上演出季、北京人艺开启线上直播、北京京剧院推出“京戏云剧场”，都做足线上文章；“云彩排”“云练功”“云导览”“云发布”“云签约”等更多元的在线艺术分享形式成为常态，观众也逐渐形成线上看免费和付费演出的习惯。在习近平新时代中国特色社会主义思想的指引下，首都文艺工作者不忘初心，深入生活，扎根人民，持续发挥示范引领作用，不断擦亮“大戏看北京”文化名片。

2. 大运河、长城国家文化公园：推动自然与人文融合

2021 年，北京推动国家文化公园保护建设工作取得积极成效，建立国家文化公园建设管理机制，出台国家文化公园建设保护规划。市文物局首次发布涵盖七大世界遗产的《北京世界文化遗产保护管理状况报告》，与相关单位签订战略合作协议，研究国家文化公园建设路径。稳步推进文物保护修缮、生态环境治理和公共文化设施建设，并举办主题文化活动。

大运河国家文化公园方面，3 月发布《北京市大运河国家文化公园建设保护规划》，预计在 2023 年基本完成大运河国家文化公园建设保护任务，

2025 年大运河各类文化遗产资源保护基本实现全覆盖。市文物局与中国艺术研究院共同成立大运河文化研究中心，与市水务局签订战略合作协议。编制完成《路县故城考古遗址公园概念性设计方案》，完成路县故城考古遗址公园（二期）考古勘探工作。昌平区白浮泉遗址公园文物保护规划获批复，海淀区万寿寺（北京艺术博物馆）修缮工程接近尾声，朝阳区管庄八里桥修缮工程已经启动。北运河（通州段）综合治理主体工程建设已完成，实现全线游船通航。大运河博物馆（首都博物馆东馆）主体结构顺利封顶。10 月，首次上升到国际层面成功举办北京（国际）运河文化节，举办“京杭对话”及“水利遗产与城市可持续发展”学术论坛等文化活动，发布北京市第一批水利遗产名录，包括白浮泉等七处遗产。出版长篇小说“漕运三部曲”、《大运河文化辞典》等重点图书，河北梆子历史剧《花雅运河》上演，电视剧《京杭大运河》《运通天下》即将开机。

长城国家文化公园方面，12 月发布《长城国家文化公园（北京段）建设保护规划》，预计 2023 年四个重点区域的建设将粗具雏形，2025 年全面建成北京长城国家文化公园。规划确定了 10 个标志性项目，包括 3 项国家级工程和 7 项市级工程。本年度，长城在联合国教科文组织第 44 届世界遗产大会上被评为唯一的遗产保护管理示范案例，慕田峪长城景区获评首批国家级文明旅游示范单位。中国长城博物馆改造提升项目完成前期研究，已明确建设思路、选址和建设规模，将建设成为国家一级博物馆。已完成 8 处长城重要点段险情隐患排查工作，长城抢险加固项目正在推进中。9 月，以“长城之魅　冬奥之约”为主题，成功举办 2021 北京长城文化节。

3. 石景山奥林匹克公园：打造新时代首都城市复兴新地标

北京 2022 年冬奥会给首钢园区的开发和利用注入了新的活力。北京市、首钢集团、北京冬奥组委以冬奥会筹办为契机，积极打造新时代首都城市复兴新地标，促进文化复兴、产业复兴、生态复兴、活力复兴。紧密围绕冬奥主题，充分利用工业遗存的空间尺度，推进首钢冬奥文化广场建设，将首钢原有筒仓、料仓等钢铁厂房改建成高端办公区，以及花样滑冰、短道速滑、冰壶、冰球等四个冰上运动场馆，为北京冬奥组委提供办公区，为国家队提供训练基地。利用工业空地建成2022年冬奥会北京赛区唯一的雪上竞赛场馆——首钢滑雪大跳台。同时，首钢园区还保留了高炉、冷却塔等大量工业遗存，成为独特的工业遗址公园。通过绿化和增设健身步道，实现“厂区”向“街区”的转变；拓展市民公共休闲和参与体育运动的空间，延伸运动主题；修建首钢极限公园，为首钢园区注入新的活力。

在北京冬奥会筹办过程中，北京市、北京冬奥组委积极以首钢园区为依托，整合首钢冬奥广场和工业遗址公园，申报奥林匹克公园。2021年1月4日，国际奥委会正式批准使用北京冬季奥林匹克公园的名称，同年10月26日，冬季奥林匹克公园正式落户首钢园区，成为北京地区第二座以“奥林匹克”命名的公园。在北京市体育局、北京市文化和旅游局共同评选的2021年北京市体育旅游十佳精品项目中，首钢园区获评“2021年北京市体育旅游十佳精品景区”，北京国际雪联单板及自由式滑雪大跳台世界杯获评“2021年北京市体育旅游十佳精品赛事”，首钢园冬奥文化工业遗存深度体验线路和首钢极限公园获评“2021年北京体育旅游精品项目”。

在北京冬奥会上，首钢滑雪大跳台惊艳亮相，给世界留下了深刻的印象。在冬奥会结束之后，北京冬季奥林匹克公园将聚集冰雪资源，举办国际冰雪运动赛事、极限运动，构建以冰雪体育旅游为动力的冰雪产业体系；依托园区空间举办马拉松等体育赛事；促进“体育+”跨界融合产业发展。大跳台还将举办音乐节、灯光秀等文艺演出活动，拓展居民文化活动空间，丰富市民文化生活。工业遗址公园片区将打造北京潮流运动中心，打造滑板、攀岩、击剑等潮流运动IP、特色体育IP，培育园区体育休闲产业。

4. 环球主题公园：带动文旅融合生态发展

2021年9月，北京环球度假区正式开园，这是本年度北京最大的服务业项目。早在2001年10月，环球主题公园高层代表团就已与北京市签署合资协议，其中明确“要建设和运营国际一流的主题公园”。经过了近20年的规划和7年的施工建设，环球影城终于顺利开园，精心打造的7个主题景区、37个骑乘娱乐设施及地标景点、24场娱乐演出，营造了浓厚的娱乐氛围，为游客提供了良好的游览体验，成为本年度北京最热门的景点之一，迅速吸引了大量游客。

在园区基建方面，北京环球度假区内的设施不仅在设计上加入了中国传统文化元素，在建设中也大量使用了国产设备，融入了中国工程师的智慧巧思，向全世界展示了“中国制造”的技术和水平。同时，北京市着重加强知识产权保护，为环球主题公园营造了良好的营商环境。北京环球度假区的建设发展还在持续，文化旅游产业聚落的生态正在形成。北京市积极推动张家湾设计小镇建设，加快存量改造、城市更新和产业升级，引入百余家高精尖企业落户，完成北京国际设计周永久会址主体结构工程。环球主题公园辐射带动多个文旅融合项目，借力主题公园的溢出效应，周边文旅项目形成协同发展格局，文旅融合进入深度发展模式。

作为北京全国文化中心建设的年度重大工程之一，北京环球度假区的正式开放，为北京补充了重要的文旅新地标，与故宫、天坛、颐和园、八达岭、十三陵等传统文旅地标相呼应。环球度假区作为全新的休闲娱乐类旅游产品，成为北京乃至京津冀地区文旅资源的重要补充，为北京“两区”建设和首都文化软实力提升提供重要支持。

三　北京文化各领域建设进展与发展成效

2021 年，北京全国文化中心建设除了重点工程和重点项目，在各个领域都稳步发展，点、线、面结合，综合形成全面推进的格局，在古都历史文化遗产保护、公共文化服务体系建设、文化产业发展、文化传播与交流等各方面都取得了一定进展和成就。

（一）文化传承与文化遗产保护在创新中持续发展

1. 激发传统街区文化魅力，活化利用推动文化创新发展

城市应满足人的美好生活需求，历史文化保护利用也离不开对人的价值的尊重，这就需要在保护实践中充分考虑到居民物质和精神文化需求，不断提升城市品质。传统街区既是历史文化资源集中地，又是现代城市空间的有

机组成部分，营造良好的老城公共空间环境，将持续提升城市文化魅力和空间美学品质，打造和谐宜居家园。截至 2020 年，北京历史文化街区占核心区总面积比重已达 26%，拥有胡同 1119 条，为了留存历史信息，现已完成第一批已公布历史建筑的测绘建档①。为了进一步提升传统街区文化品质，北京市做了两方面工作。一是重塑历史文化街区和胡同之美。朝阳门街道新鲜胡同、椿树街道魏染胡同等通过背街小巷精细化整治还原最美传统街巷；前门着力打造“老胡同现代生活宜居社区”“京味儿文化体验式消费街区”，将传统街区打造成满足现代生活需求和适应文旅消费的城市文化场景；国际设计周打造漫步菜西体验沉浸式“胡同生活季”，聚焦老城更新中的活力。二是打造传统文化探访线路，贯通地域文脉。“世界遗产寻迹之旅”“人文遗产游访之旅”“游红色经典，寻百年印迹”“西城晨昏线”等主题文化旅游线路和古今交融精品夜间探访线路，让市民在昼夜变换之间领略传统街区的不同文化魅力。

在核心区文化遗产活化利用上，创新推出“会馆有戏”，市属院团文艺演出走进湖广会馆、颜料会馆；“白塔夜话”作为名城保护和文化建设的核心举措之一，影响力不断扩大，围绕历史文化名城保护、文创市集等主题活动拉近与公众距离。西城区借助“文物大区”优势，探索了一条“政府主导、社会参与、专家把关、市场化运作”的新模式。2021 年西城发布第二批 10 个活化利用计划，落实先保护后利用的原则。该项目综合考虑文物建筑本身的历史文化内涵、街区功能定位、公共文化服务等因素，根据不同的保护对象确立保护方案，引导历史建筑合理利用和有序开放，设立演艺中心、文学文艺展示中心等满足多样化文化功能的文化艺术空间。

2. 展现历史风貌，“三山五园”保护利用取得阶段性成就

2021 年 4 月，海淀区正式公布《北京海淀“三山五园”国家文物保护利用示范区建设实施方案》，为将示范区建设成为国家历史文化传承典范区，“三山五园”地区以应保尽保为基本原则，主要内容包括保护类型丰富

---

① 北京市统计局《2018~2020 年北京市推进全国文化中心建设监测报告》。

的文化遗产、山水形胜的自然格局，加强“三山五园”与老城的联系及构建文物展示交流传播体系。为了全面展示历史文化资源保护利用成果，海淀区计划在三年创建期内，建设圆明园博物馆、“三山五园”艺术中心和学术研究基地、颐和园革命文物展览展示区，其中“三山五园”艺术中心为示范区建设的核心任务。2021 年底，位于海淀公园西北角、畅春园西花园旧址之上的“三山五园”艺术中心正式开工建设。作为“三山五园”国家文物保护利用示范区建设的重要内容，“三山五园”艺术中心总建筑规模达 2.23 万平方米，预计 2023 年建成，建成后将成为集文化遗产保护、展览交流、文化旅游、科技前沿发布于一体的四层大型公共文化设施和历史文化景区新地标。此外，“三山五园”地区持续开展区域内生态环境提升工程等，在保护传承历史文化的同时，恢复大尺度绿色空间、历史水系和稻田景观，逐步完善北部稻香湖、翠湖、永丰和上庄四大水网循环片区和南部玉泉山片区循环水网，并将京西稻作为文化亮点策划“京西稻空间载体活化利用”主题活动，实现自然生态环境的不断提升，重现历史盛期水系格局和景观特色，为进一步展现“三山五园”文化内涵、打造文化旅游线路奠定了基础。

3. 推进历史文脉梳理工作，遗产保护取得新进展

加强传统文化资料整理和文化内涵诠释，2020 年北京收集整理了北京地区旧志 30 卷 200 种，整理出版了《北京市地名志》、北京运河历史文献丛书《万历通粮厅志》等 10 余部书籍和画册，编辑出版了第一批包含红色文化、古都文化、京味文化、创新文化 4 个系列的“北京文化书系”48 种图书[①]。物质文化遗产保护方面，2021 年北京世界文化遗产保护管理水平不断提升，长城保护管理案例被世界遗产组织评为示范案例，周口店北京人遗址保护建筑获得联合国教科文组织亚太地区文化遗产保护“创新奖”。非物质文化遗产保护方面，北京非遗项目不断增长并获得广泛关注，京剧、昆曲、太极拳等 12 个项目入选联合国教科文组织“人类非物质文化遗产代表作名录”；2021 年北京天坛神乐署中和韶乐、果脯传统制作技艺等 18 个非

① 北京市统计局《2018~2020 年北京市推进全国文化中心建设监测报告》。

遗项目入选第五批国家级非遗代表性项目名录，截至目前全市已有 144 个国家级非遗代表性项目；2021 年市政府公布北京市第五批市级非遗代表性项目名录，国博甲骨传拓、故宫传统木器制作与修复等 52 个项目入选，目前市级非遗代表性项目总数已达 303 个；全市共有 92 位国家级非遗代表性传承人，242 位市级非遗代表性传承人①。为深入推动非遗保护，2021 年首届非遗数字化可持续发展线上论坛成功举办，以数字化开拓非遗保护的广阔前景；“遗产+”消费打造新业态，非遗老字号电商购物节及主题游活动带动电商平台销售额近 4 亿元。

（二）公共文化服务体系以服务人民为宗旨不断完善

公共文化服务体系建设带有很强的公益性质，在服务人民的宗旨下不断完善和优化，是提升人民群众文化获得感的基本保障。北京作为全国文化中心，在公共文化服务体系构建方面理应发挥示范引领作用：积极推进示范区建设，在公共文化服务体系优化方面积极探索创新，在均等化和效率化等方面打造北京样板。

1. 深入推进公共文化服务体系示范区建设

示范区建设是全市公共文化服务体系建设的重要抓手，在推动基层公共文化服务软硬件设施的升级方面，具有示范、影响和带动作用。国家公共文化服务体系示范区建设方面，石景山区经过三年创建，2021 年成功获得第四批“国家公共文化服务体系示范区”荣誉称号。目前，北京已有朝阳区、东城区、海淀区、石景山区 4 个区先后获得这一称号。门头沟区的“公共文化服务配送机制建设项目”、西城区的“特色阅读空间运营模式”被命名为第四批“国家公共文化服务体系示范项目”，北京已有 8 个区的 8 个项目先后入选示范项目。北京市级公共文化服务体系示范区建设方面，密云区、顺义区、延庆区等区经过两年的创建，公共文化服务效能显著提升，2021

① 《北京非遗代表性项目数量居全国前列》，https：//baijiahao. baidu. com/s? id = 1724620900279249648&wfr = spider&for = pc。

年参加了第一批验收。由此可以看出，公共文化服务体系示范区建设不仅在主城区深入推进，郊区也在积极投入资源创建，体现公共文化服务均等化建设的成果。

2. 公共文化服务基础设施体系进一步完善

2021 年末，全市共有市级、区级公共图书馆 24 个，总藏量超过 7300 万册（件），相比 2016 年的 6229 万册（件）增长约 17%（见图 1）。根据 2018 年第 8 届北京阅读季发布的全民阅读综合评估报告数据，全市公共图书馆总量超过 6000 家；现有备案博物馆 204 个，其中免费开放 94 个，博物馆数量相比 2016 年的 178 个增长了约 15%（见图 2）。博物馆藏品总数达到 1625 万件（套），2021 年持续开放基本展陈 520 个，平均每年举办展览 600 多项，接待观众超过 5000 万人次。全市现有市级、区级群众艺术馆、文化馆 19 个，2021 年完成第五次全国文化馆评估定级的相关工作，全市有 13 家区级文化馆获评国家一级馆。

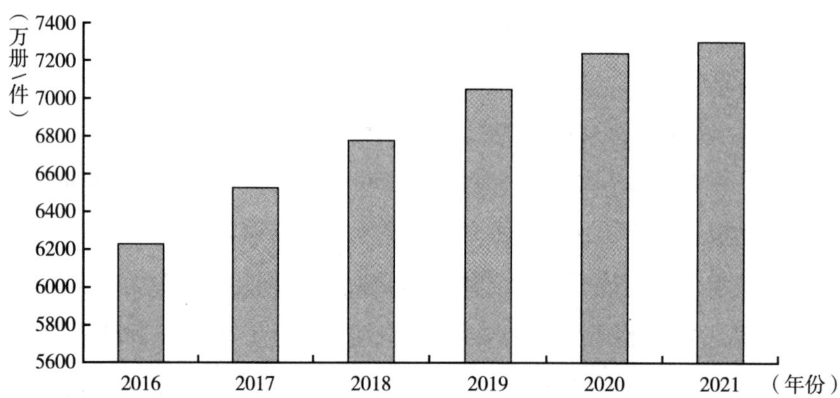

图 1　2016~2021 年北京公共图书馆总藏数

资料来源：北京市统计局。

目前北京重点推进的文化设施可分为四部分。一是国家重要场馆建设。国家“十三五”期间推出的重点项目中国工艺美术馆、中国非物质文化遗产馆已完成建设，于 2022 年 2 月 5 日正式开馆；故宫博物院北院计划 2025 年完成建设。二是围绕国家文化公园进行的设施建设，推进长城、大运河国

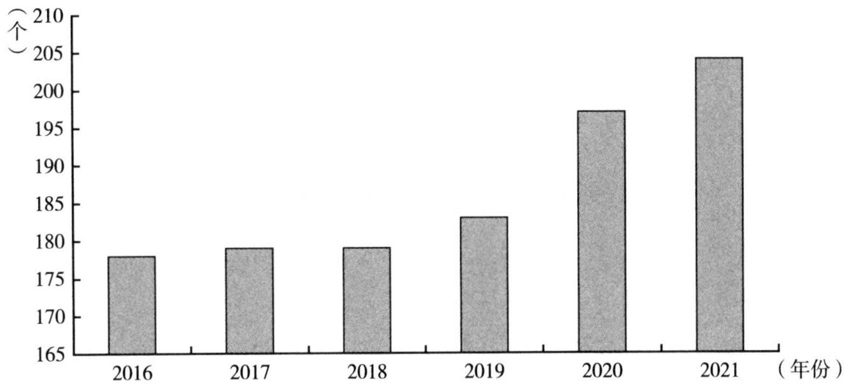

图 2　2016~2021 年北京备案博物馆数

资料来源：北京市统计局。

家文化公园重点工程建设。三是本市规划的一批重点文旅项目。北京市文化中心项目、北京画院改扩建工程已竣工，即将投入使用；北京城第一家老戏院吉祥戏院完成改造，现已开张运营。首都图书馆大兴机场分馆开馆运营，系国内第一家开进机场航站楼的全要素图书馆，迅速成为新的网红打卡地。北京艺术博物馆（万寿寺）修缮工程即将完成。北方昆曲剧院北昆国际文化艺术中心项目正在推进中，预计 2023 年竣工。四是城市副中心的公共文化设施建设。副中心三大公共建筑（首都博物馆东馆、城市副中心剧院、城市副中心图书馆）将在 2022 年完工。

3. 着力构筑新型公共文化空间

北京在城市公共文化空间营造方面一直善于创新，涌现出一批城市客厅、城市书房、阅读空间等文化设施。“新型公共文化空间”进入国家层面政策文件、被列为未来文化建设的工作重点之后，市政府进一步推动了相关文化设施营造。2021 年，北京打造了一批冬奥文化广场、冬奥文化公共设施和冬奥社区。克服疫情的不利影响，延续“十三五”时期的政策，北京大力扶持实体书店发展，采用项目资金支持、房租补贴、升级奖励等多种形式的帮扶手段，实体书店数量实现了逆势增长。截至 2022 年 11 月底，全市实体书店数量达到2042家，比2020年的1994家增加48家，增幅为2.4%。此外，北京市还重视实体书店与新型公共文化空间营造的结合。2月，市新闻出版局发布《关于实体书店开展阅读文化活动有关要求的通知》，强化书店的文化服务功能。各区纷纷盘活存量资源，利用疏解腾退空间进行创造性改造，东城、西城等区还专门出台了扶持实体书店、建设“城市书房”的政策措施。

4. 进一步推动公共文化服务开放发展

北京进一步扩大公共文化服务的社会参与，每年委托第三方对街道（乡镇）文化中心效能进行评估并在全市排名。督促各区制定和完善政府购买公共文化服务的实施办法和购买目录。推进公共文化机构的法人治理结构改革，全市34家区级以上公共图书馆、文化馆在2021年度全部完成以理事会为主要形式的法人治理结构改革。各区推出了一系列措施来推动公共文化设施社会化运营，积累了丰富经验。例如，东城区2021年出台公共文化设施社会化运营实施方案和指导意见；西城区的“特色阅读空间运营模式”获评第四批“国家公共文化服务体系示范项目”；石景山区的街道综合文化中心和部分社区活动室采取社会化运营，取得很大成效，这也是石景山区获评第四批“国家公共文化服务体系示范区”的重要原因之一。

（三）文化产业稳定复苏，克服疫情影响实现高质量发展

2021年北京市规模以上文化产业收入为17563.8亿元，同比增长17.5%，涨幅已超过疫情前水平；利润总额达到1429.4亿元，同比增长47.5%。说明在疫情常态化的城市管理模式下，北京市规模以上文化产业已实现稳定复苏。

2021年度全市文化核心领域总收入15848.2亿元，同比增长17.8%。在核心领域中，各项文化类市规模以上产业总收入均实现增长。其中最突出的是文化娱乐休闲领域，涨幅高达38.5%。2020年，文化娱乐休闲领域深受疫情影响，总体收入同比下降31.8%；2021年随着疫情防控常态化下经

济复苏举措的有效落实，文化娱乐休闲领域收入已恢复至疫情前水平并有所突破。但值得注意的是，这一领域的年度利润总额呈现为-41.2亿元的亏损状态。新闻信息服务总体收入同比上涨21.5%，2021年度利润额为54.7亿元，但利润额同比下降79.6%；内容创作生产领域总体收入涨幅为30.8%，年度利润额高达1131.8亿元，同比提升132.6%，实现翻倍式增长；创意设计服务和文化传播渠道方面均呈现不同程度的增长；文化投资运营领域的总收入同比增长11.1%，但利润同比下降36.2%。

从总体数据来看，2021年北京市规模以上文化产业发展呈现良好的复苏态势，总收入和利润总额都实现可观的涨幅（见表2）。

表2　2021年北京市规模以上文化产业发展状况

项目	总体收入		利润总额		从业人员平均人数	
	数值（亿元）	同比增速（%）	数值（亿元）	同比增速（%）	数值（万人）	同比增速（%）
文化核心领域	15848.2	17.8	1343.3	48.2	54.8	6.5
新闻信息服务	5124.9	21.5	54.7	-79.6	14.8	4.6
内容创作生产	3912.8	30.8	1131.8	132.6	17.5	6.6
创意设计服务	3925.3	6.2	84.6	12.7	11.1	0.2
文化传播渠道	2727.4	12.5	97.1	51.4	8.0	11.7
文化投资运营	45.2	11.1	16.3	-36.2	0.3	-0.1
文化娱乐休闲	112.6	38.5	-41.2	—	3.2	31.5
文化相关领域	1715.6	14.4	86.2	37.7	9.2	-4.1
文化辅助生产和中介服务	761.7	11.4	38.9	49.1	7.6	-4.7
文化装备生产	120.3	8.3	3.7	24.9	0.7	-10.8
文化消费终端生产	833.6	18.4	43.6	30.0	0.9	7.1
合　计	17563.8	17.5	1429.4	47.5	64.0	4.8

资料来源：北京市统计局。

从2021年全市规模以上文化产业季度收入变化可以看到，全市规模以上文化产业收入呈现稳步增长势头，第四季度格外突出（见图3）。

图4显示2014年以来北京市规模以上文化产业收入变化情况，可以看

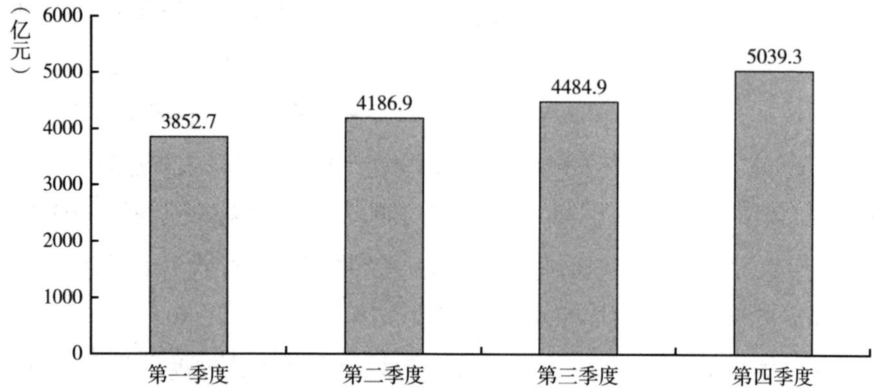

图 3　2021 年北京市规模以上文化产业季度收入情况

资料来源：北京市统计局。

出总体上呈现逐年增长的势头。受疫情影响，2020 年度涨幅收窄，而 2021 年得益于经济复苏和政策扶持，文化产业收入迎来了一轮大幅度增长。

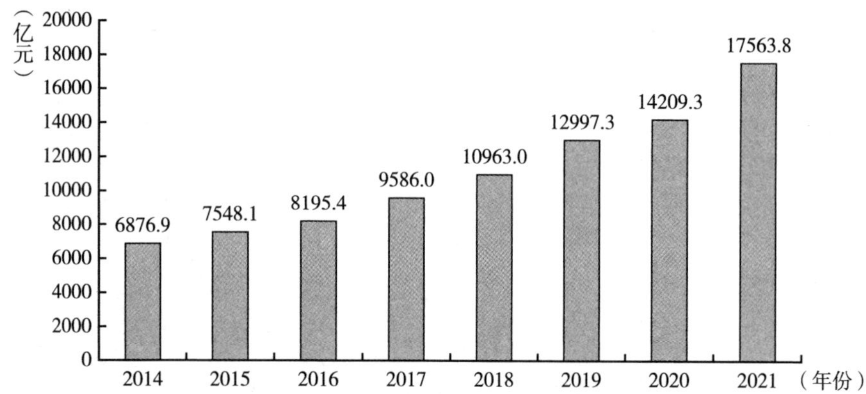

图 4　2014~2021 年北京市规模以上文化产业收入变化情况

资料来源：北京市统计局。

表 3 显示北京部分区 2021 年 1~12 月区规模以上文化产业情况，从各区发展数据来看，海淀区规模以上文化产业收入约占全市的一半，门头沟、房山、延庆等郊区文化产业收入则比较低。但全市大部分区文化产业相较于深受疫情影响的 2020 年而言都呈现出整体回暖的势头。

表3　2021年北京部分区规模以上文化产业情况

区名	收入合计（亿元）	同比增速（%）	从业人员平均人数（万人）	同比增速（%）
东城区	1436.3	11.9	5.3	-0.5
西城区	998.6	8.7	7.4	0.3
朝阳区	2873.3	11.4	—	—
海淀区	9402.4	23.2	—	—
丰台区	271.6	7.5	2.4	-0.9
石景山区	4454.3	6.7	16.5	-3.4
通州区	357.2	-1.9	2.07	60.2
大兴区	119.2	8.0	1.07	4.3
顺义区	171.4	11.9	1.0	-4.6
房山区	33.7	-3.7	0.29	-11.3
门头沟区	17.9	-15.7	—	—
昌平区	130.2	-2.1	0.92	2.5
密云区	64.1	6.2	—	—
怀柔区	95.7	33.7	0.43	-7.6
延庆区	40.8	13.4	0.15	12.9

资料来源：北京市各区人民政府网站。

从收入涨幅情况看，怀柔区是2021年度的“黑马”，文化产业涨幅为33.7%，居全市第一位，高于全市平均水平16.2个百分点。科学城和影视基地建设的双重利好以及2021年度影视产业的全面复苏，促使怀柔区文化传播渠道和内容创作生产领域实现扭亏为盈，对全市文化及相关产业利润总额增长的贡献率达到110.7%。2021年度仍然呈下降趋势的4个区中，门头沟区降幅最为明显，为15.7%；房山、昌平、通州出现轻微降幅。

总体来看，2021年度北京文化产业发展已基本抵御了新冠肺炎疫情的冲击，实现回暖。东城区、西城区文化产业稳健增长；海淀区依托科技优势，大力促进文化科技融合，文化产业总收入占全市的半壁江山，仍稳居全市第一名；朝阳区在文化传媒、文化商贸等方面占据优势，也将继续发展；石景山区实现首钢文化产业园的成功运营、把握冬奥会机会优势，文化产业仍保持良好发展势头；丰台区本年度实现一定增长，缺乏可靠的产业支点，将长期维持目前水平；大兴区本年度呈现增长态势；通州区和房山区文化产业总收入则有所下降，但随着2021年9月底北京环球影城的正式开园，通州区文化产业将会迎来高速发展；本年度密云和延庆等远郊区均实现了不同幅度的回暖，而怀柔涨幅最为突出，未来怀柔区有望形成北京市文化产业新的增长极。

（四）文化交流与传播面向世界，传递大国首都文化形象

1. 继续推进北京特色文化的海外传播，彰显北京文化魅力

2021年，北京文化海外传播内容更丰富和多样，组织了一系列凸显北京文化特色的宣传与交流活动，在全球范围内彰显北京文化魅力。北京冬奥组委与文化和旅游部2021年1月28日宣布正式启动“北京2022冬奥文化全球行”主题活动。该活动借助北京冬奥组委的丰富资源与海外中国文化中心及驻外旅游办事处的平台优势，设立“冬奥之窗”，启动“云上冬奥”项目等多种形式活动，在全球49个国家的54个城市中分主题、分阶段地开展各类冬奥文化与北京文化宣传活动，介绍北京2022年冬奥会和冬残奥会的筹办进展，对外展示和呈现冬奥场馆建设、冬奥文化交流等重点工作和亮点工作，全面推动冰雪文化、体育文化、长城文化等北京特色文化的国际传播。

2021年5月，“北京2022冬奥文化全球行展示角”在韩国首尔中国文化中心正式启动，展示角借助15面（张）移动展墙和图文展板，用中韩两种文字呈现北京2022年冬奥会和冬残奥会理念愿景、吉祥物、比赛项目、主要场地及中国冬奥和冬残奥代表团主要运动员风采等内容。此次展示角采取线上线下同步进行的方式，并于2021年7月19日举办第一场线下纪念活动，即“庆祝2022北京冬奥会倒计时200天”暨第24届冬季奥林匹克运动会金银纪念币（韩国）发行记者会。2021年5月11日至6月上旬，巴基斯坦文化中心推出“北京2022冬奥会冬奥文化全球行”系列线上宣传活动，该活动分五期宣传北京冬奥会理念和场馆建设，充分表达了以北京2022年冬奥会和冬残奥会为契机，构建多元和谐包容的人类命运共同体的美好愿

望。2021 年 10 月，由中国驻希腊大使馆、文化和旅游部国际交流与合作局、北京 2022 年冬奥会和冬残奥会组织委员会、雅典中国文化中心和雅典市政府联合主办的以北京 2022 年冬奥会为主题的图片展在希腊雅典的扎皮翁宫举办，本次展览分“冬奥会愿景和办奥理念”“冬奥会和冬残奥会项目”“赛事文化”“中国冬季运动代表性成绩”“冬奥会赛区规划和城市发展”五个板块，通过 46 幅图片展现北京冬奥会“绿色、共享、开放、廉洁”的办奥理念和北京冬奥文化。2021 年法国巴黎中国文化中心举办“一起向未来——北京冬奥推介会”，推介会通过视频、文字、图像等多种方式对北京冬奥会会徽、体育图标、吉祥物、火炬、奖牌等内容，以及冬奥各大场馆秉持的“绿色办奥”理念和使用的先进科技等内容进行推介。

2021 年，北京市继续利用文化品牌优势，推动特色文化“走出去”，有效提升中国文化软实力和旅游国际影响力。“欢乐春节”已经成为发挥北京文化“走出去”示范作用的重要文化品牌活动。2021 年，线上“欢乐春节”成为疫情下的创新之举和新春祝愿。2 月 9～13 日，由北京市人民政府、赫尔辛基市政府、塔林市政府、中国驻芬兰大使馆、中国驻爱沙尼亚大使馆、中国驻希腊大使馆、中国驻爱尔兰大使馆主办，北京市文化和旅游局、赫尔辛基市文化和休闲部、塔林市文化和体育局承办，北京市海外文化交流中心策划的 2021 年线上海外“欢乐春节”文艺盛典暨芬兰、爱沙尼亚、希腊、爱尔兰线上“欢乐春节”活动面向国际进行直播，通过户外经典文艺演出、赏牛年冰雕、北京非遗展示和美食品鉴等系列活动向海外观众提供中国传统春节的线上沉浸式体验。2021 年，第二十四届北京国际音乐节、北京（国际）运河文化节、牛年生肖主题快闪、2021 世界旅游合作与发展大会、世界旅游城市联合会北京香山旅游峰会、2021 北京新年倒计时等活动不断推进中外文化艺术交流。第二十四届北京国际音乐节汇集国内优秀交响乐团、音乐家，以“大师与纪念”为主题，为期 16 天，呈现涵盖交响乐、歌剧、声乐、室内乐、打击乐等多种门类的 24 场演出，并举办大师课、音乐会导赏和对话等活动，在中外作曲家对话与纪念大师主题同步展开的过程中体现东西文化艺术的交融。北京（国际）运河文化节包括“游运河·行大运”2021 北京（国际）运河文化节影像大赛、大运河徒步嘉年华、大运河半程马拉松赛、“一城三带”——“流动的博物馆”、寻找北京最美文物守护人（大运河）、运河音乐会、运河小铁人挑战赛、“相遇大运河——世界运河交流艺术项目”等系列活动，邀请世界共同感受大运河文化魅力。2021 年 5 月全网发布的牛年生肖主题快闪视频从清代画作《雍正耕织图》开篇，分三个篇章分别展现冰雪运动中的北京、当代北京文化和旅游风貌，以及创新、活力、国际化的北京。

2. 多元主体协同合作，服务对外文化交流传播平台搭建

2021 年，北京市继续探索和深化多元主体协同合作的对外文化交流传播发展格局，在发挥政府主导作用的同时，积极搭建以文化企业、社会组织、研究机构等为主体的对外文化交流传播平台，在创新对外文化交流传播机制、加大对外文化交流传播力度、完善对外文化交流传播渠道等多个方面取得良好成效。2021 年 8 月 26 日，商务部、中宣部会同文旅部、国家新闻出版广电总局公布第二批国家文化出口基地，北京市东城区、北京市朝阳区等 16 个行政区（功能区）入选。东城区重点围绕打造文化金融融合示范高地和国际影视高地“两个高地”以及打造国际艺术品交易中心、国际演艺中心、网络游戏社会化应用中心、国际旅游消费中心、对外文化交流中心“五个中心”开展相关工作，积极打造优秀文化出口国际品牌，推动更多具有北京特色文化内涵和中华文化元素的艺术文化产品及其服务“走出去”，做好首都文化这篇大文章。为充分发挥基地优势，整合区内优质资源，对外展示北京全国文化中心建设成果，东城区将建设一批规模更大、辐射更广、更具文化竞争力的文化贸易综合服务平台，力争到 2025 年实现文化产业增加值350 亿元，年增速达 7%，占全区 GDP 比例达 10%。东城区政府通过启动文化企业专项扶持计划、设立“文菁”文化产业基金；搭建文化金融活动平台，举办中国文化金融峰会；创新文化活动载体，成立国内首家区级文创园区协会等，逐渐形成对外文化交流传播的多元主体协作机制。北京市朝阳区近年来持续推进外商投资音像制品，吸引知名外资文化企业入驻、独资开办演出经纪机构，鼓励和支持文化产业开拓国际市场，开展文化艺术产品和服务出口贸易，获得第二批国家文化出口基地资质，将为朝阳区打造文化出口贸易综合服务新平台、进一步深化对外文化贸易提供重要支撑。截至2021年，朝阳区共聚集253家文化企业总部，其中127家为外资文化企业总部，掌阅科技等16家企业和10个项目被认定为2019~2020年度国家文化出口重点企业和重点项目。2021年，北京市一批文化出口公司和文化出口项目发展态势良好，《2021~2022年度国家文化出口重点企业公示名单》和《2021~2022年度国家文化出口重点项目公示名单》中，北京地区文化企业有32家，占全国总数的比例为8.67%；北京地区文化项目有11项，占全国总数的比例为9.02%，两项占比均处于全国领先地位。学术团体、研究机构等在对外文化交流与传播中的积极性被调动起来。2021年7月，北京中拉文化交流中心与中国社会科学院和平发展研究所共同成立了国际交往研究基地，并围绕“加强中拉文化交流，打造大兴国际交往新亮点”召开专家研讨会。

3. 创新对外文化交流传播形式，提高北京文化国际影响力

2021年，北京市创新对外文化交流形式，利用多种对外文化交流渠道，传播北京文化和中华文化。一是以2022年北京冬奥会为主题加强对外文化交流。2021年启动的“北京2022冬奥文化全球行”主题活动旨在扩大冬奥会国际影响力，为讲好冬奥故事、北京故事、中国故事创造良好的外部环境，为促进各国文化交流互鉴、为构建人类文明新形态提供中国式实践路径。2021年的“相约北京”国际艺术节融入冬奥元素，以“激情冰雪　云上文艺　经典百年”为主题，汇集了来自古巴、哥伦比亚、波兰、丹麦等多国艺术团体，以线上线下的方式带来42场演出，同时举办多场冬奥主题文化活动及专题论坛，以艺术为交流媒介为北京冬奥会助力。二是继续加强北京市海外文化交流基地运营，积极开展“京剧文化之旅”、“驻华使节艺术沙龙”、小剧场戏剧节等专题活动，并完成雅典中国文化中心装修改造工作，实现正式运营。三是开启后疫情时代文化交流新模式。受疫情影响，线上传播与合作成为国际文化交流的重要模式。2010年开始，春节期间，文化和旅游部都会会同国家相关部门组织演出团队赴海外开展“欢乐春节”活动演出，但在全球新冠肺炎疫情形势下，2021年“欢乐春节”首次采用

线上直播的方式。2021 年 11 月举办的北京国际钱币博览会（线上）是北京国际钱币博览会历史上首届线上举办的展览，同时也是新形势下首次利用科技化手段实现科技赋能世界钱币文化交流的创新之举。四是持续做好海外新媒体运营工作，充分利用新颖且受欢迎的海外新媒体形式，优化创新海外社交媒体的推广内容和推广形式，向海外推广融入城市发展故事的宣传内容，展现北京作为全国文化中心和国际交往中心的城市形象，将“文化+旅游”的直播形式打造成城市形象海外传播的新亮点。五是“科技+文化”双融合，促进数字文化的国际交流，探索北京对外文化交流传播的高质量发展之路，进一步强化北京对外文化交流和传播的“科技+文化”优势。

四　在全国文化中心建设中的使命担当和前景展望

2021 年是北京全国文化中心建设的关键之年，在文化业界共同努力下，北京交出了一份令人满意的答卷，为服务保障党和国家工作大局提供了良好的人文环境，体现了北京在新时代文化强国建设中的使命担当。已取得的成就是继续前行的基础，已推动的重点工作是前行的航标，已开拓的领域是即将开赴的一片蓝海。未来几年，北京全国文化中心建设在新任务和新目标下，将继续探索前行。

（一）继续加强文化遗产保护，彰显古都文化魅力

北京历史文化名城保护既是全国文化中心建设和新时代首都发展的重要内容，也是北京朝着世界文化名城、世界文脉标志宏伟目标迈进的基础性工作，北京历史文化这张金名片对外展示了中华优秀传统文化和国家文化软实力，对内则发挥着引领示范、实现文化强国建设目标的作用。

为了深入推进北京城市文化传承和遗产保护，应从全国文化中心建设的高度布局谋划。一是立足北京国家首都定位和建设世界文明名城的目标，高起点谋划设计，正确理解和深刻把握名城保护之于首都城市发展的重要意义，统筹遗产保护与文化发展，在挖掘历史文化内涵的基础上积极开展保护

研究工作，将先进理念和技术应用于保护实践之中，加大力度培养遗产保护管理人才，不断扩大保护资金来源渠道和社会参与度，认真保护好、传承好、利用好北京丰富的历史文化资源，不断提高名城保护利用水平，积极向世人展示大国首都形象，传播好中国声音，讲好中国故事。

二是从城市文脉延续的角度融合传统文化与现代文明。《全球城市竞争力报告（2020-2021）》指出，“后疫情时代，决定全球城市及价值链文明的不仅仅是技术，更关键的在于思想文化，思想文化始终并将日益压倒性影响全球城市价值创造”①。北京历史文化是城市内在价值的突出表现，“一城三带”“三山五园”传统资源既携带着古老的都城文化基因、历史信息，也是现代城市发展的竞争优势所在。延续城市文脉，推动传统的创造性转化和创新性发展，探索“传统+”文旅、“传统+”科技、“传统+”体育等创新模式，能为城市吸引资本、人流、物流，增强城市价值创造能力和形象魅力。

三是统筹全市历史文化资源，形成保护利用整体推进格局。为了推进形成保护利用全市一盘棋的新格局，需从以下三个方面开展工作。①摸清北京市域内文物遗产“家底”。北京拥有丰富的自然遗产、悠久的建城建都历史，在政治、文化、民族、宗教多元因素的影响下形成了集合不同朝代、不同区域、不同文化类型的多类型、多层次、跨区域的历史文化资源，它们散落在不同城市区域，不少分布于远郊和山区，但目前尚未完全摸清城市遗产家底，需要不断完善部分遗产的保存现状、保护责任人、保护利用水平等信息，为下一步工作的开展打下基础。②充分发掘当地历史文化资源，形成各具特色的文化保护利用模式，目前遗产保护存在偏重文物本体保护、文化内涵挖掘不足的问题，使得文旅路线和文化活动缺乏新意，大部分文博文创产品创新不足，同质化较为普遍。基于此，保护单位和责任主体需立足于遗产的独特历史文化价值，梳理历史脉络、提炼文化亮点、创新展陈形式、设计

① 倪鹏飞等：《全球城市竞争力报告（2020~2021）：全球城市价值链——穿透人类文明的时空》，https：//www. sgpjbg. com/baogao/26918. html。

文化场景，增加文化展示和体验的科技含量，创造互动性沉浸式传统文化展演展示场景体验。③发掘历史遗产之间的关联性，整合片区内自然、历史和文化遗产资源，依据不同主题设计文化游览线路，串联起多个遗产点形成集聚效应，带动沿线地区的均衡协调发展。

（二）推动公共文化服务提质增效，探索均衡化、品质化、创新化发展

1. 摸清公共文化设施家底，建立设施动态数据库

北京地区公共文化设施数量众多，目前市、区级公共图书馆、文化馆、档案馆、按行业登记的博物馆等设施都有权威的统计数据，而其他公共图书馆、美术馆、科技馆、文化室、体育设施，以及各类民办的博物馆、美术馆、纪念馆、书店、新型公共文化空间等缺乏权威的统计数据。只有全面掌握公共文化设施的信息，政府的政策才能有据可依，才能推动公共文化服务的均衡化和品质化发展。应当打破部门界限，对全市公共文化设施分类登记、评定级别，建立动态更新的文化设施数据库，定期发布不同门类文化设施的发展报告。上海市文旅局每年发布上海美术馆名录和年度运营情况报告，是值得借鉴的成功经验。

2. 整合基层文化服务资源，优化文化服务数字平台

公共文化服务体系建设的关键问题之一是要盘活现有资源、提升服务效能。目前各区普遍建立了区级的公共文化服务数字云平台，但功能差别较大，很多平台的功能主要是进行宣传、展示和派发惠民演出票，没有完善互动和服务功能。要满足市民就近享受公共文化服务的需求，提高公共文化服务设施使用率，就应当建立功能更加完备的综合服务型云平台。人口规模较大的街道应当在街道级别的智慧云平台内设置公共文化服务板块。通过数字服务平台整合辖区内的公共文化服务资源，包括区、街道、社区三级的文化馆、活动中心、活动室、体育场馆，以及可以对外开放的社会单位设施、新型公共文化空间等。在云平台提供预订服务，市民或单位经过实名认证后在线上提出预约申请。云平台还可以为主题文化活动和文体赛事报名、文体社

团的成员招募、问卷调查、成果展示等提供渠道。

3. 新建公共文化服务设施向郊区、新兴组团倾斜

近年来，北京的公共文化服务设施建设考虑了均衡发展的问题。位于城市副中心的首都博物馆东馆、坐落在海淀区西北旺镇的故宫博物院北院的建设都在推进中，回龙观天通苑地区的公共设施提升改造也是均衡化发展的体现。未来新建公共文化服务设施应当进一步向郊区人口稠密地区、城市新兴组团倾斜，以重大设施项目带动周边地区文化发展，弥补基层公共文化服务设施的不足。望京、亦庄、东坝、回天地区等区域目前都缺乏规模较大的公共文化设施，而这些区域又有旺盛的文化服务需求和文化消费需求。综合性、地标性的文化设施有利于这些区域形成更加浓厚的城市文化氛围，提升区域认同感和文化凝聚力。

4. 大力发展新型公共文化空间，形成多元供给体系

新型公共文化空间是把文化事业与文化产业相结合，融合多种业态，并具有时代感和鲜明特色的文化服务设施，包括各类城市客厅、城市书房、文化驿站、文化礼堂等。构筑新型公共文化空间的关键是形成共建共享机制，实施社会化运营，吸引社会力量参与。根据地方的实际需求，新型公共文化空间可以建在商圈、公园、旅游景点及周边乡镇，也可以位于街道社区、产业园区内，弥补公共财政支撑的文化设施网络的不足，给市民提供多样化文化供给。市文旅局近年来策划了两届北京“网红打卡地”榜单评选，应当与构筑新型公共文化空间相结合，引导原有的“网红打卡地”提升公共文化服务功能，对新涌现的小而精的新型公共文化空间予以关注和宣传。

（三）创新融合与时俱进，引领首都文化产业高质量发展

1. 重视园区联动效能，促进区域协同发展

在全球疫情的冲击下，基于“双循环”新发展格局及“十四五”规划，首都文化产业结构不断调整，产业规模进一步扩大。新发展阶段，北京文化产业应持续以高质量发展为核心，坚持创新赋能，以文化产业园区为重要抓手，激发市场主体活力，推动产业融合发展，使园区成为促进文

化产业集聚发展的重要力量。未来北京市应加强推进文化产业园区建设，提高首都文化产业的规模化、集约化、专业化水平，培养创意人才，打造新型高端产业集聚区。各区应重视打造和发展特色文化产业园区，加强对文化产业园区建设的资金支持，降低文化企业的融资成本，释放文化产业自身渗透性强、连接性广的独特优势，发挥园区的辐射带动作用，促进区域经济高水平发展。

2. 加速科技文化融合，拓展数字文化新业态

科技已成为文化产业创新发展的重要驱动力，科技与文化融合发展将成为北京文化产业发展不可忽视的新前景。疫情防控常态化下，“云展览”“云旅游”“云演艺”等新业态的出现，加速了文化产业数字化进程，文化产业领域的热点现象层出不穷，元宇宙、NFT、数字文化、传统文化“活化”、直播电商、游戏电竞、沉浸式娱乐等新形态百花齐放。北京作为全国文化中心，文化资源丰厚、文化要素集聚，互联网平台多、用户规模大，拥有发展文化新业态的显著优势，北京数字经济发展水平也居于全国前列。未来，北京将抓住全球数字经济标杆城市建设的契机，增强首都文化资源衍生数字产品的生产能力，加强文化资源创造性转化、创新性发展，率先推动数字内容成为文化产业的主要支撑、数字传播成为文化传播的主要渠道。

3. 健全知识产权保护体系，净化文化产业市场环境

“十四五”规划中明确强调未来我国应进一步完善文化产业规划和政策，加强文化市场体系建设，提高文化软实力。北京在推进全国文化中心建设的语境中，更应发挥优化文化产业创新环境的示范引领作用，营造公平竞争的文化产业市场环境、公平公正的法治环境、自由便利的投资贸易环境、便捷高效的政务服务环境，持续发挥首都模式的领跑作用。深入健全与文化产业密切相关的知识产权保护体系，扩大知识产权保护社会参与，增强市场主体创业创新动力。

4. 扩大优质文化产品供给，优化文化消费结构

随着首都文化资源日益丰富，人民群众的文化选择越发广泛，审美精神需求也日渐提高，文化消费需求持续释放。与时俱进提升文化产品的水准，

营造文明和谐的文化消费环境对首都的文化建设至关重要。未来北京应积极推进更高水准的文化产品生产供给，在把握文化消费热点的同时，提升文化消费品质，更加注重优质文化、传统优良文化及当代先进文化潜力的挖掘，凸显北京深厚的文化底蕴，传扬大国首都文化精神，发挥全国文化中心的引领示范作用；积极顺应文化消费理念、文化消费方式、文化消费习惯的转变趋势，持续优化支持文化消费的相关政策，深化消费领域供给侧结构性改革，让文化消费成为首都文化事业和文化产业的重要支点。

（四）继续弘扬“双奥之城”文化，做好冬奥文化遗产的可持续利用

冬奥会的筹备和举办给北京留下了一笔丰厚的奥运文化遗产，北京也因此成为世界上独一无二的既举办过夏季奥运会又举办过冬季奥运会的城市。在冬奥会结束之后，利用好筹办过程中积累的体育场馆遗产、文化遗产及汇集的体育赛事资源，充分挖掘“后冬奥”时期的遗产价值，不仅可为市民提供更加丰富的文化活动和更加广阔的公共文化空间，还能够实现冬奥遗产的可持续利用，为践行北京冬奥会的申办承诺提供生动注解。

一是充分利用冬季奥林匹克公园和奥林匹克园区，拓展市民公共文化空间。在冬奥会的筹办过程中，北京赛区、延庆赛区以奥运场馆为依托，申报并建设了北京冬季奥林匹克公园和延庆奥林匹克园区。特别是位于石景山区的北京冬季奥林匹克公园，整合冬奥资源与工业遗存，将首钢园区打造成为首都城市复兴的新地标。北京市两个新的奥林匹克公园的设立，能够为市民提供新的休闲体育活动和公共文化活动空间。在未来的冬奥资源可持续利用工作中，应充分重视北京冬季奥林匹克公园和延庆奥林匹克园区的公共休闲和文化服务功能的开发，将冬奥文化与公共文化活动空间相结合；充分挖掘北京“双奥之城”这一主题，结合北京市民公共文化生活需求，开展相关主题活动，在传承奥林匹克文化的同时丰富市民公共文化生活。

二是汇集冬奥赛事资源，继续举办高水平国际冬季运动赛事。在北京冬奥会期间，各冬奥场馆、属地政府积极与各国际冬季单项体育联合会进行沟通交流，初步达成举办多项国际冬季运动赛事的意向。在冬奥会结束之后继

续举办国际冬季运动赛事，既能够充分提高冬奥场馆的赛后利用率，防止因场馆闲置造成冬奥遗产和资源的浪费，又能够增加高水平冬季运动赛事供给，为市民的休闲文化生活提供更多选择。相关属地、业主单位对于已初步达成合作意向的，应积极推动后续合作事宜，尽快签署赛事承办合同，完善合作细节，尽早成立赛事组委会和协调委员会，确保赛事组织运转顺畅。同时，冬奥会的筹办给北京培养了一批具有国际水准的冬季运动场馆运营及冬季运动赛事组织经验的人才，在冬奥会结束之后，也应予以充分利用。因此，应在充分总结北京冬奥会及“相约北京”系列国际测试活动组织经验的基础上，认真分析高水平冬季运动赛事的市场需求情况及相关国际赛事的布局情况，充分利用北京冬奥会的赛事组织经验和人才资源，探索建立本土冰雪运动赛事品牌，打造北京自有 IP 的国际级冬季运动赛事。

三是增强协作互动，与张家口携手打造“京张体育文化旅游带”。北京冬奥会采用北京和张家口两地三赛区的办赛模式，赛事筹办的过程加强了北京和张家口的协同互动，京张高铁等交通基础设施更是将北京至崇礼的陆上交通时间缩短至 1 小时，为京张两地在赛后继续加强协同互动打下了坚实基础。2021 年 1 月 20 日，习近平总书记主持召开北京 2022 年冬奥会和冬残奥会筹办工作汇报会时强调，要积极谋划冬奥场馆赛后利用，将举办重大赛事同服务全民健身结合起来，加快建设京张体育文化旅游带。在冬奥会结束之后，应继续深入挖掘北京和张家口的体育和文化资源，协同推进京张体育文化旅游带建设；以冬奥为主题，以冰雪运动、山地户外运动为主线，串联起京张体育文化旅游带沿线的历史文化、民俗文化，促进体育、文化、旅游、康养等产业融合发展。

（五）做好文化交流与传播，将北京打造为文明互鉴的窗口

2021 年，北京市对外文化交流和传播不断开辟新局面、创新新路径、构建新平台，实现文化“请进来”和“走出去”全面发展的新面貌，有效提升了北京文化和中华文化的国际影响力。同时，立足于全国文化中心建设和新时代首都发展的宏大布局，北京对外文化交流与合作仍面临着新的挑战

和新的使命担当。一是明确新时代北京外对文化交流和传播的使命担当，以构建具有国际影响力的文化城市形象为目标，正确谋划和设计北京作为首都在国家形象塑造和传播中的重要性，将北京打造成为积极对外展示中国大国形象的最佳窗口。二是更加深入地挖掘和探索北京本土特色文化，加强文化对外交流和传播的内容建设，尤其是将能够体现北京首都风范、古都风韵、时代风貌的优秀传统文化和当代时尚文化都纳入文化交流和传播的内容创新中，构建多样性、独特性、当代性和中国性的文化内核，在转化性发展和创新性生成中继续组织高品质的文化活动，以文化品牌活动带动北京故事和中国故事叙事体系的持续更新，保证对外文化交流活动的持久生命力。三是继续创新对外文化交流和传播路径与渠道，多元搭建文化对外交流合作平台。在充分挖掘北京本土特色文化的基础上，促进北京历史文化与北京当代城市文化的有机共融，推进多种文化形式与当代城市建设的创新融合，探索文化与旅游、文化与科技的共生模式，以文化促旅游，以文化促科技，以旅游传文化，以科技传文化，借助多元化传播路径和传播平台推动北京对外文化交流和北京城市建设的高质量发展。四是紧跟国家重大举措和重大活动，推进文化对外交流机制的不断完善。充分利用北京作为国际交往中心的资源优势，借助“我的北京故事”、“魅力北京”、共建“一带一路”、2022 年北京冬奥会冬残奥会等重大活动和重大项目，加强与相关国际城市与国际组织的沟通合作，不断探索和拓宽文化交流互鉴合作渠道，开发新的国际合作项目和国际合作伙伴，以实现中华文化与北京文化影响力的有效提升。

在国家全面建成小康社会、踏上新征程的历史时刻，北京文化发展的模式和经验尤其重要且珍贵。北京将立足自身超大城市的特色定位，并站在全国文化中心的高起点上，开启文化建设新的篇章，利用丰富的文化市场和文化产业、人才等资源，为全国人民提供源源不断的文化产品，为国家文化软实力提升做出表率，为中华民族伟大复兴中国梦的实现提供先驱样板。

思想引领与文化示范

Ideological Guidance and Cultural Demonstration

B.2

新时代文化强国建设的首都担当

祁述裕　张 凯　陈红玉　王 丽*

摘　要： 首都是国家政治和文化的中心。本报告梳理了古代首都建设首善之区、多元文化荟萃之地的实践，以及现代社会城市推动文化创新、提升国家文化影响力和辐射力的功能，分析了新中国成立以来北京作为全国文化中心的地位不断强化、党的十八大之后在文化建设各个领域彰显文化引领作用的过程；认为首都在新时代文化强国建设中应当在推进文化治理现代化、提高文化治理效能上有新探索、新作为，重点完成构建现代公共文化服务体系、健全现代文化市场体系、对标国际经贸规则提升文旅领域开放水平三大任务，着重关注提升文化治理现代化各相关要素的均衡性、优化文化要素资源配置、处理好中央部门与首都的关系、正确处理

* 祁述裕，博士，中央党校（国家行政学院）教授，博士生导师，主要研究方向为文化政策和管理；张凯，博士，北京市社会科学院文化研究所副研究员，主要从事文化研究；陈红玉，博士，北京市社会科学院文化研究所研究员，主要研究方向为媒介经济与文化产业；王丽，博士，北京市社会科学院传媒与舆情研究所助理研究员，主要研究方向为文化传媒、国际形象传播。

文化安全和文化发展的关系四大问题。

关键词： 文化强国　文化安全　文化治理

国家“十四五”规划和2035年远景目标纲要提出，到2035年实现建设文化强国的目标。北京作为首都和全国文化中心，应该在文化治理体系和治理能力现代化上勇立潮头、大胆探索，为推进文化强国建设提供新经验，切实体现首都的责任和担当。

一　首都是一个国家的文化象征和文化标志

首都是一种特殊的城市类型，世界上绝大多数国家的首都都属于单城多功能型首都，即首都既是政治中心、经济中心，也是文化中心，是一个国家的文化风向标。

（一）从中华民族历史看，首都历来是国家的文化中心

从中华民族发展历程看，首都历来作为国家的文化中心，承担着特殊的文化功能和使命。

1. 首都是首善之区

两千多年前的《史记》就有“建首善自京师始，由内及外”的论述[①]；《金史・礼志八》中也有名句“京师为首善之地，四方之所观仰”[②]。由此，“首善之区”作为专事京师文化形象的概念，成了千余年的共识，沿用至今。

首都作为首善之区，应率先厘正风俗，成为道德高地，以此作为其他地方的表率。如宋人张方平主张：“孝悌本于朝廷，礼义始乎京师……今京师

① （汉）司马迁：《史记・儒林列传》，中华书局，1982，第663页。

② 《金史・卷三五・礼志八》，中华书局，2019，第716页。

者，宫室所在，王教所先，宜乎其风俗敦厚质固，以表正万邦，使八纮取则，远人知慕。是当以道德为富，而不以繁华为盛。"[①] 明人梁潜认为："京师天下之本也，本固则邦宁……京师首善之地，万国之表，制作之示于天下，必由内以达外，教化之渐被于四方，必自近以及远。"[②] 近现代传承京城为首善之区的看法也有很多，如维新派代表人物康有为《请开学校折》用"建首善而观万国"之语为据；清末维新派人士陈炽谈"京师者，天下之首善也。移风易俗，必自根本起"之理[③]。民国时期，时任南京国民政府副主席孙科为南京《首都计划》作序，认为"良以首都之于一国，固不唯发号施令之中枢，实亦文化精神所荟萃。"[④]

2. 首都是多元文化荟萃之地

我国历朝历代首都往往都是万方辐辏、人文荟萃之地。在众多的古都中，西安与北京作为历史上最大、最重要的政治中心和文化中心，具有重要的历史地位和作用。

西安作为中国的政治、经济、文化中心长达千余年，先后有 21 个王朝和政权建都于此。在建都西安的诸多朝代中，周朝、秦朝、汉朝、隋朝和唐朝都是中国历史上的强盛时代。如唐朝时期的长安已成为国际性大都市。"九天阊阖开宫殿，万国衣冠拜冕旒"，西安在其发展的极盛阶段一直充当着世界中心的地位，吸引了大批的外国使节。仅鸿胪寺在 6~8 世纪接待的外国使节就涉及 70 多个国家，涉及亚、非、欧诸洲。据统计，当时在长安百万人口中，各国的侨民和外籍居民约占到总数的 5%左右[⑤]。作为国际交往的中心，唐代长安城内驻有许多来自中亚、高丽、日本的传道求法的宗教人士及商人。当时长安乐舞艺术繁盛，唐代燕乐十部乐、胡旋舞等都传自周边国家和西域，一些中亚及西域的乐人舞士也长期旅居长安，从事乐舞艺术

① （宋）张方平：《乐全集》卷三十九，中州古籍出版社，1992。

② 张勃：《"变风易俗，以致太平"》，《北京日报》2018 年 2 月 13 日。

③ 沈望舒：《北京的发展要义——强化首都文化核心功能》，《北京联合大学学报》（人文社会科学版），2016 年第 4 期。

④ （民国）国都设计技术专员办事处编《首都计划》，南京出版社，2006，第 2 页。

⑤ 沈福伟：《中西文化交流史》，上海人民出版社，1985，第 156 页。

的交流传播[①]，推动了中外文化的交流、融合与创新。

元代北京也是中外文化交流的中心，当时出现了各种文化和谐并存的局面。马可·波罗称元大都是当时世界上最繁华的都市。欧洲中世纪著名的“四大旅行家”之一的鄂多立克也曾将这种局面称为“世界上最大的奇迹”[②]。在大都城内，游牧文化与农耕文化融合，多民族、多地域文化交融，产生了多元文化并存的盛况，元大都的文学、艺术、建筑、史学等都留下了多元文化的印记。以文学为例，当时北京杂剧兴盛，关汉卿、郑光祖、白朴、马致远等著名杂剧家齐聚北京，盛况空前[③]。

明清时期，北京汇集了全国各地的人才。明朝恢复了宫廷画院的制度，调集全国著名画家在皇宫中供职，如沈希远被授以中书舍人，陈远被授予文渊阁待诏[④]。明中叶后，随着北京经济的繁荣，群众喜闻乐见的戏曲有了新发展，清代徽班进京，对京剧的形成起到关键性作用。明清之际，北京出现了中外文化交流的高潮，意大利耶稣会传教士利玛窦来华，获准在京传教[⑤]。清代，汤若望被任命为钦天监掌印官，后加封至光禄大夫，正一品衔，顺治皇帝甚至尊称其为“玛法”。康熙时，法国耶稣会士白晋、张诚甚至在皇宫内设立了“药物实验室”[⑥]。随后多名传教士来京，当时一度出现100多名洋人在故宫行走的盛况。他们把中国的儒学和道家学说介绍到西方，促进了中西文化的交流。

（二）西方国家首都在推动国家文化发展中发挥着独特作用

西方国家首都同样发挥着全国文化中心的作用。

---

① 雍际春：《唐都长安的文化功能》，《天水师范学院学报》（社会科学版）2000年第2期。

② 欧阳哲生：《欧洲与中国文明对话的新开端》，《北京大学学报》（哲学社会科学版）2013年第5期。

③ 陈博洋：《大都文化与元代中华文化的多元性发展》，《北京文化发展报告2017》，2018，第144页。

④ 阎崇年：《北京文化的历史特点》，《北京师范大学学报》（社会科学版）2004年第5期。

⑤ 陈辽：《文化小说：明清集大成》，《南京社会科学》2006年第2期。

⑥ 刘敏：《明清北京文化的发展及其对中华文明的影响》，《北京文化发展报告2017》，2018，第158页。

1. 首都是新思想、新型艺术、新时尚的策源地

作为西方文化的源头，古希腊文化在西方文化发展过程中做出了突出贡献。作为古希腊文化中心的雅典创造了包括哲学、艺术在内的高度个性化的思想文化，孕育出新型的城市意识。古希腊著名的哲学家苏格拉底，出生并居住在雅典，他和柏拉图、亚里士多德并称为“希腊三贤”，后人普遍认为他是西方哲学的奠基者①。雅典也是古希腊戏剧的中心。公元前 5 世纪时，戏剧演出已成为雅典宗教庆典的重要组成部分。雅典出现了许多戏剧作家，其中最著名的三位分别是埃斯库罗斯、索福克勒斯和欧里庇得斯，他们被视为现代舞台剧的鼻祖②。

2. 现代社会城市功能转型强化了首都在国家文化建构中的地位和作用

随着工业性城市向服务型城市转型，许多发达国家首都都把推动文化创新作为促进城市发展的重要动力，纷纷制定规划，旨在发挥首都文化的影响力和辐射力。

2003 年，英国首都伦敦发布了《伦敦：文化资本，市长文化战略纲要》，提出从四个方面维护和增强伦敦作为世界卓越的创意和文化中心的声誉：第一，卓越性，增强伦敦作为世界一流文化城市的地位；第二，创新性，把创新作为推动伦敦成功的核心；第三，参与性，确保所有的伦敦人都有机会参与到城市文化中；第四，效益性，确保伦敦从它的文化资源中获得最大的利益。

为迎接 21 世纪的挑战，新加坡发布了《创意工业发展策略：推动新加坡的创意经济》的报告。该报告提出，以知识创新发掘新加坡丰富的多元文化资源，将文化繁荣和文化创意产业发展相结合，致力于在 21 世纪，把新加坡建设成一个在艺术和文化方面具有高度创新性和多项功能的国际化城市。其核心是“文艺复兴城市”“全球化设计中心”“全球媒体中心”③。一些国家首都还从文化的角度，对城市发展理念进行归纳，如伦敦、柏林提出

---

① 李石岑：《希腊三大哲学家》，商务印书馆，1931，第 136 页。

② 王莉：《论古希腊文化对西方文化的影响》，《艺术品鉴》2015 年第 3 期。

③ 资料来源：新加坡政府网站。

建设“设计之都”等。

3. 现代社会首都文化功能具有更加丰富的内涵

在现代社会，城市服务功能更加丰富，文化服务功能作为城市服务功能之一，内涵也得到更大的拓展。英国学者彼得·霍尔（Peter Hall）教授在《世界城市》中提出了中心城市功能综合体理论，认为现代国际城市应该成为六个中心：①政治权力中心，它不仅是国家和各类政府的所在地，有时也是国际机构的所在地，还是各类专业性组织和工业企业总部所在地；②商业中心，它通常拥有大型的国际海港、大型国际航空港，并且是一国的金融和财政中心；③各类人才聚集的中心，它集中了大型医院、大学、科研机构、国家图书馆和博物馆等各项科教文卫设施；④信息汇集和传播的中心；⑤不仅是巨大的人口中心，而且集中了相当比例的富裕阶层人口；⑥随着制造业贸易向更广阔的市场扩展，娱乐业成为世界城市的另一个主要产业部门。[①]

以法国首都巴黎为例。几百年来，巴黎聚集了法国绝大多数艺术家、文学家和演出活动，恩格斯称赞巴黎为“汇聚了整个欧洲历史文明纤维的世界的心脏和头脑”。首先，巴黎是各类人才聚集的中心。2014 年，巴黎就被评为世界最具创新能力都市和人才资源最优都市。巴黎拥有 17 所综合性大学和 53 所世界知名工程技术或企业管理专科大学。巴黎大区共有 617300 名大学生，其中 327400 人在巴黎就读，包括 50000 名外国学生[②]。其次，巴黎是信息汇集和传播的中心。法国最重要的媒体，如法国新闻社、法国国际广播电台、《费加罗报》、《世界报》等，总部都设在巴黎。巴黎也是世界信息传播中心之一。同时，巴黎作为全球第二大国际组织——联合国教科文组织总部所在地，是国际文化政策的重要发布地。最后，娱乐时尚业已经成为巴黎主要产业部门。截至 2018 年，巴黎共有 4 项世界文化遗产、297 个博物馆、1142 个艺术馆、836 个剧院、超过 1000 块电影银幕，为各类文化活动的开展提供了有效支撑。巴黎经常开展娱乐时尚活动，音乐市场尤其活跃，

---

① 彼得·霍尔：《世界大城市》，中国科学院地理研究所译，中国建筑工业出版社，1982。

② 段世飞：《国际大都市高等教育国际化发展研究——基于纽约、伦敦、东京、巴黎比较的视角》，《“2019 高等教育国际论坛年会”论文集》，20191012。

2017年音乐演出达到3.1万场①。巴黎以艺术节、文化展、贸易展会等吸引消费者，使巴黎在国际娱乐时尚中扮演着举足轻重的作用②。

4. 首都的文化引领突出体现为文化治理创新的引领

首都的文化引领作用突出表现在文化治理方式创新上。城市学著名学者刘易斯·芒福德对欧洲巴洛克时期的首都文化进行了如下描述，“法律、秩序、统一”是欧洲巴洛克时期的文化理想，也是当时欧洲各国的首都文化观念，而这一观念又与整个欧洲社会的观念相互作用，突出了首都文化对城市社会的塑造③。杰弗里·迈耶高度评价美国首都华盛顿在文化创新上所发挥的作用：“华盛顿作为一个摒弃神权观念的全新地方，旨在建立民主社会而精心设计的首都，它向全世界昭示了一种全新的秩序——国玺永存的新秩序”。④

一个国家文化治理创新常常是从首都开始的。以英国首都伦敦为例，伦敦作为英国首都，历来是英国文化变革和创新的发动机。如1709年在伦敦，由英国议会颁布了《安娜法令》（也称《安娜女王法令》，原名为《为鼓励知识创作授予作者及购买者就其已印刷成册的图书在一定时期内之权利的法》，1710年生效）。《安娜法令》在世界上首次承认作者是著作权保护的主体，是世界上第一部保护作者权益的法律，对世界各国后来的著作权立法产生了重大影响。又如20世纪40年代，伦敦成立了国家艺术基金会，这是世界上第一个政府支持艺术发展的基金会，发挥着扶持、引导和规范文化艺术发展的职能。这种做法后来为许多西方国家所效仿。

20世纪90年代，英国最早将“创造性”概念引入文化政策文件。2000年，伦敦市政府颁布《伦敦计划》，明确提出要把伦敦建设成为“文化多样性的世界创意都市”。在2003年，时任大伦敦市长利文斯通颁布了名为

① 贺菁伟：《国际首都城市特色功能建设经验及启示》，《中国统计》2020年第3期。

② 李鸿涛：《巴黎：全球时尚风向标》，《经济日报》2021年8月16日。

③ 刘易斯·芒福德：《城市发展史——起源、演变和前景》，宋俊岭、倪文彦译，中国建筑工业出版社，2005，第218页。

④ 杰弗里·迈耶：《鹰与龙——华盛顿与北京比较》，载《城市社会的变迁》，王旭、黄柯可译，中国社会科学出版社，1998，转引自任超《首都文化研究的基本视角、概念、内涵与功能——基于相关文献的综述》，《前沿》2016年第12期。

《伦敦：文化资本，市长文化战略纲要》，并从卓越性、创新性、参与性和效益性四个方面提出了具体的规划[①]。2008 年，伦敦颁布了《文化大都市——伦敦市长 2009~2012 年的文化重点》，从 12 个方面对未来伦敦的文化发展做了详尽的规划。2010 年，大伦敦市颁布《文化大都市区——大伦敦市长的文化战略：2012 年及以后》，在该战略文件中，伦敦市政府提出要实施“文化奥林匹克计划”，在加强区域文化机构建设、发展文化产业方面提出了具体的对策。2017 年出台的《伦敦规划草案》从土地调控、税收融资、发展管理几个方面部署对策，主要聚焦于创意产业生产者的生活成本过高、难以融资等问题[②]（见表 1）。

表 1　伦敦文化治理创新政策汇总

时间	政策	内容
1709 年	《安娜法令》	世界上首次承认作者是著作权保护的主体，确立了近代意义的著作权思想
20 世纪 40 年代	成立国家艺术基金会	世界上第一个政府支持艺术发展的基金会
1993 年	《创造性未来》报告	第一次以官方文件的形式颁布了国家文化发展战略
2000 年	《伦敦计划》	提出要把伦敦建设成为“文化多样性的世界创意都市”
2003 年	《伦敦：文化资本，市长文化战略纲要》	从卓越性、创新性、参与性和效益性四个方面提出了具体的规划
2008 年	《文化大都市——伦敦市长 2009~2012 年的文化重点》	对未来伦敦的文化发展做了详尽的规划
2010 年	《文化大都市区——大伦敦市长的文化战略：2012 年及以后》	提出要实施“文化奥林匹克计划”
2017 年	《伦敦规划草案》	部署对策解决创意产业生产者生活成本过高、难以融资等问题

① 曹得宝：《立足首善地位　发挥北京文化辐射功能》，《北京文化发展报告 2017》，2018。

② 王冲：《演变与转型——伦敦文创产业如何适应“城市文化复兴”》，《山东工艺美术学院学报》2020 年 3 月。

二　首都在新时代文化强国建设中承担着特殊使命

北京作为首都，在新中国文化建设进程中始终发挥着引领作用。改革开放以来，特别是新时代以来，首都作为全国文化中心的地位不断强化。

（一）党和国家对首都文化功能的认识

党和国家对首都作为全国文化中心的认识一直有共识，并随着时代发展，对首都文化功能的认识不断丰富和深化。

1. 党和国家主要领导人对首都文化功能有明确的要求

新中国成立以后，毛泽东、周恩来、刘少奇等老一辈党和国家领导人确立了北京作为全国政治中心和文化中心的定位。党的十一届三中全会以来，随着国家工作重心的转移，中央对首都功能定位提出了新要求。1980 年，邓小平同志在讨论北京城市建设方针问题时指出，首都的四个现代化建设要在社会文明、环境文化建设、科技教育、经济发展四个方面做示范引领。江泽民同志明确了首都建设中国特色社会主义文化之都的要求。胡锦涛同志要求首都要不断推进文化创新，发掘首都文化的深厚底蕴，激发文化发展活力，推动首都文化发展繁荣。党的十八大以来，习近平同志对首都工作做出了一系列重要指示。2014 年，习近平同志在考察北京市工作时指出，建设和管理好首都，是国家治理体系和治理能力现代化的重要内容。北京要明确城市战略定位，坚持和强化首都全国政治中心、文化中心、国际交往中心、科技创新中心的核心功能。习近平同志强调，北京要深入实施人文北京、科技北京、绿色北京战略，努力把北京建设成为国际一流的和谐宜居之都。

2. 国家和北京市规划对首都文化功能有明确的定位

新中国成立以后，国家批复的历次北京城市总体规划，都对首都作为全国文化中心的功能有明确要求①。如 1953 年发布《改建与扩建北京城市规

① 迄今为止，北京前后七次编制城市总体规划，分别是 1953 年、1957 年、1973 年、1981 年、1991 年、2004 年、2016 年。

划草案的要点》，要求首都北京在文化建设的社会主义转型方面成为全国标兵；1957 年编制的《北京城市建设总体规划方案》，将北京定位为国家的文化中心。1982 年《北京城市建设总体规划方案》设定“首善之区”的城市建设目标，提出首都北京的城市建设应当反映中华民族的历史文化、革命传统，以及社会主义中国首都的独特风貌，强调北京是全国的政治中心和文化中心，北京的城市建设和各项事业的发展，都必须服从和充分体现这一城市性质的要求。再如 1983 年《北京城市建设总体规划方案》、1991 年《北京城市总体规划（1991 年至 2010 年）》和 2004 年《北京城市总体规划（2004 年~2020 年）》等文件都以北京是政治中心和文化中心双重功能为基础。1991 年和 2004 年两版城市规划将首都文化功能延伸至著名古都和现代城市。《北京城市总体规划（2016 年~2035 年）》延续了保护北京作为历史文化名城的诉求，坚持“四个中心”“四个服务”，建设国际一流的和谐宜居之都。

（二）首都在新中国文化建设进程中始终发挥着引领作用

首都在新中国文化建设中始终勇立潮头，在文化事业、文化产业、文化体制改革和管理创新等方面积极探索，发挥着排头兵的作用。

1. 社会主义革命和建设初期首都是文化建设的领头羊

新中国成立后，作为国家首都，北京是国家文化政策的孕育和发布之地。首都作为中央宣传文化机关和文化单位所在地，集中了大量的文化机构，建设了众多公共文化设施。北京高校、研究机构林立，如北京大学、清华大学等。1949 年 11 月中国科学院成立，领导和组织全国社会科学和自然科学，由此确立了北京作为全国文化中心的地位。1951 年由延安入京的北京人民广播电台成为新中国成立后的第一个国际广播电台；1958 年建立的北京电视台于 1978 年改称为中央电视台，是中国电视的起源。在文化产品和内容供给方面，首都期刊是中国期刊业的缩影，在办刊历史、期刊总量、期刊品种、期刊规模、期刊影响力等方面都在全国名列前茅。在文化保护方面，1958 年在全国首次开展大规模文化资源调查，北京率先出台文物保护规定，兴建博物馆。1961 年北京 18 处遗产被列为第一批全国重点文物保护单位，数量居全国之首。

2. 改革开放以来首都在文化领域发挥着开风气之先的作用

党的十一届三中全会以后，改革开放号角吹响。首都积极探索建立社会主义文化市场的路径，极大地丰富了社会主义文化建设的内涵，在全国做出表率。

首先，作为新思想、新观念的策源地，首都总是引领文化风气之先，成为思想解放的风向标。1978 年 5 月，《光明日报》发表了《实践是检验真理的唯一标准》一文，从理论上彻底否定了“两个凡是”，思想解放运动首先从北京开始，为改革开放提供了思想武器和精神食粮。

其次，北京作为首都，聚集了全国数量最为庞大的国有文化单位和机构，改革的任务十分艰巨，也由此成为文化体制改革的先发地。1978 年，《人民日报》、中央电视台等 8 家媒体率先实行事业单位企业化管理，开启了国有文化企业改革的先河。2003 年 6 月，中央召开文化体制改革试点工作会议，确定北京等 9 个省市作为全国第一批综合性改革试点城市。北京歌华有线电视网络股份有限公司率先上市融资，成为中国文化企业上市第一股。2004 年北青传媒股份有限公司在香港主板上市融资，成为中国内地传媒企业境外上市第一股。北京歌剧舞剧院转企改制一步到位。朝阳区文化馆是全国文化体制改革试点单位中唯一的文化馆，率先探索开展文化馆社会化服务的新路径，是全国最具影响力的区级文化馆之一。

再次，首都一直是文化创新的发源地，在全国文化内容生产中起着标杆作用。1982 年，林兆华导演的《绝对信号》上映，开启了中国小剧场先河。21 世纪初，798 艺术区成为享誉国际的文化产业园，开启了国内文化产业园区建设的先河。在科技文化融合上，首都始终走在全国前列。比如海淀中关村科技园作为全国第一家民营高科技企业、第一个高科技园区诞生地，拉开了中国科技创新的序幕，也为中国互联网产业发展奠定了坚实基础。从 20 世纪末到现在，新浪、搜狐、百度、字节跳动等一大批互联网企业横空出世，极大地推动了产业转型和媒体改革。

最后，首都积极推动城市转型和管理创新。为适应城市由工业型城市向服务型城市转型的大趋势，北京创造性地提出了科技、文化双轮驱动发展思路，这不仅有力地推动了北京城市发展，而且对推动中国城市转型产生了深刻影响。

（三）党的十八大以来首都的文化引领作用更加彰显

党的十八大以来，首都作为全国文化中心的示范辐射效应更加彰显，在我国文化建设中的引领作用继续增强。

首先，北京文化产业发展在全国优势明显。北京的文化产业起步早、发展快，成果丰硕。《北京文化产业发展白皮书（2021）》中的数据显示，北京文化产业在政策供给、总体规模、企业综合实力、居民文化消费等多项指标上领先全国①。根据“2020 中国文化产业系列指数”②，北京在“2020 年中国省市文化产业发展综合指数”中名列第一，并连续 5 年保持第一。另外，2016 年以来启动的“北京文化创意大赛”活动辐射全国，在包括港澳台在内的全国各地设立多个赛区，不仅激励了首都本地的文化创意氛围，也推动了全国文创产业的发展。

其次，北京文化建设重视创新引领。2014 年 7 月，文化部批复设立的国家文化产业创新实验区落户北京市朝阳区，该实验区是国内唯一的国家级文化产业创新实验区，为我国文化产业发展提供了许多新经验。首都积极探索文化产业政策创新，发挥了示范引领作用。比如，中关村科技园区实施的“瞪羚计划”，在人才引进方面制定了多项激励政策，努力为创新企业解决后顾之忧。又如，为缓解文化企业融资难，2017 年北京出台“投贷奖”政策，支持超过 2000 多家文化企业，金额超过 12 亿元，拉动社会资本超过 1000 亿元；2020 年进一步完善并出台《北京市文化产业“投贷奖”风险补

① 北京市国有文化资产管理中心与中国传媒大学文化产业管理学院联合发布《北京文化产业发展白皮书（2021）》。

② 中国人民大学文化科技园和中国人民大学文化产业研究院发布“2020 中国文化产业系列指数”。

偿资金管理办法（试行）》，扩大了“投贷奖”资金池的参与主体，优化了文化企业融资环境。从2017年开始，北京先后出台了一系列支持文化产业园区发展和评估的政策[①]，推动了文化产业园区高质量发展。2019年北京积极推进文化服务业改革，放宽对国外演艺经纪公司入境限制，激发了演艺娱乐市场和旅游市场活力。2019年东城区获得首批国家文化与金融合作示范区的创建资格。2020年北京发布《关于加快推进国家文化与金融合作示范区发展的若干措施》，联合金融机构推出“文菁贷”“文创贷”等支持小微文化企业的特色产品，设立专属绿色通道，探索文化和金融融合发展路径。新冠肺炎疫情给文旅企业带来了极大的负面影响。2020年初，北京及时出台了《关于应对新冠肺炎疫情影响促进文化企业健康发展的若干措施》（“北京文化28条”），对文化企业给予资金、房租减免等扶持，在全国起到了示范作用。

最后，首都大力推动文化科技双轮驱动。北京始终将文化中心与科技中心建设作为激发城市内生动力的两个关键支点。北京在科技创新发展方面优势明显，根据首都科技发展战略研究院发布的《中国城市科技创新发展报告2020》，北京的科技创新发展指数稳居全国第一位。在科技创新方面，北京不仅与国内其他城市相比具有明显优势，在全球众多城市科技创新排名中也居前列。根据世界知识产权组织发布的《2020年全球城市创新指数》，北京全球城市排名第四。文化与科技融合促进了北京数字文化产业蓬勃发展。据统计，2020年全市规模以上文化企业中文化新业态行业营业收入占比为61.3%，“文化+互联网”企业营业收入占比59.9%，[②] 文化新业态占比在全国城市中名列前茅，在推动文化产业转型升级中发挥着先锋作用。

近年来，北京城市综合竞争力在全球排名不断提升。根据中国社会科学

① 主要包括：《关于保护利用老旧厂房拓展文化空间的指导意见》、《北京市文化创意产业园区认定及规范管理办法（试行）》和《关于加快市级文化创意产业示范园区建设发展的意见》。

② 北京市国有文化资产管理中心与中国传媒大学文化产业管理学院联合发布《北京文化产业发展白皮书（2021）》。

院财经战略研究院和联合国人居署联合发布的研究报告①，纽约、伦敦、东京、巴黎和北京是5个A级别的全球城市。同时，根据国际管理咨询公司科尔尼发布的《2020年全球城市指数报告》，北京在全球城市综合排名中名列第五，比上一年度上升4名（如表2），其中北京多项竞争力指标在国内城市中排名均位居前列。

表2　2015~2020年全球城市综合排名

城市	2020年	2019年	2018年	2017年	2016年	2015年
纽约	1	1	1	1	2	1
伦敦	2	2	2	2	1	2
巴黎	3	3	3	3	3	3
东京	4	4	4	4	4	4
北京	5	9	9	9	9	9
香港	6	5	5	5	5	5
洛杉矶	7	7	6	8	6	6
芝加哥	8	8	8	7	7	7
新加坡	9	6	7	6	8	8
华盛顿	10	10	11	10	10	10
上海	12	19	19	19	20	21

资料来源：科尔尼，《2020年全球城市指数报告》，2020。

也要看到，与实现文化强国目标相比，北京还有许多差距。如完善文化治理体系，健全现代文化产业体系和文化市场机制，激发国有文化单位活力，更好地发挥文化类社会组织的作用，扩大文化服务市场对外开放，强化国际文化引领力等。首都在新时代文化强国建设方面要有更大作为，承担更大责任。

① 中国社会科学院财经战略研究院和联合国人居署联合发布报告《全球城市竞争力报告2019~2020：跨入城市的世界300年变局》，2019年11月17日。数据来源：中国社会科学网。

三　推进文化治理体系现代化，彰显首都文化担当

党的十九届四中全会指出，推进国家治理体系和治理能力现代化能够更好地发挥中国特色社会主义制度优势，并把制度优势转化为管理经济社会事务的效能。文化治理体系现代化是国家治理体系和治理能力现代化的必然要求。在新时代文化强国建设中，首都的文化担当首先要在探索推进文化治理现代化、提高文化治理效能上有新探索、新作为。

（一）文化治理体系现代化是新时代文化强国建设的重要目标

文化治理体系是国家治理体系的重要内容。积极推进文化治理体系现代化，在实现新时代文化强国建设目标中有着极为重要的意义。

1. 文化治理体系现代化是国家治理体系现代化的重要内容

文化治理体系现代化的重要性主要体现在以下四个方面。

一是国家治理体系和治理能力现代化的需要。国家治理需要一整套联系紧密、相互协调的制度设计。实现“两个一百年”奋斗目标，全面建成社会主义现代化国家，不仅需要完善中国特色社会主义经济制度，而且需要完善中国特色社会主义文化制度，以满足人民群众物质和精神层面多方面需求。首都作为全国文化中心，要切实承担推进文化治理体系现代化的责任，大胆探索，勇于创新，构建与新时代中国式现代化建设相适应的文化制度体系，为国家治理体系现代化提供借鉴。

二是现代城市功能转型的需要。城市治理是国家治理体系和治理能力现代化的重要内容。党的十九届五中全会指出，新时代要推进以人为核心的新型城镇化。这就要求我们完善城市建设理念，将人的价值放在城市建设的核心位置，使城市的文化要素与精神功能成为促进城市发展的重要力量。首都作为首善之区，应率先从文化治理的层面探索城市再造，促进由工业型城市向服务型、宜居型城市转型，打造国际一流和谐宜居之都。

三是适应信息技术飞速发展的需要。近年来，5G、大数据、人工智能、

物联网等信息技术给社会生活和城市管理带来了重大变革。新的文化表现手段不断涌现，新型文化业态层出不穷。物理世界与虚拟世界的融合、文化领域与其他领域的融合、文化产业态与其他业态的融合不断加深，这些都对文化管理提出了新的挑战。首都需要大力探索文化治理体系的数字化、智慧化，推动文化治理科学化、精细化、智能化，进一步激发创新活力，为文化与科技的融合提供更好的平台和发展环境。

四是北京全国文化中心建设的需要。文化强国意味着社会主义核心价值观深入人心，人民思想道德素质、科学文化素质和身心健康素质明显提高，公共文化服务体系和文化产业体系更加健全，人民精神文化生活日益丰富，中华文化影响力进一步提升，中华民族凝聚力进一步增强。文化领域全方位的提升和强大需要体制层面的保证，首都作为全国文化中心，要继续在完善文化体制机制方面率先作为，提供经验。

2. 文化治理体系现代化的重点是提高文化治理效能

推进首都文化治理体系和治理能力现代化，重点是提高首都文化治理效能，核心是处理好政府与市场、社会三者关系。首先，科学定位政府职能，规范行政权力。要严格按照《行政许可法》的要求，凡是公民、法人或其他组织能够自主决定的，凡是市场竞争机制能够有效调节的，凡是行业组织或者中介机构能够自律管理的，凡是行政机关采取事后监管等其他行政管理方式能够解决的，政府都不应设定行政审批权。其次，健全现代文化市场体系，使文化市场在资源配置中发挥积极作用，同时更好地发挥政府作用。最后，构建现代公共文化服务体系，充分发挥政府、社会组织、企业等多方力量，维护公众文化权利，更好地满足公众基本公共文化需求。

（二）首都文化治理体系现代化的主要任务

推进首都文化治理体系和治理能力现代化，提高文化治理效能，重点要完成构建现代公共文化服务体系；健全现代文化市场体系；对标国际经贸规则，提升文旅领域对外开放水平三大任务。

1. 构建现代公共文化服务体系

构建现代公共文化服务体系，保障公民文化权益、满足公民文化需求、实现文化共建共享，是提升文化治理效能的重要体现。首都构建现代公共文化服务体系应从三个方面入手。

第一，丰富公共文化服务内涵。随着经济社会发展，人们对公共文化服务的需求也在不断增加。不断丰富公共文化服务内涵，满足公众对公共文化服务的新需求，是构建现代公共文化服务体系需要重视的问题。一是既要满足普惠性的公共文化需求，也要满足特定人群的公共文化需求。如老年群体、外来群体等。二是既要满足线下公共文化服务需求，也要大力开发线上公共文化服务。在这方面，故宫博物院做了大量卓有成效的工作，开发了数字故宫等线上产品，很好地满足了不同群体的需求，值得借鉴。三是既要提供免费公共文化产品，也要提供优惠的公共文化产品。公共文化产品不一定都要免费提供，可提供具有一定优惠性质的文化产品服务。四是丰富公共文化服务内涵要坚持适度原则和平等原则。适度原则是指公共文化产品提供的种类和数量要适度。公共文化产品提供不足固然不好，提供过多，过度占用公共财政资源同样是不可取的。平等原则是指要坚持城乡公共文化服务平等、不同群体公共文化服务平等的原则，让公共文化服务惠及所有人群。

第二，完善公共文化服务社会化制度设计。《公共文化服务保障法》强调“推动公共文化服务运营和管理社会化”。引入竞争机制，推动公共文化服务社会化发展，是提高公共文化服务效能的重要抓手。党的十八大以来，首都在这方面做了大量的工作，取得了显著成效。如由优和时光（北京）文化中心有限公司承接运营的美后肆时景山市民文化中心在探索建设综合性基层公共文化空间方面，就提供了许多新鲜经验，但也还存在不少问题。如，行政部门与承接公共文化服务的社会机构职责不清；公共文化服务社会化缺少技术规范，承接公共文化服务的社会机构运营质量不高；公共文化服务资金来源单一等。“十四五”时期要进一步完善配套政策，优化评估和监管机制；拓宽公共文化服务融资渠道，强化激励机制；培育公共文化服务社会化运营机构，提升其专业化水平。

第三，推动公共文化服务体制机制创新。重点是推动公共文化机构法人治理结构改革。在这方面，首都多年来一直积极探索，目前全市 34 家区级以上公共图书馆、文化馆全部完成以理事会为主要形式的法人治理结构改革，在推进公共文化服务体制机制创新方面取得了重要成果，但还需要继续深化改革，力求取得更大的成效。一是进一步科学划分董事会与党委之间的权责；二是明确人事、财务的管理规范，完善监督评价和反馈体系；三是引入更多的社会主体参与理事会的决策过程；四是建立公众评价、绩效考核和成本约束机制等。同时，应进一步推动公共文化服务与群众需求的有效对接，提高财政资金和公共文化事业单位的运营管理效率。

2. 健全现代文化市场体系

遵循市场化、法治化、国际化的原则，坚持各类市场主体权利平等、机会平等、规则平等，按照规则公开透明、监管公平公正、服务便利高效的要求，依法保护各类市场主体的合法权益，建立统一开放、竞争有序的现代文化市场体系。在信息时代，互联网是信息传播的主渠道，健全现代文化市场体系的重点是加强网络文化市场体系建设。

第一，放宽市场准入。一是降低运营门槛，为中小互联网文化企业运营提供便利。以互联网教育企业为例，目前还存在互联网教育企业难以获得互联网教育经营许可证、合法运营门槛过高等问题。二是扩大网络视听经营许可范围。目前，我国网络视听经营许可证已经停发多年，首都许多新兴的网络视听内容制作商和企业由于牌照的限制无法正常经营，严重影响了行业的健康快速发展。三是为互联网出版企业开绿灯，促进线上出版与线下出版的融合，积极为有规模、受众多、信用好的互联网出版企业提供从事线下图书出版的资质和条件，整合出版资源，提高出版业竞争力。

第二，创新监管方式。近年来，“密室逃脱”“剧本杀”等沉浸式娱乐业态吸引了一大批年轻消费者，成为文化娱乐市场新的热点。这些新型娱乐形态在快速发展的同时，也出现了内容违规、无证经营、盗版侵权等突出问题。首都应当以包容审慎的态度规范新型娱乐业态的发展，创新监管方式，做到既鼓励文化业态创新，又提升监管水平，确保文化市场健康发展。一是简化事前审批流程，探索边经营边备案、整改再备案再监管的模式。二是明确划分事前审批备案部门和事中、事后监管部门的权责，建立顺畅的事前、事中、事后信息共享平台，保证备案、审批、监管信息的互联互通。三是建立政府、行业协会、消费者、公众齐抓共管机制，动员各种社会力量参与监督管理，提升监管水平，净化市场环境。

第三，规范网络平台管理。随着互联网科技的发展，网络平台经济已经成为经济发展的新动能，是文化产业发展的重要空间，但也存在不少问题，迫切需要规范网络平台管理。一是加强对网络平台的反垄断监管，防止大型互联网公司或资本无序扩张，让更多市场主体参与数字经济发展。二是以数据治理为抓手强化个人信息监管，完善《数据安全法》《个人信息保护法》等相关法律法规，防止平台“大数据杀熟”，切实保护个人隐私安全。三是着力建设平台的信用监管体系。例如，首都可形成平台企业的信用档案，根据企业的信用记录开展公共信用综合评价，将进行不正当竞争、内容监管不力的平台纳入信用记录。四是督促网络平台强化对 MCN 机构信息内容的日常监管，明确平台与 MCN 机构之间的权责分配，将平台管理、政府监管和社会监督有机地结合在一起。

3. 对标国际经贸规则，提升文旅领域开放水平①

文化和旅游是服务消费的重要组成部分，是国际消费中心城市建设的重点领域。首都迫切需要对标国际经贸规则，以更开放、更国际化、更高端的文旅消费擦亮“北京消费”招牌。

第一，拓展国内外企业合作渠道。允许外国服务提供者以跨境交付的方式在内地提供与文化娱乐服务有关的软件服务，如引进奈飞、迪士尼等国际知名文娱流媒体，在经过审核后向固定区域的网络使用者提供一定的内容采购服务，并要求这些平台与国内企业合作，在业务时段播放首都提供的优质

---

① 本部分内容参考了孙博、祁述裕撰写的《对标国际经贸规则，推动文旅领域对外开放水平》一文，特此说明。

文化内容。同时，同步推动首都文旅企业进行海外投资布局。在 RCEP 协议缔约国范围内，允许相应缔约国的外资旅行社在京经营出境游业务，前提是对应国允许中资旅行社在其国境内从事外国人出入境游业务；在协议缔约国之间允许国内旅游平台企业在缔约国从事“机+酒”业务经营活动，对在线 OTA 平台在相应缔约国设立分支机构等直接投资业务或收购本地文旅企业免除最高资本并购的限额限制，促进对外直接投资。

第二，引入国外专业人才。支持外国顶级设计师以个人名义挂靠在首都文化创意设计类企业下提供方案和开展服务，鼓励顶级服装、动画、插画及创意设计团队在京设立独资设计公司。引入一批优秀的创意设计团队和文娱领域专业服务团队为首都文化产品和服务提供专业化创意和后期服务。比如目前国内很多优秀的文化内容产品很难“走出去”，是因为需要针对不同的目的国进行语言翻译，而国内专业翻译人才稀缺，内容制作方往往无力支付相应的翻译费用。可考虑借助外国团队资源帮助国内文化内容产品“走出去”，吸引国外优秀人才在海外为中国文化产品“走出去”提供服务。

第三，扩大自贸试验区的审批权限。将港澳服务提供者在自贸试验区或全市区域内进行大型文旅项目的投资审批权限下放至自贸试验区所在区。对于外资演出经纪机构或者国外演出商等在京进行驻场演出、实景演出，将相应项目审批权限交给所在区，可考虑采取联审联办的方式，集中各部门审批力量在自贸区园区范围内进行一站式办理服务。对于相关项目引入时涉及未下放到区一级的审批权限，探索采取“一事一议”的方式由区级主管部门上报市级有关机构进行审核；其他无需市级主管部门审批的项目可同步进行，无需等待市级审批核准。

（三）推进首都文化治理体系现代化需要重视的四个问题

在文化治理体系现代化的探索中，首都需要把握构建文化治理现代化各相关要素的均衡性，优化文化要素资源配置，处理好中央部门与首都的关系，正确处理文化安全和文化发展的关系。

1. 把握构建文化治理现代化各相关要素的均衡性

推进首都文化治理体系现代化需要正确处理文化与政治、市场、社会之间的关系。以文化与市场关系为例，正确认识文化市场的功能和作用是文化制度建设中的一个重大问题，需要防止两种倾向：一种是轻视文化市场的价值和积极意义，另一种是过分夸大市场机制的作用。既要激发文化市场活力，解放和发展文化生产力，也要防止片面追求经济效益的现象；既要发挥政府在文化市场调控中的作用，也要发挥市场的作用调动市场主体活力。

2. 优化文化要素资源配置

改革开放以来，推动土地、资本、人才、信息等文化要素资源由计划配置向主要由市场配置转型，建立与社会主义市场经济体系相适应的文化体制机制是基本取向，也是文化发展繁荣的基本经验。首都应当为各类文化要素自由流动和合理配置提供更好的市场环境和社会环境。如促进公共文化服务社会化发展，落实保护利用老旧厂房拓展文化空间政策，搭建更便捷的文化企业与金融机构融资对接平台，大力引进和培养高质量文化人才等。

3. 处理好中央部门与首都的关系

在文化治理体系现代化建设中，北京必须正确处理“都”与“城”的关系。“都”是核心，北京要紧紧围绕“都”的功能来谋划“城”的文化发展，如立足首都核心功能，围绕“四个中心”布局文化体制机制创新。同时，“城”是实现首都担当的基础，要在落实首都核心功能定位的基础上，结合北京城市自身的文化传统和发展现状，统筹利用各种文化资源提升文化治理的效能，以“城”的更高水平发展服务保障“都”的功能。

4. 正确处理文化安全和文化发展的关系

首都是国家文化交流的窗口，打造高效可靠的文化安全预警和防范机制是文化治理体系中的关键环节。对此，首都要着重平衡好文化安全和文化发展之间的辩证关系，一方面，首都要着眼于抵制诸如危害国家安全、违背社会公德的文化元素，建立高效的审查监管体系；另一方面，首都应秉持包容开放的心态，将重心放在自身文化的发展中，以社会主义核心价值观的宣传落地筑牢意识形态阵地，以全民共建、共治、共享的公共文化服务体系丰富市民的精神文化生活，以规范合理的文化产业市场秩序推进文化产品的创新，以更加开放的姿态融入国际文化交往中，以安全为底线，以发展为根本，坚定文化自信，承担起文化强国的首都责任。

B.3
锚定文化强国远景目标
推动全国文化中心建设

于 丹*

摘 要： 文化是一个国家、一个民族的灵魂。文化自信是更基础、更广泛、更深厚的自信，是更基本、更深沉、更持久的力量。党的十七届六中全会提出“把我国建设成为社会主义文化强国”，文化强国战略由此持续得到强化。党的十九届六中全会发布《中共中央关于党的百年奋斗重大成就和历史经验的决议》，提出要建设社会主义文化强国，激发全民族文化创新创造活力，更好构筑中国精神、中国价值、中国力量，巩固全党全国各族人民团结奋斗的共同思想基础。厘清北京建设全国文化中心的现有条件和优势，发挥北京在文化强国建设中的窗口作用，是首善之区走向下一个建党百年新征程必须面对的时代议题。

关键词： 文化强国 全国文化中心 “五力”指标 北京

一 文化强国的本质内涵与全国文化中心建设的内在逻辑

文化强国的本质属性涵盖了中华民族自古以来追求社会理想、秉持辩证思维、以人民为中心和坚持创新精神的思想价值，根植于中华文明的文化初

---

* 于丹，首都文化创新与文化传播工程研究院院长，首席专家，主要研究方向为文化传播。

心，其构成包括全民族的文化自觉，高度的文化自信，卓越的文化创造、生产和传播能力，以及人民的思想道德和科学文化素养四个部分。

北京是世界著名古都，有着 3000 多年建城史、860 多年建都史，深厚的历史文化是一张金名片，是中华文明源远流长的伟大见证。首都文化发展在整体上具有资源丰富、主体多样、环节复杂等特征，实现全国文化中心建设的有序推进，需要树立与文化强国远景目标进行对标的意识，在全面梳理北京文化发展现状的基础上明确达标方向，建构起一套稳定的、能体现与指导大国首都建设全国文化中心的指标体系。在准确把握文化强国本质内涵、全面梳理文化发展现状、明确目标方向的基础上，对标北京建设全国文化中心可以分解出五项核心指标——文化凝聚力、文化资源力、文化创新力、文化传播力、文化涵育力——作为评价全国文化中心发展阶段的“五力”指标体系。该指标体系建立在首都文化定位和文化强国目标的关联性基础上。当前，人民群众对美好精神文化生活的需求更加高涨，首都在建设社会主义文化强国中的地位日益凸显，发挥全国文化中心示范作用的任务更加繁重。这对承担全国文化中心使命的首都北京提出了更高的要求。首先，北京正在建设国际一流的和谐宜居之都，这意味着首都文化供给的关键群体是生活在其中的老百姓。其次，北京作为首都和首善之区，从国家层面上，要在公共文化服务体系建设上起到示范作用，在文化产业发展上起到引领作用。最后，北京作为社会主义大国首都，在国际传播格局和世界文化都市建设中，应成为承担国际责任的模范城市。全国文化中心建设要担负起新的文化使命，进一步坚定文化自信，在更大历史跨度上明确全国文化中心建设的发展目标和发展路径，开创首都文化建设新局面。

文化强国的本质内涵与全国文化中心建设都体现着强烈的人本理念。核心指标体系以文化动能提升为着力点，结合数理逻辑与价值判断，使该指标体系不仅能通过一组组数据对全国文化中心建设的现状做描述，还能够通过指标之间的比对，找出与文化强国目标建设的差距，确定影响城市文化发展的核心能力要素与实现文化强国远景目标的发力点，为全国文化中心建设、实现文化强国远景目标明确努力方向。其中，文化凝聚力指基于核心价值观与人类共同价值形成的向心力；文化资源力指能够挖掘、利用与活化的一切有形或无形的文化元素；文化创新力指将创新理念和创新科技应用于文化产品或服务生产的能力；文化传播力指通过媒体与活动传播塑造国家形象，打造文化品牌的能力；文化涵育力则指提升公众文明素养和社会文明程度的相应能力。

二　基于“五力”指标的全国文化中心建设概况

当前，北京已进入从聚集资源求增长到疏解功能谋发展的阶段，加强全国文化中心建设是提升首都功能定位、支撑经济社会高质量发展的重要引擎和增长极。2020 年 4 月 9 日，《中共北京市委关于新时代繁荣兴盛首都文化的意见》《北京市推进全国文化中心建设中长期规划（2019 年~2035 年）》正式对外发布。2021 年，面对复杂严峻的国际形势和国内疫情散发等多重考验，首都文化建设朝着高质量发展，北京在围绕“五力”方面取得了良好的成绩。

在文化凝聚力方面，以“一带一路”国际合作高峰论坛、中非合作论坛北京峰会、世园会与亚洲文明大会等为代表的重大国事活动已成为中国价值、中国理念、中国文化传播窗口；北京拥有北京国际设计周、北京国际电影节等 60 余个国际性品牌文化节庆活动，以及包括中国网球公开赛、北京马拉松在内的 30 余个知名国际体育赛事；从高校“双一流”学科建设数量来看，北京以 156 个学科数量排名全国第一；哲学社会科学领域的话语能力得到显著提升，如北京市习近平新时代中国特色社会主义思想研究中心建设水平位居全国首位。此外，北京在对青年人才的吸引力上也优于其他城市，在“95 后”人才吸引力城市 50 强调查中，北京位居全国第一。

在文化资源力方面，北京市文化遗产资源丰富，共有 7 处世界级物质文化遗产，位居全国首位；在非物质文化遗产方面，有 126 个国家级代表性项目与 95 位国家级代表性传承人。在文化设施资源上，北京市 2021 年末共有公共图书馆 24 个，总藏量 7308 万册；档案馆 18 个，馆藏案卷 1007.9 万卷件；博物馆 204 个，其中免费开放 94 个；群众艺术馆、文化馆 19 个。在文化企业资源上，2020 年北京市新开实体书店 639 家，位居全国城市排名榜首，万人拥有实体书店数量达 0.90 个，已超过国际一流城市平均水平。2021 全年北京接待旅游总人数 2.6 亿人次，比上年增长 38.8%；实现旅游总收入 4166.2 亿元，增长 43.0%。其中，接待国内游客 2.5 亿人次，增长 38.9%；国内旅游总收入 4138.5 亿元，增长 43.7%；接待入境游客 24.5 万人次，国际旅游收入 4.3 亿美元。

表 1　北京市 2021 年末公共文化设施资源状况

公共文化设施资源	相关数据及状况
公共图书馆	24 个（总藏量 7308 万册）
档案馆	18 个（馆藏案卷 1007.9 万卷件）
博物馆	204 个（其中免费开放 94 个）
群众艺术馆、文化馆	19 个

资料来源：北京市统计局。

在文化创新力方面，表现在产业经济上，2019 年北京市规模以上文化产业实现收入 12849.7 亿元，增加了 3318.4 亿元，占 GDP 的 9.4%，在“十三五”期间一直居于全国首位；2019～2020 年，北京地区共有 75 家企业入选国家文化出口重点企业名单，数量居全国第一；2020 年，北京新增上市文化企业 13 家，首发融资规模为 321.96 亿元，以 33.57%的占比遥遥领先全国其他地区；2021 年上半年北京文化新业态企业营业收入占全国的 25.9%。在知识产权等方面，2021 年末北京地区登记在册的报刊总量 3403 种、出版社 525 家、出版物发行单位 10393 家；全年引进出版物版权 7633 件，版权（著作权）登记 102.6 万件，保持全国领先；人工智能专利申请量为 50906 件，位居全国第二。在数字经济基础设施建设上，2020 年北京市新基建项目共有 269 个，同比增长 41.6%，其中 5G 等“新网络”项目数量占比为 33.5%。截至 2021 年 9 月，北京已建设 5G 基站 4.7 万个，万人基站数全国第一。在数字技术人才上，北京拥有 79 位人工智能高层次学者，还有 11 家国家文化和科技融合示范基地，均位居全国第一。

表 2 北京市 2021 年末知识产权状况

知识产权种类	相关数据及状况
报刊(种)	3403
出版社(家)	525
出版物发行单位(家)	10393
全年引进出版物版权(件)	7633
版权(著作权)登记(万件)	102.6

资料来源：北京市统计局。

在文化传播力方面，北京在2020中国城市海外传播综合影响力排名中处于第一梯队，在海外账号总量、账号平均认证率及粉丝体量方面表现良好。在城市繁荣活力上，北京在创意与社交领域举办的文化活动频率最高，复合传播力位居全国城市前列。2021 年末有线电视实际用户 612.5 万户，其中高清电视实际用户 373.5 万户，超高清（4K）实际用户 201.5 万户。北京市近年来制作了大量影视精品，2021 年全年制作电视剧 41 部 1580 集、电视动画片 22 部 5184 分钟、网络剧 66 部、网络动画片 27 部、网络电影 158 部。全年生产电影 186 部，共有 30 条院线 281 家影院，共放映电影 335.4 万场，观众 4224.4 万人次，票房收入 22.3 亿元。其中，电影《长津湖》以 57 亿元票房收入登顶我国电影史票房榜，电视剧《觉醒年代》收视率与社会影响力居中国视听大数据排行榜首位。

表 3 北京市 2021 全年影视作品制作情况

影视作品种类	相关数据及状况
电视剧	41 部(1580 集)
电视动画片	22 部(5184 分钟)
网络剧	66 部
网络动画片	27 部
网络电影	158 部

数据来源：北京市统计局。

在文化涵育力方面，北京已率先实现新时代文明实践中心全域覆盖，建成了17个文明实践中心、347个文明实践所及6962个文明实践站。北京市目前全市实名注册志愿者已突破440万人，志愿服务组织达7.69万个，志愿者服务已成为首都“金名片”。2020年北京市民公共行为文明指数达88.33分，实现15年持续攀升。此外，北京市年均举办首都市民系列文化活动2万场、市民惠民文化消费活动1万余场，吸引超过20亿人次线上线下参与。

文化中心建设一直是北京的重要首都功能。北京按照“四个中心”城市战略定位，明确全国文化中心建设“一核一城三带两区”的总体框架，大力传承发展源远流长的古都文化、丰富厚重的红色文化、特色鲜明的京味文化、蓬勃兴起的创新文化，着力做好首都文化这篇大文章，发挥首都全国文化中心示范作用，为建设社会主义文化强国做出了应有贡献。

三　基于“五力”指标完善全国文化中心建设的建议

北京作为首善之区，应充分发挥凝聚荟萃、辐射带动、创新引领、传播示范和服务保障五大功能，推动文化传承、发展、创新、传播，进而展示首都独有的精神气质，彰显中华文化魅力，为坚定文化自信、建设社会主义文化强国和实现中华民族伟大复兴中国梦做出北京贡献。

第一，发挥凝聚荟萃功能，促进文化传承发展。北京要将思想观念、人文精神、道德规范继承创新并融入现代生活，坚持党建引领，规划统筹街区更新，充分利用腾退场所营造特色公共空间，抓好内涵挖掘和活化利用，打造优质文化空间，激发文化传承动力，引领社区共治，将北京打造成为社会主义文化强国建设的思想高地、价值高地和道德高地。同时，积极探寻传统文化与现代传播有机结合的新方式，如东城区围绕以北大红楼旧址为核心的红色文化保护传承片区，串联规划“觉醒年代”“光辉足迹”“历史记忆”“文人志士”“日新月异”五条党史游学路线，为学习红色文化和百年党史提供了新模式。另外，还需通过不断探索家庭、学校、社会协同创新机制，将中华优秀传统文化中的伦理观念通过家庭教育实现当代价值应用，以多元主体协同创新提升全民文明道德素养。

第二，发挥辐射带动功能，推动文化共同繁荣。通过提升优质文化产品、文化服务和文化人才的有序流动，高效配置首都资源与周边区域资源，充分利用冬奥会、世园会与长城文化等“金名片”影响力，加快“一核一城三带两区”建设，促进京津冀文化协同发展，逐步完善公共文化全国一盘棋、区域协调、对口帮扶、阶段发展等机制，实现首都优势文化辐射全国，加速首都经验与首都模式的全面推广应用。

第三，发挥创新引领功能，持续激发创造活力。要夯实科学人才队伍，率先建成高水平人才高地；依托国有文化企业集聚优势，推动体制改革先行先试；强化新兴科技应用，以数字文化场景推动城市发展，如通过文博数字化提升公共服务效能。

第四，发挥传播示范功能，提升中华文化软实力。作为讲好中国故事的主阵地，北京应不断挖掘传统文化标识，通过跨文化比较视角提升公共外交话语能力。北京作为大国特色外交的承载地，要做好家门口的外宣，影响驻京使领馆、外国记者、外国商会、国际组织代表等在京且有影响力的外籍友好人士，利用人际传播方式把北京地域文化、全国文化中心建设成果推广到海外，从而发挥多元主体效能，形成公共外交合力。北京作为高影响力媒体集聚地，既要重视新兴媒体和社交平台具有的传播力和影响力，又要重视国际青年群体的传播作用，通过线上线下结合助推人文交流深入人心。北京作为国内外重大活动举办地，要充分利用在京举办的主场文化活动，不断拓宽文化影响的公共外交途径，增强对外话语的创造力、感召力、公信力，讲好中国故事，传播好中国声音，阐释好中国特色。

第五，发挥服务保障功能，形成文化建设强大合力。发挥“都”与“城”双重角色合力作用，促进“都”与“城”的协调发展，坚持城市保护与有机更新相衔接、内涵挖掘和活化利用相统一、保护传统和融入时代相协调。要在城市更新行动中合理设计流程，强化政策引领，优化土地利用方式，拓宽资金支持渠道，指导各地区分类分阶段推进，坚持在试点示范基础上有序推进。如西城区文物建筑活化利用以“解危、解放、解读”的“三解”工程为基础，打造“名城、名业、名人、名景”的“四名”汇智老城保护品牌。同时，要不断强化“四个中心”与“四个服务”定位，充分体现北京在文化强国建设中的“旗舰”地位和作用。

锚定文化强国远景目标，需要全国文化中心建设从伟大社会主义祖国的首都、迈向中华民族伟大复兴的大国首都、国际一流和谐宜居之都的高度，增强传承中华优秀传统文化、弘扬革命文化、繁荣社会主义先进文化的历史担当，将北京建设成为首善之区、模范之地、创新之城，朝着世界历史文化名城、世界文脉标志迈进。

B.4
新时代马克思主义中国化理论研究阐释的首都实践

尤国珍　杨巧蓉　刘长军*

摘　要： 习近平新时代中国特色社会主义思想实现了马克思主义中国化新飞跃，必须在进一步深化中研究阐释，从而更加自觉地用其武装头脑、指导实践、推动工作。2021年，党和国家大事、要事多，新的实践为马克思主义中国化理论的研究阐释指明了方向，也对首都马克思主义中国化理论研究阐释提出了新要求。首都以各级各类研究课题为主抓手促进“习中心”建设，充分利用北京哲学社会科学资源深入研究阐释习近平新时代中国特色社会主义思想，通过多种形式深入推进马克思主义中国化理论的学习宣传工作，通过探索长效化机制全面推进党史学习教育走深走实。2022年，首都要继续推进“习中心”在学习宣传贯彻习近平新时代中国特色社会主义思想方面的力度，不断深化新时代马克思主义中国化理论研究，不断提升党的十九届六中全会精神和二十大精神的传播力、影响力，积极探索党史学习教育的常态化、长效化制度机制。

关键词： 新时代　马克思主义中国化理论　首都实践　党史学习教育

---

* 尤国珍，北京市社会科学院马克思主义研究所所长，研究员，主要研究方向为中国特色社会主义理论；杨巧蓉，北京市社会科学院马克思主义研究所副研究员，主要研究方向为马克思主义哲学；刘长军，北京市社会科学院马克思主义研究所副研究员，主要研究方向为马克思主义哲学。

习近平新时代中国特色社会主义思想回答了中国之问、世界之问、人民之问、时代之问，“是当代中国马克思主义、二十一世纪马克思主义，是中华文化和中国精神的时代精华，实现了马克思主义中国化新的飞跃”①。因此，我们深入把握这一重大论断的丰富内涵，就要进一步深化对习近平新时代中国特色社会主义思想的研究阐释，从而更加自觉地以之武装头脑、指导实践、推动工作。基于“四个中心”的战略定位，北京要当好马克思主义中国化理论研究阐释的排头兵，这是中国首都的理论使命、政治使命。2021年，北京市委市政府聚焦国家“十四五”开局、党史学习教育、建党一百周年、十九届六中全会、冬奥会筹备工作等大事、喜事，着眼国内外发展态势的新动向，对新形势下北京马克思主义中国化理论研究阐释做出了新部署、新要求。一年来，北京市进一步完善了党委（党组）理论学习中心组制度、干部教育培训机制，以“接诉即办”的北京创新实践落实“我为群众办实事”，充分利用、挖掘、整合北京丰富的政治文化资源、思想理论资源、红色教育资源、人才智力资源，深入推进北京市习近平新时代中国特色社会主义思想研究中心（简称“习中心”）建设、理论宣传教育、党史学习教育，极大地提升了马克思主义中国化理论研究阐释的广度、深度和力度。2022年，我们要把思想和行动统一于党中央决策部署，弘扬伟大建党精神，真抓实干，勇毅前行，以实际行动迎接党的二十大胜利召开。

一　2021年首都马克思主义中国化理论研究阐释面临的新形势、新要求

2021年是“十四五”规划开局之年、北京2022年冬奥会筹备工作冲刺之年，也是中国共产党成立100周年。我们党在全面总结百年奋斗重大成就

① 《中共中央关于党的百年奋斗重大成就和历史经验的决议》，《人民日报》2021年11月17日，第1版。

和历史经验的基础上再出发，带领全党全国人民开启全面建设社会主义现代化国家新征程。大事、要事和新的实践为马克思主义中国化理论的研究阐释指明了方向，也提出了新的要求。首都北京作为全国政治中心、文化中心、国际交往中心、科技创新中心，要全面研判新形势、新要求，为首都高质量发展提供强有力的理论支撑和精神力量。

（一）习近平新时代中国特色社会主义思想研究中心的人才队伍建设要不断充实和优化

2018 年 1 月 19 日，北京市习近平新时代中国特色社会主义思想研究中心成立，提出以坚持深入总结习近平新时代中国特色社会主义思想在京华大地的生动实践为己任，把坚持往“深”里走、往“实”里走、往“心”里走作为对“习中心”的基本要求。三年的探索发展，北京“习中心”取得了一定成绩，在全国“习中心”中处在前列位置，但面对新形势、新要求，仍然需要在人才队伍、服务决策资政等方面进一步完善。随着习近平新时代中国特色社会主义思想科学内涵的不断丰富发展，马克思主义理论研究阐释的任务不断加码，这一情况要求“习中心”研究人才队伍不断充实不断优化。一是继续充实研究基地专职研究人员，从政策上支持基地挂靠单位把具有过硬政治素质和较强理论素养的研究人员吸收进来；二是广泛招揽社会上具有较大影响力并在马克思主义理论研究阐释方面成果多、质量高的学者担任研究基地的特聘研究人员；三是为青年理论人才搭建成长平台，为马克思主义中国化理论研究阐释储备人才。“习中心”不同于一般的理论研究基地，在做好理论研究阐释的同时还要担负起市委市政府智库的任务。习近平新时代中国特色社会主义思想深刻地回答了时代之问、实践之问，这就要求“习中心”建设要在研究成果中发掘理论与实践联结的“关节”，找到理论引领实践、指导实践的“密码”。2021 年，疫情防控是最大变量，如何统筹疫情防控和冬奥会顺利安全举办、如何统筹经济社会发展和疫情防控，成为研究基地开展工作的准绳。

（二）马克思主义中国化理论研究要聚焦党史百年的重大成就与历史经验

习近平新时代中国特色社会主义思想是当代中国马克思主义、二十一世纪马克思主义，是中华文化和中国精神的时代精华，实现了马克思主义中国化新的飞跃，与时俱进是其鲜明的理论品格。北京拥有北京大学、中国社会科学院等多所高校和研究院所，马克思主义理论研究实力强，马克思主义理论研究领域知名专家学者汇聚，涌现出一批具有全国影响力的理论阐释研究成果，大大拓展了习近平新时代中国特色社会主义思想研究的深度和广度。但是，与习近平新时代中国特色社会主义思想的博大精深相比，着眼新阶段、新实践对理论阐释研究的新要求，理论研究领域还存在热点扎堆的重复性研究现象。这就要求我们在习近平新时代中国特色社会主义理论的研究阐释方面，不仅要热点热做，更要热点冷做、慢做、深做，从这座当代马克思主义宝库中发掘更多理论宝藏和思想养分，为中国特色社会主义道路提供源源不断的理论支撑和智力支持。2021 年，对习近平总书记“七一”重要讲话的理论研究阐释是全国理论界，尤其是马克思主义理论研究领域学者不可回避的头等大事。首都北京不仅承担着保障重大庆祝活动的政治任务，也承担着习近平总书记“七一”重要讲话精神研究阐释的理论任务，为习近平总书记“七一”重要讲话精神的多维度阐释研究做出北京应有贡献。这就要求我们既要精准发力、快出成果，又要持续发力、出精品力作。2021 年 11 月，党的十九届六中全会的主题是对党成立以来的重大成就和历史经验进行全面总结，这就为我们对十九届六中全会的理论进行研究阐释指明了一个基本方向，那就是对党百年来取得的辉煌成就的原因做理论分析，使十九届六中全会精神快速传递到全国上下，进一步拓展理论研究阐释广度、力度、深度。

（三）理论宣讲工作要从党和国家全局高度出发进一步提高政治站位

2021 年，首都各界唱响主旋律、振奋精气神，大力营造团结奋进的浓厚氛围，为各项大事、喜事圆满完成提供有力的思想支撑、舆论支撑、文化支撑，这既是“首都使命”，也是“首都机遇”。开展全党范围的党史学习教育、宣传贯彻习近平总书记“七一”重要讲话精神、十九届六中全会精神、习近平总书记关于北京冬奥会和冬残奥会的重要讲话精神，是贯穿北京2021年理论宣讲工作的主线。一是要进一步提高政治站位，深入学习领会习近平总书记重要指示精神和党中央决策部署，聚焦聚力这条主线，谋划部署、落细落实宣传思想领域各方面工作。北京“四个中心”的城市战略定位，迫切需要以首都发展凝聚社会共识，把党中央决策部署和市委要求讲到干部群众心坎上，把群众呼声体现到城市治理的实践中，做好政策解读和宣传引导，推动干部群众完整准确全面贯彻新发展理念。北京承担着实现文化强国的重要职责和使命，对外代表国家软实力，展示国家文明形象，对内则要在文化建设上引领全国、服务全国。二是要统筹首都发展与安全工作。北京网络资源富集、创新创造活跃、社会影响广泛。这些新形势、新情况，迫切需要宣传思想工作统筹发展与安全，科学应变、趋利避害，强化网络综合治理，规范资本有序运作，营建清朗的网络环境，确保技术和资本为我所用、于我有利。北京处在意识形态斗争的最前沿，重大时间节点会使世界的目光进一步聚焦北京。经验表明，每逢重大节点、重大活动，意识形态领域都会暗流涌动。美国等西方国家对我国意识形态抹黑无所不用其极，历史虚无主义等一些错误思潮伺机而动，社会热点、敏感问题燃点低、触点多，容易引发意识形态事件。面对如此复杂的形势，我们既要保持战略定力、坚定历史自信，又要严密防范别有用心之人散布政治谣言、制造有害信息，防范境外势力勾连国内重点人员渗透滋事，做好应对处置的充分准备。

（四）全面推进党史学习教育要充分利用红色资源展开

开展党史学习教育是党中央立足党的百年历史新起点、统筹中华民族伟大复兴战略全局和世界百年未有之大变局、为动员全党全国满怀信心投身全面建设社会主义现代化国家而做出的重大决策。北京作为首都，更要把党史学习教育作为一项极为重要的政治任务来抓，要紧紧围绕中央要求，紧密结合北京实际，科学谋划，稳步推进，确保组织到位、人员到位、责任到位，务必使党史学习教育成效落到实处，使党史学习教育成为党的各级组织生活中和党员学习工作中的一种常态。一是要善于利用和挖掘北京红色资源，使之成为党史学习教育的实景课堂；要加强对党史的挖掘研究阐释，推出北京党史系列著作；要推出广覆盖、深内涵的北京红色旅游地图，推动全市广大党员干部群众了解红色文化传承、领略红色文化精神。二是要聚焦党史学习教育主题主线，统筹做好新闻报道；要联动央地媒体、联通网上网下、融通内宣外宣，把握宣传节奏、精心策划报道，全面呈现党史学习教育的北京实践，以党史学习教育引领“四史”宣传教育，以“四史”宣传教育促进党史学习教育，增强全社会爱党、爱国、爱社会主义的炽热情感。三是要把党史学习教育落实到民生问题上，落实到推动首都经济社会发展上。北京要把“接诉即办”作为全市开展“我为群众办实事”实践活动的主抓手，建立起对市民诉求快速响应、高效办理、及时反馈、主动治理的为民服务机制，通过“下基层、跑工单、走流程、蹲点位”推动解决群众“急难愁盼”诉求；要把党史学习教育与“一个开局、两件大事、三项任务”和“五子”联动等重点工作紧密结合起来，统筹推进疫情防控和经济社会发展，推动国际科技创新中心建设、“两区”建设，以供给侧结构性改革创造新需求，深入推动京津冀协同发展，保持较好经济发展态势和社会大局和谐稳定，实现“十四五”良好开局。

二　2021年马克思主义中国化理论研究阐释的重大举措和重要成效

“中国共产党为什么能，中国特色社会主义为什么好，归根到底是因为马克思主义行。马克思主义之所以行，就在于党不断推进马克思主义中国化时代化并用以指导实践。”① 习近平总书记这一科学论断警示我们：马克思

① 《习近平在省部级主要领导干部学习贯彻党的十九届六中全会精神专题研讨班开班式上的讲话》，《人民日报》2022 年 1 月 12 日，第 1 版。

主义必须在鲜活的实践中与时俱进，不然将丧失其生命力、说服力。根据2021年面临的国内外新形势、新要求，北京围绕庆祝中国共产党成立100周年主题，采取了一系列重大举措推进马克思主义中国化理论研究阐释宣传工作，取得了明显成效。

（一）以各级各类研究课题为主抓手促进"习中心"建设

2021年，首都致力于深入推进马克思主义创新理论与中国特色社会主义实践相结合、与首都科学发展相结合，以各级各类研究课题为主抓手，持续推进"习中心"建设，深入推进习近平新时代中国特色社会主义思想的研究、传播和运用，倾力打造具有重要学术影响力、决策影响力和社会影响力的马克思主义理论研究与传播交流平台。

一是大力拓展课题研究的深度、广度。北京鼓励国家级在研课题按时结项、优秀结项，同时号召、组织全市"习中心"积极申报、参与竞标国家级专项课题和招标课题；在市级层面探索设置以习近平总书记"七一"重要讲话和十九届六中全会精神为专题的重大攻关类型课题；关注跟进课题的研究过程，为课题阶段性研究成果及时发表搭建平台、疏通渠道、提供助力。2021年，北京共组织研究诠释十九届五中全会精神专项课题42项，研究阐释"七一"重要讲话精神专项课题49项。

二是不断提升研究基地理论成果的传播力、影响力。2021年7月，在习近平总书记"七一"重要讲话发表后，市"习中心"组织对13项重点选题集中攻关，绝大部分文章已在中央主要媒体显著位置发表。党的十九届六中全会召开后，市"习中心"迅速推出一批宣传阐释全会精神成果，成果的数量、质量保持全国领先，其中宣传阐释建党百年重大主题文章80余篇。《中国特色社会主义研究》刊发学术原创文章60篇，主题策划"中国共产党百年理论与实践研究"，学术影响因子居马克思主义理论学科期刊榜首。各级各类课题发表"三报一刊"理论文章54篇、学术论文263篇，出版著作6种，形成研究报告20余部。

三是持续巩固工作运行体系。北京通过建立研究基地工作调度机制，及时协调解决基地工作推进中的新情况、新问题，研究基地工作体系运转更加有力，工作优势得到进一步巩固。研究基地聘用高层次人才开展研究，不断促进研究基地成果孵化和人才成长，聚集了一批有深厚学术造诣、在国内外有广泛影响的理论人才，组成了一支实力雄厚、精干、高效的研究团队。

（二）充分利用北京哲学社会科学资源深入研究阐释习近平新时代中国特色社会主义思想

2021 年，首都紧紧围绕学习习近平新时代中国特色社会主义思想，深入贯彻落实中央、市委工作要求，聚焦学习贯彻党的十九届六中全会精神，扎实开展理论研究、理论诠释和意识形态等各项工作，为更好运用 21 世纪马克思主义理论指导首都的改革开放和现代化建设做出贡献。

一是抓好党委（党组）理论学习中心组学习。聚焦习近平新时代中国特色社会主义思想这个重中之重，全年围绕学习习近平新时代中国特色社会主义经济思想等主题开展 15 次中心组政治理论专题学习。结合党史学习教育督导，开展党委（党组）理论学习中心组学习巡听旁听，组建 15 个党史学习教育市委指导组，进一步提升了全市各级党委（党组）理论学习中心组学习质量和效果。与此同时，将学习习近平新时代中国特色社会主义思想和党的十九大以来历次全会精神作为意识形态专项检查的重要检查内容，作为全市全面从严治党（党建）工作考核评价体系的重要内容，组建党史学习教育市委指导组，进一步提升全市各级党委（党组）理论学习中心组学习质量和效果。

二是加强研究阐释党的创新理论。以中共北京市委、市委理论学习中心组名义，在《求是》《光明日报》《经济日报》刊发《以首善标准书写革命文物保护利用新篇章》《以首善标准谱写新时代首都高质量发展新篇章》《大力弘扬伟大建党精神奋力开创首都工作新局面》等 5 篇理论文章，全年在中央“三报一刊”发表理论文章 291 篇，发文数量、质量在全国 18 家研究机构中均居全国第一。首都高端智库对首都发展内涵、首都服务功能、人口老龄化对策、共同富裕路径等 112 个选题开展深入研究，161 篇研究成果获得中央和市领导批示或被相关部门决策采纳，其中市委主要领导肯定性批示58篇，市政府主要领导肯定性批示16篇，为首都发展提供了实实在在的智力支撑。

三是深入拓展马克思主义中国化理论成果传播广度和影响深度。围绕党史学习教育、庆祝中国共产党成立100周年、党的十九届六中全会等重大主题，组建党史宣讲团队深入各区各系统开展对象化、分众化、互动化宣讲，到企业、农村、校园、社区，特别是革命遗址遗迹、革命博物馆等地与基层干部群众座谈交流。依托全市媒体深度融合发展成果，以《北京日报·理论周刊》、《前线》、“宣讲家”网等理论传播品牌为载体，以专题专栏形式约请知名专家撰写重点理论文章，全景展示全市学习贯彻习近平总书记对北京工作系列重要指示在京华大地形成的生动实践。

（三）通过多种形式深入推进习近平新时代中国特色社会主义思想学习宣传工作

2021年，首都通过多种形式深入推进习近平新时代中国特色社会主义思想学习宣传贯彻，使习近平新时代中国特色社会主义思想学习走深走实。

一是以首善标准开展庆祝中国共产党成立100周年系列活动，并将此作为全市理论宣传工作的首要任务。北京统筹做好中国共产党成立100周年庆祝大会服务保障和广场活动指挥部、新闻宣传和文明创建指挥部、志愿者指挥部相关工作，将防疫工作纳入首都严格进京管理联防联控协调机制，组织观众有序观演、安全集散，完成庆祝大会、文艺演出等庆祝活动直播、录播保障，做好境内外记者服务工作。2021年，全市各区各部门各单位组建各级各类宣讲团，全年共开展宣讲4.5万余场、受众3000万余人次，共有1个先进集体、2名先进个人、3篇优秀宣讲报告、1个优秀宣讲微视频荣获中宣部基层理论宣讲表彰。

二是浓墨重彩宣传重大主题，为“十四五”开局、新征程开启巩固壮大主流舆论。强化北京与中央媒体重大主题报道策划会商机制，大力宣传“四个中心”建设稳步推进、“三大战略”全面实施、“五子”联动精准发力、服务群众成效显著的进展情况；建立京津冀三省市新闻舆论工作协调机制，形成一体策划、协作联动的工作局面。全面深入推进网络正面宣传，确保党的声音成为网络最强音。加快推进媒体深度融合发展，出台《北京市关于加快推进媒体深度融合发展的实施方案》和《关于加快推进北京市广播电视媒体深度融合发展的三年行动计划（2021-2023）》，推动建设首都全媒体传播体系。2021 年，北京“学习强国”平台共发稿 2.7 万条，手机端点击量达 41.7 亿次，居全国前列；首都地区用户达 1097.6 万人，比年初新增 181.9 万人。

三是全面落实意识形态工作责任机制，压紧压实意识形态工作责任。北京市抓好中央巡视反馈意见、宣传思想文化领域整改任务落实，制定相应整改措施；建立涉市意识形态风险月度研判，每月开展会商研判和情况通报，不断巩固意识形态阵地。落实新闻通气会例会制度，严格做好媒体管理；开展历史虚无主义信息、借建党百年恶意营销信息、政治性有害出版物等专项整治。健全网络综合治理体系，坚决抓好互联网平台企业规范治理，严厉打击属地网站违法违规行为；持续推进网上“接诉即办”，全面建成网信三级应急指挥体系，有效增强应急处突能力。

四是在大力培育和践行社会主义核心价值观中贯穿党的理论宣传教育。北京紧抓党员干部这一群体，组织全市党员干部群众参观“‘不忘初心、牢记使命’中国共产党历史展览”；重点关注青少年群体，通过出台《关于充分利用首都红色资源加强青少年党史教育的实施方案》，推动实施中小学生培育和践行社会主义核心价值观“七个一”活动；高水平打造“京华丹心”融媒体传播平台，举办“流动的爱国主义教育基地”进校园巡展活动；通过榜样事迹的宣传加强社会主义核心价值观教育，取得了社会主义核心价值观宣传教育的丰硕成果；不断推出“北京榜样”衍生品牌。

（四）通过探索长效化机制全面推进党史学习教育走深走实

首都坚持党史学习教育与群众得实惠相促进，改进工作作风、树牢宗旨意识、提高治理实效，顺利实现学党史、悟思想、办实事、开新局的目的，激发了干部群众以史为鉴、开创未来的昂扬斗志。

一是成立党史学习教育领导小组，构建坚实的党史学习组织。北京成立党史学习教育领导小组，层层压实各级党委（党组）党史学习教育主体责任，以首善标准开展党史学习教育、以党史学习教育成效践行首善标准。2021 年，北京召开市委党史学习教育领导小组全体会议 6 次、领导小组办公室会及工作推进会 11 次，印发指导性文件 33 份，加强督办落实，全市党史学习教育有序展开、持续升温。市委指导组重点对全市 130 家单位专题组织生活会进行督导，共召开调研座谈会 515 场，专访党员干部 2296 名，列席所指导单位党委（党组）理论学习中心组学习、主要负责同志专题党课和部分局级党员领导干部所在党支部（党小组）的专题组织生活会 470 余场，审阅调阅相关工作材料近万份，有效传导压力，激发内生动力。

二是在服务保障国家重大活动中接受精神洗礼，打通党史教育与为民服务的“任督二脉”。北京作为一系列重大活动的举办地，接受的教育洗礼最直接、最深刻，收获的精神财富也最宝贵、最丰硕，这是打通“教育”与“服务”的北京优势。北京始终牢记“国之大者”，把做好建党 100 周年庆祝活动服务保障工作、北京冬奥会和冬残奥会筹办工作这两件大事的服务保障作为最生动、最实际的党史学习教育紧抓不放，推动全市党员干部深刻感悟思想伟力，激发人民群众爱党、爱国、爱社会主义的热情。举办的“人民的心声”庆祝建党 100 周年专场演出激荡人心，25 万名首都党员干部群众参观“‘不忘初心、牢记使命’中国共产党历史展览”，大力营造全市上下“永远跟党走”的浓厚氛围。

三是充分利用首都丰富红色资源连接历史与当下。自市第十二次党代会以来，北京着力打造建党、抗战和新中国成立三大主题红色片区，全面生动展现中国共产党早期北京革命活动的光辉历史，将政治性、思想性、艺术性高度融合。北京市委理论学习中心组及各区委、各工委理论学习中心组成员约 1000 人，分五批次前往中国共产党历史展览馆，参观“不忘初心、牢记使命”大型主题展览。在群众性主题宣传教育活动方面，统筹规划北大红楼与中国共产党早期北京革命活动旧址保护传承利用，完成31处旧址保护修缮、内涵挖掘，北大红楼和具备条件的旧址全部对外开放，高水平策划推出“1+9”系列展览。

四是用好“接诉即办”这个首都基层治理的特色经验，把受教育与办实事联结起来。在党史学习教育中，结合北京实际提出“5+1”重点任务，把“接诉即办”作为全市开展“我为群众办实事”实践活动的主抓手，聚焦基层和市民普遍反映的问题，聚焦市民诉求量大、涉及面广的问题，聚焦长期解决不好但能够推动解决的普遍性顽疾问题，采取“每月一题”的方式集中推动解决，并不断推动“接诉即办”制度化。针对12类27项群众反映的高频问题，梳理形成的603项具体清单任务全部完成，扩增1.3万个普惠幼儿园学位，为1.78万名劳动者追发工资总额2.15亿元，提升600座生活垃圾分类驿站，在中心城区和通州区新增2.3万个停车位，完成65个村庄3.86万户清洁能源改造工作等，切实把实事办到了群众心坎上。

三　首都在新时代马克思主义中国化理论研究阐释的使命担当和前景展望

理论创新每前进一步，理论武装就要跟进一步。“坚持用习近平新时代中国特色社会主义思想武装全党、教育人民，对于统一思想认识、明确前进方向、凝聚奋进力量，实现社会主义现代化和中华民族伟大复兴，具有重大现实意义和深远历史意义。”[①] 2022年，首都要坚持以习近平新时代中国特色社会主义思想为指导，全面贯彻落实党的十九大和十九届历次全会精神，深入贯彻落实习近平总书记对北京一系列重要讲话精神，突出迎接宣传贯彻党的二十大工作主线，继续大力推进新时代马克思主义中国化理论研究阐释宣传工作。

① 中共中央宣传部：《习近平新时代中国特色社会主义思想学习纲要》，学习出版社、人民出版社，2019，第255页。

（一）继续深入推进“习中心”在学习宣传贯彻习近平新时代中国特色社会主义思想上发挥作用

“习中心”是进一步把学习研究宣传习近平新时代中国特色社会主义思想引向深入的重要抓手，有利于进一步凝聚研究党的创新理论的力量，更好地推动用习近平新时代中国特色社会主义思想武装全党、教育人民。

一是围绕党的十九届六中全会、党的二十大提出的重大思想观点、重大论断、重大部署列出重点选题，发挥北京市习近平新时代中国特色社会主义思想研究中心领先优势，持续深入开展研究阐释。

二是对标对表习近平总书记重要讲话精神，做好习近平新时代中国特色社会主义的研究和传播。举办首都当代中国马克思主义论坛；推动首都高端智库高质量发展，从理论和实践结合上推出更多原创性研究成果；组织社科专家走基层，提升决策咨询服务水平；做精社科普及平台，建强新时代文明实践社科普及服务队。

三是通过重点选题引领、壮大学科带头人队伍、扩大马克思主义宣传阵地等方式，不断提升北京习近平新时代中国特色社会主义思想研究中心宣传21世纪马克思主义的影响力。2022年，北京要组织第十七届哲学社会科学优秀成果评奖工作，发挥北京社科基金项目作用，加强社科研究方向引导。做好市重点建设马克思主义学院工作，推进第三批评选及首批考核验收。打造“理论+百姓+文艺”宣讲品牌，生动开展理论传播及重要成果线上传播，抓好青少年理论宣传教育；持续建好用好《北京日报·理论周刊》、《前线》、“宣讲家”网等理论传播阵地，扩大“学习强国”北京学习平台传播力、影响力，推进区级学习平台试点建设，推动党的创新理论深入人心、落地生根。

（二）不断深化新时代马克思主义中国化理论的研究，为首都高质量发展提供坚强思想保证和强大精神力量

坚持不懈把学习习近平新时代中国特色社会主义思想作为首要政治任务，

深入学习贯彻习近平总书记对北京一系列重要讲话精神，强化顶层设计，拓展学习形式，创新学习载体，进一步推动习近平新时代中国特色社会主义思想在京华大地落地生根，为新时代首都发展提供坚强思想保证、强大精神力量和先进文化支撑。

一是突出“两个确立”的决定性意义，持续深化习近平新时代中国特色社会主义思想的学习贯彻。要引导首都干部群众深刻认识“两个确立”的极端重要性，引导党员干部深刻认识习近平新时代中国特色社会主义思想实现了马克思主义中国化新的飞跃，不断增强捍卫“两个确立”的政治自觉、思想自觉、行动自觉。

二是立足新发展阶段、贯彻新发展理念、服务和融入新发展格局，要着力加强理论武装，不断提升全国文化中心建设水平，促进满足人民文化需求和增强人民精神力量相统一，为新时代首都高质量发展、高水平安全提供坚强思想保证和强大精神力量。

三是突出文化高质量发展这个主题，全力做好首都文化这篇大文章。立足首都城市战略定位，围绕古都文化、红色文化、京味文化、创新文化，充分发挥推进全国文化中心建设领导小组机制优势，充分发挥文化和科技两大优势，做好“文化+”文章，推动“科技为文化赋能、文化为城市赋能”，运用新技术、培育新业态、拓展新消费，全面提升文化软实力，充分释放全国文化中心能量。

四是突出讲好北京故事，打造对外展示可信、可爱、可敬中国形象首要窗口。更好地发挥市对外宣传工作联席会议机制作用，持续重塑外宣业务、重整外宣流程、重构外宣格局，抓住“双奥城市”重大机遇，用好重大常设国际交流平台，加强国际传播能力建设，向世界展示最新、最美、最好的北京。

（三）深入宣传贯彻习近平新时代中国特色社会主义思想，不断提升十九届六中全会精神和百年建党精神、党的二十大精神传播力、影响力

2021 年，首都以弘扬伟大建党精神为重点，突出宣传贯彻习近平新时

代中国特色社会主义思想首要政治任务，突出迎接宣传贯彻党的二十大工作主线，担当起举旗帜、聚民心、育新人、兴文化、展形象使命任务。

一是突出迎接宣传贯彻党的二十大工作主线，进一步激发奋进新征程、建功新时代的精气神。坚持围绕中心、服务大局，坚持团结鼓劲、凝心聚力，唱响主旋律，壮大正能量，引导人们以昂扬的精神风貌迎接党的二十大，以高度的政治自觉学习贯彻党的二十大精神。

二是持续深入学习贯彻党的十九届六中全会精神。学习新时代原创性思想、突破性进展、标志性成果，要高举思想旗帜，持续深化理论武装，深入学习党百年奋斗的重大成就和历史经验，增强“四个意识”，坚定“四个自信”，做到“两个维护”。

三是突出培养堪当民族复兴重任的时代新人，奋力建设社会主义核心价值观首善之区。踏上新的赶考之路，更加需要价值的引领、精神的支撑。要聚焦践行社会主义核心价值观这个强国之魂，突出自信自强、守正创新的时代特征，进一步涵养和培育市民热情开朗、大气开放、积极向上、乐于助人的独特气质，打造社会风气和道德风尚最好的城市。

（四）持续巩固拓展党史学习教育成果，积极探索常态化、长效化制度机制

深入学习贯彻习近平总书记在中央政治局专题民主生活会上的重要讲话精神，继续深入开展党的十九届六中全会精神学习宣传阐释，积极探索建立常态化、长效化制度机制，持续巩固拓展党史学习教育成果，为新时代马克思主义中国化理论研究阐释奠定坚实基础。

一是建立常态化、长效化机制。总结好党史学习教育的经验做法，总结好将党史学习教育同庆祝建党 100 周年重大活动服务保障和冬奥会、冬残奥会筹办贯通起来的经验做法，总结好将市第十二次党代会以来市委重视和加强红色资源保护利用的经验做法，积极探索建立长效机制，持续巩固深化党史学习教育成果。

二是坚持不懈强化理论武装。聚焦学习贯彻党的十九届六中全会精神，

推动学深悟透党的创新理论，弘扬伟大建党精神。组织好全市各级党委（党组）理论学习中心组学习，实施习近平新时代中国特色社会主义思想教育培训计划，办好学校思政课。加强党的创新理论的宣传阐释，全力办好市习近平新时代中国特色社会主义思想研究中心，形成一批与首都地位相匹配的理论传播品牌，推动习近平新时代中国特色社会主义思想入脑入心。

三是坚定不移提高政治能力。更加自觉地拥护“两个确立”、做到“两个维护”，在政治立场、政治方向、政治原则、政治道路上同以习近平同志为核心的党中央保持高度一致。不忘初心、牢记使命，把思想和行动联系起来，深化对“以史为鉴、开创未来”的理解和把握，赓续红色基因、传承百年光辉，筑牢信仰之基、坚定奋斗之志，增强沿着新时代中国特色社会主义道路实现中华民族伟大复兴的中国梦的坚定信心和历史主动。

B.5

庆祝建党百年首都红色文化蓬勃发展

刘 慧 冯雪利*

摘 要： 2021 年，在庆祝中国共产党成立 100 周年之际，北京市依托红色资源优势，大力发展红色出版、红色旅游、红色影视，举办各类红色群众文化活动，助力党史学习教育，凝聚高质量发展合力，增强高质量发展动力，红色文化引领作用显著。下一步，北京将继续弘扬红色文化，以赓续红色基因为主线，以革命文物集中连片保护为重点，以重大时间节点为坐标，挖掘红色内涵，讲好红色故事，推动红色文化薪火相传、与时俱进。

关键词： 红色文化 红色旅游 北京

北京是新文化运动的中心、五四运动的策源地、马克思主义在中国早期传播的主阵地、中国共产党的主要孕育地、中华人民共和国的首都所在地，也是许多重大党史事件发生的地方。中国共产党领导人民在长期的革命、建设、改革过程中凝聚而成的宝贵财富，形成了北京丰富厚重的红色资源。在庆祝中国共产党成立 100 周年之际，北京依托红色资源优势，发展红色文艺、红色旅游、红色影视等产业，弘扬光荣革命传统，红色文化的引领凝聚作用显著。

---

* 刘慧，中共北京市委党史研究室、北京市地方志编纂委员会办公室宣传教育处四级调研员，主要从事北京党史地方志研究；冯雪利，中共北京市委党史研究室、北京市地方志编纂委员会办公室宣传教育处处长，主要从事北京党史地方志研究。

一　2021年北京红色文化发展概况

2021 年是中国共产党成立 100 周年，北京市的红色文化蓬勃发展，党史精品佳作迭出，红色文化保护传承工作取得重大进展，红色文化开发利用得到积极推进，庆祝建党百年氛围隆重热烈。

（一）深挖红色文化内涵，党史精品佳作迭出

1. 主题图书打造献礼方阵

文艺作品是人类文明的重要载体，也是了解学习红色文化的有益读物。北京市十分重视发挥文艺作品作用，累计推出百余种建党百年主题出版物，以百年百部红色经典图书献礼方阵，为党的百年历史记载伟业、展示辉煌。这些作品聚焦重点题材、重点人物和重点群体，涵盖通俗理论读物、文学作品、少儿图书三类，形成“北大红楼与中国共产党创建历史丛书”“中共中央北京香山革命历史丛书”“北京文化书系·红色文化丛书”等各具特色的十大系列丛书及《为什么是中国》《读懂中国共产党》等 50 部通俗理论读物和 20 部少儿类图书。

其中，“北大红楼与中国共产党创建历史丛书”是北京市庆祝建党百年精心遴选推介的重点文艺作品之一，于七一前夕正式出版。丛书包括《新文化运动中心》《五四运动策源地》《马克思主义早期传播主阵地》《建党伟业起点》《红楼百年话沧桑》《红楼风云人物》《红楼旧址群》《红楼旧址群故事》8 种图书，围绕北大红楼与中国共产党创建，系统梳理党的创建历史、内在逻辑，重点反映北京作为新文化运动中心、五四运动策源地、马克思主义在中国早期传播主阵地、中国共产党主要孕育地之一的独特历史地位和重大历史价值，全景式呈现了新文化运动、五四运动、马克思主义早期传播、早期工人运动、共产党早期组织创建的历史画卷，特别是推动建立全国范围共产党组织的“北京贡献”，生动诠释了共产党人的初心使命和伟大建党精神。丛书受到《光明日报》《北京日报》等媒体的广泛关注和高度评价，被评为北京市

庆祝建党百年 26 部重点文艺作品之一，入选“十四五”时期国家重点图书出版规划、中宣部 2021 年主题出版重点出版物选题、国家新闻出版署 2021 年农家书屋增补书目，并已制作成有声书通过听听 FM 平台播出。

特别值得一提的是，全市 16 个区党史基本著作全部出版，共计约 600 万字。本套书坚持党史姓党，坚持以我们党关于历史问题的三个历史决议和党中央有关精神为依据，坚持党性与科学性的统一，把握党的历史发展的主题主线、主流本质，翔实记述了全市各区党组织的不懈奋斗史、不怕牺牲史、为民造福史、自身建设史，以及地方党委贯彻执行中央路线方针政策、落实市委相关部署的有关决策和人民群众的生动实践，既体现地方特色，又彰显时代特征，对于各区党员干部群众深入学习党在本区活动的历史，增强“四个意识”、坚定“四个自信”、做到“两个维护”，坚持以首都发展为统领，奋力谱写社会主义现代化的北京篇章，具有重要意义。

此外，各区深入挖掘本地红色文化内涵，用心用情打造精品图书，讲好各区红色故事。西城区推出《党史日课》、“红色西城话百年”系列教育读本，门头沟区挖掘推出老党员口述史《斋堂川的九朵红花》，昌平区编辑出版《昌平革命遗迹寻踪》，通州区汇编《岁月如逝川　初心如石磐——红色通州》党史资料集，延庆区出版《妫川儿女英雄谱》。

2. 建党百年报纸专栏出新彩

《北京日报》全年累计刊发建党百年专版专栏 100 余个，稿件上万篇。其中《致敬逐梦》《砥柱》特刊，成为记录百年奋斗历程的珍贵史料，取得流量、口碑双丰收。《北京日报》还联合市委党史研究室、市地方志办开设“踏寻北京红色印记”专栏，图文并茂展示北京红色遗存承载的红色文化，每周一个专版，共推出 38 期。专栏对重要事件、重点人物进行系统梳理，每篇文章均配以丰富图片，既有承载历史现场的遗址遗迹，也有反映历史瞬间的珍贵记录。整个专栏文章将宏大叙事与微观刻画高度融合，使读者从中感受到党史蕴含的真情和温度，受到读者广泛欢迎。《新京报》组织策划了《百年百物见精神》《薪火之源》《破晓》等 23 个系列报道，力求“有规模、有声势、有品质”庆祝建党百年。

3. 红色文化研究宣传成就经验

《北京党史》《北京地方志》杂志推出《庆祝中国共产党成立100周年》《党的历史经验研究》《北大红楼历史文化研究》等专栏，宣传党的百年奋斗的重大成就和历史经验，努力发挥“清醒剂”作用。7月2日，市党史地方志系统举办庆祝中国共产党成立100周年学术研讨会，专家学者围绕“中国共产党百年政治生态建设的政治分析”“早期共产党人自我革命、永远向前的自律作风论略”等主题进行了交流发言，鼓起更加奋发有为推动首都新发展的精气神。9月，香山革命纪念地举办“百年征程香山华章——第二届香山革命精神与历史文化理论研讨会”，百余篇学术论文从政治、经济、军事、文化等不同视角，回顾了中国共产党团结带领中国人民浴血奋战、百折不挠，创造新民主主义革命伟大成就的光辉历程。

（二）红色文化保护传承扎实有效

1. 31处革命旧址集中亮相

北京革命遗址遗迹众多，北京市统筹规划北大红楼与中国共产党早期北京革命活动旧址（31处）保护传承利用工作，着力建设党史学习教育大课堂、党性教育基地和红色文化主题体验区。经过一年多努力，这些革命旧址得到系统修缮提升，2021年6月，具备开放条件的旧址全部向社会开放。旧址群主要包括1915年至1923年6月，北京地区与中国共产党创建活动有关的重要会议场所、重大历史事件发生地、重要党史人物故居及重要纪念设施等31处。北京市坚持适度、恰当原则，切实把保护作为第一要务，把有效利用作为根本目的，把打造精品作为历史担当，根据31处旧址实际情况，分成三类进行打造提升。一是重点保护提升，实施“1+9”提升工程。“1”即利用北大红楼举办“光辉伟业　红色序章”主题展览，“9”即在北大二院、《新青年》编辑部、李大钊故居、李大钊烈士陵园、长辛店二七纪念馆、长辛店留法勤工俭学预备班旧址、陶然亭慈悲庵、京报馆旧址、中法大学旧址9处举办各有侧重、各具特色的专题展。二是一般保护提升，包括“亢慕义斋”旧址、北京女子高等师范学校旧址、中山公园来今雨轩、国立蒙藏学校旧址、长辛店劳动补习学校旧址、二七惨案长辛店旧址、二七机车厂近代建筑遗存、长辛店工人夜班通俗学校旧址、高君宇烈士墓、马骏烈士墓、二七烈士墓等 11 处旧址，由管理使用单位结合实际情况进行维护修缮、恢复原貌，征集文物、丰富陈列，或者挖掘内涵、深化研究，如实再现中国共产党早期北京革命活动场景，进一步提升宣传利用效果。三是维持原貌，立牌存念。包括北大一院操场旧址、杨昌济故居、毛泽东第一次来京居住地旧址、毛泽东第二次来京居住地旧址（平民通讯社旧址）、赵家楼遗址、李大钊被捕地遗址、李大钊牺牲地旧址（京师看守所旧址）、北大平民教育讲演团演讲地遗址、长辛店工人俱乐部旧址、《向导》周报办公地旧址等 10 处。考虑历史的变迁，由属地和责任单位视情况开展周边环境整治，设立图文并茂的标牌，展示其历史作用和独特价值。旧址正式开放后，广大党员群众参观踊跃，反响强烈，形成了参观热潮。旧址保护传承利用工作得到社会各界的高度评价和赞誉。北大红楼接待参观团队 2600 余批次近 20 万人次，相关旧址共接待近 100 万参观人次。

2. 北京第一批革命文物名录公布

加强革命文物保护力度，公布了北京市第一批革命文物名录，包括北京大学红楼、天安门、双清别墅等 158 处不可移动革命文物，出版物、个人用品、信件等 2111 件（套）可移动文物，涵盖了旧民主主义革命、新民主主义革命、社会主义革命和建设时期，与中国共产党领导中国人民进行革命、建设相关的史迹、实物和纪念设施。158 处不可移动革命文物分布于全市 16 个区，充分印证了建党片区、抗日战争片区、建立新中国片区集中连片，串联带动平西、平北、冀东片区的分布特点。2111 件（套）可移动革命文物收藏于 18 个文物收藏单位，从旧民主主义革命时期的“尽忠报国全粤义民申谕英夷告示”（刻本）到新民主主义革命时期的“誓死力争还我青岛”标语、1948 年中共晋冀鲁豫中央局铅印《毛泽东选集》，再到社会主义革命和社会主义建设时期的“毛泽东授予朱德元帅军衔命令（第一号）”、周恩来在病重期间穿的特制布鞋等均有涉及，突出反映了中国共产党北京历史在中共党史上的重要地位。

（三）红色文化资源开发利用大步推进

1. 构建红色影视宣传阵地

聚焦重大主题打造红色影视精品，将《革命者》《长津湖》《狙击手》等电影和《觉醒年代》《香山叶正红》《我们的新时代》等电视剧纳入庆祝中国共产党成立 100 周年影片重点项目库，紧扣建党百年主题主线反复打磨精修剧本，对重点作品全程跟进，对重点影片在创作生产各环节进行持续引导和大力扶持，对受疫情影响暂停拍摄制作的电影《长津湖》给予创作制作专项补贴，确保重点作品克服疫情影响如期保质推出。《长津湖》成为中国影史票房总冠军，主旋律电视剧《觉醒年代》在现实主义创作的基础上创新融合多种表现手段，提升时代感和吸引力，得到了大批年轻观众的喜爱，引发共鸣和热议。《觉醒年代》登陆央视综合频道黄金档和优酷、爱奇艺，全网历史最高热度达 8271.21，同时段播出收视率稳居中国视听大数据排行榜首位，形成现象级传播，打破党史题材电视剧多项纪录。

创新方式手段，出品 100 讲“北京党史”慕课，以五分钟短视频的方式，讲述京华大地上党的故事、革命的故事，传承红色基因，赓续红色血脉。慕课聚焦新民主主义革命时期的北京党史，选取 100 个党史故事，以线串珠、以点带面，用小切口反映大事件、小情景展现大历史。慕课依托全媒体平台于 3 月 22 日正式展播，每日一集，形成了立体式、全渠道学习党的辉煌历史、红色文化、精神内涵的热潮，公交地铁移动电视等平面媒体日受众达 1700 万人次以上，网络 PC 端、手机 App 等新媒体平台播放量累计高达 3.18 亿人次，荣获全国党史故事短视频展播活动党史事件类作品一等奖。77 集电视微纪录作品《京华红色百年历程》，选择北京党史上具有代表性的重要遗址、重大事件、重点人物等，从历史细节入手，真实反映历史原貌，宣传弘扬时代价值，彰显北京人民在党的领导下革命、建设、改革的辉煌业绩。该作品连续 77 天在《北京您早》《特别关注》《北京新闻》等频道播出，受到广泛关注。新媒体同步推出后，总播放量达 910 多万次。

2. 打造一批精品主题展览

抓住重点，做出特色，推出大批庆祝建党百年主题展览。其中，依托北大红楼与中国共产党早期北京革命活动旧址群的“1+9”展览是重中之重。6月29日，北大红楼的“光辉伟业　红色序章”主题展览正式对外开放，展览分为6个部分、19个单元，共计67个展室，展出珍贵历史图片958张、珍贵文物史料1357件、艺术品40件、珍贵音像资料13段、场景再现25组，围绕北京在党的创建过程中四个方面的独特贡献，全面、系统、生动展现中国共产党早期北京革命活动的光辉历史。6月25日，习近平总书记带领中央政治局同志视察北大红楼，参观主题展览。

其余9个专题展依托旧址本身的主题内容，选取特定角度，聚焦专题和历史细节，深化拓展主题展。比如，根据《京报》是民国时期知名进步报刊的史实，在京报馆旧址举办“百年红色报刊”专题展，集中讲述党的红色报刊发展历史；与中央党史和文献研究院合作，在中法大学旧址举办“马克思主义在中国早期传播”“马克思主义中国化的光辉历程”基本陈列，这在国内尚属首次。主题展与专题展有总有分、相互联系，彼此呼应、相互印证，共同形成精品展览群。

各区纷纷推出红色展览。东城区推出“伟大开篇——中国共产党早期北京组织专题展”；西城区举办“她们从这里出发——北京革命运动中的女高师巡展”；海淀区完成“不朽的功勋——李大钊生平事迹展”展陈提升；丰台区利用长辛店革命活动旧址策划举办2处重点专题展、4处小型专题展；门头沟区推出《红色宛平》专题展；房山区依托没有共产党就没有新中国纪念馆，推出“人民的心声　历史的旋律”主题展；昌平区举办“百年历程　红色昌平——庆祝中国共产党成立100周年”主题展；经开区完善“参观学史”阵地，推出5个群众性主题展，以展览为党史课堂，图文并茂生动鲜活地展示党的历史。

3. 红色文化活动紧贴群众

举办丰富多样、紧贴群众的红色文化活动，搭建便于市民群众广泛参与、乐于参与的平台，让庆祝建党百年活动走进机关、军营、学校、社区、企业、农村，最大限度调动群众参与的积极性。同时，积极为书店对接专家、院校、社区、读者等各种资源，把党史学习教育中“我为群众办实事”实践活动纳入此次活动中来，号召新征程上继续跟党走。

5月底至7月初，集中开展以“共享伟大荣光　共铸复兴伟业——庆祝中国共产党百年华诞”为主题的北京史志宣传月活动，通过开展党史宣讲、组织理论研讨、开设专栏专刊、推出影音视频、举办专题展览、重走红色线路等活动，积极推动史志进企业、进农村、进机关、进校园、进社区、进军营、进网络。5月28日，举行“北京市庆祝中国共产党成立100周年”系列新闻发布会——党史地方志工作专场暨北京史志宣传月新闻发布会，宣传月正式启动。宣传月期间，共举办各类宣传活动159大项，参与活动单位293家，参与人员1600余万人次，为社会提供文字和有声读物2.73万册（本/套），在全社会营造了学党史、感党恩、跟党走的浓厚氛围。《人民日报》、新华社、《北京日报》、北京电视台等上百家媒体广泛报道。

5月中旬至7月中旬，举办“永远跟党走”党史知识竞赛，聚焦党中央关于开展党史学习教育的重要精神和决策部署，旨在以赛促学，更好地学党史、悟思想、办实事、开新局，以优异成绩庆祝建党100周年。党史知识竞赛是北京市“学、做、讲、唱、拍、演”六位一体群众性宣传教育活动的重点项目，面向全市党员干部群众开展，以中国共产党百年不懈奋斗史、理论探索史、自身建设史为主要内容，分为初赛、复赛、决赛三个环节。竞赛初赛100多万名党员干部群众参加答题，复赛、决赛增设区级融媒体网络直播，全国35城观众达1747万余人次，形成学思结合、学赛互长、以赛促学的党史学习浓厚氛围，引导党员干部更加奋发有为推动首都高质量发展。朝阳区、丰台区、门头沟区、通州区、顺义区、昌平区、密云区、延庆区分别开展各具特色的党史知识竞赛，激发党员干部群众学习党史的自觉性与主动性。

5~8月，全市近500家主要实体书店举办以“红色经典　献礼百年”为主题的主题文化活动。北京发行集团、部分特色书店和最美书店等积极行动，结合自身经营特色，精心组织策划，营造“建党百年”氛围；同时以

“建党百年”“‘十四五’开局”“脱贫攻坚”“全面建成小康社会”“实现第一个百年奋斗目标的伟大胜利”为主题，推出主题出版物展示展销，举办各类红色主题文化活动；更主动利用各种渠道，策划各种上门服务，深度联动周边社群。此次活动共联动近千个社区和企事业单位，举办红色主题新书读者见面会、影迷观影会、诗歌朗诵会、摄影沙龙、书法展、演讲比赛，讲红色故事、唱红色歌曲、演红色情景剧和舞台剧，打卡红色纪念地，参加红色之旅等文化旅游和实践教育活动，打造“行走的党课”等近万场相关活动，吸引近百万市民在线上线下共同参与，唱响时代主旋律，共庆建党百年伟业。

此外，各区也纷纷采用群众喜闻乐见的形式，利用电台、报刊、舞台、剧场等平台宣传党的历史，推进红色文化开发利用。西城区、丰台区拍摄系列视频和微纪录片，朝阳区、海淀区、门头沟区、顺义区、昌平区、大兴区、延庆区制作党史专题片，大兴区、顺义区、平谷区、延庆区推出系列评书、评剧、京剧及广播剧，东城区、房山区、顺义区、怀柔区、密云区、延庆区开办专栏或特刊，打造拳头产品，回顾革命历史，缅怀革命先辈，传承红色基因。

4. 红色旅游资源不断发掘

为庆祝建党百年，重点整合红色文化旅游资源，深挖红色文化，让昔日的革命摇篮成为今天的爱国主义教育基地、党史教育基地，北京市发布覆盖200余家红色旅游景点、9条红色旅游精品线路的北京红色旅游地图，为各级党团组织开展党建团建和党史学习教育，为市民游客体验北京红色文化、学习红色历史、领略红色精神提供实用指南。

各区也纷纷梳理本地红色旅游资源，发布特色红色线路地图。东城区打造5条党史游学线路，发布“党史游学地图”；西城区编制“北京西城初心之旅红色地图”；朝阳区印制《朝阳区红色遗址遗迹》；海淀区设计初心之旅、抗战之行、赶考之路等主题红色线路；门头沟区推出18条红色线路，顺义区联动焦庄户地道战遗址纪念馆、柳庄户村等红色资源，打造10条红色旅游线路；昌平区设计推出“长峪城—狼儿峪”红色旅游精品线路；大兴区推出“平南红色联线”旅游线路；平谷区开展重走抗战路活动；怀柔区推出8条精品线路、26个学习体验活动点位；延庆区推出铭记之路、复兴之路、追寻之路、探寻平北红色起源4条红色教育深度体验线路。党员群众通过重走红色之路，感悟初心使命，传承红色精神。

5月19日，2021年“中国旅游日”北京市分会场活动在北京市香山革命纪念馆开幕。为持续抓好疫情常态防控工作，活动仍沿用“云游”形式，由金牌导游作为外景“云游”讲解人，带领市民网友们在线欣赏北京的初夏风光。为庆祝建党100周年，活动特别设立了“红色之旅”主题，带领大家来到位于北京市房山区的没有共产党就没有新中国纪念馆、平西抗日战争纪念馆、红色背篓精神纪念馆等红色景点，重温革命先烈奋斗故事，追寻红色记忆，让市民在享受美好文旅生活的同时提升民族自豪感和自信心。

二　2021年红色文化发展特点

党的十八大以来，习近平总书记做出系列重要论述和重要指示，对保护红色资源、弘扬红色文化、传承红色基因、赓续红色血脉提出明确要求。2021年6月25日，在庆祝中国共产党成立100周年之际，中共中央政治局就用好红色资源、赓续红色血脉进行第三十一次集体学习，专门到北大红楼参观“光辉伟业　红色序章——北大红楼与中国共产党早期北京革命活动主题展”，重温李大钊、陈独秀等开展革命活动、推动马克思主义在中国早期传播、酝酿和筹建中国共产党等革命历史。对用好红色资源、赓续红色血脉，努力创造无愧于历史和人民的新业绩提出了更为明确的要求，成为北京用好红色资源、赓续红色血脉的根本遵循。

一年来，北京红色文化蓬勃发展，总结起来主要有以下几个特点。

传承红色基因，助力党史学习教育。2021年是中国共产党建党100周年，也是全党全社会开展党史学习教育之年。中国共产党历来重视党史学习教育，注重用党的奋斗历程和伟大成就鼓舞斗志、明确方向，用党的光荣传统和优良作风坚定信念、凝聚力量，用党的实践创造和历史经验启迪智慧、砥砺品格。用好红色资源、赓续红色血脉在党史学习教育中更应该有所作为。北京市整合各类红色资源，将红色文化创新融入群众喜闻乐见的文化活动中，以红色为主题的各种文化活动不仅成为广大党员干部学习党史、接受教育的好载体，还极大地增强了党史学习教育的体验感，将党史学习教育引向深入、走深走实，大力弘扬红色文化，传承好红色基因，为党史学习教育提供源源不断的动力支撑和力量源泉。同时，北京将红色元素融入校园文化、思政教育中，让红色精神薪火相传。北京市教委摄制《校史中的红色记忆》，通过角色扮演、情景再现，让学生在深度体验中与党史人物对话，网络浏览量达 650 万人次。

弘扬红色文化，增强开拓前进底气。红色血脉是中国共产党政治本色的集中体现，是新时代中国共产党人的精神力量源泉。北京把红色文化作为涵养初心、滋养灵魂的营养剂，创新宣传方式方法，让党员群众深刻了解党带领全国各族人民不懈奋斗的光荣历史和伟大历程，自觉传承党的优良作风，增强开拓前进、推动高质量发展的自信和底气。坚持以伟大建党精神为引领，推动红色文化的创造性转化、创新性发展，在深挖内涵基础上，创新转化方式，图书、报刊、广播、电视、电影、舞台剧等各种载体都在红色文化表现上大放异彩，把红色文化打造为沟通历史、启迪未来的最生动、最有说服力的教科书。发挥好红色文化资源的育人价值，将红色文化教育融入日常学习、文化活动，进机关、进学校、进社区、进农村、进企业、进军营、进网络，让人们身处红色文化之中，润物无声讲好党的故事、革命的故事、英雄的故事，引导党员群众从红色文化中汲取精神营养，化思想自觉为行动自觉，把传承和弘扬红色基因落实到改革发展稳定各项工作，以实际行动推动高质量发展。

用好红色资源，汇聚高质量发展动力。深入挖掘用好红色文化资源，做强红色文化产业，是经济社会高质量发展的重要内容和题中应有之义。习近平总书记指出："关于发展革命根据地旅游项目，要把握好两个概念。红色根据地，爱国主义教育，这是一个概念。发展红色旅游，是另一个概念。两方面要统筹。"北京立足红色文化资源优势，积极发展红色文创、红色旅游，推动红色文化产业高质量发展，通过推动景区、展览、演出、体验、实践等一体化建设，让游客在旅游中学党史，感受红色文化魅力。探索“红色文化+绿色产业”模式，通过发展红色旅游、红色文创、文化体验以及休闲观光、民宿餐饮等绿色产业，将丰富的红色文化优势转化为农民致富的绿色产业优势，不断增亮红色底色；探索“红色文化+美丽乡村”模式，保护和利用好红色纪念设施，全面提升村庄风貌，建设美丽家园。城内 9 处爱国主义教育基地推出 10 项红色展览，全景展现历史名园中的革命活动、红色历史，接待市民游客 230 万人次。京郊游、乡村游也大打红色元素招牌，密云区尖岩村围绕“赓续红色血脉　进行乡村振兴”主题，举办“美丽乡村·筑梦有我”大型活动，吸粉无数。文旅融合把红色资源优势转化为经济社会高质量发展优势，真正推动城乡高质量发展，谱写北京高质量发展新篇章。

三　首都红色文化前景展望

作为全国文化中心，北京在社会主义文化强国建设中承担着重要职责和历史使命。必须着力发挥北京红色文化在强化党的执政基础、提升党的执政能力、培育弘扬社会主义核心价值观方面的独特优势。下一步，北京将继续弘扬红色文化，要以赓续红色血脉为主线，以革命文物集中连片保护为重点，以重大时间节点为坐标，挖掘红色内涵，讲好红色故事，推动红色文化薪火相传、与时俱进。

一是利用好资源优势，加强北京红色文化传承保护。北京红色文化资源数量众多、内涵丰富，要健全首都红色文化保护传承利用体系，突出革命文物集中连片主题保护，着力保护利用以北大红楼及周边革命旧址为代表的建党文化资源，以卢沟桥和宛平城、中国人民抗日战争纪念馆为代表的抗战文化资源，以香山革命纪念地为代表的创建新中国文化资源，推进对原平西、平北等革命旧址的传承保护。培育红色文化建设重点品牌，打造一批爱国主义教育示范基地、党性教育基地、廉洁文化教育基地、青少年教育基地和红色旅游胜地。持续加大重点革命文物保护力度，有序提升一批革命文物单位保护级别，组织编制一批革命文物保护规划，通过充分挖掘首都特色红色资源，为全市党史学习教育提供生动教材。

二是利用好人才优势，强化北京红色文化研究阐释。弘扬红色文化、传承红色基因、彰显时代价值，离不开人才支撑。北京是哲学社会科学各方面各领域优秀人才的聚集之地，具有研究传承弘扬红色文化的巨大优势。要培养好红色文化内涵挖掘人才，充分发挥史志部门的优势，着力培养一支学术素养好、研究水平高、视野宽广的人才队伍。发挥“三支队伍”作用，尤其要聚合首都高校、党校、军队、史志、档案、文博等系统党史教学与研究人员，积极开展红色文化研究，推出更多有深度有影响的精品力作。广泛发动社科工作者关注和研究红色文化，从历史与现实、理论与实践、政治与学术的视角进行综合研究。鼓励支持中青年学者开展系统性研究，发动高校马克思主义、历史等专业学生参与基础性工作。遴选一批政治立场坚定、理论功底扎实、热心参与党的政策和历史宣传宣讲的专家学者，组建“红色文化宣讲团”。

三是利用好媒体优势，深化北京红色文化宣传开发。北京不仅是全国各类媒体最集中的地方，同时也是意识形态斗争的主战场。要用红色基因铸牢理想信念，推动理想信念教育制度化、常态化，引导人们不断坚定中国特色社会主义共同理想和共产主义远大理想，用红色传统滋养时代新人，加强新时代思想政治工作，培育担当民族复兴大任的时代新人。应广泛开展红色展览、革命文物保护利用优秀案例及革命文物讲述人推介，深入拓展红色旅游路线，开展“看文物学党史”等多种形式的宣传活动，充分挖掘首都特色红色资源，为党史学习教育提供生动教材。以五四、七一、七七、八一、十一等重要活动纪念日为契机，组织开展重温入党入团誓词、参观缅怀、文艺会演、拓展体验等红色主题活动，打造一批红色文化品牌。充分利用各大新媒体平台，整合资源，广泛协作，不断推进党史地方志成果转化利用，激发广大人民群众，尤其是青少年，知史爱党、知史爱国，共同唱响共产党好、社会主义好、改革开放好、伟大祖国好、各族人民好的时代主旋律。

文化传承与遗产保护

Cultural Inheritance and Conservation of Heritage

B.6

2021年北京历史文化名城保护与传承报告

王卫华　孙佳丰*

摘　要： 2021年，北京历史文化名城保护治理体系进一步完善，文化遗产保护利用进一步加强，中轴线申遗保护稳步落实，革命文物传承利用不断强化，老城空间秩序管控深入推进，“三山五园”地区整体保护有序开展，“三个文化带”构建起全国文化中心建设新标识，文博、文创、文旅及数字技术助推名城保护成效显著。在北京历史文化名城保护与传承的新阶段，名城保护工作仍需坚持政策指导、总结实践经验，在文化遗产展示、跨区协同保护、文化内涵与特色挖掘等方面予以加强，以推动北京历史文化名城保护工作取得更大成效。

* 王卫华，中央民族大学文学院院长，教授，博士生导师，主要研究方向为民俗学、北京文化；孙佳丰，中央民族大学民俗学专业博士研究生。

关键词： 历史文化名城保护　中轴线申遗　文化遗产保护利用　“三山五园”　“三个文化带”

2021年，在北京市委、市政府的领导下，北京历史文化名城保护委员会成员单位深入贯彻习近平总书记对北京重要讲话精神，牢牢把握首都城市战略定位，与社会各界共同推动北京历史文化名城保护工作取得新进展。为进一步完善历史文化名城保护治理体系，北京市重新修订《北京历史文化名城保护条例》（以下简称《条例》），健全相关管理政策，制定并落实保护发展规划，实现北京历史文化名城保护与新时期国家发展战略相对接。在政策保障与规划指导下，北京市进一步扩大保护对象范围，加强历史文化遗产系统保护、活化利用，以中轴线申遗保护为抓手，大力推动老城整体保护，有序推进街区保护更新；推进“三山五园”地区整体保护，加快国家文物保护利用示范区建设；以国家文化公园为引领，提升“三个文化带”保护建设水平；结合中国共产党成立100周年重大主题，着力完善首都红色文化保护传承利用体系，实现了名城保护工作在城市历史风貌恢复、空间活力焕发、人居环境改善、文化底蕴彰显等方面的显著成效。

一　健全历史文化名城保护政策体系，强化发展规划的引领作用

2021年，北京市人民政府充分发挥在历史文化名城保护工作中的统筹作用，推动完成《条例》修订和《北京市“十四五”时期历史文化名城保护发展规划》（以下简称《规划》）编制，为深入推进北京历史文化名城保护工作、进一步擦亮北京历史文化名城“金名片”提供了坚实有力的政策保障和科学有效的规划引导。

（一）出台历史文化名城保护条例，完善名城保护体制机制

2021 年 1 月 27 日，北京市第十五届人民代表大会第四次会议表决通过《北京历史文化名城保护条例》，于 2021 年 3 月 1 日起实施。《条例》的重新修订是北京市历史文化名城保护领域法制建设的重大举措，其以北京城市总体规划、北京城市副中心和首都功能核心区控制性详细规划为依据，吸收历史文化名城保护工作新经验，充分贯彻落实习近平总书记对北京重要讲话精神和关于历史文化名城保护工作重要指示批示精神，标志着北京历史文化名城保护进入新的阶段。

《条例》共七十七条，分为总则、保护体系、保护规划、保护措施、保护利用、法律责任、附则七章。与 2005 年出台的旧版条例相比，新版条例在保护机制、保护范围、保护制度、保护方式等方面做出进一步明确、充实与细化，并提出新的要求。在保护机制方面，条例提出建立健全党委领导、政府统筹、单位实施、公众参与、社会监督的北京历史文化名城保护工作机制，明确北京历史文化名城保护委员会职责，并纳入首都规划建设委员会工作体系。在保护范围方面，《条例》首次明确北京历史文化名城的范围涵盖全部行政区域，并强调整体保护与重点保护相结合，突出老城、“三山五园”地区及大运河文化带、长城文化带、西山永定河文化带等重点保护区域。在保护制度方面，《条例》进一步完善保护规划体系，提出实行保护名录制度、保护责任人制度，加大对违法违规行为的惩处力度。在保护方式方面，《条例》坚持先保护后利用原则，特别增加了“保护利用”一章，鼓励和支持历史建筑、历史文化街区、名镇、名村和传统村落等保护对象的合理利用与有序开放，并以此为改善人居环境、优化产业发展、传承传统文化提供资源与条件。

为配合《条例》的宣传和实施，2021 年 2 月，“擦亮历史文化金名片北京名城保护再出发——北京历史文化名城保护条例专题展”在线下线上同时开展，展陈通过“问城哪得‘名’如许”“保护工作路渐宽”“社会各界齐参与”“名城条例强保障”四大篇章，全面展示了北京历史文化名城保护

的现状和成效。以实施《条例》为新起点，北京历史文化名城保护工作在法治保障与政策指导下，进一步推动着千年古都北京保护历史风貌、焕发人文活力。

（二）发布新时期保护发展规划，明确保护工作目标与任务

2021 年是“十四五”规划开局之年，也是北京落实首都城市战略定位、建设国际一流的和谐宜居之都的关键时期。根据“十四五”时期北京经济社会发展指导思想及北京城市总体规划，北京历史文化名城保护委员会办公室组织编制《规划》，将贯彻落实《条例》、完善实施政策体系作为未来五年工作的重点。该《规划》于 2021 年下半年获北京市政府批复同意。

《规划》提出了“十四五”时期北京历史文化名城保护工作的总体思路、具体目标，梳理出主要任务清单和政策体系。《规划》以处理好保护与发展、保护与利用、保护与民生、保护与自然的关系，做到历史文化保护与优化首都核心功能、合理利用文化资源、改善人居环境、促进生态保护相结合为指导思想，确立保护格局更加完整、保护利用更有成效、人文特色更加彰显、保护治理更加健全的目标①。《规划》将推动老城和“三山五园”地区整体保护、推动三个文化带建设为重点任务，并完善政策机制，构建保护治理体系。

同时，2021 年北京市相继出台了《北京市“十四五”时期文化和旅游发展规划》、《北京市“十四五”时期文物博物馆事业发展规划》和《北京市“十四五”时期乡村振兴战略实施规划》等指导性文件，协调北京市文化和旅游局、北京市文物局等名城保护相关部门通过明确加强文物保护、落实传统村落挂牌保护、促进文化旅游等方面的工作任务，共同推进实现城市历史文化资源保护利用、传承北京城市历史文脉的名城保护发展目标。以《规划》为引领，新时期北京历史文化名城保护工作深入有序开展。

① 《北京市“十四五”时期历史文化名城保护发展规划》，http：//wwj. beijing. gov. cn/bjww/362679/362688/11038935/index. html。

二　中轴线申遗保护工作取得重大进展，老城综合整治成效显著

中轴线是北京老城空间格局的重要特征，是北京历史文化名城保护的重中之重。2021 年，北京市扎实推动中轴线申遗保护计划实施，积极推动中轴线文化遗产保护立法，以中轴线申遗保护为抓手，加快沿线综合整治和景观优化，持续改善人居环境，带动老城整体保护和有机更新。

（一）推动中轴线文化遗产保护立法，申遗计划进一步落实

2021 年 4 月，《北京中轴线文化遗产保护条例（草案）》（以下简称《条例（草案）》）经过北京市第十五届人大常委会第三十次会议第二次审议。《条例（草案）》根据 2020 年征求的社会公众意见及市人大常委会一审建议，进一步明确了北京中轴线文化遗产保护对象，进一步完善了北京中轴线的保护管理体制、保护措施，进一步强调公众参与和共治共享的保护发展趋势，同时与《北京历史文化名城保护条例》有效衔接。2021 年，《条例（草案）》还根据市人大常委会审议意见继续修改完善，通过市人大常委会第三次审议后施行，为北京中轴线文化遗产保护和相关申遗活动夯实法治基础。

2021 年北京市大力推进中轴线申遗保护，高标准推进《首都功能核心区控制性详细规划（街区层面）（2018 年~2035 年）》和《北京中轴线申遗保护三年行动计划（2020 年 7 月~2023 年 6 月）》，加快中轴线文物腾退与修缮。完成社稷坛、太庙、先农坛等核心区域内市属机关单位办公用房腾退工作，钟鼓楼周边申请式退租完成签约，太庙、先农坛和天坛等重点区域文物腾退、综合整治方案日趋稳定，清陆军部旧址、皇史宬北院实现对公众开放。钟楼文物修缮工程顺利完成，景山兴庆阁、中山堂、正阳门箭楼等重点文物修缮工作有序展开①。与此同时，被称为北京“地下中轴线”的地铁

① 《北京市文物局 2021 年工作总结》，http：//wwj. beijing. gov. cn/bjww/362679/362680/482911/21197580/index. html。

8 号线南北全线贯通运营，地上地下的空间建构紧密呼应。

在规划管理方面，针对中轴线申遗保护制定的规范性文件已经编制完成，《北京中轴线保护管理规划》正在征求意见，《北京中轴线风貌管控城市设计导则》已正式印发。同时，北京市深入开展中轴线申遗保护宣传推广，市文物局与北京广播电视台合作的大型文化音乐竞演真人秀节目《最美中轴线》得到社会广泛好评，获评 2021 年第三季度北京市广播电视创新创优节目。节目通过为中轴线文化遗产创作歌曲的方式传播中轴线文化，阐明北京中轴线申遗的重要文化和社会意义，为北京中轴线申遗保护工作贡献力量。由北京市文物局和腾讯联合发起的“数字中轴”项目通过开展“北京中轴线，申遗有我”等线上互动体验活动，增强大众对中轴线申遗的参与度与认同感。由西城区总工会与区文化和旅游局主办的 2021 年“大都工匠”文物古建修缮技能技艺大赛，则让文物古建修缮行业的能工巧匠通过比技艺、展风采的方式，献策献艺献技中轴线申遗，助力打造西城区“我在中轴修文物”老城保护品牌。2021 年末，东城区举办“一元‘中’始——2022 北京中轴线特展”，展示了中轴线历史文化和中轴线保护工作成效，以彰显老城人文魅力、提升公众对中轴线申遗保护的认知。

（二）街区保护更新工作有序开展，人居环境切实改善

为推进老城有机更新、持续改善人居环境，2021 年北京市人民政府印发了《北京市人民政府关于实施城市更新行动的指导意见》（以下简称《指导意见》），强调坚持规划引领，民生优先；政府推动，市场运作；公众参与，共建共享；试点先行，有序推进的基本原则，明确老旧小区改造、危旧楼房改建、老旧厂房改造、老旧楼宇更新、首都功能核心区平房（院落）更新等工作方式，为城市更新提供政策支撑和组织保障。同时，为促进《指导意见》的落实，北京市规划和自然资源委会同有关部门研究制定了《关于首都功能核心区平房（院落）保护性修缮和恢复性修建工作的意见》《关于老旧小区更新改造工作的意见》《关于开展老旧厂房更新改造工作的意见》《关于开展老旧楼宇更新改造工作的意见》四个配套实施细则，为城

市更新指明实施路径。为落实《首都功能核心区控制性详细规划三年行动计划（2020 年~2022 年）》及 2021 年全国文化中心建设重点任务清单要求，市规划和自然资源委员会会同东城区人民政府、西城区人民政府加快推进首都功能核心区传统地名保护名录编制工作，于 2021 年 8 月公示了《首都功能核心区传统地名保护名录（第一批）》，将首批 583 处传统地名列入保护名录初选名单，并通过“北京地名网”对纳入名录的传统地名进行宣传，展现老城历史文化底蕴。

在具体实施方面，2021 年初，北京核心城区的鼓楼西大街和东四南北大街完成减量更新，成为《首都功能核心区控制性详细规划（街区层面）（2018 年~2035 年）》出台后北京市首批亮相的老城街区保护更新项目。2021 年，东城区完成太庙、天坛等 34 处文物腾退和 18 处文物保护修缮，推动皇史宬等文物活化利用，完成永定门公园古御道展示工作。崇雍大街恢复“文风京韵、大市银街”古都风貌，前门三里河和玉河故道重现“水穿街巷、绿树成荫”历史景观。北京市城市管理委员会积极推动东城区与西城区平安大街环境整治提升工程，完成东城段建设项目。2021 年，东城区启动景山三眼井、西草红庙街区一期、西总布街区申请式退租项目，继续完善“共生院”模式，提升草厂片区和整治南锣四条胡同，让老胡同的居民过上了现代生活。在 2020 年完成首批 44 处“美丽院落”之后，2021 年东城区继续推进环境整治提升从街巷向院落延伸，涉及东四、安定门、交道口、天坛等 9 个街道的 50 个新一批“美丽院落”建设工作已取得明显成效，进一步推动街区环境品质整体优化，提升老城居民生活品质。在此基础上，东城区将于 2022 年开展钟鼓楼、万宁桥周边综合整治，助力街区环境提升①。

2021 年西城区有序推进文物腾退及平房申请式退租工作。完成贤良祠腾退、钟鼓楼西北侧申请式退租项目，大栅栏观音寺、砖塔胡同城市保护更新项目稳步推进后续工作，并推动全市首例平房院落“银企合作促整院”

① 《全力推进中轴线申遗　钟鼓楼地区 2022 年将综合提升》，http：//www.beijing.gov.cn/ywdt/zwzt/sjzzcts/ywyl/202112/t20211213_ 2559372.html。

模式在“菜西”项目正式落地。西城区还全力推进老旧小区改造工作。前期结转的42个完成14个，其余28个正在抓紧施工。2021年新启动的35个小区约8400套房屋53万平方米，已完成审批程序，正在开展前期准备工作。推动2处危旧楼改建试点。审核加装电梯16部。在全市首创“租赁置换”老旧小区改造新模式①。光源里、菜园街及枣林南里棚改项目、百万庄北里居民住房改善项目持续推进。2021年，西城区持续打造重点地区街区保护更新项目，提升平安大街（西城段）、旧鼓楼大街、地安门外大街、西安门大街环境整治水平，完成恭俭胡同三官庙、庆云寺、三清观等文物修缮工作，并全面推进砖塔胡同、西板桥、钟鼓楼西北侧等腾退院落保护性修缮及再利用②。

在城市景观恢复工作方面，北京市发改委推动什刹海历史文化街区的更新和保护工作取得新进展，于7月底完成北京积水潭医院新北楼降层，打通“燕京小八景”之“银锭观山”景观视廊，提升北京城市景观品质，为推动历史文化街区保护和更新提供了实践经验。

三 “三山五园”地区保护水平提升，“三个文化带”保护工作持续推进

“三山五园”和“三个文化带”作为北京城市文脉的重要载体，是北京历史文化名城保护与传承的重要对象。2021年，北京市从历史文化名城保护系统出发，加快“三山五园”国家文物保护利用示范区建设，打造国家历史文化传承示范区；以国家文化公园建设为引领，推动“三个文化带”建设，带动北京城市山水格局与历史风貌整体保护工作取得良好成效。

① 《加强历史文化名城保护　全面推动老城有机更新》，https://mp.weixin.qq.com/s/s9Noh9PoPx_tJ9YTZhqhOA。

② 《助推老城复兴　书写历史文化名城保护新篇章》，https://www.bjxch.gov.cn/xcdt/xxxq/pnidpv906740.html。

（一）创建国家文物保护利用示范区，恢复古都自然历史风貌

“三山五园”地区具有独特的历史文化资源、深厚的人文底蕴和优良的生态环境，自2020年9月“三山五园”入选国家文物局公布的首批国家文物保护利用示范区创建名单以来，北京市进一步加强对“三山五园”地区的整体规划保护。2021年1月，由北京市规划和自然资源委员会联合北京市海淀区人民政府组织编制的《“三山五园”地区整体保护规划（2019年~2035年）》发布，提出六个保护重点：保护园区与老城的密切联系，保障首都“四个中心”功能；保护山水形胜的整体格局，延续独特的空间秩序；保护丰富多样的文化遗产，擦亮历史文化金名片；保护绿地成片的生态基底，构建中心城绿色屏障；保护有机融合的文化景观，塑造古与今和谐风貌；保护和谐优越的人居环境，提升人民生活幸福感。

北京市海淀区人民政府于2021年4月编制印发《北京海淀“三山五园”国家文物保护利用示范区建设实施方案》，精准对接“三山五园”地区整体保护规划的保护重点，提出坚持应保尽保、系统观念、创新发展、合作共赢的建设原则，提出深入学习贯彻落实习近平总书记关于文物工作重要论述和重要指示批示精神、保护类型丰富的文化遗产、保护山水形胜的整体格局、保护“三山五园”地区与北京老城的联系、构建文物保护责任体系、建构文物价值研究阐释体系、建构文物展示交流传播体系、建构文物资源活化利用体系和构建文物保护利用科技支撑体系九类创建项目，为“三山五园”地区保护发展做出了总设计。

2021年，北京市积极落实“三山五园”国家文物保护利用示范区建设实施方案，加强保护“三山五园”地区生态环境功能，恢复山水田园的自然历史风貌。2月开展的北长河环境整治提升工程和4月开展的玉泉山路引水渠生态治理工程，已于年内全面建设完工。北长河治理起点为玉泉山五孔桥至三苑闸，全线完善了植被景观，局部新建了观景木平台和木栈道，并打造了御道文化景观区及西郊游览风光区，营造成林地果园、疏林草地的特色

景观，全方位展现北长河由古至今的历史变化①。玉泉山路引水渠治理工程实施了清理河渠、整理绿化土方、拆降污水检查井等措施，并在河坡沿线增加了丰富的地被植物，形成了崭新的河道景观。改造工程的实施整合了玉泉山路引水渠与周边公园绿地，有效改善了河道的水环境及生态环境。工程在提升景观的同时融入文化元素，对现有人行道进行了改造，将乾隆钦定的“玉泉山十六景”诗词融入地雕设计中，与人文景观有机融合。9 月，颐和园博物馆正式挂牌，首展“园说Ⅲ——文物中的福寿文化与艺术特展”展出 286 件（套）福寿文化主题文物。这一处具有皇家园林特色的文物博物馆采用藏品库与展馆相结合的现代博物馆模式，文物展厅面积近 3000 平方米，今后将持续展出“三山五园”相关文物，提升“三山五园”文物保护利用水平。

2021 年末，北京市重点工程“海淀区‘三山五园’艺术中心”项目开工建设，该艺术中心建成后将成为海淀区服务全国文化中心建设和展示“三山五园”地区历史人文风貌的标志性建筑，为推动“三山五园”国家文物保护利用示范区建设助力。

（二）国家文化公园建设稳步落实，打造“三个文化带”新亮点

2021 年，北京市积极落实习近平总书记关于建设国家文化公园重要指示精神，大力推动大运河和长城两处国家文化公园（北京段）建设，全面统筹大运河文化带、长城文化带和西山永定河文化带建设保护。

大运河文化带建设成效显著。2021 年 6 月，北京（通州）大运河文化旅游国家 5A 级景区建设进入整体提升改造阶段，北运河通州段 40 公里河道及与之贯通的河北省香河段实现旅游通航，开发出“一短一长一夜航”三条游船游览线路，为全面推进大运河国家文化公园建设创造良好条件。10 月，在由北京市委宣传部、中国新闻社主办的“2021 北京（国际）运河文

① 《北长河环境整治提升工程全面竣工》，http：//zyk. bjhd. gov. cn/ywdt/hdywx/202108/t20210830_ 4482172. shtml。

化节”开幕式上，发布了《北京市大运河国家文化公园建设保护规划》，进一步明确了建设保护目标与任务，提出将全面打造管控保护、主题展示、文旅融合、传统利用四个功能分区，扎实推进保护传承、研究发掘、环境配套、文旅融合、数字再现五个重点工程，集中推出一批标志性项目，以线串珠，以珠带面，延续壮美运河千年神韵，打造具有首都标准、北京特色、时代气象的北京市大运河国家文化公园，使大运河成为文化之河、生态之河、发展之河、民生之河、融合之河①。按照规划，2021 年，大运河国家文化公园建设管理机制全面建立。同时，此次运河文化节整合大运河沿线文化、旅游、体育等各类资源，以线上和线下方式举办形式丰富的文化活动，让公众感受运河深厚的文化魅力和崭新面貌，进而展现运河在促进国内国际文化交流、繁荣经济、推动国运民昌方面所发挥的重要作用。

在运河文化遗产保护方面，北京市继续统筹做好沿线建筑遗迹和文物的保护修缮，完成“三庙一塔”及周边环境整治主体工作，以及海淀区万寿寺第一阶段以中路为主的文物保护修缮工程，推进路县故城遗址公园及路县故城保护展示工程建设，推动张家湾镇和漷县镇等运河古镇文化复兴，并加快大运河源头遗址公园建设、白浮泉地区综合治理等工作。10 月，北京市文物局和北京市水务局发布《北京市第一批水利遗产名录》，包括昆明湖、北海、白浮泉、广源闸、八里桥、清代自来水厂、澄清下闸遗址在内的 7 处水利遗产被收录，对于展示中国古代水利文化、助力大运河文化带建设具有重要意义。位于城市副中心的大运河博物馆已完成主体结构的修建，预计 2022 年底竣工，2023 年底正式向观众开放。

长城文化带建设稳步推进。2021 年 12 月，《长城国家文化公园（北京段）建设保护规划》正式印发，对长城国家文化公园（北京段）建设提出了明确的工作要求，提出长城保护传承、研究发掘、环境提升、文旅融合、数字再现五大类工程，突出标志性项目的引领和带动作用。通过打造集中展

① 《一起来看〈北京市大运河国家文化公园建设保护规划〉解读》，http：//www.beijing.gov.cn/renwen/zt/2021sdwhd/bjdyh/yw/202110/t20211015_ 2513666.html。

示长城历史文化的国家一级博物馆、国家级长城修缮技艺传承保护研究中心、国家级长城文化品牌，形成具有国家标志意义的世界级文旅融合区，以遗产保护促进区域发展，助推全国文化中心建设①。为深入挖掘和丰富长城文化内涵，提升长城文化带保护水平，北京市积极开办以“长城之魅　冬奥之约”为主题的北京长城文化节，从民族长城、红色长城、生态长城、冬奥长城不同层面诠释长城精神文化内涵。文化节吸引了民众广泛参与。作为“2021 北京长城文化节”重要组成部分的“八达岭长城高峰论坛”围绕长城国家文化公园建设、“文化+”背景下长城文化遗产价值的保护与开发、区域协同发展框架下的“长城文化经济带”建构、沿线文旅产业发展等议题展开，为长城文化高层次多角度交流搭建了平台②。

为进一步释放西山永定河文化带的文化内涵，推动北京西山永定河文化带建设，2021 年北京市进一步加强琉璃河遗址的保护，系统谋划建设国家考古遗址公园，推进金中都城墙遗址公园建设，实施模式口历史文化街区保护性更新改造，持续开展长辛店老镇有机更新工作，并深入挖掘工业遗址资源，推动首钢、长辛店二七厂等京西工业遗址创造性转化利用。9 月，北京市举办首届“北京西山永定河文化节”。文化节以“百年风华　山河永定”为主题，依托西山永定河文化带深厚的古都文化、红色文化、京味文化、创新文化，串联红色遗迹、工业遗产、村落民俗、光影诗画、自然人文、文化创意、运动健身等多种元素，以跨领域融合模式打造一系列特色文化活动，展现西山永定河的历史变迁与创新精神③。文化节期间，坐落于首钢园区的北京冬季奥林匹克公园正式开园。北京冬季奥林匹克公园通过整合莲石湖公园、永定河休闲森林公园等现有公园，开展生态修复和环境品质提升，形成

① 《坚持首善标准　全力推进北京长城国家文化公园建设保护》，http：//www. beijing. gov. cn/renwen/sy/whkb/202112/t20211216_ 2562707. html。

② 《2021 年北京长城文化节八达岭长城高峰论坛举行》，http：//www. beijing. gov. cn/renwen/zt/2021sdwhd/cc/yw/202108/t20210816_ 2469319. html。

③ 《2021 北京西山永定河文化节正式拉开帷幕》，http：//www. beijing. gov. cn/renwen/whrl/rdtj/202109/t20210924_ 2500609. html。

城市滨水开放空间①，是集运动健身、休闲娱乐、会展服务等于一体的新发展区域，成为西山永定河文化带的新亮点。同时，石景山区模式口历史文化街区也在文化节期间开街。模式口历史文化街区利用老爷庙、庆春斋等建筑资源打造“古道斯存”民俗陈列馆、老舍主题纪念馆等文化展示场所，并与进山古道形成完整的京西古道体系，成为市民访古、怀旧、游憩的绝佳目的地，是西山永定河文化带上的标志性文化符号。

四　加强历史文化遗产活化利用，名城保护与传承形式与时俱进

随着历史文化名城保护治理体系不断完善，历史文化遗产保护工作由以保护为主向传承和合理利用转变。2021 年北京市深入贯彻落实历史文化名城保护各项指导性文件中关于加强历史建筑、革命文物等历史文化资源保护利用的精神，探索文物、历史建筑腾退与开放利用新模式，推动非物质文化遗产保护与创新，促进文化与科技、旅游融合发展，彰显城市文化底蕴、传播中华优秀文化。

（一）加强革命史迹保护利用，弘扬爱国主义革命传统

2021 年，北京市结合中国共产党成立 100 周年重大主题，着力健全首都红色文化保护传承利用体系，加强革命文物和遗址保护传承利用，以革命史迹为载体，展示北京革命活动的壮阔历史，传承红色文化精神。

2021 年 3 月，北京市文物局公布《北京市第一批革命文物名录》，包括不可移动革命文物 158 处、可移动革命文物 2111 件（套）。这些文物主要包括与中国共产党领导中国人民进行革命、建设相关的史迹、实物和纪念设施，全面体现了中国共产党北京革命历史，突出体现了中国共产党北京历史

① 《明确任务、细化措施，全力保障冬奥公园莲石湖段节日运行安全》，http：//www.bjsjs.gov.cn/gongkai/zwgkpd/ndzdrw/202110/t20211018_ 43897.shtml。

在中共党史上的鲜明特点和历史地位，充分反映了北京革命文物资源丰富、历史厚重的特点[①]。6月，北大红楼、李大钊旧居、《新青年》编辑部旧址（陈独秀旧居）、京报馆旧址（邵飘萍故居）和陶然亭慈悲庵等中国共产党早期北京活动旧址完成修缮，并向社会开放。北大红楼推出“光辉伟业红色序章——北大红楼与中国共产党早期革命活动”主题展览，展览以图片和文物等方式全面展现了李大钊、陈独秀等开展革命活动、推动马克思主义在中国的早期传播、酝酿和筹建中国共产党等革命历史。北京市公园管理中心主办的“走向光明——北京公园中的红色印迹”专题展览也在6月开幕，市属公园中的香山公园、陶然亭公园、中山公园等9处爱国主义教育基地也开展了10项红色展览，推出32项特色项目和定制化红色服务。

为讲好红色故事，推进革命文物集中连片整体保护，北京市文化和旅游局以“缅怀·踏青”为主题，推出26条“漫步北京清明节红色旅游主题游”线路；西城区推出包括李大钊故居、京报馆等6个点位在内的“游红色景点寻百年印迹”主题线路；北京城市规划学会“三山五园”研究中心发布“进京赶考”路线图，再现了1949年3月25日党中央进京历程；门头沟区发布“平西革命根据地”文旅品牌，包含九大红色旅游景点和18条红色主题精品旅游线路；丰台区文化和旅游局发布了6条“北方红星长辛店”文化旅游线路，高标准建设卢沟桥和宛平城抗日战争爱国主义教育主题片区。在“一二·九”运动86周年纪念日之际，北京市《北京红色旅游地图》首次正式发布，地图梳理出北京268个红色文旅目的地，设计了9条主题游览线路，为人们在京探访学习提供了权威、全面的参考，对弘扬爱国主义革命传统具有重要的现实意义。

（二）打造精品文化探访路，促进文化与旅游融合发展

文化旅游是历史文化遗产活化利用的重要途径。2021年，北京市大力

---

① 《2021年度北京历史文化名城保护大事记》，http：//ghzrzyw. beijing. gov. cn/zhengwuxinxi/tzgg/sj/202203/t20220309_ 2626296. html。

整合文化资源，开发精品文化探访路，以文化旅游推动历史文化名城建设。除以革命史迹为依托打造的红色主题旅游线路外，北京市还依托“三个文化带”、历史名园等名胜古迹和城市景观，推出了众多主题文化旅游线路。

2021年，北京市文化和旅游局相继推出“花开的日子——漫步北京赏春花读建筑主题游”线路、北京大运河休闲旅游精品线路、“叶落的季节——赏银杏品文化线路”、西山永定河主题线路、“雪舞的时分——漫步北京迎冬奥赏冰雪主题游”线路等代表性主题文化旅游线路，为人们领略北京城市风貌与历史文化提供了指南。在由市文化和旅游局、北京冬奥组委、国家速滑馆联合主办的“长城好汉2021——冰雪京城　激情冬奥”全球营销推广活动上，市文化和旅游局向旅行社发布了三条北京冬奥旅游路线，分别为冰雪京城双奥之旅、长城脚下生态之旅、京张雪乡休闲之旅。三条路线展现了不同冬奥赛区的地域特色及文旅资源，凸显了历史文化名城的风貌特色，充分彰显了“双奥之城”的独特魅力。

2021年5月，北京市规划和自然资源委员会主办的“北京印迹”平台“文化探访路”系列活动第一站“什刹海——民间的乐园”正式启程。系列活动通过专家带领公众一起探访城市空间、探索历史文化的沉浸式、体验式的活动方式，为公众提供历史寻迹、文化探访的特色体验，推动北京历史文化名城保护工作。9月，西城区什刹海整合多方资源，围绕致敬经典必选之旅、世界遗产寻迹、人文遗存游访、魅力新生体验等主题推出四条文化探访体验线路；同时，发布什刹海品牌视觉形象、探访线路上体验小程序与双语地图，用新方式讲好历史故事，延续区域历史文脉。

新的旅游名单也相继出台。10月，北京市文化和旅游局、北京市发展改革委发布“北京市旅游休闲街区”第一批名单，名单包括前门大街、八达岭长城旅游休闲街区等12处历史文化特色街区。12月，北京市文化和旅游局发布了100家北京市文化旅游体验基地名单。这些名单的确定对创新优质文旅产品供给、促进文旅融合、展示首都形象具有积极的意义。

（三）推动非遗传承保护，文博文创丰富城市现代生活

2021 年，北京市加强非物质文化遗产宣传展示和老字号传承创新，大力推动文物博物馆事业和文化创意产业发展，助推历史文化名城保护。

6 月，由北京市文化和旅游局主办的 2021 年北京非遗购物节正式启动，18 家非遗老字号、20 位非遗传承人通过顶流直播，线上线下 556 家店铺为消费者提供 1300 余种非遗产品，是推进非遗创新传播的积极实践。7 月，北京工艺美术出版社出版《天街商话—述往论今——北京前门老字号口述历史》，该书讲述了老字号的传承历史及传承人的心路历程，展示了老字号在产品和服务方面的探索。8 月，文化和旅游部第五批国家级非物质文化遗产代表性项目保护单位正式发布。北京市文化和旅游局组织推荐的天坛神乐署中和韶乐、北京果脯传统制作技艺、孙式太极拳、丫髻山庙会等 18 个非遗代表性项目入选第五批国家级非遗代表性项目名录，数量居全国前列。为助推中轴线申遗保护，北京市还举办了以“传承中轴文脉　传播古都文化”为主题的首届北京中轴线文化遗产传承与创新大赛，推出首档非遗公益晚会“潮起中国·非遗焕新夜”，充分挖掘北京中轴线文化遗产价值，展现北京中轴线的风采魅力。

2021 年，北京市着力建设“博物馆之城”。5 月，国家文物局、北京市人民政府共建北京“博物馆之城”战略合作协议正式签署，标志着北京“博物馆之城”建设向实现全国领先、国际一流的博物馆集群聚落目标快速推进。2021 年，北京市文物局组织完成了“2021 年中国国际服务贸易交易会文旅服务专题展”中“文博文创”板块的展示任务，北京地区 22 家全国文创开发试点博物馆集体参展，同台展出特色文创产品，并在服贸会上完成多项重要签约。以“收藏：为美好生活赋能”为主题的“2021 北京·中国文物国际博览会”通过开展线下与线上活动，展现了北京在全国文物艺术品市场的影响力。北京市白塔寺管理处、孔庙和国子监博物馆、北京石刻艺术博物馆三家单位的文创空间正式对外开放，集中展示销售围绕博物馆文化元素开发的博物馆文创产品。

同时，“2021‘北京礼物’旅游商品及文创产品大赛”“2021 北京文博创意设计大赛”等活动紧密结合北京文化旅游城市和“博物馆之城”建设，以文博文创丰富现代城市生活，扩大北京城市文化影响力，助推历史文化名城保护传承。

五　深入推进北京历史文化名城保护与传承的问题与建议

2021 年，北京历史文化名城保护工作取得了众多突破性进展，构建了更为完善的历史文化名城保护治理体系，并在政策条例和发展规划的要求和指导下，加强文化遗产保护传承利用，强化历史文脉与生态环境交融，提升人居环境品质，促进文博、文创、文旅产业融合发展，在中轴线申遗保护、老城空间秩序管控、“三山五园”地区整体保护、“三个文化带”建设、革命文物保护利用等方面取得良好的成效。根据以往实践经验与未来任务目标，在北京历史文化名城保护与传承的新阶段，相关工作仍需在文化遗产展示、跨区协同保护等方面予以加强。

（一）增强城市历史文化可读性，提升文化遗产展示水平

文物古建是北京历史文化名城重要的文化标志，其历史信息的传承与表达是彰显城市人文底蕴的核心要素。一直以来，北京市积极吸收和借鉴文化遗产保护国际准则与理念，在文物古建的修缮保护中注重其历史可读性。随着北京历史文化名城保护工作从以保护为主到强调在保护基础上合理利用的转变，实现城市历史文化的有效展示越来越成为名城保护工作的重要内容，这不仅要求文物古建能够以其历史风貌延续城市历史景观，更要求文物古建的历史信息能够在展示的过程中被人们有效识别和获取。

以展板、信息卡等对文物古建进行标识是文化展示的基本方式，其标识需要在全面性、知识性和创新性上进一步完善。目前，一些文物古建未被标识，许多文物古建标识内容过于简单、形式较为单一，不能很好地满足参观

者深入了解文物历史文化内涵的要求。在未来的保护工作中，文物古建数字化标识是值得推广的方式。2021 年，西城区完成 305 处文物保护单位标识牌二维码标识安装，通过“扫码求实”“扫码听史”“扫码问事”等方式，使文物古建可阅读。这是促进文物古建释放历史价值、发挥文化功能的有益实践。这种符合时代需求的标识方式应该加大推广力度。

讲解服务是提升文物古建等名城文化遗产展览、展示水平的重要方式。在历史名园、博物馆等文化遗产展示空间中，导游与讲解员能够为参观者提供更为生动和丰富的文物知识，共享讲解器等讲解设备也得到了推广应用。但为确保讲解内容的科学性与规范性，各文物保护单位应当加强对讲解服务的管理，提升讲解服务的品质，尤其是要通过颁发讲解员证等方式加强对私人导游业务能力和资质的认证管理。

当前，受新冠肺炎疫情影响，居家学习和线上游学等方式越来越被人们认可。应加快推进博物馆数字化建设、推动老字号企业数字化转型，积极推出高质量的文博类视频、音频节目，并进一步完善线上服务内容，为社会大众居家文化学习提供更多更高质量的平台。

（二）探索建立跨区保护机制，强化区域文化资源整合

北京城市文化资源要素具有空间关联性和文脉延续性特点。以胡同街巷、宫苑园林、坛庙寺观等为代表的历史建筑，以及河湖水系等自然风物，都有跨行政区的空间体系与景观格局。因此，要落实对名城保护对象的整体保护，就需要对其进行统一规划、协调管理。

在中轴线保护工作中，东城区和西城区坚持统一整治，在文物建筑腾退及修缮工作保护中加强沟通与衔接，确保中轴线地区风貌统一协调。2021 年平安大街环境整治提升工程东城、西城区示范段建设，便是在两区的沟通协作下完成的。工程保持了贯穿东城、西城区的平安大街街道景观的统一性，避免了“一街两样”。对于具有更为广阔空间脉络的“三个文化带”来说，更需要拓展跨区域合作机制。新修订的《条例》明确提出市人民政府应当建立跨区保护协调机制，统筹协调“三个文化带”的保护利用。这指

明了“三个文化带”保护发展的未来路径，即完善市域及周边地区历史文化资源和自然景观资源的保护体系，加强跨区域、跨流域历史文化遗产的整体保护，结合国家文化公园建设保护等重点工作，促进区域协同发展。近年来，北京市积极推动各区协调配合及京津冀协同发展，整合跨区域资源要素，推动构建以长城、大运河文化带为轴心的高质量文化旅游空间，形成积极示范效应。在未来的发展中，北京市应进一步打破区域限制，加强城市空间与文化脉络的整体保护，形成具有差异性和互补性的城市文化有机体。

六　结语

在保护基础上加强对历史文化遗产的研究阐释，深入挖掘并展示其文化价值与精神内涵，是北京历史文化名城保护工作的重要任务。历史上，北京处于多元文化交汇的特殊地带，不同的文化形态在这里碰撞、交往、融合。从远古时代周口店人和山顶洞人生活的人类文明发祥地，到如今作为全中国政治中心和文化中心的现代化国际化大都市，北京虽然历经曲折和坎坷，但一直在发展。北京的历史，是中华民族多元一体融合发展的历史，也是中华民族共同体的形成史。

近年来，北京市围绕皇家文化、革命文化、民俗文化等主题举办文博展览和文化活动、打造文化旅游线路，通过展示文物古建、历史街区、传统村落的保护成就，彰显北京城市的文化底蕴。作为首善之区，北京历史名城保护应当进一步加强城市精神的凝练，充分挖掘历史文化遗产的民族文化价值，充分利用蕴含中华民族文化特色的文物、建筑等进行展示宣传并开展民族团结教育活动，以发挥中华民族文化传承、民族精神弘扬发展的首都示范效应。

B.7
北京中轴线申遗工作进展及前景展望

李海峰*

摘　要： 北京中轴线是北京城市的灵魂和脊梁，中轴线申遗的前提是讲清楚中轴线蕴含的文化内涵，表达出中华文明跨越时空的包容性和古今相通的连续性。中轴线申遗与传播有助于北京老城的整体保护，提升北京历史文化名城的底蕴，促进人民对于北京城历史与文化的理解。

关键词： 北京中轴线　文化　内涵　申遗

北京中轴线上的古代建筑汇聚了中国古代建筑工艺的最高成就，格局严整，建造理念先进。在北京城规划布局上，中轴线贯穿皇宫与京城的核心，体现了中国传统的道家思想与儒家政治理念，这种格局在世界上是独一无二的。

北京城的建造虽历经了多个朝代，但遵循着明确的整体规划：城市的建筑布局要鲜明地体现以皇家宫室为主体的思想，以一条南北长达7.8公里的中轴线为全城的骨干，起自外城南墙正中的永定门，经正阳门、天安门、端门、午门、神武门、景山、地安门、鼓楼，到钟楼止。城内所有的宫殿、坛庙、朝廷衙署和其他重要建筑都沿此中轴线东西对称、排列展开，体现了皇权至上的思想。中轴线上矗立着一座座高大的城门，城门之上建有城楼，既壮观瞻更用以守门户。

---

* 李海峰，哲学博士，北京师范大学文化创新与传播研究院副教授，主要研究方向为传统文化当代转化与应用。

中轴线对于中国历史与传统的意义是文化价值上的大一统，是中国传统哲学与中国核心价值观的表现。这条线上的建筑在层层递进中将传统的儒道两家思想中的道法自然、天人合一、中正光明的思想体现得淋漓尽致。中国哲学中形而上的理念都充分地展现在北京城市形而下的规划与建筑中，表达了中华民族对圣贤、对天地万物、对国家所能达到的和谐状态的敬畏，展现了中国人在浩瀚的宇宙中寻找安身立命所在的价值追求：“致中和，天地位焉，万物育焉。”这句出自《中庸》的名言表达出人最高的价值追求，就是达到中和的均衡状态，在这种状态下天地各安其位，万物生长发育。在中华传统文化里，“中”意为中庸、时中，尤其强调处理事情不偏不倚、恰到好处，既不能过，也不能不及；“和”意味着和谐、和合，强调不同对象彼此相应无碍、达到和谐。换言之，无论是人、事、物，还是观念、道理、方法，如果偏离了中和，就会走极端，失去平衡、产生偏差①。这是中国哲学在中轴线建筑中的充分体现。哲学思想与中轴线形式完美的结合，让中华文明历史上的统治者们都意识到武力并非万能，价值的引领、和平的主张是更为重要的。中轴线展现的文化内涵作为中华民族持久的一种价值追求，以及统治政权正统性、合法性的文化承载，使其成为中华民族精神上的中心之地。

一 北京中轴线申遗的历史进展与现状

北京中轴线申遗工作始于2011年，北京市委、市政府研究提出了中轴线申遗项目，国家文物局经过审核，于2012年将北京中轴线项目正式列入“中国世界文化遗产预备名单”。自列入国家申遗预备名单后，北京市就开始着手申遗工作，着重梳理整个中轴线沿线的文化遗产要素、文物保护单位的保护修缮情况等。2017年，北京把中轴线申遗工作提到了全国文化中心建设的定位上，中轴线申遗成为北京市政府的重要工作之一。

① 李海峰：《“致中和”的当代价值》，《人民日报》（理论版）2018年2月13日。

2017 年 12 月，《北京市人民政府关于进一步加强文物工作的实施意见》提出，要按照世界文化遗产标准，进一步加大对中轴线沿线文物的保护力度，实施中轴线古建筑群修缮工程，把文物修缮同改善环境质量和提升居民生活水平有机结合起来，为申遗成功奠定坚实基础。

2018 年，北京市文物局编制了《北京中轴线申遗保护规划》，形成了针对中轴线文物整体的多层次保护规划体系，以更全面地保护中轴线遗产点内、遗产点间、老城环境背景和更大范围内的城市格局。

2020 年 4 月，《北京市推进全国文化中心建设中长期规划（2019 年~2035 年）》提出推进遗产保护利用的国际合作，积极申办世界遗产大会，开展交流对话，有效展示传播中轴线文化魅力。面向国际社会讲好中轴线故事，充分论证中轴线杰出性和普遍性价值，提高社会认知度和国际影响力，更好地向世界传播中国独特的审美理念和人文精神，使中轴线成为国家文化符号。办好中轴线申遗保护等国际学术研讨活动，加强国际学术交流，深入阐释中轴线遗产价值及其蕴含的东方智慧。借鉴世界文化遗产保护管理先进经验，提升中轴线整体保护水平，培育优质、有特色的国事活动场所，打造国际交往新的承载空间。

2020 年 8 月，《首都功能核心区控制性详细规划（街区层面）（2018 年~2035 年）》发布，提出强化中轴线的空间秩序和统领地位。扎实推进中轴线遗产保护，营造良好遗产环境，全面烘托中轴线作为城市骨架的统领作用。以中轴线申遗为抓手，实施重点文物腾退，强化文物保护与风貌整治。2020 年 8 月，市文物局制定《北京中轴线申遗保护三年行动计划（2020 年 7 月~2023 年 6 月）》，由北京市推进全国文化中心建设领导小组正式印发。行动计划按照工作内容分为价值阐释、保护管理、环境整治、公众参与、保障机制五大方面。力争通过三年时间，提升北京中轴线遗产保护管理状况与环境风貌品质，形成社会各界支持中轴线申遗的共识，助推北京中轴线申遗成功。

2021 年 1 月，《北京历史文化名城保护条例》提出加强老城整体保护，保护历史传统风貌和空间格局，其中第一条为“传统中轴线和长安街”。

2021 年 4 月，《北京中轴线文化遗产保护条例（草案二次审议稿）》进一步明确了中轴线文化遗产的三大类保护对象和分类保护措施。保护对象包括遗产构成要素、遗产环境构成要素和非物质文化遗产三大类。保护措施方面，根据三类保护对象出现的先后顺序和点、线、面、空间形态的逻辑结构依次明确不同的保护方式，包括制定北京中轴线文化遗产相关的景观视廊名录，划定重点管控区域，严格控制建筑高度、建筑体量、建筑色彩、第五立面等。保护区内不合规建筑可依法腾退改造。

2021 年，《北京中轴线保护管理规划》明确中轴线文化遗产的保护区域、保护对象、保护措施，以及展示、利用、监测、研究等方面的要求。《北京中轴线保护管理规划》作为专项规划，纳入相应层级的国土空间规划，并与北京城市总体规划、首都功能核心区控制性详细规划、北京历史文化名城保护规划相衔接。经批准公布后，应当严格执行，不得擅自变更，确需变更的应当按原审批程序报批。《北京中轴线申遗综合整治规划实施计划》（编制中）针对中轴线遗产点和遗产环境内的文保单位保护、道路景观塑造、城郭格局强化、历史水系恢复、视廊对景保护、天际线控制、色彩体量和屋顶形式控制、历史街区风貌提升与民生改善、文化展示、遗产管理等方面，按照近、中、远期提出不同阶段的整治和实施要求。《中轴线申遗风貌设计管理导则》（编制中）对重要节点、沿街立面、整改地块和缓冲区等提出设计、管理方案，并将加强对老城中轴线申遗核心区内新建项目外形、体量、业态的把控。

从 2017 年开始，北京中轴线开启了保护发展的新时期。市级、区级层面制定大量的政策，推动北京中轴线申报世界文化遗产，使北京中轴线文化魅力得到进一步彰显。

二　北京中轴线申遗中面临的问题与挑战

第一，北京中轴线申遗项目文化内涵定位是申遗工作的基本出发点。北京中轴线项目的核心价值挖掘是申遗工作的前提，只有在价值指引下才能确定遗产价值的物质载体，有针对性地开展申遗文本修编、申遗综合整治等相关配套工作。

中轴线文化内涵论证直接关系到中轴线遗产类型定位及遗产构成要素的确立。中轴线申遗包含 14 个建筑物，遗产类型申报定位与申遗要素的选择取决于中轴线文化价值的挖掘及阐释。

挖掘北京中轴线文化内涵是以最小代价实现中轴线申遗成功的前提保障。深入挖掘中轴线的历史文化内涵和时代内涵是明确申遗范围、确定申遗时限的内在支撑，也是申遗综合整治、提升中轴线整体风貌的核心。

第二，中轴线申遗文本需要对北京中轴线贯穿时空、连接古今的文化内涵进行凝练。《保护世界文化和自然遗产公约》强调每项世界文化遗产必须具有突出的普遍价值，尤其是对于全人类及世界的普遍价值，需要深入研究及展现中轴线价值。

天坛、故宫已被列入世界文化遗产名录，在中轴线申遗文本中的处理技巧需要思考。2019 年中轴线申遗国际研讨会上多位专家指出天坛和故宫已经是世界文化遗产，如何处理已有遗产和新申报的中轴线的关系值得深入研究。

第三，申遗工作中需要增强讲好中国故事的策略，中国话语的国际表达需要深入思考。国际专家的文化视角与国内不同，要宣传南中轴线与北中轴线之间的关系，中轴线遗产要素钟鼓楼、天坛、先农坛等建筑承载的中国故事，需要讲好中国故事、做好中国文化海外传播的实操策略。

三　北京中轴线独特的古今一贯的文化内涵

北京中轴线蕴含着中国文化中“天人合一”的世界观、“皇权至上”的古代政治观、“以人民为天（主体）”的当代政治观、“以中为贵”的规划理念，充分表达出中华文明跨越时空的包容性和古今相通的连续性。

第一，以“天人合一”作为一以贯之的阐释原则，能贯通申遗文本提到的 14 处建筑，在杰出的普遍价值表达上可以突出重点。中轴线是中国人对宇宙理解的世界观及对人类社会理解的政治观，是中国人对宇宙的理解模式在地面的投射，是用建筑群的形式表达中国人“以天为则”“法天而治”“天人合一”的理念，其在文化、政治等层面的价值内涵与中轴线所体现出的城市规划内涵可以相提并论，中轴线作为城市规划的实践是以其文化政治内涵为基础的物理表达。

“天人合一”体现在政治层面上就是“法天而治”“皇权至上”。这是天道在人类社会中的体现，天子秉承天的旨意来治理国家，皇权体现在中轴线建筑的秩序等级之中。

中国古代帝王都自诩为天子，其所做的一切都是“奉天承运”，秉承天的旨意。中轴线是一条皇权至上的政治轴线，这条轴线上几乎集中了明清北京城体量最大、高度最高、等级最高的建筑物。中轴线上有大小不同、高低不同的门，将最高等级的房屋建筑与其他等级的建筑分隔开，以高低、数字的法度来标识权力的等级。而中国的政体便是中央集权，郡县对中央形成拱卫之势，形成了两千年来大一统的政治传统。正如孔子指出“为政以德，譬如北辰，居其所而众星共之”。皇帝秉承天意治理国家必须推崇用仁德来治理国家、处理政事，从天道的推崇北辰推演到人道的崇尚道德。

第二，北京的中轴线是活态的中轴线。中轴线是活态的轴线，从古至今都发挥着重要作用，如同绵延的中华文明一样。新中国时期的中轴线将“法天而治，皇权至上”演变为“以人民为天”“以人民为主体”的主题。天安门广场改造既是对传统文化的创造性传承，也是新时代人民当家做主的最好象征。广场的东侧是中国国家博物馆，西侧是象征人民拥有至高无上政治权力的人民大会堂，连同人民英雄纪念碑，形成了各族人民共同向往的全国政治活动中心。天安门广场、人民英雄纪念碑等是中轴线价值传承中最重要的当代组成部分，体现出中轴线绵延当代的生命活力。

中轴线的价值在于表达国家意向，天安门广场改造表达人民至上的国家意向。人民大会堂的高度，高于天安门城楼，设计中象征当代中国人民至上的政体。中轴线的完善与存在表达国家统治的正统性、中国国家主权的统一性。对于正统性、统一性的诉求是国家意志。

四　北京中轴线申遗的建议与未来展望

（一）应用多媒介、多场景、数字化传播中轴线文化，充分发挥其在海内外中华文化认同中的作用

一是策划中轴线系列展览。组织策划与中轴线密切相关的系列展览，以中英文对照展陈方式，用高科技手段向国内外观众展示中轴线文化内涵，并推出实体模型展示，突出中轴线的视觉冲击感。2021 年，首都博物馆持续推出中轴线相关展览。

二是加强中小学中轴线文化普及教育。中轴线体现了古都风韵、时代风貌、首都风范。中小学生是中华优秀传统文化传承的重要受众，中轴线文化教育已经被纳入东城、西城部分中小学的实践课程之中，增强了少年儿童对于中轴线的了解。

三是利用重大节庆活动传播中轴线形象。在重要时间节点上点亮中轴线，通过灯光秀、路边灯展、流动的人群与灯笼等节日元素，使中轴线成为春节等节庆的话题热点。通过举办中轴线相关微视频大赛等活动，以线下活动与线上传播相结合的方式，引导群众参与传播中轴线故事，将中轴线打造成为北京与中国形象展示的载体，表达中国“以天为则”“以人民为主体”的文化内涵。2021 年 12 月 16 日，“双奥之城　城市之光”第五部宣传片《穿越中轴线》发布。冬奥宣传片将中轴线上的建筑依次展开，又将新时代的奥运场馆逐一呈现，展示了中轴线的古今传承和接续发展。

（二）运用多种创新方式激活北京中轴线文化遗产

2021 年，北京市文物局主办的北京中轴线文化遗产传承与创新大赛以体现文化传统的启印方式在正阳门正式启动。印下的遗产、传承、创新、保护、复兴、利用这六个关键词体现了北京中轴线申遗工作与中轴线文创大赛的宗旨和目标。大赛下设评选类和征集类两大类别、六条赛道，需要参赛者

通过设计语言、方案内容、影像作品等方式充分挖掘北京中轴线文化遗产价值，展现北京中轴线的风采魅力，激发创作更多北京中轴线主题的优秀项目，从而营造北京中轴线申遗的良好社会氛围，推动社会各界形成支持北京中轴线申遗的共识，助力北京中轴线申遗。

由北京市文物局、北京市电影局及北京市东城区人民政府指导，北京市东城区文物保护协会、北京古建馨生文化科技有限公司主办的“2021 北京古建音乐季”于 10 月 13 日下午在智珠寺正式开幕。“2021 北京古建音乐季”是国内首次策划组织把音乐与古建筑两个核心元素结合在一起的系列文化体验活动。音乐季严格落实保护文物安全原则，活动期间所有演奏曲目坚持“不插电”表演形式，选取了钟鼓楼、永定门、五塔寺、先农坛、国子监、古观象台等 8 处各具特色的知名古建作为演出场地，通过组织多种形式的艺术演出、文化沙龙、教育讲座、研学等活动，在长达五周的时间里以线上线下相结合、传统与时尚相交融的方式，大力传播弘扬中国传统文化，用艺术讲好中国故事，探索文化遗产的活化利用方式，探讨在科学保护的前提下让古建筑融入现代城市生活，让不可移动文物在提高民族文化自觉自信、满足人民群众日益增长的对美好生活的精神文化追求方面发挥更大作用。

2021 年 3 月 20 日，由北京市文物局指导，网易传媒推出的“文脉中轴——AI 乐中轴”系列内容正式上线。在春分、立夏、芒种、立秋、中秋、大雪节气发布《春启正阳》《先农迎夏》《耀染天坛》《凉生太庙》《月满景山》《雪寒钟鼓》六首 AI 音乐，向公众展示中轴线在不同节气、景色中的历史文化之美，以及保护中轴线文化背后的故事。

2021 年，由北京广播电视台、北京市文物局联合推出的北京卫视大型文化音乐竞演真人秀节目《最美中轴线》，打破了传统与潮流的次元壁，把北京中轴线放置于生动的音乐创作故事中，将传统文化与当下百姓生活联系起来，在带领观众感受不一样的北京城市文化的同时，也体现出传统文化传播的新表达和新思路。

2021 年 12 月 4 日，北京市文物局和北京中轴线申遗保护工作办公室主办的“魅力北京大美中轴”系列活动在美后肆时景山市民文化中心启动。活动围绕“北京·中轴线·历史·空间·人”的主题展开，从建筑、文物、园林、皇家文化等角度讲述中轴线的历史文化和发展脉络。

（三）数字化赋能中轴线申遗

2021年，腾讯研究院、中国人民大学创意产业技术研究院、腾讯北京总部共同举办“数字中轴，点亮文明”研讨会，探讨如何以数字化方式助力北京中轴线保护传承和申遗工作。腾讯与北京市文物局签订战略合作框架协议，双方约定展开一系列与北京中轴线申遗相关的工作，包括成立北京中轴线文化遗产保护基金、中轴线IP强化、中轴线遗产展陈体系建设、中轴线文化遗产可持续发展指数建设等。随后双方筹备“数字中轴”项目。“数字中轴”项目准备实现三个方面的目标：一是实现世界文化遗产从普遍性价值到社会知识的转换；二是让中轴线的历史文化更好触及社会大众，传播到世界各地；三是实现中轴线文化遗产的可持续发展。

2021年“5·18”世界博物馆日，北京市正阳门管理处在正阳门分会场与光明日报全媒体联合启动了“慢赏自然·雨燕日记：全球首个北京雨燕5G高清慢直播”使公众更直观地了解雨燕，了解雨燕和中轴线依存上百年的故事。北京雨燕已经成为首都独特的乡土记忆和文化符号，这也是以“北京雨燕”作为北京中轴线申遗的首个数字形象的用意。市文物局还联合腾讯区块链团队在NFT文化场景做了创新探索，推出了“北京中轴线”小程序，展开数字化北京雨燕收藏的尝试，受到社会各界的广泛欢迎。“数字中轴”项目运用大数据、云计算、人工智能、区块链、知识图谱等新技术和文化内容创意形式，深挖北京中轴线历史文化内涵，推动文化遗产数字化保护与传承。这将有助于提升北京中轴线的国际影响力，助推北京中轴线申遗。这是企业探索激活文化遗产、创造可持续社会价值的创新模式，能够让更广泛的普通人去消费、去体验、去参与文化遗产的保护与传承，通过数字化创造出好内容、好IP、好产品，助力消费场景创新，实现文化产业创新。

总之，北京中轴线申遗在保护、传承、利用、创新等多个领域都取得巨大进展。中轴线申遗的成功，能够提升北京历史文化名城的品牌，完善各朝代和各民族都遵循中华民族“多元一体”的传统文化，保持中华主体文化的延续性，为文明古都发展注入新的活力。

北京中轴线申遗项目也是向世界展示北京形象、展示中华文化魅力的重要契机。中轴线申遗不仅可以向世界各国展现中华优秀传统文化，更能展示充满活力的当代北京形象、繁荣富强的中国形象，加深各国民众对北京首善之都及当代中国的正面认识。

B.8 非物质文化遗产保护的北京样本*

李彦平**

摘　要： 2021年，北京非物质文化遗产保护与传承工作在新冠肺炎疫情防控常态化的形势下稳步发展、有序推进，积极融入现代生活，在名录体系、宣传展示、学术研究、传播路径等方面取得了一定的成绩，并形成科技手段为非遗保护赋能、研修培训为非遗保护提质、重大项目为非遗保护增效、创新机制为非遗保护扩容的鲜明亮点，构建了非物质文化遗产保护的北京样本。尽管困扰非遗保护工作的普遍问题和延续性问题依然存在，但随着以"双减"为契机逐渐实现全民非遗教育、制定相关标准促进非遗规范化保护传承、加强整体性保护推进非遗可持续发展、发掘中国文化基因深刻阐释非遗价值内涵等措施的进一步推进，非物质文化遗产必将在新时代绽放鲜活生命力，成为满足人民群众美好生活需要的重要抓手。

关键词： 非物质文化遗产　保护传承　北京

2021年是我国现代化建设进程中具有特殊意义的一年——"十四五"开局之年，全面建设社会主义现代化国家开启了新的征程。在党中央的正确

---

* 本文为中国艺术研究院学术研究项目"从世界遗产到文化公园：长城国家文化公园建设研究"（编号：2021-1-18）部分研究成果。

** 李彦平，中国艺术研究院助理研究员，主要研究方向为文化遗产保护、夏商周考古与青铜器研究。

领导下，北京非物质文化遗产保护与传承工作积极应对疫情带来的不利因素，加强非遗确认、立档、研究、保存、保护、宣传、弘扬、传承和振兴，在名录体系、宣传展示、学术研究、科技创新、研修培训等方面取得了较为突出的成绩并形成鲜明亮点，构建了非物质文化遗产保护的北京样本。回顾2021年北京非物质文化遗产保护工作的进程，客观研判发展趋势并提出对策和建议，必将推动下一步非物质文化遗产保护工作的发展。

一　非物质文化遗产保护与传承的发展态势

2021年北京非物质文化遗产保护与传承工作在疫情防控常态化的形势下稳步发展、有序推进，积极融入现代生活，紧跟时代变化，在绽放鲜活生命力的同时也表现出较大的传播力和影响力。

（一）规范项目申报，多层次名录体系基本构建

国家、省、市、县四级非物质文化遗产名录体系是我国非物质文化遗产规范性保护的核心内容，对于制定科学保护计划、明确保护责任主体、开展实施有效保护等具体工作的推进具有重要意义。自2005年开始，北京市就着力加强非物质文化遗产名录体系建设，形成专家评审委员会评审、联席会议终审通过、社会公示、拟定名单、上报市政府批准公布等一系列标准化流程，而且对已经列入名录的项目进行评估、检查、监督，实施动态管理，警示和退出机制基本完善，建立起规范项目认定和科学管理工作体系。2010年，北京市文化局和财政局颁布《北京市非物质文化遗产保护专项资金管理暂行办法》，明确市财政拨款专项资金用于市级非物质文化遗产代表性项目扶持、代表性传承人补助及非物质文化遗产认定奖励，资金的补贴方式、补贴范围、申报及审批程序等都有明确规定和要求。

2021年6月，国务院公布第五批国家级非物质文化遗产代表性项目名录，北京市及中央直属单位共有25项入选（见表1、表2），入选数量居全国前列。北京市文化和旅游局组织推荐的天坛神乐署中和韶乐、北京果脯传

统制作技艺、孙式太极拳、丫髻山庙会等非遗代表性项目入选，北京市天坛公园管理处、北京红螺食品有限公司、北京市西城区非物质文化遗产保护中心等多家单位被公布为第五批国家级非遗代表性项目保护单位①。2021 年 9 月，北京市第五批市级非物质文化遗产代表性名录（48 项）及扩展名录（4 项）公布（见表 3、表 4），列入名录的代表性项目数量由第四批的 34 项增加至 52 项。截至 2021 年 12 月，北京市已经公布了五批市级非物质文化遗产代表性项目名录，302 个非遗项目列入，其中 167 项入选国家级名录。就区级项目来说，仅朝阳区就公布了六批区级非遗项目，共有非遗代表性项目 127 项，其中 10 个项目列入国家级非遗代表性项目名录，20 个项目列入市级项目名录②。目前，北京已经形成国家、市、区三级名录体系，并在市级和区级项目的申报、论证、评审、公示、公布及管理、监督等方面积累了一定的经验，形成了较为成熟和完善的多层次名录体系。

表 1　北京市入选第五批国家级非物质文化遗产代表性项目名录的项目

类别	项目编号	项目名称	申报单位或地区
民间文学	Ⅰ-156	八大处传说	北京市石景山区
传统音乐	Ⅱ-188	天坛神乐署中和韶乐	北京市东城区
传统舞蹈	Ⅲ-132	六郎庄五虎棍	北京市海淀区
曲艺	Ⅴ-128	蔡家洼五音大鼓	北京市密云区
传统技艺	Ⅷ-244	北京蒙镶技艺	北京市东城区
	Ⅷ-259	传统书籍装帧技艺	国家图书馆
	Ⅷ-260	宫廷传统囊匣制作技艺	故宫博物院
	Ⅷ-269	中餐烹饪技艺与食俗	中国烹饪协会
	Ⅷ-274	果脯蜜饯制作技艺(北京果脯传统制作技艺)	北京市怀柔区

① 统计数据来源于《文化和旅游部办公厅关于公布第五批国家级非物质文化遗产代表性项目保护单位的通知》，文化和旅游部网，http：//zwgk. mct. gov. cn/zfxxgkml/fwzwhyc/202109/t20210924_ 927975. html。

② 《北京朝阳为第六批区级非遗项目授牌》，首都文明网，http：//www. bjwmb. gov. cn/xxgk/xcjy/202106/t20210621_ 848022. htm。

表 2　北京市入选第五批国家级非物质文化遗产代表性项目名录的扩展项目

类别	项目编号	项目名称	申报单位或地区
传统体育、游艺与杂技	Ⅵ-11	太极拳(孙氏太极拳)	北京市西城区
	Ⅵ-28	八极拳	北京市朝阳区
传统美术	Ⅶ-47	泥塑(北京泥人张)	北京市东城区
	Ⅶ-70	北京绢人	北京市东城区
	Ⅶ-96	建筑彩绘(北京建筑彩绘)	北京市西城区
	Ⅶ-110	京绣(北京补绣)	北京市朝阳区
传统技艺	Ⅷ-45	家具制作技艺(北京木雕小器作)	北京市东城区
	Ⅷ-82	剧装戏具制作技艺(戏曲头盔制作技艺)	北京市西城区
	Ⅷ-124	民族乐器传统制作技艺(京胡制作技艺)	北京市西城区
	Ⅷ-133	砚台制作技艺(潭柘紫石砚雕刻技艺)	北京市门头沟区
传统医药	Ⅸ-2	中医诊法(孔伯华中医世家医术)	北京市朝阳区
	Ⅸ-2	中医诊疗法(应氏奇穴疗法)	中国民族医药学会
	Ⅸ-5	针灸(程氏针灸))	中国中医科学院
	Ⅸ-10	中医养生(中医传统导引法)	北京中医药大学
	Ⅸ-10	中医养生(二十四节气中医导引养生法)	中国中医科学院
民俗	Ⅹ-84	庙会(丫髻山庙会)	北京市平谷区

表 3　北京市第五批市级非物质文化遗产代表性项目名录

类别	编号	项目名称	申报单位或地区
民间文学	1	什刹海传说	西城区
传统音乐	2	李家务音乐会	大兴区
	3	延寿圣会音乐	通州区
传统舞蹈	4	北辛庄村高跷秧歌	平谷区
	5	马卷村五虎棍	顺义区
传统戏剧	6	北京曲剧	北京市曲剧团有限责任公司
传统体育、游艺与杂技	7	王其和太极拳	海淀区
	8	天桥杂耍	西城区
传统美术	9	汉白玉雕	房山区
	10	火绘葫芦技艺	顺义区
	11	制扇技艺(北京宫廷团扇)	西城区

续表

类别	编号	项目名称	申报单位或地区
传统技艺	12	北京沙燕吉祥鸟制作技艺	怀柔区
	13	传统百宝镶嵌制作与修复技艺	故宫博物院
	14	传统木器制作与修复技艺	故宫博物院
	15	传统漆器修复技艺	故宫博物院
	16	传统书画装裱修复技艺	西城区
	17	传拓技艺	西城区
	18	传拓技艺(全形传拓)	全国农业展览馆
	19	传拓技艺(甲骨传拓)	国家图书馆
	20	敦煌遗书修复技艺	国家图书馆
	21	雕版刷印及线装书装帧技艺	大兴区
	22	官式建筑营造技艺(恭王府)	文化和旅游部恭王府博物馆
	23	古法黄金制作技艺	朝阳区
	24	金属锻錾工艺	西城区
	25	和香制作技艺	石景山区
	26	鸟笼制作技艺	丰台区
	27	青铜器修复及复制技艺	中国国家博物馆
	28	手迹类文物临摹复制技艺	中国国家博物馆
	29	北京同春园江苏菜制作技艺	北京华天饮食集团公司
	30	北京阳坊传统涮羊肉制作技艺	昌平区
	31	丰泽园鲁菜制作技艺	西城区
	32	宫廷面点(泡泡糕)制作技艺	海淀区
	33	通州饹馇饸制作技艺	通州区
	34	延庆火勺制作技艺	延庆区
	35	大兴南路烧白酒酿制技艺	大兴区
	36	京西黄芩茶制作技艺	门头沟区
	37	龙门米醋制作技艺	北京龙门醋业有限公司
传统医药	38	段氏针法	朝阳区
	39	丰盛正骨	北京市丰盛中医骨伤专科医院
	40	孟氏刺络疗法	门头沟区
	41	裴氏正筋疗法	门头沟区
	42	燕京萧氏妇科	北京中医药大学东直门医院
	43	中医二十四节气导引养生法	中国中医科学院医学实验中心
	44	中医推拿按动疗法	北京按摩医院
	45	同仁堂西黄丸传统制作技艺	东城区
	46	血余蛋黄油制作技艺	东城区
民俗	47	恭王府春分祈福习俗	文化和旅游部恭王府博物馆
	48	黑水湾淘金习俗	平谷区

表 4　北京市第五批市级非物质文化遗产代表性项目名录扩展项目名录

类别	编号	项目名称	申报单位或地区
曲艺	1	京韵大鼓(白派)	东城区
	2	京韵大鼓(少白派)	石景山区
传统体育、游艺与杂技	3	三皇炮捶拳	西城区
传统技艺	4	景泰蓝制作技艺	海淀区

（二）积极展示宣传，非遗融入民众生活成效显著

非物质文化遗产是我国劳动人民在长期的生产和生活实践中创造并积累的宝贵财富，然而随着现代化和城镇化进程的不断深入，非物质文化遗产赖以生存的社会环境和文化空间逐渐缩小甚至消失。贴近生活、特色鲜明的宣传展示活动成为民众认识和了解非遗的重要途径。

受疫情影响，展示展演活动多以线上线下相结合的方式进行，虽然线下活动数量不及往年，但依然十分精彩。2021 年是中国共产党建党一百周年，又恰逢《中华人民共和国非物质文化遗产法》颁布实施十周年，在作为重头戏的 6 月 12 日“文化和自然遗产日”系列活动中，北京市各项展示宣传活动丰富多彩、特色鲜明，民众参与度高。“文化和自然遗产日”前夕至端午节期间，北京市及各区集中开展非遗宣传展示活动达 60 余项。在北京市东城区咏园开展的“北京非遗　致敬百年”活动集展示、体验、互动于一体，呈现北京地区的多项国家级、市级、区级非物质文化遗产项目。北京市文旅局与京东、抖音合作，组织 20 余位非遗传承人及 18 家非遗老字号项目保护单位，通过线上线下 500 余家门店开展“京城非遗——共享美好生活”非遗购物节，同时发起“北京非遗抖起来”活动，鼓励传承人及项目保护单位制作短视频，讲好非遗传承人和产品背后的故事。国家图书馆举办“非遗讲座月”活动；中国昆剧古琴研究会举办“良辰美景 2021 非遗演出季”活动；等等。各个区的活动也异彩纷呈，既呈现非遗共性又凸显地域个性。各区除了均推出红色旅游与非遗资源结合的“逛京城　游京郊”主题旅游线路之外，还竞相开展了富有区域特色的非遗活动，如海淀区的

“百年峥嵘岁月　非遗传承经典”庆祝建党100周年非遗精品巡展，房山区的“收集非遗密令　探源非遗故事”非遗知识线上答题活动，怀柔区在喇叭沟门满族乡和长哨营满族乡举办的满族文化旅游节等。展演、购物、讲座、旅游等多种非遗相关活动齐发力，直击本届“文化和自然遗产日”活动主题——“人民的非遗　人民共享”。

各非遗保护部门积极开展日常活动，相关行业、文化机构也发挥自身优势，主动参与非遗展示宣传。北京市档案馆、北京图书大厦、《旅游》杂志社及博物馆、非遗工坊、文化公司等也加入非遗项目宣传展示活动行列，开展了一系列具有北京特色的活动。明显的变化是，2021年北京市参与组织非遗项目宣传展示活动的单位数量不断增加，活动广度、深度和专业度显著提升，一系列扎根北京本土、活态传承至今的非物质文化遗产项目承载着北京鲜明历史和文化记忆回归人民群众生活，成为满足人民群众美好生活需要的重要抓手，非遗保护的浓厚社会氛围正在形成。

（三）推进学术研究，田野调查和理论提炼与时俱进

任何一个学科的发展都离不开对其基本对象和概念内涵的阐释和不断丰富。非物质文化遗产保护既是一项具体的实践性工作，又是一门新兴的学科，其学术研究显得尤其重要。以“非物质文化遗产+北京”为主题在中国知网进行搜索，可搜索到2021年对北京市非物质文化遗产进行研究的文章36篇，以“非物质文化遗产+北京”为关摘词可搜索到105篇文章①，研究成果较为丰富。

毛巧晖、张歆通过对北京通州里二泗小车会的考察，探究运河记忆与村落文化变迁，认为里二泗的村落文化由于传统的不断回溯而变得丰富与多元，形塑了共享的多元文化符号，唤醒了共同的文化记忆，从而构建了超越地域的文化认同②。张子璇、王铭以北京东岳庙庙会为例，分析其文化空间

① 搜索数据来源于中国知网，搜索时间为2021年12月31日。

② 毛巧晖、张歆：《运河记忆与村落文化变迁：以北京通州里二泗小车会为中心的考察》，《西北民族研究》2021年第2期。

内物质与非物质因素的复杂呼应互动关系，讨论非遗文化空间的组成要素及其构建①。徐诺从文化预设视角出发，以北京通州区及石景山区212项非物质文化遗产文本（节选）为例研究非遗文本英译问题，从词汇、语法、语篇三个层面分析非遗译本中的典型问题，提出根据不同文化预设情况进行不同翻译的策略②。卢怡璇以北京市丰台区职业教育中心学校非物质文化遗产与设计学院人才培养方式为研究对象，探究职业教育人才培养方式和模式如何更好地与非遗传承人队伍建设融合，促进非遗传承人才培养，解决目前非遗传承人青黄不接等共同难题③。陈默实地采访北京宫毯织造技艺青年传承人，结合北京宫毯织造技艺传承中存在的问题，对青年传承人的传承问题提出思考和建议④。徐建辉以北京皮影为例，探讨非物质文化遗产实践活动的教育功能⑤。王文照考察了北京新荣春青年京剧社发展现状，分析研究北京京剧票房运营情况及对策⑥。徐睿凝⑦、姜芷若和王君卓⑧、刘尚⑨分别以北京绢人、丰台区三路居新善吉庆开路会、六郎庄五虎棍会为例，分析传统美术类，传统体育、游艺与杂技类非物质文化遗产面临的困难，探讨其保护路径。另有多篇研究成果涉及北京地区的非遗项目。如韩凝春和王成荣对老字

① 张子璇、王铭：《“文化空间”的构建及内涵——以北京东岳庙庙会为例》，《通化师范学院学报》2021年第1期。

② 徐诺：《文化预设视角下非物质文化遗产文本英译研究——以北京通州及石景山非物质文化遗产文本（节选）为例》，北京交通大学硕士学位论文，2021。

③ 卢怡璇：《北京市丰台区职业教育中心学校非物质文化遗产人才培养研究》，中国艺术研究院硕士学位论文，2021。

④ 陈默：《论北京宫毯织造技艺青年传承人的传承问题》，《文化月刊》2021年第5期。

⑤ 徐建辉：《浅谈“非遗”实践活动的教育功能——以北京皮影为例》，《教育艺术》2021年第3期。

⑥ 王文照：《北京京剧票房运营调研报告——以“北京新荣春青年京剧社”为例》，中国艺术研究院硕士学位论文，2021。

⑦ 徐睿凝：《都市传统美术类非物质文化遗产保护路径探索——以北京绢人为例》，《阴山学刊》（社会科学版）2021年第6期。

⑧ 姜芷若、王君卓：《对传统杂技类非物质文化遗产传承与发展的思考——以北京丰台区三路居新善吉庆开路会为例》，《北京联合大学学报》2021年第1期。

⑨ 刘尚：《体育“非遗”组织的生存机制与发展策略研究——以北京六郎庄五虎棍会为例》，首都体育学院硕士学位论文，2021。

号非物质文化遗产的生存机理的探究[①]、饶景阳对 IP 作用下京津段非物质文化遗产的文化衍生再设计的思考[②]、韩帆帆以京杭大运河沿线非物质文化遗产为例基于图数据库的非遗知识图谱构建与语义关系发现研究[③]、王颢霖对中国传统营造技艺保护体系的分析和探究[④]，等等。

诸多研究成果立足于北京地区非物质文化遗产保护与传承现状，既有对非遗项目的纵向描述，也有对当前保护工作的横向梳理，从宏观和微观两个方面反映北京市当下非遗保护的研究现状，内容涉及非遗与村落文化的关系、空间要素及构建、文本英译、传承人才培养、不同类别非遗保护模式与路径、生存机理、文化衍生再设计等多个维度。研究者分析其基本趋势，考察其热点难点，找出存在问题并思考其发展对策，丰富了非遗文化内涵与研究理论，促进了实践工作扎实开展与推进。此外，第二届首都非遗创新发展论坛暨燕京八绝非遗传承创新青年人才论坛、第二届大运河非遗论坛、2021 北京西山民俗文化节主题论坛、首届非遗数字化可持续发展线上论坛等学术会议也线上线下携手并进，探讨非遗人才培养和非遗 IP 打造、数字化传播新理念、非遗可持续发展等议题，全力推动首都非遗事业高水平、高质量发展。

（四）拓展多种路径，非遗传播力与影响力明显提升

随着互联网和高科技的发展，新型传播手段不断出现并重构信息传播秩序与格局，传统媒体继续发挥作用，移动化、视频化、互动化的新媒体传播手段逐渐成为主流。回顾 2021 年，可以感受到非物质文化遗产传统传播路径与新媒体的融合越来越密切和深入，多样化的传播路径明显提升了非物质文化遗产的传播力和影响力。

以电视、广播、报纸等为代表的传统媒介继续发挥引导社会舆论的重

---

① 韩凝春、王成荣：《老字号非物质文化遗产的生存机理》，《时代经贸》2021 年第 5 期。

② 饶景阳：《IP 作用下京津段非物质文化遗产的文化衍生再设计研究》，天津理工大学硕士学位论文，2021。

③ 韩帆帆：《基于图数据库的非遗知识图谱构建与语义关系发现研究——以京杭大运河沿线非遗为例》，河北大学硕士学位论文，2021。

④ 王颢霖：《中国传统营造技艺保护体系研究》，中国艺术研究院博士学位论文，2021。

要作用，对非物质文化遗产进行宣传和普及，促进民众认识和了解非遗。如北京广播电视台继《传承者》《非凡匠心》等非遗类节目后，2021 年 7 月又联合北京市文物局推出文化综艺节目《最美中轴线》，以音乐串联起中轴线上的物质和非物质文化遗产，在助力中轴线申遗的同时，给大众尤其是青年观众普及了中轴线历史文化知识。《北京日报》坚持对非物质文化遗产相关政策进行解读，追踪报道各类活动，分析探讨传承状况，立足北京面向全国，全方位、多角度为非物质文化遗产的传播和传承营造良好社会空间。

互联网平台的数字传播与推广，网站、App 应用平台的建设及其在日常生活中的普及，促使网络成为非遗知识普及、创意开发、交流传播的重要渠道。除了中国非物质文化遗产网·中国非物质文化遗产数字博物馆这样的专业非遗网站，在搜狐、新浪、网易、腾讯等网站的文化栏目中，非遗宣传报道也是重要组成部分。淘宝、抖音、快手、哔哩哔哩等直播平台成为非遗与观众互动的新型手段，内联升、同仁堂、荣宝斋、瑞蚨祥等老字号和各级传承人频频亮相。还有些传承人不仅注册了自己的微信公众号、微博，还拍摄短视频在抖音、快手等各类短视频应用平台发布，让非遗项目、历史故事、文化属性等得到更多年轻人的关注。据统计，截至 2021 年 6 月 10 日，在 1557 个国家级非遗项目中，短视频平台抖音上的覆盖率达 97.94%，快手上的覆盖率达 96.3%，仅抖音上国家级非遗项目相关视频数量已超过 1.4 亿个。面人（北京面人郎）第三代传承人郎佳子彧，以面塑为主题的 44 条视频在抖音平台收获了超过 77 万次的点赞，吸引了众多年轻人的关注①。

此外，北京非遗中心、东城非遗、西城非遗、朝阳非遗等数个官方微信平台已设立，及时宣传报道非遗动态和热点、非遗活动、研培计划等，并对非遗相关知识进行普及，图文结合，语言通俗，便于受众阅读。互联网即时性、开放性、分众性及低成本等特征，符合现代生活节奏，迎合大众娱乐时

---

① 《非遗传承人如何玩转新媒体》，文旅中国客户端，https://new.qq.com/rain/a/20210911A048PZ00。

间碎片化、信息需求个性化的需求，成为网络时代信息传播的主流手段之一。非物质文化遗产在当代社会中的传播力与影响力迅速提升。

二　非物质文化遗产保护与传承的鲜明特色

我国非物质文化遗产保护工作经过近 30 年的发展，成果显著，独特的“中国经验”引起了联合国教科文组织及国际社会的广泛关注，而北京市凭借其全国文化中心的优势地位，非物质文化遗产保护工作经过多年积极探索与稳步发展走在全国前列。科技手段为非遗赋能、各级研培为非遗提质、重大项目为非遗增效、创新机制为非遗扩容等成为 2021 年非遗保护与传承北京样本的鲜明特色。

（一）融入科技手段为非遗保护赋能

近年来，非遗借助互联网、大数据、人工智能、VR/AR 等前沿新型技术“玩”出了新花样，通过技术创新与潮流体验有机结合构建全新文化 IP，不仅满足了大众日益增长的文化需求，也为传统文化在新时代的弘扬和传播书写了无限可能。

除了上述提到的非遗老字号和传承人通过网络和电商平台展示非遗项目、直播带货外，科技手段在现场展示中的应用也给观众带来了全新的体验。2021 年 9 月举办的中国国际服务贸易交易会（服贸会）上，北京市文旅局展区内的戏曲乐器体验墙上不仅有月琴、京胡和板鼓等传统戏曲乐器的介绍，观众还可以“对墙弹琴”，弹拨、击打、触碰乐器就可听到相应乐器的演奏声音，新奇的体验吸引众多观众的围观与尝试。中国农业博物馆举办的“顺天应时——二十四节气非遗沉浸式数字艺术展”，运用高清拼接交互魔屏、触屏式“节气测定”、全息呈现展示柜等搭建起“文化+科技”的桥梁，全面阐释二十四节气的知识体系和文化内涵。科技手段为非遗项目注入源源不断的内动力，助力其更好地实现创新性转化和创造性发展，吸引更多民众关注和参与非遗保护。

此外，朝阳区建成非物质文化遗产数据库也是北京非遗工作的一大亮点，该数据库将非遗各级项目、各级代表性传承人及相关的研究文献、民间故事等资源数字化，建立电子档案并向公众开放，实现数字化、开放化、智慧化、长远化保护，实现朝阳区非遗资源的数字化存储和永续传承。科技迅猛发展下，非物质文化遗产在不断地继承和发扬中汲取新时代赋予的新内涵，适应日新月异的社会变化和社会环境，迸发出崭新生命力。

（二）各级研修培训为非遗保护提质

非遗传承人群的当代实践水平和传承能力对于我国非物质文化遗产保护事业的推进与发展具有决定性作用。组织传承人、从业者等进行专业知识强化、研究技能学习、经验交流共享，帮助传承人群强基础、拓眼界、增学养，提高其专业技术能力和传承创新能力，是非物质文化遗产保护事业的基础性工作。

得益于国家政策鼓励与支持及文化和旅游部、北京市政府的高度重视，北京市非遗相关培训逐渐常态化、体系化。2021 年 6 月 15 日，在北京市文化和旅游局的支持下，清华大学举办的漆器髹饰技艺研修班正式开班，来自北京、山东、河南、江苏、安徽、上海、福建等地的 20 余名学员进行了为期 30 天的系统学习。研修班通过提升综合文化素养、夯实漆艺基础、全面提升创意设计能力和结业研创及展览四个板块的教学活动，提升传承人群综合文化素养及创意、设计与服务能力，加强非遗技艺交流，促进非遗与现代生活的融合。值得注意的是 10 月由北京市文化和旅游局主办、北京经济管理职业学院承办的北京市街道乡镇非遗保护管理工作人员培训班，来自东城区、西城区、朝阳区、海淀区、石景山区的街道乡镇非遗保护管理工作人员 100 余人参加了为期 5 天的培训①。这是首次面向北京市街道乡镇非遗保护管理基层工作人员举办的培训班。非遗政策法规、非遗数字化保护、“非

① 《北京市文化和旅游局首次举办街道乡镇非遗保护管理工作人员培训班》，北京市文化和旅游局官网，http：//whlyj. beijing. gov. cn/zwgk/xwzx/gzdt/202110/t20211020_ 2516742. html。

遗+文创”、非遗进社区、非遗进校园等知识型与实践型相结合的课程，不仅提高基层非遗保护与管理工作人员依法保护、科学管理的理论素养和业务水平，还增强了基层非遗保护队伍的生机和活力，促进了新形势下非遗保护工作更好开展，同时为破解基层非遗保护队伍教育培训全覆盖难题探索了新路。

各级各类非遗研培活动为非遗传承人群提供了学习与交流的平台，为解决目前我国传承人文化程度普遍不高、传承方式单一等问题提供了良好的方法和路径。尤其是北京市 2021 年首次举办的面向基层非遗保护管理工作人员的培训，帮助基层工作人员提高认识、拓展思路、加强合作，为北京非遗基层工作的开展振兴注入了更强大的内生动力。

（三）依托重大项目为非遗保护增效

依托重大项目，尤其是那些引起全民甚至是全世界持续关注的重大活动，能够集中展示一批非遗项目，增强项目传承活力，推动传统工艺高质量发展，也能够引起民众关注和参与，潜移默化地提高民众保护意识，营造非遗保护浓厚的社会氛围。

在北京召开的第 24 届冬季奥林匹克运动会上，以冬奥为题材，以技艺为载体，融入非遗元素的文创产品吸引了诸多民众的关注。景泰蓝和田玉冰壶、冬奥五环珐琅尊、冬奥瑞琮、冬奥冰雪花丝如意等特许商品不仅造型和纹样采用中国传统吉祥式样，而且融合景泰蓝制作技艺、琉璃烧制技艺、錾刻技艺、花丝镶嵌制作技艺等国家级或省市级非物质文化遗产，就连颁奖花束也采用非物质文化遗产代表性项目海派绒线编结技艺制作而成，细节见匠心，特色铸口碑，中国非遗的魅力感染着国内外受众。借力冬奥会传播中华优秀传统文化，在普及冬奥运动和奥运文化的同时又向国内外观众讲好中国故事，将中华优秀传统文化创造性转化、创新性发展的理念落到实处，可谓一举多得。在全国瞩目的北京城市副中心建设中，非遗也成为突出的文化元素。非遗工匠文化产业园聚集了非物质文化遗产传承人及大国工匠百余位，花丝镶嵌、景泰蓝、烙画、剪纸、“圆明园四十景”玉石版画等数十种非遗技艺悉数亮相，非遗项目展示与现场体验相结合丰富了通州区文化旅游新内涵。

（四）创新机制体制为非遗保护扩容

在搭建展示平台、推动非遗传承传播中，展示弘扬非遗的主要场地——各级各类博物馆、展览馆、传习馆——创新机制体制、盘活现有非遗资源是十分重要和必要的。

自2016年农历二十四节气被联合国教科文组织列入人类非物质文化遗产代表作名录以来，中国农业博物馆集中优势力量多维度深挖项目内涵，形成“3+N”工作模式（即一年一个计划、一年一次会议、一年一份报告和开展其他工作），连续开展了多项保护传承工作，不断创新保护二十四节气传承工作机制体制。仅2021年一年，除了常规的展览展陈、会议研讨、宣传教育等内容，还有多项创新举措和成果，如举办“二十四节气文化作品设计大赛”、文创产品亮相服贸会、“中国古农书的搜集、整理与研究”获国家社科基金重大项目立项等。于2021年立春首次编发的“二十四节气保护传承简报”截至12月22日，已编发22期。简报设置节气资讯、联盟资讯、保护传承、研究动态等几个板块，建立二十四节气保护传承工作交流平台，加强了相关机构和人员间的互动协作、学术探讨和实践创新。12月出版的《二十四节气国际学术研讨会论文集》收录来自中国大陆、中国台湾、日本、韩国、俄罗斯及联合国教科文组织的学者文章54篇，全面呈现节气文化研究的最新理论观点和学术动向①。

二十四节气系列活动尝试打破行业壁垒，积极吸纳社会各界、各方面的专家参与实践与研究工作，探索性地开展了工作体系、保护体系、传承体系、传播体系、应用体系和研究体系等六大体系的创新建设，多元并重，相互融合，逐步取得氛围浓厚、特色鲜明、民众受益的良好效果，为其他非遗

① 相关内容见全国农业展览馆（中国农业博物馆）官网“动态要闻”栏目报道，https://www.ciae.com.cn/index.html。

项目的保护与传承提供了良好范例。发挥场馆主导作用，连接联合多方力量，加强交流、合作与研究，集中展示项目特色，深挖非遗项目内涵，形成跨学科、跨行业、跨领域的保护传承机制，成为新形势下非遗保护扩充容量的重要内容。

三　非物质文化遗产保护与传承的问题分析

虽然2021年北京非物质文化遗产保护与传承工作成果显著、亮点突出，但困扰非遗工作的普遍问题和延续性问题依然存在，在疫情防控常态化形势下，一些新问题也凸显出来，需要在下一步的工作中不断尝试突破困境，解决实际问题。

（一）非遗资源数据库建设需纵深推进

在党中央、国务院的高度重视下，我国于2005年至2009年开展了大规模的全国性非遗资源普查活动，普查出非遗资源总量近87万项①。截至2018年6月底，北京市普查出非遗资源1.2万余项②，基本摸清北京非遗资源家底，但全市非遗资源的种类、数量、分布情况、生存和传承状况等资料尚未得到科学化、系统化、整体化的保存和管理。2019年北京市十五届人大二次会议上有北京将建立全市统一非遗数据库的提议和说明，然而目前全市非遗数据库建设实际工作尚未有明确进展，需要进一步推进，确保全市非物质文化遗产的长久存储、知识转化和整体保护利用。2021年11月发布的《北京市“十四五”时期文化和旅游发展规划》中明确指出将“夯实非遗保护传承基础”，“推动建立规范化的非遗档案及数据库”。因此，系统梳理非遗资源，摸清并记录非遗家底，建立非遗资源采集统一标准，强化顶层设计

① 《党的十八大以来我国非遗保护工作综述》，文化和旅游部官网，http：//www.gov.cn/zhuanti/2017-10/17/content_ 5232430.htm。

② 《北京全市已普查非遗资源1.2万余项》，中国日报网客户端，https：//baijiahao.baidu.com/s?id=1622868032454174215&wfr=spider&for=pc。

走联合建库之路，扩大开放促进公众参与，构建要素全、内容准、专业性强的北京非遗资源数据库，成为未来北京非遗保护基础工作中的一项重大课题和重点工作。

我们也看到，尽管有北京市文化和旅游局统筹领导，北京非物质文化遗产保护中心及各区相关非遗保护部门开展实际工作，但全市非遗数据库建设还是存在一定的困难和难题。如非遗数字资源采集标准尚未出台，数据资源的分类整理、内容描述、命名方式等无法统一；承办的非遗部门大部分没有数据、网络、信息技术等相关工作经验和技术力量，资源采集人才力量薄弱；一些部门整合共享非遗数据资源的观念有待树立；各部门之间协同建设还有一定难度；资源库市场应用前景不足等。可喜的是，近年来区级非遗资源数据库建设已经在探索中前进。2021 年 6 月，朝阳区已率先完成数据库建设，为市级非遗数据库建设提供了样本和参考。12 月 30 日，北京市西城区文化和旅游局、梅兰芳纪念馆等单位共同主办的首届非遗数字化可持续发展线上论坛召开，与会嘉宾聚焦非遗数字化可持续发展的热点话题，共同探讨非遗数字化传播和虚拟现实交互，拓展了非遗数据库建设的新思路。数据库建设样例和相关理论探讨为全市非遗资源数据库建设向纵深推进做了一定的准备。

（二）代表性传承人传承能力需提高加强

代表性传承人是指承担各级非物质文化遗产代表性项目传承责任、在特定领域内具有代表性、并在一定区域内具有较大影响、经各级文化部门认定的传承人。2019 年颁布实施的《北京市非物质文化遗产条例》中明确提出代表性传承人“应当坚持德艺双馨，遵守法律法规”，并履行“开展传承活动，培养后继人才；妥善整理、保存相关实物和资料；参与公益性宣传、展示、交流等活动；配合文化和旅游主管部门及有关部门进行非物质文化遗产调查”的义务。

“传承人在传承、传授、总结和整理传统的技艺和艺能的同时，应该注重项目本体的恢复与重建，要选好和带好徒弟，创造经典的作品，注意资料、档案的收集以及经验的总结，特别是传统技艺和艺能的经验之总结。”[①] 目前的代表性传承人传承实践中，因传承人传承能力的高低不同还存在一些问题。如网络直播中，部分传承人往往更注重带货、卖货的数量，忽视了对非遗项目文化内涵的宣传和弘扬；现场展示时，部分传承人能够进行娴熟的项目演示，但与观众沟通的技巧、方式尚有欠缺，影响了展示氛围的烘托和效果的提升；交流研讨时，部分传承人因更注重项目本身的提升而对技艺和艺能经验总结不够全面准确，对项目历史文化、传承脉络发掘不深；在传承实践中，一些传承人为了追求创新或经济效益，忽视了非遗项目价值核心，导致作品失去了非物质文化遗产的文化特质；等等。无论是国家级还是省、市、县级代表性传承人，都是传统文化的守护者和传承者，有责任、有义务在保证自身技能传承的同时，积极履行相应的传承义务并注重提升传承能力，促进非物质文化遗产正确应对时代变迁，实现可持续发展。

（三）文旅融合中非遗资源利用需提质增量

文旅融合政策下文化传承与旅游休闲并重，各地政府越来越意识到非物质文化遗产资源在旅游活动中发挥的地方文化推广、游客体验提升及随之而来的经济作用，非物质文化遗产与旅游的黏合度逐渐提升。但我们也看到，非遗资源与文旅产业的融合尚有一定的加强空间，一方面是两者以表层融合为主，质量不高，融合的层次需要更加深入；另一方面是非遗资源融入旅游的数量、类别还不够，融合的广度尚需拓展。

就拿近几年民众颇为关注的中轴线旅游来说，虽然随着北京中轴线申遗工作的开展，中轴线旅游逐渐成为热点并取得一定成效，但不管是宣传报道还是旅游线路开发及实践，更多关注的是中轴线上的物质文化遗产，对与中轴线及其延展区域有关的非遗资源挖掘深度和利用力度显然不足。目前，我

① 徐艺乙：《传承人在非物质文化遗产生产性保护中的作用》，《贵州社会科学》2012 年第 12 期。

们只是对中轴线所在城区列入各级名录的非遗项目有所了解，如西城区的国家级非遗项目“天桥中幡”、市级非遗项目“大栅栏五斗斋高跷秧歌”、区级项目“北京建城传说”等，东城区的国家级非遗项目“金漆镶嵌髹饰技艺”、市级项目“京式旗袍制作技艺”、区级项目“面人曹面人制作技艺”等，与中轴线直接有关或间接相关的非遗资源并没有得到准确的定义和全面梳理。这些资源有哪些，与中轴线关系如何，如何优化中轴线非物质与物质资源整合，在文旅融合中怎样突出和尊重这些非遗资源并实施深度融合，相关项目保护单位和传承人及人群以怎样的方式参与其中，这些问题还需要有关部门从深度和广度两个方面去尝试解决。在“非物质文化遗产的动态性和活态性应始终受到尊重”[①] 的原则下，提质与增量并重，以此作为窗口向国内外游客全面展示北京非遗的文化价值。

12 月 30 日，文化和旅游部举行 2021 年第四季度例行新闻发布会，文旅部非遗司副司长胡雁在会上表示，下一步将制定出台关于推动非遗与旅游融合发展的通知（暂定名），指导各地以非遗旅游体验基地、非遗主题旅游线路、适合发展旅游的非遗项目推荐目录、非遗特色景区建设等为抓手，推动非遗与旅游融合发展[②]。在全球化浪潮带来文化同质化现象的大背景下，更需要充分挖掘城市文化特色，推出精品旅游线路，串联起能够体现北京古都文化、京味文化的非物质文化遗产，构建具有北京特色、首都风范的非遗主题文化旅游。

四　非物质文化遗产保护与传承的对策建议

我国非遗保护工作已经进入了“深入实施非物质文化遗产传承发展工程，切实提升非物质文化遗产系统性保护水平，为全面建设社会主义现代化

① 巴莫曲布嫫、张玲：《联合国教科文组织：〈保护非物质文化遗产伦理原则〉》，《民族文学研究》2016 年第 3 期。

② 《文化和旅游部 2021 年第四季度例行新闻发布会》，文化和旅游部网，https://www.mct.gov.cn/vipchat/home/site/2/368/。

国家提供精神力量”① 的新时代，非物质文化遗产保护北京样本的构建及其未来的发展和完善工作责任更为重大，社会和现实意义也更深远。

（一）以“双减”为契机，逐步实现全民非遗教育

《保护非物质文化遗产公约》（以下简称《公约》）提出，要采取“向公众，尤其是向青年进行宣传和传播信息的教育计划”等各种手段，“使非物质文化遗产在社会中得到确认、尊重和弘扬”。目前针对在校学生的非遗教育尽管有非物质文化遗产进校园、非遗相关的课外班等，但它们并没有被正式纳入中小学校教育体系。2021 年 7 月 24 日，中共中央办公厅、国务院办公厅印发《关于进一步减轻义务教育阶段学生作业负担和校外培训负担的意见》；2021 年 8 月 18 日，《北京市关于进一步减轻义务教育阶段学生作业负担和校外培训负担的措施》出台，“双减”政策下，中小学生有了更多的课余时间，学校也需要按照国家要求统筹安排综合素质活动课程。而非物质文化遗产传承就包含着教育和再教育，优秀文化熏陶、非遗知识传播、艺术审美构建、创新能力培养等与青少年素质教育的要求紧密相连，这就为非物质文化遗产融入中小学校教育提供了有力的契机。

日本已经形成了课堂教育、乡土教育（感动教育）、终身教育（生涯教育）及媒体宣传四类涵盖终身的遗产教育体系，公众参与遗产保护的意识较强②。这与 20 世纪以来日本政府十分重视学校在遗产教育中的作用，尤其是在中小学校实施较为全面和扎实的遗产教育是分不开的。因此，以“双减”为契机，将非遗教育融入中小学学科教育体系，以此为基础逐渐构建全民终身非遗教育体系，是提升我国非遗保护传承整体水平和实践能力的重要内容。一方面可以遴选一批非遗教育试点学校，指导学校与传承人合作建设非遗创意工作坊、非遗大师工作室，定期开展课堂教学、展示、参观活动等；另一方面积极开展非遗教育教学科研工作，研发中小学生非遗教育实

① 《中共中央办公厅　国务院办公厅印发〈关于进一步加强非物质文化遗产保护工作的意见〉》，中央人民政府网，http：//www.gov.cn/zhengce/2021-08/12/content_ 5630974.htm。

② 王冬冬：《日本考古遗产教育宣传模式研究及其启示》，《东南文化》2020 年第 5 期。

践活动指南，出版非遗通识教育读本等，构建起中小学非遗教育课程体系和教材体系。与此相衔接的是，加强职业学校、高等教育学校的非物质文化遗产学科体系和专业建设，同时有序开展面向社区和普通民众的社会教育，从而将非遗教育贯穿国民教育始终。

（二）制定相关标准，促进非遗规范化保护

标准是指通过标准化活动，按照规定的程序经协商一致制定，为各种活动或其结果提供规则、指南或特性，供共同使用和重复使用的文件，宜以科学、技术和经验的综合成果为基础[①]。标准化是新时代推进我国非物质文化遗产保护传承工作高质量发展的必然选择。目前，与非遗相关的标准多仅针对某一非遗门类，如2009年国家新闻出版署发布印刷技术、雕版印刷技艺国家标准，2016年江西景德镇和黑龙江省分别发布景德镇传统制瓷工艺、赫哲族鱼皮服饰地方标准等，然而涵盖非遗保护十大门类、统筹指导非遗工作的相关标准尚未出台，非物质文化遗产保护北京样本的发展和完善更需要相关非遗标准的制定和出台。

就非遗工作实践来说，自2001年中国昆曲艺术入选联合国教科文组织第一批人类口头和非物质遗产代表作名录以来，我国非物质文化遗产保护与传承工作迅速开展，近30年来取得了一系列成果。非物质文化遗产政府主导、职责明确、科学合理的管理模式基本确立；相关法律法规逐渐完善；代表性项目及代表性传承人四级名录体系基本建立；履行《公约》相关义务和承诺的成果丰硕……我国在非物质文化遗产保护与传承中取得的“中国经验”为世界非遗保护工作实践提交了一份优质答卷，北京非遗保护工作走在全国前列，制定标准的实践成果丰富。就标准相关研究来说，已有众多学者对非遗保护标准及标准体系面临的困境与难题、组成内容及构建原则和路径、解决对策及建议等进行了深度分析和阐释，并且均认为制定标准对于

① GB/T 20000. 1—2014《标准化工作指南　第1部分：标准化和相关活动的通用术语》定义5. 3及其注1，中国标准在线服务网，https：//www. spc. org. cn/online/GB% 252FT% 252020000. 1-2014/?。

推进非遗规范化保护、高质量发展、解决非遗保护中诸多现实矛盾意义重大。如柏贵喜等认为应坚持体系化、标准化、量化和多元化的基本原则，遵循基因挖掘、他山采石和梯次推进的方式构建标准体系[①]。王宵冰将非遗保护的标准体系分为政府的工作标准、分类保护标准、项目标准三大部分，指出分类保护标准要在政府工作标准的框架之下，从不同类型非遗的文化特征出发，对具体项目标准的制定提出指导性建议[②]。另有多名学者对传统音乐、传统舞蹈、传统医药、民俗等不同类别非遗保护标准提出了分析和建议。

在非遗保护工作制度化和规范化逐渐形成的大背景下，制定涵盖非遗保护十大门类、适合操作、能够统筹指导非遗保护工作全局的标准势在必行。政府有关部门、行业协会应组织相关专家学者、传承人及非遗工作者多方参与，以《保护非物质文化遗产公约》《保护非物质文化遗产伦理原则》《中华人民共和国标准法》《中华人民共和国非物质文化遗产法》等法律法规为基础，梳理非遗各门类的传统行业内部标准，确立非遗保护框架和规范，制定明确的行政标准、制度行标、技术标准和业务标准，促进新时代非遗保护传承规范化、高质量推进。

（三）加强整体性保护，推进非遗可持续发展

《公约》对非物质文化遗产的定义充分考虑到了保护工作中物质和非物质遗产的交叉重叠性。定义不仅强调了与社区、群体、个人相关的社会实践、观念表述、表现形式、知识、技能等非物质形态，还将工具、实物、手工艺品和文化场所这类物质形态遗产及相关的社会环境包括在内，这就决定了在非遗保护工作中应当将物质文化遗产和非物质遗产作为不可分割的整体来对待，即整体性保护原则。整体性保护原则在非遗概念进入中国之时就引

---

① 柏贵喜、王通：《我国非物质文化遗产传承保护的标准体系构建》，《中南民族大学学报》（人文社会科学版）2020 年第 4 期。

② 王宵冰：《“非物质文化遗产的分类保护标准研究”专题》，《文化遗产》2020 年第 6 期。

起了学者及相关工作者的重视，刘魁立[①]、王巨山[②]、王文章[③]、韩成艳[④]等众多学者对整体性保护的理念均有深度阐释和解读。目前，整体性保护已被写进《中华人民共和国非物质文化遗产法》，并成为我国非遗保护工作的共识。

北京在数千年文明的积淀中形成了丰富的物质文化遗产和非物质文化遗产，众多物质文化遗产不仅是非物质文化遗产发展传承的空间与场所，还是非物质文化遗产实践的重要组成部分，因此加强整体性保护，推进非遗可持续发展更为重要。在整体性保护理念下，无论是单个非遗项目还是实现较大区域保护的文化生态保护区，整体性保护都体现在横向的空间维度保护和纵向的时间维度保护两个方面。就空间维度来说，我们“不但要保护非物质文化遗产的自身及其有形外观，更要注意他们所依赖、所因应的构造性环境”[⑤]，即非物质文化遗产本身与所处环境的整体性保护。就时间维度来说，非物质文化遗产是活态的、持续性的，烙印着不同时代的特征，或多或少地体现着不同社会发展阶段的印记，客观看待并有意识地保存这种持续性的变化是整体性保护的另一个重要部分。此外，在非遗保护这项庞大而复杂的工程下，具体操作过程中整合和协调行政管理、商业发展、项目持有者、广大民众等多方面的利益诉求也是十分必要的。需要保证参与保护的各个社区、群体、组织或个人之间利益的基本均衡。只有在人类社会可持续发展与人的全面发展需要的基础之上，才能将整体性保护的理念落到实处，从而推进非遗可持续发展，延续历史文脉，坚定文化自信，实现文化复兴与繁荣。

---

① 刘魁立：《非物质文化遗产及其保护的整体性原则》，《广西师范学院学报》（哲学社会科学版）2004 年第 4 期。

② 王巨山：《非物质文化遗产保护原则辨析——对原真性原则和整体性原则的再认识》，《社会科学辑刊》2008 年第 3 期。

③ 王文章：《非物质文化遗产概论（修订版）》，教育科学出版社，2013。

④ 韩成艳：《非物质文化遗产保护的“整体性”理念与实践：基于宁波案例的讨论》，《西北民族研究》2016 年第 3 期。

⑤ 刘魁立：《非物质文化遗产及其保护的整体性原则》，《广西师范学院学报》（哲学社会科学版）2004 年第 4 期。

（四）发掘中国文化基因，深刻阐释非遗价值内涵

2020 年 9 月 22 日，习近平总书记在主持召开教育文化卫生体育领域专家代表座谈会时发表重要讲话，指出“要深入研究中华文明、中华文化的起源和特质，形成较为完整的中国文化基因的理念体系”。[①] 不少学者基于文化自觉对文化基因进行研究和阐释，毋庸置疑的是非物质文化遗产中所蕴含的思想意识、道德观念、生活方式及由此表现出的民族文化特质应当作为中国文化基因加以深度发掘和宣传弘扬。

参照方李莉从生存环境、认知方式、心态秩序、伦理文化等方面对中国文化基因的系统论述[②]，我们可以发现，非物质文化遗产中蕴含着深层次的中国文化基因。就拿列入北京市第五批非物质文化遗产代表性项目名录的官式建筑营造技艺（恭王府）来说，其建筑技艺包括瓦、木、土、石、搭材、油漆、彩画、裱糊八大作，细分之下竟可包含上百项传统工艺。精湛的技艺是我国劳动人民在千百年来的实践中对工艺技术的创新、积累、总结和提炼，是精益求精、追求创新、“执事敬”“修己以敬”工匠精神的凝聚和呈现。恭王府院落的选址与布局中处处蕴含着“阴阳相合”“天人合一”的传统哲学思想，以及福寿连绵、昌盛繁荣、祥瑞骈臻等风水堪舆设计理念，是中华民族长期以来追求幸福安定生活的写照。大到建筑布局殿堂形制，小到台基数量屋脊装饰，无一不体现着“礼法”“礼制”“尊卑有序”等观念，儒家文化深深地蕴含在建筑设计与装饰中。在非物质文化遗产保护与传承中，这些看不见、摸不着又蕴含中华传统文化特质的文化基因也在传承和弘扬，并发挥着现代指导意义。

文化基因是人类文化系统的遗传密码，文化基因的不同使得各民族文化呈现巨大差异，精彩纷呈的非物质文化遗产因这种文化多样性而形成，并代代相承，传承至今。今天，我们推进物质文化遗产保护工作，

---

① 《谈教文卫体，习近平这些提法很亮眼》，新华网，http：//www. xinhuanet. com/politics/xxjxs/2020-09/23/c_ 1126531338. htm。

② 方李莉：《中国文化基因与“生态中国”之路》，《粤海风》2021 年第 3 期。

无形中也传承着中国文化基因。在全面建设社会主义现代化国家的新时代背景下，深入发掘非遗项目中蕴含的文化基因并将其发扬光大，对于构建非物质文化遗产保护的北京样本、彰显中华优秀传统文化的深层次内涵意义重大。

B.9
2021年北京考古工作新进展

张中华　刘乃涛　孙　勐　张利芳　丁利娜*

摘　要：　考古工作是构建中华民族历史、展示中华文明瑰宝的重要工作。认识历史离不开考古学。2021 年，北京市文物部门立足新发展阶段，贯彻新发展理念，在考古与大遗址保护工作中奋发有为，取得了一系列重要考古成果，有效保护了一批重要文物，深刻揭示了古都北京在中华民族多元一体格局形成过程中所取得的社会、政治、经济、科技、文化、艺术等方面的辉煌成就，切实做到了在发展中保护、在保护中发展，形成了城市发展与文物保护的双赢局面。

关键词：　考古发现　文脉　文物保护

北京北枕居庸、右拥太行、南襟河济、左环沧海，50 多万年以来一直是人类生活的沃土，文明薪火传承不绝。丰富的地下文物遗产是北京的一张金名片，是中华文明源远流长的伟大见证。2021 年，北京市自觉践行习近平总书记关于考古工作的重要论述精神，认真落实党中央、国务院关于文物事业改革发展的重大战略部署，积极贯彻文物工作方针，围绕“一轴一城、两园三带、一区一中心”重点任务开展考古工作，进一步展现了古人类起

* 张中华，北京市考古研究院副院长，副研究馆员，负责统稿；刘乃涛，北京市考古研究院研究馆员，负责科技考古部分；孙勐，北京市考古研究院副研究馆员，负责商周两汉魏晋南北朝部分；张利芳，北京市考古研究院副研究馆员，负责隋唐、明清部分；丁利娜，北京市考古研究院研究馆员，负责辽金元部分。

源与演化进程，农业起源、文明起源及早期国家形成过程，中华民族多元一体格局形成过程中的北京贡献，展示了大运河、西山永定河、长城文化带孕育的绵延不息的历史文脉。

一年来，北京市开展考古调查402项，完成考古勘探254项，勘探面积1859万平方米；考古发掘120项，发掘面积11.6万平方米。在史前时期、商周两汉魏晋南北朝、隋唐、辽金元、明清等各个时代考古工作中均取得了新的发现，这些新发现信息的缀合，进一步串联起北京历史发展的链条。

一　史前时期考古新发现

北京是最早进入人类社会的地区之一，其史前时期距今50多万年至4000多年，占据了99%以上的北京历史。

在延庆区白河流域重点开展了千家店镇菜木沟旧石器遗址的考古调查，发现了一批石制品①。遗址位于白河右岸二级阶地之上，地势较高且开阔，水源充足，是早期人类的良好居地。河床及周边山体中含有丰富的适合打制石器的优质火成岩，为更新世时期狩猎采集人群打制石器、生产生活提供了丰富多样的资源。菜木沟遗址打制石器分布面积较大，文化层剖面暴露石器品数量较为丰富，文化层厚约1.5米。调查共采集了石制品13件，包括石核1件、石片12件。石制品皆以火成岩为原料，推测来自遗址附近的河床与基岩。石核具有盘状石核特征，整体显示出对原料形状、剥片角度及剥片过程中出现的棱脊的高效掌控。石片尺寸属于中型或小型，台面尺寸较小，以素台面和有疤台面为主，另有线状台面。石片形状以长条形、三角形为主，有的石片两边接近平行。遗址石器工业总体显示出多样化的剥片策略。盘状石核在我国华北地区晚更新世早中期遗址中多有发现，以北京周口店第15地点和河北阳原板井子遗址等为代表，是有计划地生产可以控制石片形

① 北京市文物研究所、首都师范大学历史学院、延庆区文化和旅游局：《北京市延庆区菜木沟旧石器时代遗址调查简报》，《北京文博文丛》2021年第3辑。

状和尺寸的较为复杂的剥片技术。根据遗址地层堆积与石制品特征，初步推测菜木沟遗址时代为旧石器时代中晚期，处于晚更新世时期。遗址地处华北地区与内蒙古地区、东北地区的交汇地带，本次调查有助于研究中国北方旧石器时代技术文化格局与早期人类迁徙扩散，对于填补北京北部军都山一带旧石器时代文化的空白和探索中国北方地区现代人的出现与演化具有重要意义。

平谷区金海湖镇东老虎山遗址考古发掘出土了打制石片、细石核、陶片等遗物，均分布在东老虎山西南山前台地的一条天然冲沟内①。根据堆积情况和环境考古研究可判断，冲沟内包含的遗物大概率为水流携带冲积至此。陶片以夹砂灰褐陶、红褐陶、黄褐陶和泥质红陶为主，夹砂陶稍多于泥质陶，部分夹砂陶片夹蚌壳或者云母。陶片大多为素面，少数夹砂陶片上饰有短竖划纹，部分泥质陶有陶衣并磨光。陶片烧制温度不高，陶质疏松、陶色不均。可辨器型有双耳罐、侈口罐、钵、豆、纺轮等。石器主要是打制石器，有细石核、刮削器、石片，磨制石器仅见一件石斧。这些特征与雪山一期文化有相同之处，初步判断该遗址中应存在雪山一期文化的因素，一定程度上填补了北京地区后岗一期文化与夏家店下层文化之间的缺环，为研究北京地区史前考古学文化年代序列与发展谱系提供了新的材料，也为以后的工作提供了线索。

二　商周两汉魏晋南北朝考古新发现

文献记载，周武王克商之后“封召公于北燕”。东周初年乃至整个春秋时期，北京地区存在着南北两个不同系统的考古学文化，即北京南部的燕文化和北部燕山余脉军都山山地间的玉皇庙文化。战国时期，燕国基本上占据了今天的北京全境。

① 孙浩然、曹孟昕等：《新发现丨北京平谷东老虎山遗址发掘收获》，https：//mp. weixin. qq. com/s/musYJm46Qwbpzvfvx0gUtw。

汉初北京，郡国并行，先后封建燕国、广阳国。东汉初，幽州成为管辖北京及其临近地区的最高级别行政区。因地处北方游牧民族与中原农耕民族交错的地带，在考古学文化面貌上显现出农耕与游牧、核心与边缘、汉文化与其他文化多元并存的景象。

琉璃河遗址是西周时期燕国的都城和始封地，是我国在西周考古史上发现的少数同时并存诸侯国城址和诸侯墓地的遗址，也是北京目前经考古证实了的最早的城址。

琉璃河遗址本年度的考古发掘集中于城址区和墓葬区。在城址区共发掘房址 3 座，其中 2 座保存相对完整，是地面上的小型夯土建筑，面积为 10~20 平方米，废弃时间约为西周晚期。共发掘墓葬 5 座，2 座中型墓，3 座小型墓，均为长方形竖穴土坑墓，墓向基本一致，葬具均是一棺一椁。共出土铜器、蚌器、骨器、漆器、石器、陶器等 178 件（组），其中铜器 142 件。M1902 出土的铜尊、卣、爵、觯、鼎除族徽外基本同铭，铭文“太保墉匽，延奢匽侯宫”从出土文字的角度证明太保召公奭亲自主持了燕都的营建，彰显了燕国在西周早期的重要地位，对北京建城史研究具有极其重要的作用。

战国两汉时期考古发现比较丰富，地点也比较多。西城区白纸坊、东城区宝华里、朝阳区王四营乡、丰台区高立庄、房山区西潞、昌平区雪山、大兴区青云店、顺义区北小营，密云区王各庄、季庄，平谷区白各庄、大北关，通州区柴家务、路县故城及周边等地发掘了战国至魏晋时期的遗址约 26000 平方米、墓葬约 800 座。遗迹主要包括城门、城墙、房址、水井、陶窑、道路、窖藏、冶铸窑炉、沟渠、灰坑等，墓葬主要有土坑墓、砖室墓、砖石混构墓、砖椁墓及瓮棺葬等。

房山西潞墓地发现战国时期墓葬较多，达 21 座，均为长方形竖穴土坑墓，有 3 座在墓壁上修有小龛。葬式均为仰身直肢葬，葬具为一棺或一棺一椁，随葬品以燕式鬲为主。

西潞墓地发掘汉代墓葬 102 座，依据墓葬形制分为三个类型：第一类为长方形竖穴土坑墓，第二类为竖穴土坑砖椁墓，第三类为带墓道砖室墓。

长方形竖穴土坑墓分为单人葬和双人合葬两种。大多头向北，极个别墓葬头向南或东。葬式多为仰身直肢葬，少数为仰身屈肢葬。单人葬葬具为一棺或一棺一椁，合葬葬具为二棺一椁。随葬器物组合基本为鼎、罐、壶或壶、罐、仓。

竖穴土坑砖椁墓在土坑内用砖砌椁，未发现其他葬具，葬式皆为仰身直肢葬，随葬器物组合为罐或壶、罐、仓等。

带墓道砖室墓均为单室墓，分为刀把形和甲字形两类，仅有1座为东西向，其余均为南北向。墓葬被破坏严重，顶部均无存，仅残留墓室周壁底部砖，未发现葬具及人骨痕迹。随葬器物有罐、盆、奁、灶、磨、鸡、狗等，个别墓葬还随葬有铜镜、弩机及铜钱等。

这批墓葬极可能与良乡古城有关。

路县故城及周边区域遗迹和墓葬的发掘最为集中、规模最大。

路县故城南城门遗址区发掘清理汉代城墙夯土基址2处、灰坑3座、道路1条等。南城门遗址位于路县故城南城墙中部略偏东侧，主要由门洞、道路和城墙夯土基址等构成。门洞为南北方向，南北进深约21米、东西宽3.8~4.1米。位于城门遗址中部的遗迹为一条西汉时期道路，路面厚度为2~6厘米，路面上残留有少量较为规整的白石块。道路两侧即为城墙基址。东侧临近城门处的城墙基址残存夯土厚度0.4~0.8米，夯土分层较为明显，夯窝清晰，夯土内夹杂有植物杆茎、料礓石等。南城门遗址的发掘，对了解和认识其保存状况和基本形制、相关遗迹间的联系，以及城址的主要构成等具有参考价值。

在路县故城的南部和东南部城郊，清理出两汉、魏晋时期灰坑178座、道路3条、沟11条、水井34口、窖藏1处、房址11座、冶铸遗址1处、窑址3座、厕所1座等。两汉时期的道路遗迹为东西走向，贯穿城郊遗址区南部，宽达7~9米，两侧有附属的沟渠遗迹。魏晋时期窖藏主要为一件带盖铁罐，铁罐内有大量铁器、铜器等。出土器物有铁镜、铁甲片、铁烛台、铁凿、铁斧、铁铲、铁镰、铁钳、铁锄板、铁钩、铁环、铁杈、铁钉、铁棘轮、铁削刀、铜砝码、铜镜、铜铃、铜环首刀、铜熨斗等，共计111件

（套）。器物种类丰富，基本上以日常生活用具、生产器皿、兵器为主，有少量车马器。窖藏内的器物摆放整齐有序，且保存状况较好，基本完整无损，因此该窖藏应是有意识的埋藏。这是路县故城遗址首次发掘出的铜器、铁器窖藏，也是北京地区首次考古发现的最大规模的魏晋时期窖藏。

在路县故城城址外的北部、南部和东南部，发掘了大量战国、两汉时期墓葬，成区埋葬，成组分布。战国时期墓葬均为土坑竖穴墓，均为单人葬，葬具全部为木棺，出土器物主要为夹砂红陶燕式鬲，个别墓葬出土有玉坠饰。西汉墓葬多为长方形土坑竖穴墓，少量墓葬有单墓道，葬具多是一棺一椁，出土器物组合为陶鼎、壶、仓、罐等，另外还有铜壶、印章、带钩、玉璧、璜等。东汉墓葬为砖砌单室、双室和多室墓，出土器物有陶罐、壶、盘、案、井、灶、灯、猪、狗、鸡及铜钱等。在墓葬区范围内，发现同时期的窑址，结构清晰，均为马蹄形半倒焰式窑，由工作间、火门、火膛、窑床、烟道等组成。窑址应与烧制墓葬的建筑材料和随葬器物有关。与窑址相距不远，还有同时期水井，推测应为烧窑取水之用。

城郊遗址区内发现的遗迹，主要与烧制陶器、冶铸铁器等有关，因此推测该区域应为城外的手工业生产区。其中冶铸窑炉，伴随出土大量炼渣、陶范及相连配套的房址是路县故城遗址首次明确发现冶铸遗存，对于认识路县故城遗址的功能和地位具有重要价值，也有助于了解汉代冶铁生产的官营模式、管理、操作与运行等。城外墓葬区的发现，是路县故城人群生活、生产状况及本地区文化、习俗的另一种反映。战国时期墓葬内的随葬器物与组合，表现出强烈、鲜明的战国燕地的区域文化特色，对于了解燕文化在北京地区的存在具有重要作用。战国时期墓葬的出现，在时代上要早于目前所定的和文献所记路县城址的年代，一方面为进一步探寻路城的始建时期提供了重要信息和线索，另一方面则可证实至迟在战国时期本地区已经有了较大规模的人群聚集，为研究“前路城时期”的区域社会发展提供了重要资料。两汉至魏晋时期大量墓葬的存在，表明了路城的历史发展具有很强的延续性。墓葬的构建与随葬器物的形制、组合，一方面展现出燕文化因素的逐渐减少和消失，与全国范围内其他地区的考古学文化面貌具有较强的一致性；

另一方面也可以看出本地区的一些独特因素，以及与北部地区、东北地区文化融合的迹象，见证了战国至两汉时期我国“大一统”政治、文化的正式形成与北京地区的区域影响力。

平谷区大兴庄镇白各庄两汉时期墓葬群，也是近年来北京地区汉代考古的一个重要发现。发掘墓葬共计130座，其空间分布较为集中，根据墓葬间的距离，可以看出其内部有较为明显的分群、分组现象。墓葬的方向一致，均为南北向。根据墓葬的形制和建筑材质，主要可以分为土坑墓、砖坑墓与砖室墓三大类，前者的数量较多，保存基本完整；后两者数量相对较少，均遭到晚期破坏。其中，土坑墓还可再分为两种，一种不带墓道，平面呈长方形；另一种带墓道，平面呈刀把形。砖室墓绝大多数为单室墓，有少量为双室墓。葬具有一棺一椁和单棺两种类型。随葬品中陶器的数量最多，此外还有铜器、铁器、玉石器等。陶器的类型丰富，以泥质灰陶为主，主要有罐、壶、盆、盘、碗、钵、鼎、豆、灯、盒、奁、樽、井、灶、仓、耳杯、厕所及人物俑、动物俑等，铜器有镜、印章等，铁器有剑。综合墓葬形制和出土器物，初步推断这是一处从西汉早中期一直延续到东汉晚期的墓葬群。白各庄汉代墓葬排列有序、时代连贯，随葬器物多样，对于认识北京东北部区域汉代的文化面貌、家庭与家族的内部构成等具有非常重要的价值，尤其是这些墓葬为准确地区分与把握西汉中期、新莽时期和东汉初期等几个重要汉代考古时间节点的文化面貌以及衔接、过渡与转变的关键因素提供了重要的研究资料。

三　隋唐时期考古新发现

隋唐时期，社会稳定、经济发达、文化繁荣、对外交流广泛，统治者及上层贵族甚至普通民众等心态开放，对不同形态的文明能采取兼容并包的态度，形成所谓的盛唐气象。北京地区在隋唐时期属幽州，为边疆重镇，西北出居庸关可达蒙古高原，东北出古北口、通蓟可到东北地区，南部直面冀州大平原，东临海可拥海陆之便，虽远离统治中心，但社会发展程度并不落后，人们生活水平普遍较高，物质文化丰富多彩。

本年度发掘保护唐代墓葬、窑址 30 余座，地点分别是东城区永外望坛、大兴区青云店、朝阳区东坝、顺义区西丰乐、密云区王各庄、海淀区宝山村和通州区孙各庄、武夷花园、柴家务等。

窑址为马蹄形半倒焰式窑，由操作间、火门、火膛、窑床、烟道组成。

墓葬均在历史上遭到严重破坏，均为砖室墓，形制分为带墓道单室砖墓和竖穴土坑砖椁墓。带墓道单室砖墓多有半圆形和折尺形棺床，有的墓葬影作仿木结构。葬具和人骨均已不存。

其中海淀区宝山村发现的 2 座唐墓较为重要，这两座墓葬形制相同，均为坐北朝南的带墓道砖室墓。斜坡墓道在南侧，墓室平面呈舟形。墓室西半部为棺床，东部为祭祀空间。这种形制的墓葬较为奇特，在其他地区较少发现。不仅这两座墓葬的形制较为特殊，通观北京地区考古发现的其他唐代墓葬，为北京地区所独有的唐墓形制还有铲形砖室墓、刀把形砖室墓等。北京地区唐代墓葬不但形制独特，而且类型也远较其他地区丰富多样，除上述提及的船形砖室墓、铲形砖室墓、刀把形砖室墓外，目前考古发现的还有梯形砖室墓、弧方形砖室墓、马蹄形砖室墓、长方形/方形砖室墓、圆形/椭圆形砖室墓等，甚至还有一些平面形状不甚规则的砖室墓，从中可以看出北京地区隋唐时期物质文化面貌的多元性和复杂性，其背后也折射出人们思想活跃、观念开放，对各种物质文明形式兼容并包的心态。

这两座墓葬出土的随葬品中，有 2 件器物较具特色，1 件为三彩酒杯，1 件为陶执壶。三彩酒杯整体外观呈半球状，底部为球面，上部为球体横切面。口部三曲，两侧有鋬，鋬上刻有 4 个透孔。外壁满刻花卉状图案，花瓣内满施圆形凸点纹。执壶束颈，鼓腹，平底，一侧有流，与流相对的另一侧为执柄。三彩酒杯器形应来源于汉晋以来中原地区的羽觞，俗称耳杯、羽杯，但纹饰却仿自西方金银器；执壶器形为仿金银器造型无疑，初步判断这两件器物均受到粟特金银器的影响。由此可以看出，隋唐时期北京地区与域外的物质文化交流情况，这种文化上的交流已不是简单的拿来主义，而是在消化吸收外来文化的基础上，与本土文化进行了融合与再创造。

北京地区虽然远离隋唐统治中心，又不在丝绸之路东西交通的大动脉上，但仍有富有异域风情、时尚精美的文物被发现，充分反映出北京虽地处僻远但不闭塞，可以说，幽州地区在中华民族多元一体进程中发挥出了巨大作用。北京地区隋唐时期社会发展的积淀，为后来幽州地区升级为陪都，以至于都城奠定了良好的社会及文化基础，自此逐渐拉开了向政治中心转变的序幕。

四　辽金元时期考古新发现

经过隋唐五代时期的积淀，辽金元时期，北方草原民族的崛起，使中国社会的政治格局发生了重大变化，北京进入了崭新的历史发展阶段。辽金元是中华民族多元一体格局形成的重要时期，分别由契丹、女真、蒙古族建立政权，先后在北京的历史舞台上留下重要的篇章。辽南京作为五京之一，是契丹进取中原的重要窗口。金中都拉开了北京建都的历史序幕。元大都是全国大一统的政治、经济、文化中心，闻名世界、包容中西，为明清北京城的发展奠定了坚实基础。

本年度辽代考古发现较少，发现地点为丰台区万泉寺、大兴区西红门和通州区柴家务、永乐店等。

其中丰台区万泉寺发掘出 3 座辽代墓葬比较重要。这三座墓葬均为“甲”字形竖穴土坑单室砖墓，由墓道、封门、墓室构成，墓道设有台阶，墓室平面呈圆形，墓室内设棺床，不见葬具，仅见烧骨。这三座墓葬均用青砖影作木结构，其中一座保存较好，墓室内四角砌制仿木柱子，西北部影作仿木假门，残存上下两排乳钉 13 个。东北部假门上部刻有方格纹，下部刻有长方形条纹，两侧砌出门框。周壁残留彩绘痕迹，由于脱落严重已漫漶不清。墓葬还出土了白瓷碗和陶罐、陶香炉、陶器盖、三足陶器、陶锅、陶剪刀等辽代典型器物。这三座墓葬处于金中都城内、辽南京城外，再次佐证了金中都城是在辽南京城基础上扩建而成的史实。

大兴区西红门发现的 4 座墓葬为辽代晚期，墓葬形制与万泉寺相近，随葬陶器均为明器，有盆、罐、釜、鏊、持壶、勺等，陶罐盖均为塔式形状，瓷器有碗、盘等。这4座墓葬形制、葬俗基本相同，时代接近，排列有序，初步判断应为同一家族墓。

金贞元元年（1153），完颜亮正式迁都燕京（今北京），改称中都，拉开了北京作为我国政治中心的历史序幕，确立了北京在我国古代都城发展史上的重要地位。

金中都遗址位于北京市西南部，主要区域横跨现在的丰台区和西城区，北边界在长安街以南、东边界在陶然亭公园南北一线、南边界在南二环以南、西边界在西三环以东的丽泽商务区一带。2021年在金中都遗址内共开展了9个地点的考古发掘工作，遗迹总数达700余处，主要包括房址、灰坑、灰沟、水井、道路、窑址、灶址等，出土铜、铁、陶、瓷、石等各类重要文物。

位于金中都东开阳坊的一处遗址发现了大量金代磉礅遗迹，分属十余个建筑个体，由黄土层和砖瓦碎块层相间夯筑而成。金代道路4条，为正南北或东西走向。遗址出土的瓷器大部分属于定窑白瓷，还有临汝系青瓷，以及耀州窑、越窑、磁州窑等窑口制品和高丽瓷。器类除容器、瓷枕等实用器外，还有红绿彩塑像和黑白两色围棋子等。铜钱以金代大定通宝为大宗，也有少量金代其他年号铜钱和宋代铜钱。铜器中有容器、铜镜、刀、镞等。铁器有容器、兜鍪、铠甲、镞等。石器有汉白玉谥册4件，其中3件为汉字，属金太祖谥册，另有柱础等。

近金中都开远坊和近南永平坊的遗址都发现了较为丰富的文化遗迹，包括房址、灰坑、磉墩、墙基、水井、灶址、道路等各类遗存，为唐幽州、辽南京、金中都相继沿用的城市变迁提供了更为直接的证据。在牛街遗址还发现了特别丰富的明清遗存，出土了大量的青花瓷片、陶片和兽骨，也为了解明清时期的北京城市面貌提供了实物证据。

金中都外城西南一隅发掘了4处地点。发现的2处大型十字街道路遗迹较为重要，道路宽度达20余米，属于金中都城仅次于门内大街级别的道路系统，为研究金中都城内西南的街巷布局提供了重要资料。三处遗址除了发现金代时期的房址、水井、道路等生活相关居址外，还发现了数量较多的汉代瓮棺葬，唐代、辽代墓葬，北朝乃至明清时期的墓葬，为金中都城在唐幽州、辽南京基础上向西南扩展的史实提供了考古实证。

金代崇孝寺塔基由长方形地宫、圆形塔基、长方形台基三部分组成。长方形竖穴式地宫由青砖砌筑而成，中心瘗埋一长方形青石质石函，石函铭文表明，崇孝寺塔系大定十九年皇三子曹王完颜永功捐建。地宫上方及四围夯筑瓦渣层形成圆形塔基，直径 14 米。塔基外围是长方形夯土台基。崇孝寺是唐幽州以来燕京的地标。金代崇孝寺塔基遗址的发掘，为研究北京唐至金代的城市地理提供了一个可靠的坐标。石函内出土了与佛教相关的丝织品等文物，为研究金代的佛教和艺术提供了实物资料。

另外还在大兴区青云店发现了 1 处金代塔林遗址，共发掘塔基 6 座。塔基呈六边形，南侧有步道与塔基相连。塔基下部为地宫，叠涩顶，地宫门及门道朝西。地宫内发现有木函、·石函，函内为烧骨。

金代墓葬发掘的地点有东城区永外望坛、大兴区西红门、海淀区永丰、顺义区杨镇、顺义区西泗上和朝阳区东坝、南皋。这批墓葬大致分为两类，一类为带墓道单室砖墓，一类为竖穴土坑砖椁墓，出土丰富的遗物，包括陶瓮、罐、瓶、碟、盘、杯、盏、盂、桶、六錾釜及鸡腿瓶、料珠、铜钱等。

东城区永外望坛还发现 6 座元代墓葬，形制可分为三种类型，第一种为方形砖坑墓，计 3 座；第二种为长方形砖坑墓，计 1 座；第三种为带墓道方形单室砖墓，计 2 座。第一种和第三种墓室内残存烧骨，可见其埋葬方式为火葬，未见葬具，烧骨集中置于墓内中部或棺床之上。第二种为尸骨葬，葬具为木棺。随葬器物主要有陶罐、提梁罐、盏、灯、釜、杯、碟及瓷瓶、铜钱等。从陶器的器型看，均为小型明器，是元代墓葬典型随葬器物。

五　明清时期考古新发现

自明永乐十九年（1421）迁都后，北京这座古老的城市就一直作为明清两朝的都城。作为全国的政治、经济、文化中心，明清两代遗留下来的遗存，都是全国范围内等级最高、规模最大、特征最典型的，是封建帝国末期高度发达的物质文明的具体体现，在物质文化领域给世人留下了宝贵的文化遗产。

2021 年，围绕中轴线申遗、圆明园大遗址保护和城市建设发现了大量明清时期遗存，包括正阳桥、圆明园澹泊宁静遗址、民间居址及 1000 余座墓葬。

中轴线作为一种独特的文化遗产，凝聚了古人在城市营建规划方面独具特色的思想理念，蕴含着特殊的礼仪思想，在世界城市营建史上都有其独特价值。中轴线在中国古代城市中很早就有萌芽，发展至明清时期，臻于至善。明清北京城的中轴线是传统城市轴线在都城营建运用中的巅峰之作，是北京城的脊梁和灵魂。中轴线统领下的北京城，是几千年来城市规划思想、规划理念的集大成者。

正阳桥在内城九门外护城河上的桥梁中是规格最高的一座，体现了以“中”为尊、以“南”为尊的礼制观念。正阳桥遗址的考古工作，发掘出土一具保存较好的镇水兽。该镇水兽俯卧在燕翅石条上，头部向下探视护城河内的水面，长 3 米、宽 1.2～1.4 米、高 0.48 米，身被鳞甲，局部饰祥云纹，形态浑厚大气，造型生动逼真，体现了古代工匠高超的工艺水平。正阳门、正阳桥及镇水兽共同组成了明清时期内城与外城交通中的一处最高等级及礼仪规制的建筑群，对研究正阳门前护城河及防御、水利、交通体系等具有重要作用，是中华优秀传统文化遗产在中轴线上的物质实证。

圆明园被誉为“万园之园”“一切造园艺术的典范”，设计理念、建造技术、造园工艺等均体现了古代劳动人民的智慧和高超技艺，是我国古代园林文化遗产的精华和集大成者。圆明园澹泊宁静遗址考古发现“田字房”大殿和稻田遗存，发掘出建筑基础、台基、地面、排水沟等。台基外围有云步踏跺、卵石散水。天井用石板墁地，四周铺砌石板散水。稻田遗存区内发现田埂、灌溉沟和稻田土。

“田”字象征农业、农耕，寓意清朝统治者对农业的重视。建筑周边种植水稻，与“田”字房建筑交相辉映，以便清帝在此查看农事、农时，以示统治者心系立国之本。考古发掘揭示出古代科学严谨、优秀卓越的建筑技术及造园艺术。圆明园地处北京市西郊，明清时期该地多沼泽水域，为保证建筑不沉降，地基采用“满堂红”做法，在开挖的基槽底部，先以梅花桩、马牙桩或排桩的形式打入木桩，之后在木桩之间的空隙内填夹裆石，接着在上面逐层夯筑基础三合土。在建筑细节的设计上包括建筑室内外排水、云步踏跺等，均构思巧妙，使附属设施与整个建筑及周边环境相协调，反映出古人追求人与自然和谐统一的理念。

清华大学内清理出古代河道 1 条、桥址 1 处。根据文献图档资料记载，结合考古发现，初步判断这段河道为圆明园五园之熙春园、长春园外围河道，从熙春园流出，沿长春园东侧流入清河。该段河道连同桥址的发现，为研究圆明园五园的布局、熙春园的位置、清代西郊皇家园林水系走向、水利遗存的工程做法等提供了实物资料。

顺义区柳各庄村发现了元末至清代房址 6 处，还出土了大量陶器、瓷器残片，推测为一处连续使用的古村落遗址。

墓葬是明清时期考古发现中最多的一类遗存，在北京各个区几乎都有分布，比较重要的地点有东城区永外望坛、宝华里，丰台区分钟寺、万泉寺、高立庄，顺义区西丰乐、板桥村、天竺、杨镇、临河，密云区王各庄、通州区永乐店、张湾镇、武夷花园、次渠、南火垡，昌平区海鹊落、雪山、回龙观，海淀区宝山村、中国政法大学，朝阳区东坝、奶西村、王四营、十八里店等。这批墓葬除朝阳区东坝发现的固伦和敬公主园寝外，其余均为普通墓葬，即低级官吏、乡绅和平民墓葬。

朝阳区东坝发现 3 座清代中期的大型墓葬，其中一座规模较大，地上部分已不存，有多次盗扰痕迹，保存情况较差。墓葬坐北朝南，地宫砖石混构而成，主要包括墓道、挡券墙、罩门券、石门、门洞、棺床、金井及金券等。结合文献记载、普查登记资料和考古成果，确定三座墓葬分别为清乾隆第三女固伦和敬公主及其后裔园寝。墓葬出土“乾隆通宝”3 枚及髹漆木棺板，其中 3 块棺板阴刻描金藏文经文，并绘莲花、法轮、伞盖等图案。固伦和敬公主系乾隆第三女，母孝贤纯皇后富察氏，下嫁辅国公色布腾巴尔珠尔，业居京师。其府邸和敬公主府位于北京市东城区张自忠路7号（原铁狮子胡同）。本次考古发现首次明确了固伦和敬公主园寝的位置，为进一步研究清代园寝工程营建制度、建造技术提供了重要的考古资料。出土的髹漆描金棺板，其上的藏文经文是了解清代贵族藏传佛教信仰的实物资料。

普通墓葬以竖穴土坑墓占绝大多数，砖室墓极少；土葬墓所占比例较大，火葬墓较少。单人葬墓数量少于双人合葬或多人合葬，葬式一般为仰身直肢。葬具除少数火葬者用瓮棺外，多使用木棺。随葬品数量多寡不均，质量也有很大区别，富贵者多随葬金器、银器、铜器、瓷器、玉器及宝石类等，贫者可能只有一个五谷罐或几枚铜钱。

普通墓地没有专门的茔园，但在已发掘的大部分墓地中，墓葬之间的排列多有严格的顺序，一般最前方有一座祖墓，其他墓葬以“八”字形依次往后排列，是中国古代“昭穆制度”的体现。《周礼》记载，“冢人掌公墓之地，辨其兆域而为之图。先王之葬居中，以昭穆为左右”。李光坡注曰：“公，君也。图，谓画其地形及丘垄所处而藏之。先王造茔者昭居左，穆居右，夹处东西。疏曰：子孙据昭穆，夹处左右。若兄死弟及俱为君，则以兄弟为昭穆。以其弟已为臣，臣子一例，则如父子，故别昭穆也。”昭穆制度表现在一般墓地中，则是一支的祖先居于祖位，即一个墓地的中心，长子居左，为一昭；长孙居右，为一穆；次之为二昭位、二穆位，依次类推。

如朝阳区奶西村，海淀区宝山村，东城区永外望坛、宝华里等处的墓葬除少数几个分布相对分散外，其他大多数都相对集中于若干个区域。每个区域内的墓葬排列有序，相互之间绝少打破关系，形制一致，墓向一致，葬式和葬具相同，随葬品摆放位置也无差别。

明清时期，聚族而葬的墓地往往还会发现明堂。明堂一般位于墓地的前部，用砖砌于竖穴土坑之内，平面呈六边形，居中位置立一方砖买地券，另有序放置铁犁铧、砚台等，象征耕读传家。

此外，大兴区青云店墓地部分明清墓葬中出土的铭文砖出现了山西地名，可能与当时山西移民大量迁入此地有关。

六　科技考古新进展

科技手段与考古工作的有机结合，能够最大限度地获取遗迹和遗物中的潜信息，植物考古、冶金考古、环境考古和陶瓷考古等方向的研究不断深入。

在西山永定河文化带汉代彩绘陶楼科技研究方面，通过科技考古、文物保护、内涵挖掘等多个角度，研究了陶楼制作工艺，进一步阐释了文物内涵。通过分析发现，陶楼胎体主要成分为石英、长石、绿泥石等，来源于当地黏土，取土位置均在遗址附近，并加入了植物羼合料。成型工艺则采用了模制、手制等工艺，同时使用按压、粘接、刻划、刮削等修整工艺。烧成后施加彩绘，装饰胎体。从焙烧工艺看，烧成温度为800~1100℃。其内外表面颜色的不同，主要是烧制气氛不同造成的，青灰色为强还原气氛下烧成，淡黄色为弱还原气氛下烧成。施彩工艺上，彩绘较为粗犷，有龙虎纹、穿璧纹、卷云纹、圆圈十字图案等纹饰。先在陶胎底上施加白灰打底，之后涂抹红色，再用墨线勾勒。彩绘颜料有红、白、黑三色。经综合分析确定，红色颜料为朱砂，白色颜料为方解石，黑色颜料为炭黑。

陶楼反映汉代信仰、礼仪与生活。东汉时期，社会结构发生重大变化，庄园经济发展、豪族士大夫阶层涌现，促使社会文化与经济结构发生转变，从而对信仰、礼仪与生活产生了重要影响，呈现出“事死如事生”“仙人好楼居”的观念。汉代人幻想灵魂不灭，龙虎是凡人死后升入仙界的交通工具，形象地折射出当时人的心理。

冶金考古的研究对象主要包括青铜器、铁器、金银器和其他古代使用的金属及冶金遗址。对唐幽州卢龙节度使刘济墓出土的铜器的科技考古研究表明，铜器样品中有红铜、铅锡青铜、锡青铜、铅青铜等。绝大部分小件铜器采用了锻造的制作方法，材质以红铜和锡青铜为主，个别样品中含有少量的铅。三件铜镜由含锡量较高的铅锡青铜铸造而成，其制作技术已经相当成熟，并有着统一的技术规范。一件器物口沿为改善高锡青铜合金的热加工性能采用了热锻后淬火处理，为该工艺提供了新的实物证据。九件铜器样品采用了“金汞齐”的火镀金法的装饰工艺，通过鎏金层的分析可知当时工匠对鎏金工艺的掌握十分熟练。三个铜甲片样品均为红铜材质，最终的成型工艺为热锻加工，且采用了鎏金装饰工艺。甲片上的铆钉为锡青铜铸造成型。刘济墓出土的这批鎏金铜甲片为唐代甲片的研究提供了新的实物证据。

植物考古研究对象包括大植物遗存、木材、孢粉、植硅体和淀粉粒。旧宫遗址浮选工作收获了一批丰富的炭化植物遗存，包括粟、黍、小麦、大豆4种农作物的炭化籽粒，伴有常见的陆生旱地杂草狗尾草、野黍、马蔺、草木樨属植物及水生植物芡实等十余种非农作物植物遗存。

在金中都城内发掘地点的植物考古研究，发现包括农作物和非农作物植物遗存达40种，农作物包括粟、黍、小麦、大麦、燕麦、水稻、大豆、红小豆、豌豆等13种，不仅展现出北方传统的粟作农业特点，同时找到了本地区进行水稻和稗这两类水生农作物栽培的证据。其中稗这一类作物的发现反映出金代少数民族政权农业技术和生活方式的南传及影响，从植物考古的角度展示出当时多民族融合的渠道和程度。

在西周及金元时期，北京地区一直实行着我国北方典型的粟作农业传统，小麦和大豆的发现体现了多品种农作物种植制度。小麦在西周时期已传播至本地，但并未改变粟黍为主、大豆为辅的农业格局。小麦的传入，以及其在金元时期地位的显著提高成为有别于前期的重要转变。最迟在金元时期，传统的粟黍种植组合已经呈现为粟麦并重的格局。

环境考古研究主要包括重建古代的自然环境，探讨古代的人地关系。运用X射线荧光光谱分析方法分析了北京通州路县故城城郊遗址文化层中的土壤矿质元素全量，分析比较对人类活动有指示意义的元素，恢复了自东汉以来遗址地层记录的人类活动特征。东汉至魏晋时期，路县故城城郊遗址地区与手工业相关的示踪元素丰富，表明这一时期城郊人类活动处于活跃期，且主要从事手工业生产活动；后期与居住相关的示踪元素P（磷）、Ca（钙）、Ba（钡），以及与手工业活动相关的Mn（锰）含量都明显高于前期，说明伴随着人类手工业活动的增加，城郊地区的居住功能有所增强。南北朝时期，Ba（钡）含量增加趋势明显，推测这一时期城郊区域人类的居住活动逐渐增加。Mn（锰）、Pb（铅）含量高，表明手工业生产依旧活跃；Cu（铜）含量下降明显、大量出土陶片，说明南北朝时期手工业生产主要为陶器制作活动。辽金时期，示踪元素大幅度下降，至明清时期气候转干冷，遗址区域不再是人类聚居地。

北京位于燕山南麓，北依燕山、西接太行山、东北连辽西、西南通中原，是多个文化系统的接壤地带，农耕文明与游牧文明的频繁冲突与融合，为北京地区带来了文化活力，也为后人留下了丰富的地下文化遗产。手铲释天书，北京考古工作者将继续践行新时代担当精神，发扬严谨求实、艰苦奋斗、敬业奉献的优良传统，不断探索未知，揭示人类文明发展的本源，发掘好、保护好首都历史文化遗产，为建设中国特色、中国风格、中国气派的考古学交上合格的北京答卷，以优异成绩迎接党的二十大胜利召开。

B.10
北京“双奥之城”的冬奥遗产及可持续利用

阮　飞*

摘　要： 北京冬奥会是我国重要历史节点的重大标志性活动，也是展示文化形象的舞台。2021年是冬奥会筹办工作的冲刺之年，北京市以冬奥会筹办为契机，通过内容丰富、形式多样的文艺创作和文化活动，营造了全民喜迎冬奥的热烈气氛；依托冬季奥林匹克公园、冬奥广场等设施打造公共文化空间，丰富市民公共文化生活。北京冬奥会的筹办使部分2008年奥运会遗产成为“双奥场馆”，实现了夏季运动场馆和冬季运动场馆的双向转换，有助于在未来继续承办国际高水平冬季运动赛事。在冬奥会筹办过程中，北京也积极开展奥林匹克教育活动，积累了丰厚的奥林匹克教育遗产；以冬奥为主题积极开展国际交流活动，增进文化交流、促进文明互鉴。

关键词： 冬奥会　文化　冬奥遗产　冰雪运动

北京冬奥会是我国重要历史节点的重大标志性活动。冬奥会不仅是一次冬季运动的盛会，也是主办城市乃至主办国展示文化形象的舞台。北京在成功举办冬奥会后成为世界上唯一一座既举办过夏季奥运会，又举办过冬季奥运会的“双奥之城”，冬奥会的筹办为北京创造了丰富的文化遗产，在赛后将为北京城市居民拓展公共文化生活的资源和空间，促进北京文化旅游业发展。

---

* 阮飞，北京市社会科学院文化研究所博士，研究方向为体育产业、奥林匹克、体育文化。

一　创造冬奥文化遗产，营造喜迎冬奥氛围

（一）冬奥文艺作品丰富多彩

北京冬奥会为文艺创作提供了丰富的素材，随着北京冬奥会筹备和举办，以冬奥和冰雪为主题的文艺创作活跃。丰富多彩的冬奥主题文艺作品在充实市民文化生活的同时，营造了全民喜迎冬奥的氛围。

音乐、戏曲、戏剧创作方面，以冬奥为主题创作交响乐组曲《冰雪相约》、钢琴协奏曲《海坨戴雪》，北京交响乐团、北京民族乐团、北京管乐交响乐团等也纷纷以冰雪为主题举办音乐会，让广大市民通过交响乐、民族交响乐、钢琴演奏等形式感受冬奥氛围。北京市委宣传部组织创作 17 首冬奥歌曲，组织北京京剧院、北方昆曲剧院编排创作并演出冬奥主题京剧、昆曲，利用传统戏曲形式，将中国传统文化元素与冬奥主题相结合，通过传统戏曲形式传播冬奥文化，丰富人民群众生活。以冬奥为主题的冰上舞剧《WE ARE ONE》《踏冰逐梦》，分别由花样滑冰世界冠军庞清/佟健、张丹/张昊领衔主演，在北京天桥艺术中心、北京工人体育馆公演，让市民通过冰上舞剧的形式，更好地了解花样滑冰运动和冬奥文化。

北京市还积极采用群众喜闻乐见、接地气的广场舞开展市民文化活动，推广冬奥主题歌曲，营造全民喜迎冬奥的热烈氛围。北京市文化和旅游局组织市文化馆编创、宣传、推广《一起向未来》冬奥广场舞，联合全国文化发展中心，在中国广场舞论坛上向全国发出倡议，在全市机关、学校、企业等单位推广培训，举办培训 4111 班次，累计培训 55 万人次。发起“一起向未来·大家舞起来”全国网络广场舞大赛，截至 2022 年 1 月 5 日，已收到 564 个参赛作品，播放总量达到 734. 4 万次，天津、重庆、河北等多个省市均报送了参赛作品。

北京冬奥会吉祥物“冰墩墩”和冬残奥会吉祥物“雪容融”也为冬奥文艺作品创作提供了丰富的灵感和素材。以北京冬奥会和冬残奥会吉祥物形

象创作的动画大电影《我们的冬奥》于2022年2月19日在全国院线上映，在北京冬奥会热潮的带动下获得了好评。北京儿童艺术剧院以北京冬奥会和冬残奥会吉祥物为创作原型，创排儿童音乐剧《冰墩墩雪容融之冰雪梦》，并在首都图书馆剧场、北京东图影剧院、石景山区文化艺术中心、国家大剧院等进行演出，将群众喜爱的冬奥吉祥物与热闹的歌舞剧相结合，在少年儿童中传播普及冬奥文化。

北京冬奥会也成为广播、电视节目创作的热门主题。北京广播电视台整合节目资源，将BTV体育频道与纪实频道合并成为冬奥纪实频道，作为北京冬奥组委官方发布平台和全新体育节目频道。2019年5月10日，北京广播电视台冬奥纪实频道正式上星播出；2020年12月30日，冬奥纪实4K超高清频道正式开播；2021年12月31日，冬奥纪实8K超高清试验频道正式开播，冬奥纪实频道成为国内唯一的标清、高清和超高清同播频道，覆盖5.4亿电视观众。北京市体育局和北京体育广播、交通广播、北京电视台冬奥纪实频道及各大新媒体平台开展了广泛合作，推出了包括《冬奥知否大众冰雪访谈》、冰雪知识、《科学健身指导大讲堂》等节目，这些专题节目的收视率高达1560余万人次。

（二）冬奥文化活动精彩纷呈

2022年冬奥会筹办过程中，北京市积极以冬奥为主题，组织丰富多彩的文化活动，营造浓厚冬奥氛围。冬奥北京市城市文化活动组办公室、北京市文化和旅游局2021年统筹51家成员单位开展冬奥主题城市文化活动2317场。2022年初，随着北京冬奥会日益临近，冬奥北京市城市文化活动组办公室、北京市文化和旅游局继续加强冬奥主题文化活动的策划和组织，共策划各类线下、线上冬奥城市文化活动659项、1.16万场①。

冬奥主题交响乐组曲《冰雪相约》、钢琴协奏曲《海坨戴雪》、冰上舞剧《WE ARE ONE》《踏冰逐梦》等一系列艺术作品公演获得了良好的口

① 北京日报：《文化迎春　燃情冬奥　全市538项、8266场冬奥北京城市文化活动精彩呈现》，北京市人民政府网站，http：//www.beijing.gov.cn/fuwu/bmfw/sy/jrts/202201/t20220130_2603949.html。

碑。除了原创音乐、歌舞、戏曲、影视作品的展映、演出之外，冬奥文化活动的形式还拓展到绘画、篆刻等领域。首都图书馆举办"'我的冬奥梦'中俄儿童写作暨绘画竞赛"，通过写作和绘画的形式促进文化交流，普及冬奥文化；国家体育总局体育文化发展中心、中国体育博物馆举办"传承·超越——双奥之路中华体育文化展"；北京市奥促中心、中华世纪坛艺术馆、中国艺术研究院篆刻院举办"'印记冬奥'大众篆刻作品展"，通过文化展览的形式，普及冬奥文化。

此外，冬奥会文化活动还包括冬奥知识讲座、冬奥文化市集、庙会等群众喜闻乐见的活动，增强了冬奥文化活动的知识性、大众性、参与性，拉近了奥林匹克文化与广大人民群众的距离。市教委举办"奥林匹克小小讲解员与小记者培训活动"，向青少年宣传普及奥林匹克文化；东城区、延庆区分别举办"国际奥林匹克集市""冰雪文化庙会——超级奥庙"活动。

（三）"北京市民快乐冰雪季"促进全民参与冰雪运动

为迎接北京冬奥会，北京市人民政府主办"北京市民快乐冰雪季"活动，为广大市民提供参与、体验冰雪运动的机会，营造群众关注冬奥、参与冬奥、共享冬奥的良好氛围。该活动由北京市体育局、北京市体育总会及各区人民政府承办，截至 2021/2022 年雪季已举办了 8 届。前 7 届"北京市民快乐冰雪季"累计开展各级各类群众性冰雪活动 2 万余场，参与人次达到 3100 多万，微博话题"快乐冰雪季"关注总量累计超过 17.9 亿人次①。第八届"北京市民快乐冰雪季"活动从 2021 年 12 月持续至 2022 年 4 月，市里通过多种渠道向广大市民免费发放不少于 2 万张冰雪公益体验券，区级发放体验券数量不少于 10 万张②，吸引广大市民积极参与冰雪运动。

① 人民网：《北京市体育局：一个都不能少　以冬奥会、冬残奥会为契机推动冰雪运动发展》，人民网，http://ent.people.com.cn/n1/2022/0217/c1012-32354198.html。

② 北京日报：《全民健身迎冬奥　最炫北京冰雪季　第八届北京市民快乐冰雪季开启　发放 2 万张冰雪体验券》，北京市人民政府网站，http://www.beijing.gov.cn/ywdt/zwzt/dah/bxyw/202112/t20211220_2564786.html。

（四）冬奥文化仪式营造浓厚冬奥氛围

北京冬奥组委在冬奥会筹办过程中通过举办各类仪式活动，传播普及冬奥文化，营造浓厚冬奥氛围。北京冬奥组委围绕奥运火种、火炬，打造火种展示、火炬接力等一系列仪式活动。整体活动以“迎接冰雪之约　奔向美好未来”为主题，以“健康・欢乐・活力”为口号。在精简火炬接力路线和规模，体现简约办赛理念的同时，北京冬奥会的火炬接力活动更加突出火种展示活动和网络参与。火种展示仪式将奥林匹克文化宣传、赞助企业公益活动等相结合，在奥林匹克塔举行火种欢迎仪式后，陆续在中国冰雪奥运展示中心、中国三峡集团、中国石油大厦、延庆区世园公园中国馆等点位举行火种展示仪式，现场展示北京冬奥会火炬、火种灯和火炬手制服。

北京冬奥组委还积极通过网络开展活动，扩大宣传范围，让更多人能够通过网络参与冬奥。2022 年 1 月 23 日，“我是火炬网络护跑手”活动上线，在国内主要互联网平台推出主题宣传活动，吸引网民参与线上火炬护跑行动，传播冬奥知识，传递奥林匹克精神。该活动配合 2022 年 2 月 2 日 ~4 日在北京、延庆、张家口三个赛区进行的火炬接力活动，取得了良好的宣传效果。为期 13 天的“网络护跑”活动得到广大网民的热烈关注和积极响应，近 3000 万人领取了官方认证电子证书，超过 6000 万人次点亮了社交媒体昵称后的火炬标识，超过 270 万人使用专属冬奥道具拍摄短视频。

二　拓展公共文化空间，丰富市民休闲活动

在冬奥会的筹办过程中，北京和张家口以冬奥会场馆为依托，在北京、延庆、张家口三个赛区形成了北京冬季奥林匹克公园、延庆奥林匹克园区及张家口崇礼奥林匹克公园三个新的奥林匹克公园，并先后获得国际奥委会批准。北京冬季奥林匹克公园、延庆奥林匹克园区等的建立，不仅灵活利用了冬奥遗产，更为市民拓展了公共文化空间。同时，北京市还灵活运用广场、

社区、图书馆等打造冬奥文化活动空间，在传播冬奥文化的同时，丰富市民文化生活。

（一）依托奥林匹克公园打造城市文化复兴新地标

北京市借助筹办冬奥会的历史契机，打造城市文化复兴新地标。北京冬季奥林匹克公园落户首钢园区，由曾经的首钢工厂改造而来，在保留钢铁厂原有的高炉、冷却塔、水池等工业遗址的基础上，对原有功能进行改造，变身现代化办公空间和冰雪运动训练基地。北京冬奥会上，首钢滑雪大跳台因其独特的工业遗址背景，收获了国内外观众、媒体、运动员们的广泛赞誉。美国《华盛顿邮报》称其“可能带来了本届奥运会上最超现实的画面”；澳大利亚广播公司称赞其为“本届奥运会最壮观的场馆之一，堪称城市复兴的一个范例”；瑞典自由式滑雪运动员亨里克·哈劳特表示“他们把一个以前没那么漂亮的地方变成了一个更好看的地方，这很了不起”；美国自由式滑雪运动员亚历克斯·霍尔称“它太惊人了！我好像身处一个电脑游戏、一场电影中”①。在冬奥会的巨大传播效应下，北京冬季奥林匹克公园成为市民公共休闲的新地标，在北京冬奥会结束后的第一个周末，首钢园区预约入园的游客络绎不绝，不少特意前来游览的市民由于没有提前预约只能抱憾离去。除了供市民休闲观光外，北京冬季奥林匹克公园还能够进行灯光秀、文艺演出活动、冰雪运动赛事、高端会议会展等活动，已经先后成功举办新车发布会、北京新年倒计时活动、中国（北京）服务贸易交易会等商业、文艺活动。可以说，北京冬奥会的筹办为京西地区的城市文化复兴提供了前所未有的新机遇，打造了京西城市文化复兴的新地标，为未来的区域发展提供了新动能。

同时，北京冬季奥林匹克公园和延庆奥林匹克园区的建设还增加了北京市的冰雪运动场馆供给。目前，北京冬季奥林匹克公园内共有冬奥比赛场地

① 袁野：《多国运动员：首钢滑雪大跳台“非常非常完美”》，《中国青年报》2022年2月15日，第6版。

首钢滑雪大跳台，以及被称为“四块冰”的短道速滑、花样滑冰、冰球、冰壶训练场地等冬季运动相关设施。在冬奥会结束后，“四块冰”还能够用于青少年冰上运动培训，为公众参与冰雪运动提供场馆。延庆奥林匹克园区内有国家高山滑雪中心、国家雪车雪橇中心两个专业冰雪运动场馆。同时，在冬奥会结束之后，国家高山滑雪中心还将利用回村雪道，打造供普通滑雪爱好者参与滑雪运动的大众滑雪场。

（二）打造冬奥文化广场和冬奥示范设施

为迎接北京冬奥会，营造浓厚冬奥氛围，北京市建设了 16 个冬奥文化广场，分布在 15 个区。冬奥文化广场通过环境景观布置，突出冬奥元素；设置冰雪运动体验区，通过人工造雪、AR/VR 模拟等方式，为市民创造体验冰雪运动的机会；设置冬奥主题展览区，宣传奥林匹克理念，普及冰雪运动知识。在普及冬奥知识、提供冰雪运动体验的同时，冬奥文化广场还为市民提供了丰富的文化生活空间。每个冬奥文化广场都建有中心舞台，自 2022 年 2 月 4 日起，16 个冬奥文化广场的中心舞台每天上演两场文艺演出，总计 1008 场，表演者既有专业艺术团队，也有群众业余艺术团队，内容涵盖杂技、曲艺、舞狮、歌舞、戏曲、朗诵、广场舞、武术表演等多种艺术形式，极大地丰富了北京市民的文化生活。

冬奥城市文化活动组还依托社区、村、公共图书馆、文化馆、博物馆、剧院等六大类设施，打造了 91 个冬奥示范设施，方便市民参与冬奥文化活动。海淀区、石景山区、延庆区的多个街道社区开展了冬奥主题文化活动，通过冰雪运动体验、趣味运动项目体验、冬奥英语培训、冬奥儿童手抄报、文艺表演等活动，让市民参与体验冬奥运动和文化活动，感受浓浓冬奥氛围。

三　拓展体育场馆功能，促进冰雪产品供给

（一）奥运场馆实现功能拓展

北京冬奥会的筹办过程，最大限度地利用北京 2008 年奥运会的场馆遗

产，通过功能改造和扩建，实现夏季运动场馆向冬季运动场馆的功能拓展，为北京 2008 年奥运会的遗产增加了新功能、新用途，提高了场馆的利用率，丰富了北京“双奥之城”的内涵。

表 1　北京冬奥会“双奥场馆”功能对比

场馆名称	北京夏季奥运会场馆功能	北京冬季奥会场馆功能
国家体育馆	体操、蹦床、手球	冰球、残奥冰球
五棵松体育中心	篮球	冰球
首都体育馆	排球	花样滑冰、短道速滑
国家游泳中心	跳水、游泳	冰壶、轮椅冰壶

北京冬奥会结束之后，国家体育馆不仅能够举办冰球、花滑、短道速滑等项目赛事，还具备冬季运动和夏季运动双向转换功能，将以体育赛事为主，引进世界级冰球赛事，举办各类冰球培训，同时兼顾大型文化活动。五棵松体育中心不仅将继续作为篮球场馆承办各种篮球赛事和文艺演出活动，还将继续承接北美冰球联赛（NHL）中国赛等职业冰球赛事。首都体育馆场馆群将继续作为国家体育总局冬运中心训练基地，为各支冰上运动国家队提供专业训练场地。国家游泳中心将在游泳季和冰上季之间不断切换，春夏秋三个季节用于水上运动，冬季用于开展冰上运动。“冰立方”已于 2022 年 4 月面向公众开放，供市民近距离参观冬奥赛场原貌；于 2022 年 6 月重新恢复游泳功能，承办水上运动赛事；场馆南侧的冰上运动中心于 2022 年 5 月开放，用于进行冰壶比赛和培训。冬奥会的筹办为这些“双奥场馆”的可持续利用导入内容，帮助场馆提高了利用效率，也增加了冬季运动赛事、冬季运动培训等产品的供给，丰富了市民的文化生活。

（二）国际冬季运动赛事纷纷落户北京

北京冬奥会的筹备和举办促进了我国与国际单项体育组织的交流合作，为国际体育赛事落户北京打下了良好的基础。在冬奥会筹办期间，北京就已举办了世界女子冰壶锦标赛、奥迪杯中国花样滑冰大奖赛、国际雪联城市越野滑雪积分赛和国际雪联中国轮滑世界杯等国际高水平赛事。

北京冬奥会期间，各国际冬季单项体育联合会纷纷与北京冬奥会场馆业主方、属地签署合作协议或达成合作意向，在冬奥会结束之后利用冬奥场馆继续举办国际高水平冬季运动赛事及相关活动，促进北京高水平冬季运动赛事发展。

表 2　北京冬奥会期间各场馆与国际单项体育组织合作意向

场馆	合作方式与进展
国家游泳中心	北京国资公司与世界冰壶联合会、中国冰壶协会在国家游泳中心签署战略合作协议，设立世界冰壶学院培训中心，举办国际冰壶赛事及系列冰壶培训
国家体育馆	与国际冰联初步达成合作意向，开展国际冰球比赛和训练合作
五棵松体育中心	应国际冰联邀请，向其提交了合作意向方案
国家速滑馆	国家体育总局冬运中心、中国滑冰协会与国际滑联签署了卓越中心合作谅解备忘录，在国家速滑馆成立世界首个国际滑联卓越中心
首都体育馆	与国际滑联展开合作，举办高水平国际赛事
国家高山滑雪中心	延庆区政府、国家高山滑雪中心场馆运行团队、北控集团与国际雪联沟通对接，达成初步意向，争取在国家高山滑雪中心举办 2022~2023 赛季国际雪联高山滑雪世界杯比赛
首钢滑雪大跳台	拟申办 2022 年国际雪联单板及自由式滑雪大跳台世界杯
国家雪车雪橇中心	国际雪车联合会、中国雪车协会、延庆区政府、北京市体育局、北京北控京奥建设有限公司作为协议签署方达成一致，拟于未来五年，定期在国家雪车雪橇中心举办国际雪车联合会赛事，致力于举办世界杯赛事、亚洲杯赛事和训练营

高水平国际冬季运动赛事纷纷落户北京，为北京冬奥会竞赛场馆的赛后可持续利用提供了内容支撑，为北京市引入了更多高水平国际冬季运动赛事，丰富了北京市冬季体育赛事的产品供给，给北京乃至全国的冰雪运动爱好者提供了更多现场观看高水平赛事的机会。同时，北京可以借助举办高水平国际冬季运动赛事，发展观赛旅游，为北京旅游业增加收入，促进北京冬季旅游业发展和京张体育文化旅游带建设。

四　升级奥林匹克教育，传播奥林匹克文化

（一）深入开展奥林匹克教育

为迎接北京冬奥会的到来，北京市各中小学积极开展奥林匹克教育活动，向中小学生普及奥林匹克知识，为中小学生提供参与冰雪运动的机会。自2019年起，北京市连续三年开展“北京市中小学生奥林匹克教育及冰雪进校园系列活动”，覆盖全市近200所中小学的近20万名中小学生。活动通过政府购买公共服务等形式，鼓励中小学积极参与冰雪运动。同时，不具备冰雪场地设施的学校通过旱地冰壶、轮滑等仿真模拟方式，为学生提供冰雪运动体验。2021年8月8日，“青少年冬奥教育基地”落户中国科技馆，采用线上线下相结合的方式，开展冬奥科普讲座、“科技冬奥”主题展览等活动，向青少年推广普及冰雪运动知识，传播冬奥文化。

北京市还通过冬奥知识竞赛、冬奥主题演讲活动、“模拟冬奥会”、奥林匹克艺术品征集等活动，在中小学校园中推广普及奥林匹克文化。其中，北京市中小学生冬奥知识竞赛自2018年首次举办以来，已成功举办4届，通过班级—校级—区级层层选拔，吸引来自北京各区的中小学生积极参与。决赛还通过北京广播电视台播出，扩大了冬奥知识竞赛的影响力，让观众参与其中。

（二）积极建设冰雪特色学校，开展青少年冰雪赛事

在教育部等单位的支持下，北京市多所中小学积极建设“冰雪体育传统特色学校”和“北京2022年冬奥会和冬残奥会奥林匹克教育示范学校”。在教育部公布的2020年全国青少年冰雪体育传统特色学校（1026所）和北京2022年冬奥会和冬残奥会奥林匹克教育示范学校（208所）名单中，北京分别有87所和93所中小学入选。2021年，北京市公布了市级冰雪运动特色学校及奥林匹克教育示范学校评估认定结果，分别有200所学校获评冰

雪运动特色学校，199 所奥林匹克教育示范学校评估验收合格。冰雪运动特色学校和奥林匹克教育示范学校成为传播奥林匹克文化、培养青少年冰雪运动爱好者的有力抓手，为北京市中小学生参与、体验冰雪运动提供了良好平台。

北京市还积极组织青少年冰雪运动赛事，已连续举办五届“中小学生冬季运动会”，累计近 5200 名学生参赛。由北京市体育局、北京市教育委员会主办，北京市冰球运动协会承办的“北京市中小学生校际冰球联赛”自 2013 年开赛以来，已举办 8 届。2021 年共有 119 所学校 126 支队伍 1730 名运动员参赛，比赛场次达到 319 场①，与首届比赛相比，参赛队伍、运动员人数、比赛场次均大幅提升。

（三）奥林匹克研究升级

在冬奥会筹办过程中，北京相关高校还发挥学科优势，深入开展奥林匹克研究工作。2018 年，北京体育大学成立了冬奥文化研究中心，致力于研究冬奥文化及北京冬奥会对城市发展的影响。该中心自成立以来，积极参与奥林匹克教育、科研和学术交流工作：在慕课平台开设“冬奥会与城市发展”在线课程，介绍冬奥会场馆赛后利用、冬奥会对主办城市的经济影响等内容；承担国家社科基金重大项目“北京 2022 年冬奥会和冬残奥会遗产重大问题研究”、北京冬奥组委委托项目“北京 2022 年冬奥会和冬残奥会遗产研究”等课题，出版《中国群众体育发展报告》《中国冰球运动发展报告》等研究报告；积极开展国际学术交流。2021 年 1 月，该中心入选宾夕法尼亚大学 TTCSP（2020 Global Go To Think Tank Index Report）全球最佳新兴智库。

2020 年 2 月，国际奥委会正式批准成立北京国际奥林匹克学院，依托首都体育学院教育资源，开展教学、科研工作。在北京冬奥会结束之后，北京国际奥林匹克学院作为永久性的奥林匹克文化教育机构，继续发挥其奥林

① 北京市体育局青少年体育处：《2021 年北京市中小学生校际冰球联赛开赛》，北京市体育局，http：//tyj. beijing. gov. cn/bjsports/gzdt84/jtdt/10984123/index. html。

匹克教育和研究的作用，成为国际奥林匹克人才培养、教育推广、科研创新的重要平台。

五　促进国际文化交流，增进世界文明互鉴

（一）全球推广活动讲述中国故事

北京冬奥会筹办期间，积极通过全球推广活动，在世界范围内讲述中国故事，促进文化交流。2021 年 1 月 28 日，北京冬奥组委与文化和旅游部启动“北京 2022 冬奥文化全球行”主题活动，在全球 49 个国家的 54 个城市分阶段开展各类宣传，传播中国冰雪文化、长城文化、春节文化，讲好冬奥故事、中国故事①。

（二）主题艺术交流拉近世界距离

2022 年冬奥会的筹办为北京的国际艺术交流提供了丰富的素材，各项国际艺术交流活动纷纷引入冬奥主题。2020 年起，“相约北京”联欢活动开始融入冬奥元素，并正式更名为“相约北京”国际艺术节。“相约北京”国际艺术节冰雪文化活动包括相约 2022 冰雪文化节、延庆龙庆峡冰灯节、冰雪主题文化论坛、文艺展演等活动，为市民提供近距离接触冰雪艺术、感受冰雪文化的机会。同时，在海外举办冬奥主题海外文化交流活动，以冬奥会为纽带，传播中华传统文化，增进不同文明之间的交流互鉴。2021 年举办的第 21 届“相约北京”国际艺术节积极克服疫情影响，采取“线上为主、线上线下相结合”的方式，依然为观众呈现了来自 24 个国家的 42 场文艺表演。

冬奥会的筹办也为北京奥运遗产赋予了冬奥主题。作为北京奥运会遗产的北京国际体育电影周，自 2014 年的第 10 届开始，连续关注冬奥会、冰雪

① 北京冬奥组委：《“北京 2022 冬奥文化全球行”主题活动启动》，北京冬奥组委官网，https：//www. beijing2022. cn/a/20210129/006391. htm。

运动主题。通过体育影视作品征集、体育电影展映、体育文化展、体育影视沙龙和论坛等活动，积极配合宣传申办、筹办北京冬奥会，促进国际体育电影作品交流，为世界了解中国冰雪文化创造了良好的交流沟通平台。

（三）文化论坛活动推动交流合作

北京冬奥会为举办城市北京和张家口提供了开展国际文化交流的良好契机。中国人民对外友好协会、北京市、河北省政府共同以“相约北京冬奥 共谋合作发展”为主题举办北京冬奥会友城合作发展论坛，共有来自23个国家的72个友好城市200余位代表通过线上、线下形式参加。友城合作发展论坛以冬奥为契机，以友好城市为载体，增强国际交流，促进文明互鉴，成为北京冬奥会促进国际交往的成功案例。

在北京冬奥会筹办期间，学术界也积极以奥林匹克为主题开展学术交流活动，促进国际交往。由国际奥委会、北京冬奥组委、中国奥委会等单位支持，国际奥委会文化与遗产基金会、国际奥林匹克学院、北京冬奥组委新闻宣传部、萨马兰奇体育发展基金会等主办的国际奥林匹克教育论坛，于2019年、2020年连续举办两届，邀请来自日本、塞内加尔、法国、阿根廷的奥林匹克研究机构及国内各高校的专家学者，共同探讨奥林匹克教育话题，分享奥林匹克教育的国际经验，展望奥林匹克未来发展。北京体育大学冬奥文化研究中心举办的“冬奥文化前沿论坛”“中挪国际交流论坛”“中芬冰雪运动合作论坛”等国际学术交流活动，以奥林匹克研究、冰雪产业研究为主题，积极与冰雪运动强国展开交流合作，交流学术研究进展，增进国际交往。

六　关于北京冬奥会遗产可持续利用的对策建议

（一）一体化推进冬奥遗产开发和京张体育文化旅游带建设

2021年1月20日，习近平总书记主持召开北京2022年冬奥会和冬残奥会筹办工作汇报会时强调，要积极谋划冬奥场馆赛后利用，将举办重大赛事同服务全民健身结合起来，加快建设京张体育文化旅游带。北京冬奥会的筹办给京张建设体育文化旅游带提供了良好的资源，在冬奥会结束之后，两地应合理利用冬奥遗产，一体化推进冬奥场馆的赛后开发利用和京张体育文化旅游带建设工作。一是统筹规划，合理利用北京、延庆、张家口三个赛区的冬奥遗产，打造冬奥会主题观光游览线路。二是促进文化、体育、旅游融合发展，将冬奥文化、长城文化等北京和张家口共通的文化元素融入其中。依托北京冬季奥林匹克公园、延庆奥林匹克园区、张家口崇礼奥林匹克公园拓展公共休闲活动空间，为全民健身提供场所。

（二）紧扣“双奥之城”主题开发冬奥遗产

北京冬奥会的成功举办使北京成为全球唯一一座既举办过夏季奥运会、又举办过冬季奥运会的“双奥之城”。北京冬奥会场馆最大限度地利用北京奥运会场馆遗产，通过功能改造实现夏季运动项目场馆和冬季运动场馆的相互转换，形成了一批“双奥场馆”。在冬奥会结束之后，应紧扣“双奥之城”主题制定冬奥遗产计划，合理开发冬奥遗产。高度重视档案资料的整理和保存，设立“双奥之城”博物馆。在“双奥场馆”的赛后开发利用过程中，充分体现“双奥”特色，保持场馆冬季运动和夏季运动相互转换的功能，提高场馆利用效率。围绕“双奥之城”主题进行文化活动组织和文艺作品创作，充分挖掘、阐释“双奥之城”文化内涵。

（三）引入赛事资源、打造赛事品牌

在冬奥会筹办中，各国际冬季单项体育联合会与北京冬奥会各竞赛场馆、属地已经达成了一些初步合作意向。在后续工作中，应进一步细化与各国际冬季单项体育联合会的合作方案，确保高水平国际冰雪运动赛事能够在北京和张家口落地。同时，北京冬奥会的筹办通过测试活动和冬奥赛事组织培养了一批具有国际冬季运动赛事组织和冬季运动场馆运营经验的人才。这些宝贵的人才和经验在冬奥会结束之后应继续加以利用，在承办国际冰雪运

动赛事的基础上，充分总结赛事运营经验，创造自主赛事品牌，将高水平国际冰雪运动赛事和自主赛事品牌相结合，打造观赛旅游等冰雪旅游新业态，促进京张体育文化旅游带发展。

（四）利用冬奥遗产打造奥林匹克教育基地

在北京冬奥会的筹办过程中，北京市积累了北京冬季奥林匹克公园、延庆奥林匹克园区等冬奥场馆遗产。同时，在筹办期间，北京市积极推进奥林匹克教育进校园、冰雪运动进校园等活动，为奥林匹克教育活动积累了丰厚的遗产。在北京冬奥会结束之后，可以将筹办期间积累的奥林匹克教育遗产和冬奥场馆遗产相结合，打造青少年奥林匹克教育基地。在具体操作上，可利用北京冬季奥林匹克公园内部的“四块冰”等设施，为青少年参与冰雪运动提供场馆。同时，可以将首钢滑雪大跳台、国家雪车雪橇中心、国家高山滑雪中心等作为参观景点，打造青少年奥林匹克教育基地、爱国主义教育基地。

（五）持续开发冬奥无形资产

北京冬奥会筹办期间，各单位积极以冬奥为主题创作了大量优秀的文艺作品，在广大人民群众之中取得了良好的传播效果。北京冬奥会的成功举办也带火了相关文创产品市场，以冬奥会和冬残奥会会徽、吉祥物、火炬等为创作元素的北京冬奥会、冬残奥会官方特许商品销售火爆，“一墩难求”的现象反映出大众对北京冬奥会的支持及冬奥无形资产设计和开发的成功。在冬奥会结束之后，应该继续重视北京冬奥会的无形资产开发，延续冬奥会阶段文艺作品创作和文创产品开发的良好势头，创作出更多符合广大人民群众需求、具有浓郁中国文化特色、传播奥林匹克文化的文艺作品和文创产品。同时，要继续加大涉冬奥知识产权保护力度，防止侵权行为发生。

文化惠民与公共服务

Cultural Benefits for People and Public Service

B.11

2021年北京公共文化服务发展报告

藤依舒　薛詠贤　黄晓丰*

摘　要： 2021年，北京克服新冠肺炎疫情带来的困难，持续推进公共文化服务建设。全市公共文化服务领域以庆祝中国共产党成立100周年和冬奥会、冬残奥会举办为主线，以推动高质量发展为主题，狠抓工作落实，奋力开拓进取，推动公共文化服务迈上新台阶，实现了“十四五”规划良好开局。本报告梳理了2021年北京公共文化服务发展在顶层配套政策设计、设施建设、服务提供、北京特色融入公共文化服务及创新发展模式等方面的发展成绩，同时就进一步提高公共文化服务质量和效能的现存短板问题进行了分析，提出了社会多元主体参与、产品和服务供给机制创新、治理结构优化等方面的建议。

关键词： 公共文化服务　文化权益　首善示范　北京市

* 藤依舒，博士，北京师范大学粤港澳大湾区文化创新与传播研究中心、文化创新与传播研究院副教授，主要研究方向为创意经济；薛詠贤，澳门科技大学人文艺术学院博士研究生，主要研究方向为数字人文；黄晓丰，博士，北京师范大学文化创新与传播研究院讲师，主要研究方向为文化产业。

一　北京公共文化服务新举措新成绩

2021 年是中国共产党成立 100 周年，是“十四五”规划开局之年，也是北京落实首都城市战略定位、建设国际一流和谐宜居之都的关键一年。面对新冠肺炎疫情的挑战，北京坚持以习近平新时代中国特色社会主义思想为指导，全面贯彻落实党的十九大和十九届历次全会精神，贯彻落实全国文化和旅游厅局长会议和全市宣传部长会议精神，立足全国文化中心建设，在做好疫情防控工作的同时统筹推进公共文化服务事业的发展，在顶层配套政策设计、设施建设、服务提供、北京特色融入公共文化服务及创新发展模式等方面不懈努力，做出了成绩，构建起覆盖城乡、便捷高效、保基本、促公平的首都现代公共文化服务体系。

（一）重视制度建设，完善顶层设计

2021 年，北京市积极落实《北京市公共文化服务体系示范区建设中长期规划（2019 年~2035 年）》和《北京市公共文化服务体系示范区建设标准》等文件，建立市、区两级公共文化服务体系建设联席会议机制；制定《加快推进公共文化服务体系示范区建设的意见》及运行机制和行动办法，在全市范围内推进示范区建设。2021 年，海淀区、石景山区、房山区成功创建第三批国家公共文化服务体系示范区（示范项目）。石景山区、大兴区、通州区、房山区、丰台区创建首都公共文化服务示范区，带动区域公共文化服务水平提升，五个区改扩建街乡综合文化中心 33 个，覆盖率由 2016 年的 88%提升至 100%。密云区全力推进北京市公共文化服务体系示范区建设，先后制定和完善“公共文化服务绩效考评制度”等 31 项保障制度，投入 7400 多万元，新增公共文化设施建筑面积 6.2 万平方米，全区公共文化基础设施覆盖率达 100%，2021 年上半年人均公共文化服务设施面积达到 1.81 平方米。

各区在示范区建设过程中不断推动制度创新，东城区出台《东城区

“十四五”时期加强全国文化中心建设规划》《贯彻落实“崇文争先”理念进一步加强“文化东城”建设的实施意见（2020年~2025年）》等文件，优化公共文化网络新布局，健全公共文化供给新机制。《东城区基层公共文化设施专业化社会化运营实施方案》《北京市东城区公共文化设施社会化运营指导意见（试行）》等政策文件，围绕公共文化设施社会化运营机制建设问题，建设“1+6”制度体系，从“选—用—管—培”四个方面进行全过程闭环管理，形成了较为完善的公共文化服务保障制度体系。石景山区制定出台《关于进一步推动基层公共文化设施社会化运营工作的实施意见》等政策文件，建立了区文化和旅游局统筹实施、街道日常管理、区属相关部门协同管理的“三位一体”治理机制，实现了政府“放手而不甩手”，给予社会主体充足的发展空间。顺义区结合《北京市公共文化服务体系示范区建设标准》，以“4个环节、74项指标”为重点，邀请清华大学公共文化服务专家进行政策宣讲和培训，提升创建效率。

全市不断完善公共文化服务政策体系，顶层设计成效显著。编制《北京市“十四五”时期加强全国文化中心建设规划》《“十四五”公共文化服务体系建设规划》，落实《关于推动公共文化服务高质量发展的意见》，推动《北京市公共文化服务保障条例》立法纳入市人大立法调研，出台《北京市非物质文化遗产条例》《北京市文明行为促进条例》《北京历史文化名城保护条例》，修订《〈北京市图书馆条例〉实施办法》《北京市志愿服务促进条例》《中轴线申遗保护条例》等多项地方性法规。

（二）推动文化设施建设，发挥基层作用

建设便捷高效的基层公共文化设施。城市副中心剧院、博物馆、图书馆建设持续推进，北京国际戏剧中心落成首演，北京人艺国际戏剧中心工程加快建设，为北京公共文化服务事业的持续发展增添动力和后劲。全市以公共图书馆、文化馆总分馆制建设为抓手，以构建公共文化新型空间为重点，充分考虑人口、空间分布特点，创新打造一批小而美的公共阅读和艺术空间，使基层公共文化设施更加均衡便捷。全市建成公共图书馆“一卡通”成员

馆404家，实现通借通还。如东城区设立文化发展专项资金，采取新建、改扩建、租用、接收配套、整合资源等多种方式，推进全区公共文化设施全面达标。目前，东城区区级图书馆、区级文化馆均为国家一级馆，17个街道文化中心成为鲜活的文化场域空间，161个社区文化活动室平均面积超国家标准，一个覆盖均衡、便捷高效的公共文化设施服务网络基本形成。

2021年文旅部评选中，东城区文化馆、西城区第一文化馆、朝阳区文化馆、海淀区文化馆、石景山区文化馆、房山区文化活动中心、通州区文化馆、顺义区文化馆、大兴区文化馆、怀柔区文化馆、平谷区文化馆、密云区文化馆和延庆区文化馆共13家文化馆获评国家一级馆。各区创新利用疏解整治的腾退空间，在居民身边打造公共文化服务空间，市民群众足不出社区，就能找到身边的文化活动场所，提升了市民群众参与各类文化活动的便利性。如东城区抓住空间腾退与城市更新的契机，改造闲置建筑、小区空间边角料、地下室空间，创新建设美后肆时景山市民活动中心、角楼图书馆、27院儿、史家胡同博物馆、东四胡同博物馆、朝西工坊等，建成了一批美观大方、实用便民的新型公共文化设施。

实施公益性文化事业单位改革，提升管理水平。构建以首都图书馆、北京群艺馆为龙头馆，各区图书馆、文化馆为总馆，街道（乡镇）综合文化中心为分馆，社区（村）综合文化室为基层服务点的四级总分馆制管理模式，推动优质文化资源向基层有序流动，实现各类设施之间互联互通、共建共享。全市建有四级公共文化设施6844个，覆盖率达99%，市、区、街道（乡镇）、社区（村）四级公共文化设施日趋完善，基本形成“十五分钟公共文化服务圈”。完善乡村公共文化设施，率先在农村地区实现文化设施全覆盖，服务农村的文化信息资源共享工程站点达4295个。同时，推动非国有博物馆发展、广播电视公共服务体系建设、公共文化机构法人治理结构改革，落实院团改革、文化产业高质量发展等文化建设政策，全市34家区级以上公共图书馆、文化馆全部完成以理事会为主要形式的法人治理结构改革，政事分开，管办分离，不断提升管理水平，为人民群众提供优质高效的公共文化服务。

（三）健全文化服务体系，提升服务效能

加强公共文化机构和设施的监督，进一步提升公共文化服务效能。推动公共文化服务供给品质化，完善公共图书、文化活动、公益演出等配送体系的内容和形式，做好老年人、残疾人等特殊群体的公共文化服务保障工作，把优质的文化资源送到市民群众的身边。全市文化和旅游系统以公共文化服务体系示范区建设为抓手，以高质量发展为目标，持续推进公共文化服务和设施运营管理平台建设，委托第三方对北京市公共文化服务和设施运营管理平台运维、42 个区级图书馆与文化馆服务管理、乡镇（街道）综合文化中心效能等项目进行评估，以动态评估促进基层公共文化服务效能提升，不断优化完善具有首都特色的现代公共文化服务体系。

聚焦供需对接，开展贯穿全年、覆盖全市、四级联动的首都市民系列文化活动，年均举办各级各类活动 2 万场，“群众演、演群众、演给群众看”成为首都一道亮丽风景线。以“政府+专业院团+公共文化机构”的形式，创办首都市民音乐厅，演出 200 多场，向市民群众普及高雅艺术，丰富市民群众的精神文化生活。2021 年，依托各级公共文化设施，全年配送图书 289 万册，提供文化活动 34 万场，下基层演出 4.7 万场，培训 6500 名基层文化组织员。依托“百姓周末大舞台”“周末场演出计划”“农村文艺演出星火工程”等，年均开展基层公益惠民演出上万场。

推动公共文化服务智能化，大力推动公共文化服务与科技深度融合，构建完善首都特色公共文化数字资源库、公共文化服务云，实现共建共享。首都图书馆每周二至周日 8：00~20：00 点免费开放，全馆共有数字资源 696.79TB，建设数字文化社区 300 家；“北京记忆”网站将空间、时间进一步延伸和扩展，各地的读者都可以通过互联网查阅北京相关地方志、图书、报刊、拓片、照片、舆图等文献资源。北京大兴机场图书馆建成，打造公共文化服务数字化典范，12 块 LED 滚动屏让读者无需进馆即可扫码带走电子书资源；触摸屏读报系统可以提供《人民日报》《光明日报》《北京日报》等 50 余种报刊的电子阅报服务；听书系统云端提供 10 万多个小时的有声图

书，精品广播剧类作品不少于300部，豆瓣高分榜单类书目不少于300种；触摸屏读刊系统设备提供200种顶级的数字期刊、3000种精品图书、300种报纸阅读服务，同时支持手机扫描二维码进行数字书刊借阅。城市副中心图书馆加快建设进程，该馆面积约为7.5万平方米，共设约2400张阅览座席，设有3000平方米存储650万册图书的智慧书库。智慧图书馆服务还将综合运用5G、人工智能、区块链、云计算和大数据等新技术，将文献、图书馆和读者融合，营造出智慧化服务的场景，力争打造辐射京津冀市民的文化新地标。

推动文化服务无障碍环境建设，借力冬残奥会机遇提升文化服务水平。全市连续三年实施文化旅游设施无障碍环境建设专项行动，针对宾馆酒店、旅游景区、图书馆、文化馆、剧院五类设施，改造480个点位1230个元素，营造出“首善有爱、环境无碍”的良好氛围。制定《北京2022年冬奥会和冬残奥会无障碍指南及技术指标图册》《北京2022年冬奥会和冬残奥会残疾人服务知识手册》，明确宾馆无障碍设施建设标准和服务规范。推动国家大剧院等87家剧场（影院）每个剧场（影院）至少配建2~3个无障碍轮椅座席。石景山区文化活动中心、延庆区文化馆等公共文化设施增设无障碍轮椅座席，满足残障人士的文化需求。同时，对114家旅游景区进行改造，实现无障碍参观游览。推动无线网络覆盖到景区内主要景点，游客可在手机端实现电子标注和在线查询。全市推动公共图书馆改造无障碍基础设施，设置盲文阅览室，满足视力残疾人的读书需求，如首都图书馆的康复阅览室和“心阅书香”影院不仅方便盲人朋友读盲文、听电影，还可以提供“送书上门”预约服务，充分彰显北京公共文化服务水准。

（四）突出北京文化特色，强化首善示范

以公共文化服务体系示范区建设为抓手，加大对各类文化活动的统筹供给，既让古都文化、红色文化、京味文化、创新文化焕发出时代新活力，又为创新推动公共文化服务供给和全社会参与传承发展提供新思路。坚持传统文化节庆活动创新发展。以“我们的节日”为主题，开展贯穿全年、覆盖

全市的首都市民系列文化活动，推进文化节庆活动特色化、品牌化，开展新年音乐会、春节文化庙会、非遗闹元宵、清明诗歌诵读、端午文化节、七夕文化节、中秋诗会和重阳嘉年华等系列节庆活动。通过用本土文化滋养文化节庆活动，进一步丰富四种文化的内涵挖掘和外延拓展，以文艺演出、展览展示、讲座授课、互动体验、公益活动等形式，推出品位格调高雅、内容各具特色的精品展示和文化活动，在弘扬优秀传统文化的同时，不断加强地域文化和传统文化的传承和融合，丰富人民群众的节庆文化生活。

深挖北京四种文化内涵，开展群众性文艺创作。积极组织筹备第十九届全国“群星奖”评选活动，引导参评作品宣传贯彻习近平新时代中国特色社会主义思想和党的十九大精神，围绕脱贫攻坚、全面建成小康社会、乡村振兴、建党百年、2022 年北京冬奥会和冬残奥会等主题，加强现实题材、爱国主义题材创作，体现社会主义核心价值观、民族精神和时代精神，弘扬中华优秀传统文化，为首都群众文化建设续写辉煌篇章。北京红色文化凝心聚力的作用正在不断彰显，以传承弘扬红色文化增强人们爱党爱国爱社会主义情怀，革命文物形成集中连片主题保护，香山革命纪念地已成为北京文化新地标、北京红色旅游胜地之一和市民群众的网红打卡地。

融合地域特色打造独特的公共文化服务品牌，是推动公共文化服务高质量发展的关键。统筹大运河、长城和西山永定河三条文化带建设，“基于不同的文化资源、地理位置、城乡发展水平等，在公共文化服务建设过程中寻找符合各区文化发展的亮点”①，构建符合北京城市发展定位新标识成为公共文化服务工作的年度亮点。2021 年，长城文化节、大运河文化节成为最亮眼的两大文化品牌，“京杭对话”推开了跨省市的文化交流大门。北京大运河源头的白浮泉遗址，再现龙泉漱玉的景观，并通过腾退打造人民共享的遗址公园；万寿寺等文物腾退保护让“水上御道”重新焕发生机；八里桥旧桥退役和新桥启用，让进京“水上城门”再次成为大运河上的璀璨明珠；

① 尚子娟、任禹崑：《公益、基本、均等和便利：公共文化服务绩效的环境影响因素研究》，《图书馆理论与实践》2022 年第 1 期，第 7~17 页。

“三山五园”地区获得创建国家文物保护利用示范区资格；首钢实现了在双奥背景下“从火到冰”的转变，实现了工业遗存的绿色蝶变，成为新时代城市复兴新地标；长城文化带的保护积小胜为大胜，每年完成长城10项“救命式”抢险任务。

文艺院团改革引向深入，文化活动丰富多彩。阔别28年的吉祥大戏院重新开张，京南艺术中心、中国杂技艺术中心等一批重点剧场项目加快推进。《北京市优秀群众文化项目扶持办法》累计扶持292个群众原创作品、基层文化团队和品牌文化活动，全市群众性文化团队达到了1.7万支。“我们的节日”贯穿全年、覆盖全市，首都市民系列文化活动每年举办2万多场。非遗老字号创新发展，恢复生机活力，走入市民生活、校园活动。北京国际电影节、北京国际公益广告大会、中国戏曲文化周、北京国际音乐节等文化品牌活动有力提升了全国文化中心的全球影响力。密云区结合生态涵养区发展特点，大力推进蔡家洼“月下歌会”、司马台村“打树花”文旅融合项目，探索“景区+书屋”“非遗+展示”“民宿+公共文化空间”等文旅融合模式；投入330万元资金，用于培育群众品牌文艺团队，打造了交响乐、民乐、合唱团3支区级品牌团队、70支镇街级品牌团队和766支社区（村）级品牌团队，全年开展文化活动1100场次，惠及群众70万人次。

全市公共文化系统积极响应，用丰富多彩的文化活动喜迎冬奥会。以北京冬奥会主题口号“一起向未来”为切入点，努力营造“支持冬奥、服务冬奥、奉献冬奥、参与冬奥”的良好氛围。2021年开展冬奥歌曲大家唱活动，形成了《踏雪寻梦》《心愿》《冬奥有我》等奥运歌曲的合唱曲谱，以合唱形式推广奥运歌曲，吸引更多的群众一起传唱。普及广场舞《一起向未来》，开展“一起向未来·大家舞起来”网络广场舞大赛活动。深入挖掘冬奥元素，举办文艺演出、主题展览、文化讲座等活动，举办冰雪课堂、冰雪培训、奥运项目体验和冰雪温泉欢乐季等活动，并推出系列冬奥旅游精品线路。首都图书馆以“童助冬奥”为主题，举办北京市中小学生第九届“我的藏书票”设计比赛、“童系梦想　感知冬奥”展览等活动。延庆区、石景山区打造赛区特色文化旅游活动。海淀区、通州区举办“激情冬奥”

主题文艺作品展演、非遗民俗文化展等活动。其他各区举办了北京民俗文化节——“迎冬奥”系列民俗文化活动、“冬奥节拍——迎冬奥冰雪艺术展”活动，以冬奥知识长廊展示、冰雪互动乐园等形式，吸引更多市民和游客参与冰雪活动。扶持冬奥题材文艺作品，组织开展冬奥题材群众文艺创作，创作音乐剧《冰雪精英》、交响乐《冰雪相约》、钢琴协奏曲《海坨戴雪》，展示首都市民参与冬奥、支持冬奥的活力与热情。

（五）多元主体共同参与，创新发展模式

公共文化设施是公共文化服务的重要载体，是面向市民群众开展公共文化服务的重要阵地，应积极推动多元主体依法参与公共文化设施的运营和管理，统筹利用现有文化设施资源，打造新型公共文化空间，使北京公共文化服务品牌更具吸引力。

全市多措并举率先推进书店建成新型公共文化空间，探索馆店融合新业态。全市通过政策引领，引入实体书店运营公共文化空间，构建新型公共文化设施覆盖模式，实现公共文化服务从“十五分钟服务圈”向市民群众身边服务转型，提高公共文化设施的覆盖率和适用性。通过前几年的扶持发展，2021 年北京市实体书店已达 2000 多家，实现每万人拥有书店 0.9 家，初步建成布局合理、层次分明、多业融合、遍布京城的发展新格局。同时，推动实体书店转型发展，支持王府井书店、语文书店等开设图书馆分馆，让公共服务的触角延伸到书店里。“图书馆+书店”的创新模式成功地实现了书店、图书馆和读者的“三赢”，“你读书，我买单”成为公共图书馆为读者提供个性化服务的新亮点①。2021 年，首都图书馆与北京燕山出版社共同探索“馆店融合”春明簃阅读空间建设，通过“图书馆+书店”的创新发展模式，双方优势互补，春明簃阅读空间每晚营业至 23 时，缓解图书馆因为人手不足而无法延长服务时间的难题；首都图书馆破解书店存在的阅读空间不足的

① 安艳梅、周杰华：《“图书馆+书店”融合服务模式比较研究》，《图书与情报》2017 年第 2 期，第 97~102 页。

困难，并填补书店在借阅和电子资源服务方面的空白，供读者免费使用的电脑可以查阅23个资源库的数字文献。作为北京市创新推出的全年无休阅读空间，近1000平方米的春明簃阅读空间中，先后举办中央美院“北京饮食文化与字体设计”作品展、老式印刷机复制品展等文化活动，同时近一万册藏书也使其成为名副其实的“京城书斋”。

创新活化多元空间建设，激发历史文化资源生机活力。以中轴线申遗保护为牵引推动老城整体保护，依照历史规制复原先农坛“一亩三分地”、天坛公园坛庙“树海”景观。按照首都功能核心区控制性详细规划要求，推动历史文化名城保护，明确中轴线申遗时间表、路线图，确定保护范围和对象，构建中轴线保护管理体系，加快中轴线申遗保护步伐。着力推进胡同和四合院、会馆、名人故居等历史建筑的保护利用，北京饭店东楼、前门饭店等知名建筑被纳入第一批429栋（座）和第二批315栋（座）历史建筑保护范围。通过城市“双修”重塑老城活力，福祥、蓑衣、雨儿、帽儿等胡同经过创新改造，成为“老北京新气象，老胡同新生活”的生动写照。如，东城区结合空间腾退与城市更新，引入社会主体参与公共文化设施运营，催生了最具北京特色的角楼图书馆、27院儿等基层文化活动空间，突破了基层服务人员专业性不强、服务形式不多等瓶颈，提升了基层公共文化服务效能；东城区美后肆时景山市民文化中心由非营利社会团体经营管理，该文化中心利用大数据、互联网等手段建立了多样化的需求表达机制和多渠道的供给参与机制，受到了群众好评。

落实全民阅读活动，让书香弥漫京城。2021年“阅读北京”活动阅读分享会在首都图书馆举办，通过网络直播平台与75万多名观众共同分享阅读的乐趣。在建党百年、喜迎双奥的特殊年份中，阅读活动紧紧围绕时代主题，注重培育和弘扬社会主义核心价值观，通过诗歌诵读、读书会、培训讲座、主题展览、亲子阅读等形式，吸引市民广泛参与。特别是在疫情防控常态化条件下，以线上线下两种方式，实现“月月有主题，周周都精彩”。诵读大赛活动线下比赛在全市16个区21个赛区开展；海淀区四季青镇图书馆、石景山区苹果园街道图书馆分馆等10家基层阅读空间，凭借优质服务与良好口碑，获评十佳优读空间；依托荐读书目书评征集、“红色经典云书架”短书评征集、“我与冬奥在一起”读书手帐征集三大类别，评选出获奖者和优秀获奖作品；面向全市广大少先队员开展的“阅读伴我成长”系列阅读和教育活动，内容包括“忆百年峥嵘　筑少年梦想”红领巾故事汇、“筑梦冰雪　童绘冬奥”——北京市中小学生“我的藏书票”设计比赛、“读书小状元”评选、“魅力冬奥”冬奥知识讲解员等，对培养树立新时代少先队员先进典型，发挥了示范引领作用。

二　北京公共文化服务亟待解决的问题

公共文化服务面向人民、为了人民、依靠人民，是实现好、维护好、发展好人民基本文化权益的主要途径。首都作为全国文化中心，理应在提供公共文化服务方面树立首善标准，引领示范全国。基于此，全市应紧扣首都城市功能定位，注重提升城市文化品质，坚持以人民为中心的工作导向，牢固树立文化阵地和文化民生意识，聚焦标准化、均等化、社会化和数字化，出政策、建机制、搭平台、树品牌、育人才、提效能，基本建成均衡发展、供给丰富、服务高效、保障有力的现代公共文化服务体系。

（一）建设更加均衡的公共文化服务设施

在公共文化设施建设方面，中心城区文化设施分布相对集中，数量多、级别高；远郊区域公共文化设施建设相对滞后，人均拥有量不足。政府主导的公益类文化设施主要分布在长安街、中轴线及北部、西部地区；市场主导的消费类文化设施受市场因素影响大，分布于东部和北部地区。公共文化设施主要集中在东城区、西城区、朝阳区和海淀区等核心城区和城市功能拓展区，而平谷、密云、大兴、房山和通州等远郊区的公共文化设施和公共文化服务相对核心城区仍有差距。以北京市全民阅读为例，具体到藏书量、人员配备、图书馆开馆时间这些具体指标上，排名第一的西城区的阅读座位数、总藏书册数、文化馆数，都远高于北京市平均水平，而排名末位的延庆区作为山区，在村基层服务点、益民书屋建设数量方面并不逊色，但在公共图书馆数量、阅览座位、总计订阅报纸和期刊份数等方面较其他区存在不足。未来，仍需加强城乡公共文化服务体系一体化建设，完善乡村公共文化设施。以公共图书馆、文化馆总分馆制建设为抓手，以构建公共文化新型空间为重点，充分考虑人口、空间分布特点，创新打造一批小而美的公共阅读和艺术空间，形成优质均衡、便捷高效的基层公共文化设施。以公共文化服务体系示范区建设为抓手，打造博物馆之城，明确博物馆建设标准、服务标准，提升中小博物馆服务社会的能力和水平。在偏远深山区、生态涵养区等区域，以流动博物馆、数字博物馆等方式优化公共文化服务，扩大博物馆覆盖面。

（二）提供更加优质的公共文化服务产品

随着市民对文化产品与服务需求日益增长，文化产品供给主要矛盾已经由“缺不缺、够不够”问题转变为文化产品“好不好、精不精”的问题。但在提供“又好又精”的公共文化服务产品过程中，公共文化服务专业人才总量、优秀人才占比、财政保障、文化经费，都是影响高质量公共文化产品与服务产出的因素，更是保障群众享受优质的公共文化服务的前置条件。未来，需要落实好《国家基本公共文化服务标准》（2021 年版），保障基本公共文化服务供给。深入推进公共文化领域供给侧结构性改革，主动了解、对接新时代群众文化新需求，建立灵活精准的供需对接机制，以群众实际需求来确定公共文化产品供给的内容、数量和优先次序。优先提升公共文化场所为老服务水平，利用公共文化资源提升青少年精神文化素养。完善“订单式”“菜单式”“预约式”服务，依托公共服务产品采购大会等平台，实现“自下而上”“依需定供”，形成“需求采集—服务供给—效果评价—改进创新”的良性循环。

（三）扩大公共文化服务对象的覆盖范围

保障人民群众基本文化权益、满足人民群众基本文化需求是公共文化服务建设的基本目标。但不平衡不充分的发展导致社会弱势群体的客观存在，如生活困难群众、信息时代缺失“数字反哺”的老年人、生活不便的残疾人、从农村进京的外来务工人员等。他们由于消费能力不足和自身的角色定位，文化需求十分容易被忽视，甚至连基本的文化权益都得不到保障。残疾人士基本公共文化服务还不完善，大部分公共文化服务设计没有考虑到残障人群的需求，无障碍通道、专业残障人士区域、专用电梯和厕所，以及图书馆阅览室的有声读物、盲文图书仍需进一步普及。老年人公共文化服务形式化，人口老龄化日益严重，老年人在享受基本公共文化服务过程中缺乏关注与专业指导，在后续文化产品供给上应当强化对老年人心理上的关注和为老年人创造精神情感类的寄托。

（四）推出更加高效的文化服务供给方式

完善政府主导、社会力量广泛参与的公共文化服务机制。不断创新采用菜单式、订单式、点单式等服务方式，不断完善公共图书、文化活动、公益演出、公益电影配送体系，将优质文化资源向基层输送，实现公共文化服务向市民群众身边服务转型。应拓展市民群众参与公共文化服务供给的渠道和方式，倡导市民群众挖掘工作生活的典型，弘扬主旋律、传递正能量，创作生产出优秀文化作品，实现“人民演、演人民、演给人民看”，让人民群众在公共文化服务中当主角。应在更广范围推动公共图书馆开展“你购书，我买单”活动，通过让市民群众选书，有效提升所购图书的匹配度和借阅量。在疫情常态化下，更应重点加强公共数字文化工程建设，推动各地公共文化机构创新服务方式，通过公共文化云、官网官微、手机应用程序等渠道打造线下线上相结合的互动体验空间。依托各类数字文化服务平台，大力发展云展览、云阅读、云视听、云直播等服务，推动公共文化服务走上“云端”、进入“指尖”，增强公共文化服务的便利性、可及性。

（五）强化文化立法、保障市民文化权益

文化领域立法工作与文化权益保障密切关联。“建立健全基本公共文化服务法律体系必须立基于不同文化权益类型之上，切合基本公共文化服务的

社会聚合性和文化统合性的新特点，从构建文化权（益）的全域保护法律体系、鼓励社会力量参与文化产品的创造、突出公共文化服务的建构功能以及协调运用好文化政策与文化法律等方面展开。”① 目前北京市的立法主要集中在文化产业领域，其次是公共文化服务领域。针对文化社会社团、文化人才队伍、文化市场和传播、文化管理和执法等方面的立法相对较少。为落实首都市民文化权益，提升公共文化产品质量，促进文化管理规范化、科学化，应当建立市民基本文化权益量化考核制度，定期对文化权益保障情况进行公开公正的检查考评，将考评结果作为文化工作考核的重要依据，督促相关人员开展文化工作。

三　北京公共文化服务发展的对策建议

（一）推进公共文化服务治理能力现代化

“保障人民群众基本文化权益、满足人民群众文化需求是我国发展公共文化服务、繁荣文化事业、建设文化强国的重要内容”②。只有深化改革，推进公共文化领域协同发展，构建起系统完备、科学规范、保障有力、运行良好的公共文化治理体系，落实好《公共文化服务保障法》《公共图书馆法》，落实公共文化建设方面的政策文件，才能为构建具有首都特色的现代公共文化服务体系提供支撑。加强公共文化立法工作，积极推进“北京市公共文化服务保障条例”立法论证，争取早日出台。建立健全工作机制，在政府部门之间建立服务保障机制和公共文化服务共建共享资源整合联动机制，补齐公共文化建设的漏洞和短板，在首都全社会形成公共文化建设的合力。

---

① 杨清望、王海英：《基本公共文化服务保障体系的法理反思与制度完善》，《河北法学》2022 年第 6 期，第 68~83 页。

②《中共中央关于全面深化改革若干重大问题的决定（全文）》，中华人民共和国国务院新闻办公室，2021 年 2 月 2 日。

（二）鼓励社会力量参与公共文化设施建设

构建政府主导、行业管理、企业参与的公共文化服务建设机制。建设数字文化服务云平台，加速推进文化馆、图书馆、博物馆、美术馆、非遗馆等各个场馆遵照“共享资源、共建平台、共创服务、共赢未来”的原则，吸纳社会资源进入云上平台。在政府主导下，社会力量积极参与，形成政府、市场、社会协同建设的现代公共文化服务可持续发展格局。重点建立公共文化机构与社会组织培育机制、创新机制、评估机制、保障机制。首先，通过目标性政策、激励性政策、保障性政策等，发挥公共财政资金的“撬动效应”，实现“专业化+社会化”的双向协同。可由政府牵头成立“企业参与公共文化建设协会”，以行业协会为载体，打通企业参与公共文化建设的渠道；以行业协会为纽带，通过行业协会的沟通与协调，调动企业加入行业协会参与北京公共文化建设的积极性。其次，出台相应税收补贴政策，对积极参与公共文化建设的企业给予支持和帮助，最大限度弥补因政府财力有限而导致的投入不足。

（三）深化公共文化服务机构和设施的治理及结构改革

引入市场竞争机制，深化公共文化服务供给侧结构性改革。在政府主导下，鼓励企业、非营利组织、公民个人参与，发挥各方作用，形成合力，满足市民的多样化需求。加强对文化类社会组织的引导、扶持和管理，促进其规范有序发展。探索具有首都特色、体现专业水准的文化志愿者服务管理模式，完善文化志愿者招募、服务管理和激励保障机制，建立文化志愿者信息注册系统及数据库。在财政投入方式上，改革传统的行政拨款、“先见钱后谋事”机制，建立“以事定费”机制，实现由“养人”向“养事”的转变。建立权责清晰、分类科学、机制灵活、监管有力的人事管理制度。通过体制机制的改革，激发机构内部活力，实现文化场馆服务能力的全面提升。

（四）推动建立“需求定制—生产转化”供给机制

随着市民群众对精神文化的需求日益旺盛，各级党委和政府要加强对群众性文化活动的组织领导。各级公共文化机构要精准对接群众需求，突出多样性、多元化，组织实施群众喜闻乐见的活动。服务对象要有针对性，应特别关注老年人、未成年人，以及外来务工人员、残障人士等特殊群体的需求，让所有市民都可以找到自己喜爱的活动类型。在公共文化产品领域，应建立“需求定制—生产转化”机制。市民定制、按需生产，通过多种途径掌握市民文化需求，拟定文化建设计划，优化资源配置。各级公共文化机构要制定公示群众性文化活动计划内容，并根据大家的喜爱认可程度进行动态调整。加强统筹整合，注重培育品牌，提升活动影响力和覆盖面。

（五）创新方式方法提升公共文化服务效能

全市公共文化系统要把服务做成暖心工程、民生工程，让市民群众、服务对象一进入公共文化设施就有种回家的感觉。要创新服务形式，让专业的人做专业的事，进一步提升公共文化服务效能和资金使用效率。完善文化场馆的免费开放管理制度，创新服务内容，提升免费开放服务水平。结合首都城市疏解整治促提升工作，积极谋划利用老旧厂房开展公共文化服务，形成特色亮点，让公共文化设施成为网红打卡地，吸引更多的群众参与进来。让优质文化资源向基层有序流转，实现区域之间的互联互通、共建共享。实施公共文化机构法人治理结构改革，吸收行业专家、服务对象、政府管理人员等代表进入理事会，增强公共文化机构活力，提升公共文化服务效能。加强文化与科技融合，做好“文化+”文章，强化科技赋能，推进公共文化服务和设施管理平台建设。面向社会免费提供公共文化数字资源库，实现在线阅读、学习、看展、观演，坚持科学防疫、积极防疫，丰富市民群众精神文化生活。加强智慧图书馆、公共文化云项目建设，用现代信息技术手段不断增强公共文化服务的便利性、可及性。

B.12
北京公共文化服务设施建设与文化空间拓展

张凯　尹冬民*

摘　要： 2021年，北京以高质量发展的要求推进公共文化服务设施建设与文化空间建设，在政策引导、设施提质增效、活化利用腾退空间、“书香之城”、冬奥文化广场、城市公园建设方面取得了重要进展。本报告梳理了2021年北京公共文化服务设施建设与文化空间的现状，指出北京为保证公共文化服务高质量发展，应继续补齐城乡公共文化服务设施短板，保证全民共享文化成果的权利；拓展新型公共文化空间布局，织密公共文化服务网络；继承冬奥文化遗产，凸显“双奥之城”体育文化底蕴；推进公共文化服务机构管理机制改革，提高服务质量和效能。

关键词： “十四五”规划　公共文化服务设施　新型公共文化空间

2021年是“十四五”开局之年，也是中国共产党成立100周年，是开启全面建设社会主义现代化国家新征程、向第二个百年奋斗目标进军的重要起点。为了进一步落实首都城市战略定位，持续推进全国文化中心建设，北京突出以人民为中心推进公共文化服务体系建设，提升服务效能，强化服务质量，更好地保障人民群众的文化权益。

---

* 张凯，博士，北京市社会科学院文化研究所副研究员，主要从事文化研究；尹冬民，博士，教育部中外语言交流合作中心副研究员，主要从事文化研究。

一　公共文化服务设施和空间建设新政策新举措

在“十四五”开局之年，北京积极落实党中央、国务院在文化建设方面的决策部署，紧紧围绕全国文化中心建设服务文化强国大局，持续推进公共文化服务基础设施和文化空间的优化，提升服务质量。

（一）进一步优化公共文化基础设施布局

“十三五”收官之时，全国现代公共文化服务体系“四梁八柱”制度框架基本建立，公共文化设施网络已经基本做到覆盖城乡，公共文化产品的质量和服务水平明显提升。“十四五”时期，为实现全面建设社会主义现代化国家的目标，公共文化服务体系应当向更广空间和更深层次发展。2021 年 3 月，文化和旅游部、国家发展改革委、财政部联合发布《关于推动公共文化服务高质量发展的意见》，要求将公共文化设施建设纳入县域城镇化补短板强弱项项目，对城市居民新聚集区、农村新村加大相关配套设施建设力度，更加合理地布局分馆和基层服务点，提升公共文化服务的便捷性。4 月，文化和旅游部发布《“十四五”文化和旅游发展规划》，要求在基层公共文化设施网络坚持补短板，推广“互联网+公共文化”，统筹推进智慧图书馆、公共文化云服务体系建设。在此指导下，《“十四五”公共文化服务体系建设规划》出台，重视城乡公共文化服务体系一体化建设，健全城乡协同发展机制，以县级公共图书馆、文化馆为中心，依托乡镇的综合文化站、村级的综合性文化服务中心及社会性文化机构等，通过设立分馆或基层服务点强化乡村的文化服务能力。在高质量发展的要求下建设“以人为中心”的开放、智慧、包容、共享的现代图书馆，将公共图书馆建设成为滋养民族心灵、培育文化自信的重要场所。另外，要求通过全国智慧图书馆体系建设项目和公共文化云项目整体提升公共文化数字化服务的水平，打造面向未来的图书馆智慧服务体系和覆盖全国的安全便捷、丰富开放的全民艺术普及公共服务总平台。

由此可见，“十四五”时期公共文化设施建设的总方向是向乡村和偏远地区倾斜，利用最新数字化技术搭建更便捷高效的均等公平云服务平台。2021 年，在《北京市国民经济和社会发展第十四个五年规划和二〇三五年远景目标纲要》和《北京市“十四五”时期文化和旅游发展规划》中，北京将“公共文化设施身边化”作为总的发展方向，要求推进地标性公共文化设施建设，织密文化设施网络，提高公共文化设施适用性，力争达到人均公共文化设施建筑面积 0.39 平方米，实现四级公共文化设施基本全覆盖。在推进市区重点公共文化设施建设的同时，补齐城市南部、西部等薄弱地区及回龙观、天宫院等大型社区文化设施短板，推动社区、产业园区和商业综合体中公共文化设施的建设，提升公共文化设施布局的均衡性。另外，在提升公共文化服务科技含量方面，要求到 2025 年底，实现区区建有数字图书馆、数字文化馆，推进公共图书馆数字化服务平台建设，推动与国家公共文化云互联互通，加快建设北京市公共文化服务和设施运营管理平台，通过公共文化数字服务网络群实现全天候的现代公共文化服务，推动有条件的图书馆、文化馆建设线下数字化体验产品，打造沉浸式公共文化服务互动体验场景。

（二）新型公共文化空间提升文化服务质量

公共文化空间原本仅仅指称政府主导建设的图书馆、文化馆等公共文化服务设施，但随着经济社会的发展和人民生活水平的提高，人民的文化需求渐渐向多样化、多层次、多方面方向发展，由基本满足转向高质量的诉求。由此，一些由各种社会主体建设和经营的文化空间也加入了公共文化服务体系。“新型文化空间的出现使得文化空间不再只是物理空间，更是生活休闲、交流文化的空间。文化空间从‘有文化’的场所转变为生产文化、创造文化、传播文化的场所。”① 2021 年，新型公共文化空间建设进入了国家

① 隋缘：《我国新型公共文化空间建设及其路径探索》，《人文天下》2021 年第 12 期，第 34~39 页。

和地方的规划文件中。

《关于推动公共文化服务高质量发展的意见》等文件均要求建设有特色、有品位的公共文化空间。具体而言，在城市商圈、文化园区等打造融合餐饮、展览、沙龙等服务的“城市书房”“文化驿站”，在乡村根据当地特色创新建设文化礼堂、乡村戏台等主题功能空间，将新型公共文化空间与图书馆、文化馆的功能相结合，成为两者的分馆，丰富文化服务的形式。与此同时，文件中也强调了新型公共文化空间对城市文化治理和空间改造的意义，要求借助社会力量改造老旧小区、老旧厂区、城中村等，创新打造一批具有鲜明特色和人文品质的新型公共文化空间，营造良好的城市人文环境。

以此为导向，北京积极探索新型公共文化空间建设模式，在“十四五”规划中要求实施“城市文化会客厅”项目，即在城市各类空间中打造融阅读、展览、沙龙等于一体的新型公共文化服务空间。另外，充分利用各种公交站点、绿地、街角、商业综合体、商业楼宇等交通或消费空间，根据其特色建设融入城市生活场景的公共文化空间。以建设“书香之城”为依托，加大对实体书店的支撑力度，利用各种疏解腾退空间建设“微书屋”、社区共享书房、24 小时书店等，积极拓展城市阅读空间。

二　公共文化服务设施与文化空间建设新进展

2021 年，北京的公共文化基础设施建设取得了优异的成绩。截至年底，全市的四级公共文化设施达 6844 个，覆盖率超过 98%，全部免费开放。在市、区两级，设施覆盖率已经达 100%，全部实现免费开放，基本形成“十五分钟公共文化服务圈”。在新型公共文化空间建设方面，北京以“书香之城”建设及冬奥会举办等为契机，积极探索新型公共文化空间的建设模式和服务形态，满足群众多元的精神文化需求。

（一）公共文化服务体系基础设施提质增效

2021 年，北京在公共文化基础设施建设方面突出高质量发展要求，增强服务保障能力。东城区立足公共文化服务体系建设的现状，以拓展高品质公共文化设施体系为目标，发挥国家公共文化服务的示范引领作用，目前已经形成区、街道、社区三级设施网络，全区 17 个街道和 168 个社区全部建有综合文化中心和社区文化活动室，人均公共文化设施面积达到 2.1 平方米，位居北京市第一。6 月 28 日，丰台区图书馆大红门新馆投入使用，成为南中轴文化新地标。作为北京市首个利用疏整促腾退空间打造的公共文化设施重点项目，新馆集公共文化服务、政务公共服务、党群实践活动等于一体，不仅能够为周边市民提供便捷丰富的公共文化内容，还形成了政务服务与文化服务深度融合的新型模式。

另外，北京郊区和新兴组团地区公共文化服务设施的短板也有了进一步的弥补。怀柔区 16 个乡镇（街道）综合文化服务中心已实现全覆盖，改造后的杨宋镇综合文化中心于 8 月试运行，在提供基本的文化服务的同时，依托怀柔丰富的电影资源优势，运用社会化运营模式为辖区内的市民提供更加专业化、品质化、多元化的服务，打造具有影都特色的新型公共文化运营新载体。5 月，作为昌平区回天地区三年行动计划的重要民生项目之一，天通苑文化艺术中心建成并投入使用，总建筑面积 3 万多平方米，融合了大型图书馆、书店、电影厅、剧场及展厅等多种功能，能够为回天地区的市民提供全方位、高品质的文化生活服务。

（二）活化利用腾退空间创新文化服务

作为首都功能核心区，东城、西城的老旧小区多，历史文物建筑丰富，能够充分体现北京都城的历史变迁。近年来，北京积极推进老城区的疏解整治工作，在做好历史文化名城保护的同时，充分拓展这些空间的公共性功能，为市民打造文化空间，不仅能够改善老旧小区和厂房的环境和提高利用率，同时还能为周围居民提供更便利的文化服务。东城区近年来充分将美学创意理念融入此类新型公共文化空间的设计中，致力于打造小而美、品质化、舒适化的空间。这些空间大多位于小巷或市集附近，能够为周边居民提供丰富且多样的文化服务，目前已建成的有东苑戏楼、史家胡同博物馆、东四胡同博物馆、耕读空间、东总布胡同图书馆等。4 月，西城区公布了首批文物建筑活化利用项目招标结果，歙县会馆、晋江会馆、梨园公会、西单饭店等 6 处腾退文物建筑已经确定了建设的方向，将充分利用文物建筑本身的历史文化内涵与街区功能定位打造多元化的文化空间。

（三）“书香之城”加快创新发展

书店具有天然的公共文化空间属性。近年来，北京积极探索创新书店建设和运营模式，充分发挥书店在提供文化资源和推进文化交流展示方面的功能，以“书香之城”建设为主要抓手推动各种丰富多样的文化空间建设。根据近年来北京出台的实体书店奖励扶持政策，2021 年有 272 家实体书店获得政府的相关项目资金扶持，其中 148 家书店获得了房租补贴，99 家书店成为示范书店并获得奖励，14 家书店“进高校、进商场、进园区”。除此之外，本年度还对 142 家书店组织开展的 2151 场文化活动进行补贴。在建设成效上，截至 2021 年底，北京已经建成的实体书店达 2076 家，同比增加 777 家，增幅约为 59%，已经完成了万人拥有 0. 8 家实体书店的建设目标，实现“一区一书城”。全市目前拥有 47 家超过 1000 平方米的综合书城，而 5000 平方米以上的特大型综合书城共有 7 家，初步达成了布局合理、层次分明、多业融合、遍布京城的实体书店发展新格局。①

在此趋势下，北京各区也积极扶持实体书店建设。东城区 8 月发布了《东城区关于加快“书香之城”建设　引导支持实体书店“四进”的实施意见》《东城区引导支持实体书店“四进”资金管理办法（试行）》，共四大类、19 项具体扶持政策，开启了引领实体书店向新型公共文化空间发展的 3. 0 工作模式。东城区倡导“大文化”经营理念，拓展实体书店的新型发展业态，注重创新“书店+零售”模式，以时尚前沿和最新互联网科技为依托丰富读者文化体验和生活。目前，东城区正在前门南晓顺胡同建设的“书香世业”实体书店一条街项目，融合了主题餐厅、酒店、剧场等，推

① 《北京实体书店多元发展浸润人心》，《北京日报》2022 年 4 月 10 日。

动了新型文化消费业态的创新。朝阳区为推动实体书店的发展，先后出台了《朝阳区关于支持实体书店发展的实施意见》《朝阳区实体书店扶持资金管理办法（试行）》，并在疫情防控期间拨出 1000 万元专项资金扶持实体书店运营。截至 2021 年底，朝阳区已经建成实体书店 326 家，拥有 2 家 5000 多平方米的大型书城，6 家超过 1000 平方米的综合性书城、2 家 24 小时实体书店、13 家新华书店、41 家商场书店等，涵盖了多种规模、类型的书店①。这些书店不再仅仅销售书籍，还与区图书馆、咖啡馆、产业园区等结合，突出个性化、多样化的设计和服务特色，给市民们带来了全新的阅读体验，凸显“书香朝阳阅读之城”的建设内涵。

（四）冬奥文化广场打造城市文化新地标

北京 2022 年冬奥会申办成功以来，全国各地掀起了参与冰雪运动、宣传冬奥文化的热潮，一些城市借此机遇大力推动冰雪运动普及和全民健身发展，极大地增进了人们对冬奥会的关注和了解。冬奥文化广场是各个城市宣传冬奥文化的主阵地，这里平日会举办各种丰富多彩的文化活动，有展览展示和冬奥相关文创产品的售卖，还提供餐饮、医疗和票务等服务，赛时可以为公众提供冬奥会、冬残奥会的赛事直播，极大地丰富了城市的体育文化供给。截至 2021 年底，全国已建设冬奥文化广场 43 个，遍布 19 个省区市，冬奥会之后将继续担当宣传奥林匹克精神和推广冰雪运动的职责。

作为主办城市和全球首个“双奥之城”，2021 年北京着力加强城市冬奥文化的宣传。石景山区是北京的“双奥之区”，近年来积极筹备冬奥会场馆和文化广场的建设。12 月 16 日，广宁街道冬奥社区文化健身广场完成升级改造，成为全国首个投入使用运行的冬奥城市文化广场。广场总占地面积约 4000 平方米，包括中心舞台区、展览展示区、冰雪体验区、志愿服务区、特许商品展示区五个功能区，能够为游客和市民提供观看比赛、获取相关信

① 《朝阳区实体书店增至 326 家“书店+”成实体书店新风景》，《朝阳报》2022 年 1 月 17 日。

息及体验冰雪运动等服务。另外，卫生间、交通指引标识及无障碍设施、安保、医疗救护等配套设施和服务也非常完备。广场附近还建有冬奥主题街道综合文化中心，占地2000余平方米，以北京传统的四合院和胡同格局为参照形成了围合的院落，体现了开放共享的理念，分为冬奥展厅、图书分馆、数字阅览室、文创室等8个功能空间，在充分体现运动和观赛体育元素的同时，还承担着社区居民文化活动中心的职能，能够承载健身舞蹈、老年文艺、儿童游乐、咖啡休闲、展示展览、会议举办等各种活动①。

在奥运场馆和比赛场地的建设中，北京也秉持可持续发展原则，赛后将依托奥林匹克公园中的场馆和文化设施资源形成独具特色的城市文体活动空间。石景山区的冬季奥林匹克公园包括工业遗址公园和冬奥广场两个区域，赛后将完全向公众和社会开放，其中的体育设施将成为相关运动训练和比赛的场地，并可为攀岩、滑板、轮滑等极限运动提供场所，将成为城市冰雪运动和时尚极限运动的聚集地、京西体育文化休闲公园，持续传播奥运理念，打造首都城市文化新地标。延庆奥林匹克园区包括国家高山滑雪中心和西大庄科村的大众雪场，前者在冬奥会后成为训练和赛事举办地，后者将成为滑雪爱好者的活动场地和商业滑雪赛事举办地，成为冰雪赛事、全民健身和旅游休闲的全季节体育休闲区。

（五）城市公园提升首都环境品质

北京市“十四五”规划中指出，未来要构建综合公园、社区公园、游园三级公园体系，中心城区要成为公园绿地服务基本无盲区的“公园城市”。在城市之中，公园不仅是生态涵养的重要空间，同时也是市民们开展文化活动、进行体育锻炼的休闲场所，是打造国际一流和谐宜居之都的重要支撑。2021年，北京下达了11个城市公园项目的专项建设任务，总建设面积约280公顷，分布于海淀、通州、丰台、朝阳、昌平、大兴6个区，均以

① 《北京石景山冬奥社区打造冰雪名片　冬奥文化融入百姓生活》，人民网，2022年1月22日。

疏解腾退土地为主。其中，作为北京中轴线上的两颗“绿宝石”，丰台区南苑森林湿地公园和昌平区奥北森林公园建成后将大大提升城南地区和回天地区的生态环境品质，改善周边上万居民的休闲生活品质。海淀区颐和园西侧三角地绿化总面积约 5.7 公顷，经过改造提升将赋予“三山五园”地区更高质量的生态环境，对保护传承区域历史文化有着重要的作用。

北京城市公园建设在满足基本的绿色生态要求外，积极拓展文化、体育等方面的内涵。9 月，北京游乐园（龙潭中湖公园）经过全面改造后正式开园，摩天轮、时光桥、活动馆及原有的大树都整修保留，成为城市记忆的载体。园内除了绿树掩映下的健身步道外，还建有乒乓球、篮球、网球等标准运动场地和智慧健身设施。为了突出公园的特色，开园后龙潭中湖公园推出了“新龙潭 · 潮运动”主题，着力打造“传递活力运动理念，倡导健康生活方式”的运动特色公园，通过主题跑团、运动秀场、潮流展示等活动凸显公园的青春与活力，也为城市公园探索文化和体育主题服务提供了借鉴。

三　公共文化服务设施与文化空间建设对策建议

公共文化服务设施与空间建设中最重要的是如何凸显和实现公共性。一方面，公共性体现为全民的共享，这需要通过设施和空间的数量和布局来保证文化服务能够为所有人便利地获得，北京已经在“十三五”规划中基本实现了这一目标；另一方面，人们的需求是多种多样的，公共性不能仅仅满足于提供最基本的“精神温饱”，在“十四五”规划开局，向第二个百年奋斗目标进军之际，北京公共文化基础设施和空间建设的重点应放在如何更好地实现更高质量的公共性，为市民提供更为丰富多彩的文化服务。

（一）继续补齐城乡公共文化服务设施短板，保证全民共享文化成果的权利

近年来，北京不断延伸公共文化服务，已经基本形成“十五分钟公共

文化服务圈”。在布局方面，城乡各类公共文化设施的布局也较为均衡，能够满足市民基本的文化需求。但我们也应该看到，北京公共文化设施建设中也存在一些短板，城市南部、西部地区缺少大型综合文化中心，回天地区、新型组团及郊区乡镇等地存在基层文化设施较少、服务效能不高等问题。对此，北京一是应加快郊区地标级公共文化综合体的建设，打造融合文化活动举办、展览展示、亲子游乐、培训教育等多种功能于一体的文化空间，补齐周边公共文化基础设施和空间的短板，为周围市民提供综合性、普惠性、均等性的文化服务。这种文化综合体将成为提升一个地区居民精神生活品质，增强获得感和幸福感的重要支撑，对北京公共文化服务高质量发展有着重要的意义。二是应积极利用最新的数字化技术建设云服务平台。随着互联网技术的发展，人们获取文化资源的方式和习惯也在改变。疫情防控期间各地公共文化服务机构都加大了数字资源的建设和推送力度，满足了市民居家办公和享受文化服务的需求。下一步北京需要加快数字图书馆的建设，尤其是偏远郊区和乡村数字化空间和设施网络的建设，整合全市数字文化资源，为市民提供全天候的现代公共文化服务。三是应创新郊区和旅游景区的公共文化空间建设模式。北京有着丰富的旅游资源，可以充分利用郊区和景区的文化资源打造富有地方性特色的文化空间，并结合旅游产业的发展规律设计和推出一些创意性的产品和服务，积极探索“图书馆+文旅”的融合发展模式。

（二）拓展新型公共文化空间布局，织密公共文化服务网络

新型公共文化空间建设是丰富城市文化空间模式、创新文化供给形态的重要举措。在城市公共文化服务体系中，新型公共文化空间能够进一步提高网络密度，给市民带来更多样的文化体验。“十四五”时期，北京一是要创新实体书店的建设和运营模式，鼓励书店进入商场、交通枢纽、公园、景区、社区等空间，因地制宜开发富有个性化的“微书屋”、24 小时书店等，整体提升“书香北京”的现代公共阅读服务体系质量。二是探索腾退文物建筑活化利用模式。这些空间都是北京城市文化历史变迁的见证，腾退后既可以作为主题性博物馆的空间，也可以成为非遗文化的展示传承基地，以此

打造富有历史文化特色的空间将极大地丰富公共文化服务的形式。三是增强城市公园的文化主题特色和文化服务效能。从“十四五”规划中可以看到，北京城市公园的数量越来越多、规模越来越大，但在功能上仍较注重公园的生态保持和自然景观维护，对其中的文化景观建设、文化活动组织、公园文化主题营造等都略有欠缺。因而，北京应进一步思考如何利用公园天然的空间优势进行文化服务的创新，为市民提供更为多样的文化活动。

（三）继承冬奥文化遗产，凸显“双奥之城”体育文化底蕴

筹备冬奥会以来，北京各地都掀起了宣传冬奥文化、参与冰雪运动的热潮。冬奥会举办之后，如何充分利用这一遗产推进城市体育文化的建设，是北京丰富公共文化服务的重要议题。对此，一是要加快冬奥文化广场建设，为冬奥文化遗产的继承和宣传打好空间基础。在此基础上，积极探索组织多样化的体育文化活动，普及推广奥林匹克文化、冰雪文化及冰雪运动。二是重视探索冬奥比赛场馆的商业化运营模式，在已有设施的基础上，加强相关交通、旅游接待等配套设施的建设和维护，将冬奥文化宣传与冰雪运动普及、体育休闲旅游等结合在一起。三是丰富全民健身空间和产品的供给，充分利用闲置的空地建设各类体育运动设施，鼓励社区、高校、体育场馆面向社会开放，提高已有体育设施资源的利用率，营造全民参与体育运动的文化氛围。

（四）推进公共文化服务机构管理机制改革，提高服务质量和效能

公共文化服务设施和空间的运营和使用也是建设的一部分。近年来，北京相关的设施和空间建设速度不断加快，在管理和运营方面也在积极探索新的模式，目前全市 34 家区级以上公共图书馆、文化馆都已完成法人治理结构改革，着力提升服务效能。在此基础上，北京一是应积极完善理事会制度，引入更多的社会力量参与理事会的组成和决策，完善监督和评估体制，切实打造高效的管理运营模式。二是应进一步探索委托运营、民办公助、政企补贴合作等模式，保证新建设施和空间能够充分满足市民文化需求，形成

能够兼具经济效益和使用效率的机制。三是应针对各个地区居民的情况有针对性地合理调整各类场馆开放时间，针对一些地区年轻人的需求，可探索“自助阅读空间”“24 小时社区书屋”等服务模式，更好地适应市民文化消费习惯。

B.13

打造“大戏看北京”文化名片的现状、问题与对策建议

景俊美*

摘　要：“大戏看北京”是北京一张厚重而亮丽的文化名片，从首都戏剧事业发展现状看突出亮点有三：一是文化政策制定及时，区位优势凸显；二是文化资源丰富，既有品牌持续发力；三是主题鲜明、内容多元的“会馆有戏”品牌精彩亮相。但在发展过程中也存在一定的问题，特别是与国际上典型的戏剧中心伦敦西区和美国百老汇相比，存在巨大的差距。建议探索实施政策引导和专项扶植机制，多出人才、精品和品牌；发挥市属文艺院团精品创作主力军作用，积极培育多元演出空间；多维推动演艺与科技融合发展，持续做好“上云用数赋智”。

关键词：戏剧中心　全国文化中心　文化政策　文化资源　品牌活动

党的十八大以来，首都北京立足“四个中心”（政治中心、文化中心、科学技术中心和国际交往中心）功能定位，建设全国文化中心，“大戏看北京”是其题中应有之义。“大戏看北京”首先看戏剧作品、戏剧人才和戏剧生态。人才方面可谓文化名家荟萃云集，创作方面则是文艺佳作频出迭出，戏剧生态有优良的传统和不断搭建的平台。仅以剧目演出

* 景俊美，博士，北京市社会科学院副研究员，主要研究方向为文艺理论与批评、戏剧戏曲理论与实践。

平台来分析，除院团自身的原创剧目外，剧场演出的好剧也为首都戏剧的平台建设贡献了力量，如首都剧场推出的《茶馆》《雷雨》《原野》《日出》《蔡文姬》《天下第一楼》，国家话剧院上演的《战马》《哥本哈根》《兵者·国之大事》《北京法源寺》，国家大剧院演出的歌剧《阿依达》《罗密欧与朱丽叶》《叶甫盖尼·奥涅金》，长安大戏院演出的京剧《白蛇传》《锁麟囊》《龙凤呈祥》《党的女儿》、河北梆子《王宝钏》《春秋笔》、豫剧《朝阳沟》《穆桂英挂帅》、越剧《红楼梦》《梁祝》等，它们用实力和眼界构建了自己的口碑，也成为全国的实力派演员希望登上的舞台。

一　首都戏剧事业发展现状及亮点分析

“大戏看北京”是北京一张厚重而亮丽的文化名片，判断落地成效如何，当全面分析首都戏剧事业的发展现状。从“创大戏”“演大戏”“讲大戏”“赏大戏”“推大戏”等不同维度看，北京确实全国领先，其中最为突出的特点有三个方面。

（一）文化政策制定及时，区位优势凸显

戏剧文化政策是解决戏剧事业和创作生产过程中遇到的现实问题的重要依据，为首都戏剧大发展大繁荣提供了目标、任务和准则。2016 年以来，北京市戏剧文化政策制定方面（包括上位法和区级政策）延续了首都历来以首善标准为宗旨的优良传统，政策制定及时、有效、立体和全面（见表1）。新冠肺炎疫情期间，北京市包括戏剧事业发展基础良好、势头强劲的东城区持续制定了有利于推动戏剧事业乃至大文化发展的一系列政策文件，展现了新时代戏剧人的精神风貌和责任担当。其政策亮点有三点。一是以首善精神及时落地国家政策。如文化和旅游部于 2021 年 9 月 29 日出台了《关于规范演出经纪行为加强演员管理促进演出市场健康有序发展的通知》，同年 10 月 12 日北京市出台了《关于规范演出从业行为　加强市场监管　促进

首都文艺舞台健康繁荣有序发展的通知》。相隔时间不足两周，北京市便有效落地了上位法的政策精神，及时规范了演出主体的从业行为。二是东城区带领和示范作用凸显。为持续营造戏剧发展环境，东城区相继出台了《贯彻落实“崇文争先”理念进一步加强“文化东城”建设的实施意见（2020年~2025年）》《东城区进一步推进“戏剧之城”建设发展的实施意见》《东城区推进“会馆有戏”建设工作实施方案》《东城区进一步推进“文艺工作者之家”建设的实施方案》等一系列政策，并配套设立了“东城文化艺术基金”。三是“大戏看北京”全方位推进。为深入推进文艺精品创作与生产，贯彻落实市委打造“大戏看北京”文化名片的工作要求，北京市推进全国文化中心建设领导小组印发了《北京市推进“大戏看北京”工作方案》，包括加强组织领导、整合创作力量、支持重点剧目演出、培育多元演出空间、加大宣传推介力度、提高市场经营能力等6个方面36条具体措施。其中戏剧发展方向明确、责任均落实到具体单位，对进一步激发区域戏剧的发展活力，推动首都演艺生态建设，形成具有国际影响力与辐射力的戏剧中心具有深远而重要的意义。

表1　近年来北京市一系列戏剧文化政策（包括国家级和区级政策）

发布日期	名　称	颁发单位	主要内容
2016年7月22日	关于支持戏曲传承发展的实施意见	北京市人民政府办公厅	包括总体要求、主要任务、保障措施等三大部分12条内容
2017年6月12日	关于印发北京市民族艺术进校园活动管理办法（修订）的通知	中共北京市委宣传部、北京市教育委员会、北京市文化局、北京市财政局	包括总则、管理机构职责、演出单位资格审核、演出剧（节）目审核、观演组织管理等八章41条
2018年9月18日	北京市戏曲进乡村工作方案	中共北京市委宣传部、北京市文化局、北京市财政局	分为目标任务、主要内容、职责分工三部分，明确了北京市戏曲进乡村的目标任务，着力实现戏曲进乡村制度化、常态化、普及化，通过组织观看戏曲作品、促进戏曲艺术普及和培育农村戏曲团队三种主要形式，在北京市13个区（涉农区）持续开展戏曲进乡村工作

续表

发布日期	名　称	颁发单位	主要内容
2018年11月9日	丰台区戏曲进校园三年行动计划(2019~2021年)	丰台区委宣传部,及教委、财政局、文委	包括总体要求、主要举措两大部分8个方面,其中主要举措共20条
2019年3月14日	关于促进旅游演艺发展的指导意见	文化和旅游部	包括总体要求、主要任务和加强实施和保障三个方面
2019年11月14日	关于开展石景山区戏曲进校园工作的通知	石景山区教委	包括将戏曲教育融入校园文化、加强戏曲课堂建设、丰富学生戏曲实践、推动戏曲文化普及等五个方面共14条
2020年2月14日	中共北京市委关于新时代繁荣兴盛首都文化的意见	中共北京市委	由八个部分构成,分别从思想理论、古都文化、红色文化、京味文化、创新文化、文化供给、对外传播、党的领导等八个层面进行阐述
2020年9月28日	贯彻落实“崇文争先”理念进一步加强“文化东城”建设的实施意见(2020年~2025年)	东城区委、区政府	明晰了“一轴、两区、五带、五城”的文化格局,明确了“书香之城”“戏剧之城”“博物馆之城”“非遗之城”“中医药文化之城”成为东城文化建设的有机整体
2021年6月24日	关于营造更好发展环境支持民营文艺表演团体改革发展的实施意见	文化和旅游部、民政部、财政部、人力资源社会保障部、税务总局、市场监管总局	包括充分认识深化民营文艺表演团体改革发展的重要意义;坚持正确工作方向;加强对民营文艺表演团体的分类指导;进一步优化公平竞争的市场环境;推动民营文艺表演团体规范发展、创新发展;提升民营文艺表演团体创作生产水平;加强民营文艺表演团体人才队伍建设;改善民营文艺表演团体演出排练条件;搭建民营文艺表演团体展演展示平台;加大民营文艺表演团体政策支持力度;加强对民营文艺表演团体的管理;建立健全党建工作机制等12个方面
2021年8月10日	网络表演　经纪机构管理办法	文化和旅游部	共18条,此略
2021年8月12日	关于进一步加强非物质文化遗产保护工作的意见	中共中央办公厅	包括总体要求、健全非物质文化遗产保护传承体系、提高非物质文化遗产保护传承水平、加大非物质文化遗产传播普及力度和保障措施等五个方面共20条
2021年9月29日	关于规范演出经纪行为加强演员管理促进演出市场健康有序发展的通知	文化和旅游部	包括严格演出资质管理、规范演员从业行为、加强演出活动监管等五个方面共19条

续表

发布日期	名　称	颁发单位	主要内容
2021年10月12日	关于规范演出从业行为　加强市场监管　促进首都文艺舞台健康繁荣有序发展的通知	北京市文化和旅游局	包括规范演出主体从业行为、加强演出活动监管和发挥行业自律作用等三个方面共14条
2021年11月25日	北京市推进"大戏看北京"工作方案	北京市推进全国文化中心建设领导小组	包括加强组织领导、整合创作力量、支持重点剧目演出、培育多元演出空间、加大宣传推介力度、提高市场经营能力等6个方面36条
2022年2月9日	东城区进一步推进"戏剧之城"建设发展的实施意见	东城区委、区政府	立足首都功能核心区、全国文化中心核心承载区定位,加速"崇文争先",通过系统的顶层设计,布局创作、演出、交流、展示、消费五大文化平台,夯实组织、人才、空间、市场四大发展基础,落实智库建设、资金投入、评估监测三大保障措施,形成"5+4+3"的促进体系,全面推进"戏剧之城"建设工作
2022年2月9日	东城区推进"会馆有戏"建设工作实施方案	东城区委、区政府	按照分步分类、精心策划、有序推进原则,统筹全区会馆旧址转化利用,引入专业化社会力量打造"会馆有戏"运营平台等,培育"会馆有戏"演艺集群、运营主体、文化品牌,提升会馆综合利用业态,打造文旅融合典范
2022年2月9日	东城区进一步推进"文艺工作者之家"建设的实施方案	东城区委、区政府	旨在建设综合人才培养、艺术创作、志愿服务、学术交流、展览展示、会议培训等八大功能的文化空间,切实改善广大文艺工作者创作环境

（二）文化资源丰富，既有品牌持续发力

北京拥有得天独厚的戏剧文化资源，全市有100多个戏剧剧场。其中，国家大剧院、首都剧场、保利剧院、长安大戏院、天桥艺术中心等国内一流大剧场聚集于此，形成了剧场群效应。国话先锋剧场、北京人艺实验剧场、蜂巢剧场、繁星戏剧村、鼓楼西剧场、蓬蒿剧场等特色鲜明的小剧场的新场

景演出与先锋性、实验性演出促成了演艺产业多元化和艺术创作的创新性。中国国家话剧院、国家京剧院、北京人民艺术剧院、中央戏剧学院、中国戏曲学院、北京舞蹈学院、中国音乐学院、北京京剧院、北方昆曲剧院等最具权威性和影响力的院团和戏剧院校聚集于此，为首都戏剧的国际视野、戏剧前沿和文化地标奠定了扎实的基础。央华时代、七幕人生等知名度和活跃度极高的民营院团也参与其中，激活了首都戏剧的产业生态。以东城区为例，平均每年各类演出达5000余场，演出票房3亿元左右，是文化软实力的真正承载地。

品牌活动方面，北京不断扩大全国话剧展演季、南锣鼓巷戏剧展演季、当代小剧场戏曲艺术节等“大戏东望”品牌活动的知名度和影响力，广泛吸引了大批演出团体和创作人才云集、竞演。即使在疫情的影响下，全市的戏剧发展态势整体向好。据不完全统计，2021年全市共推出“2415台演出剧目，举办营业性演出20597场，观众人数513.5万人次，票房收入约7.83亿元。与上年同期相比，演出场次增长195%，已经恢复到疫情以前（2019年）的九成”①。以当代小剧场戏曲艺术节为例，截至2021年，已经举办了八届，每一届主题不同，但推人、推戏、推精品的精神不变。第八届当代小剧场戏曲艺术节汇聚了北方昆曲剧院、中国戏曲学院、福建省梨园戏传承中心、山东省青岛市即墨区柳腔艺术中心、陕西大戏剧秦腔剧团、义乌市婺剧保护传承中心、江苏省演艺集团昆剧院、温州市瓯剧艺术研究院、昆山当代昆剧院等数十家参演院团力量，展演了京剧、昆曲、越剧、评剧、秦腔、婺剧、瓯剧、梨园戏等11类剧种18部作品，演出阵容强大，多位梅花奖得主纷纷登台。历年来培养和锻炼的年轻演员不断成长，其中昆曲“观其复”系列就是在这样的背景下诞生的戏曲创意，赢得了观众的口碑。

（三）主题鲜明、内容多元的“会馆有戏”品牌精彩亮相

北京是戏曲艺术的聚集之地，“会馆有戏”不仅彰显了戏曲艺术的魅

① 牛春梅：《“大戏看北京”让剧场加速复苏》，《北京日报》2022年1月6日。

力，而且结合演出空间、场景和氛围强化了戏曲的传统美、会馆的文化美和北京的地域美。全市现存各类会馆有 420 家之多，仅西城区纳入不可移动文物范畴依法进行保护的会馆就有 31 处。各区特别是城区正在利用会馆资源的优厚条件，打造主题鲜明、内容多元、功能各异的沉浸式演艺业态①。看好戏，与古人对话、与艺术同在的“会馆有戏”的做法，是首都戏剧产业的一大亮点。首先，北京有大量的会馆资源，也有雄厚的戏剧实力，将二者结合起来，北京首先采用创新文物保护与活化利用的举措，不仅独家而且亮眼。当前，中轴线申遗正在紧锣密鼓地进行，历史文化遗产保护理念也在日渐更新。从静态保护到动态保护，“会馆有戏”为申遗提供了完美的注脚。其次，有的会馆历史上便具有演戏的功能，如正乙祠戏楼，被称为“中国戏楼的活化石”。在这样的地方演出，不仅可以恢复戏曲的传统生态，而且能够引领新的文化消费，为文化中心建设添砖加瓦。目前全市共推出了 8 个“会馆有戏”的主题演出，使“会馆有戏”成为精品剧目的品鉴之口、中国优秀戏剧戏曲的文化展示窗口和市民身边的文化空间。总之，做好“会馆有戏”，可以良性保护会馆，也可以促进戏剧对相关产业的带动作用，最终落脚点是“大戏看北京，好戏会馆看”。

二　发展过程中存在的主要问题、挑战与瓶颈

（一）国际影响力不足，与美国百老汇和伦敦西区相比有较大差距

伦敦西区和美国百老汇是公认的世界上的两大戏剧中心，也是表演艺术的国际舞台。“大戏看北京”不仅要看北京戏剧辉煌的过往，更要看未来的发展和世界影响力、辐射力。从可以公开收集到的数据中择取伦敦西

① 杜艳：《京城百年戏楼重张　会馆活化打造新戏入口、惠民文化空间》，中国新闻网，2022 年 4 月 22 日。

区、美国百老汇和北京国际戏剧中心三个地方的三个代表性剧目进行数据对比分析可知（见表2），北京国际戏剧中心的经典剧目《茶馆》《雷雨》《天下第一楼》虽已创造了常演64年、68年、33年的绝佳口碑，但是演出场次、巡演能力及受众人数与伦敦西区的《捕鼠气》《猫》《妈妈咪呀!》、美国百老汇的《芝加哥》《剧院魅影》《音乐之声》不能相提并论。因此，我们必须清醒地认知，世界上只有百老汇和伦敦西区，直到目前还没有第三个剧场群及戏剧中心能够展现出与前两者相匹敌的辐射力与影响力。

伦敦西区不足一平方公里的区域内，汇集了50多家剧院和演出场所，平均每晚约3万人到此观剧。在收获可观票房同时，也带动了餐饮、住宿、交通、延伸产品等相关产业的发展，经济的连锁效益非常显著。北京国际戏剧中心现有首都剧场、实验剧场、小剧场、曹禺剧场和菊隐剧场五个剧场，即使将整个东城区的现有剧场加在一起，也只有39个剧场。从集群效应看，北京国际戏剧中心想要建成与伦敦西区和美国百老汇相匹敌的国际舞台，还有一段路要走。当然，北京国际戏剧中心也有并不逊色的地方，比如经典剧目常年上演，《茶馆》和《雷雨》上演均已超过一个甲子。

表2　三大戏剧中心对比情况

三大中心	经典剧目名称	场次（场）	观众人次（万人次）	演出城市（个）	首演年份	统计数据时间
伦敦西区	话剧《捕鼠气》	26100			1952	2015.07.11
	音乐剧《猫》	16400	<6500	<150	1981	2002.05.11
	音乐剧《妈妈咪呀!》	2000	4200	<240	1999	2019.10.20
美国百老汇	音乐剧《芝加哥》	32500	<3100	<490	1975	2019.12.06
	音乐剧《剧院魅影》	65000	5800	110	1986	2001.03.13
	音乐剧《音乐之声》	<4000	<39	60	1959	2020.05.08
北京国际戏剧中心	话剧《茶馆》	700			1958	2021.07.10
	话剧《雷雨》	600			1954	2021.04.07
	话剧《天下第一楼》	556			1988	2018.10.16

（二）文艺批评生态待健全，戏剧理论指导戏剧实践的功能发挥不够

文艺批评从来都是文艺创作和生产的重要助力，然而近年来批评的生态日渐衰弱。一方面，红包专家越来越多，有的所谓“专家”看到一部极烂的戏，却因为“吃了人家嘴软，拿了人家手短”而说违心的话。另一方面，网络杂草丛生的空间充斥了一大批不看演出、不评剧目、不读历史的“三不”人，这种人看见与自己不一致的观点，或者不如自己心愿的人与作品，就专门写“文”进行人身攻击，有的还上纲上线。事实上，其“文章”错误百出，话无凭证。习近平总书记在中国文联十一大、中国作协十大开幕式上的重要讲话曾强调要“建设更具权威性、公信力、影响力的文艺评价体系”①，北京理应率先垂范，强化戏剧理论指导戏剧实践的功能。

（三）常态化防控与戏剧事业发展的平衡问题有待深入研究

未来，疫情发展走向仍是一个未知数。在这样的语境下，戏剧行业的发展受到了极大的挑战。一方面，尽管线上演出也开辟了新的市场，但以戏剧为主要演出形式的舞台艺术仍受困于疫情的影响。一些力量薄弱的民营院团如宁波象山县一个民营越剧团，演员平日每年可演 200 多场，2020 年只演了 20 多场，年收入不足 5 万元，剧团也随之解散。② 国有院团虽没有倒闭的风险，但演出计划数遭变更、演出收入屡遭重创。

另一方面，线上演出不仅不能全面展现戏剧的现场感和观演效果，版权问题、音质音效和画面问题也随之而来。比如疫情伊始，上海昆剧团入驻 B 站开发线上平台的一件小事曾引起过舆论风波。起因是上海昆剧团发现 B 站有人上传了有关上昆演出视频的资料，为维护自身知识产权，上昆官方账号管理员发表了义正词严的“声明”，奉劝上传者“7 个工作日内完成相关

---

① 《习近平：在中国文联十一大、中国作协十大开幕式上的讲话》，《中华人民共和国国务院公报》2022 年第 1 期，第 5~10 页。

② 《宁波这位越剧演员让全国网友都赞叹：努力的人在哪都会发光》，《钱江晚报》2021 年 12 月 23 日。

操作”，否则“将通过 B 站官方后台等方式进行处理”。此“声明”一出，舆论哗然。有支持者认为，“尊重版权是肯定的，在剧院不应该有盗摄行为”“白看成习惯，习惯成应当……一个文明社会里，版权意识很重要”；有反对者认为，这是一场“灾难性运营”，更有甚者要发起“不关注、不点赞、不投币、不转发”的行动；也有综合性意见认为，“线上很多留言话糙理不糙，激发出现代环境下剧团运营和文化遗产弘扬传播的新特性”“维权可以，但是话怎么说、事怎么办，要合法，更要合情”。虽然事情本身并不复杂，也不算构成“灾难性运营”。但是此事有一个很好的窗口效应，它迫使戏剧人在疫情仍有诸多不确定的情况下，不得不注意院团运维的新问题和新手段。

三　打造“大戏看北京”文化名片的对策建议

（一）探索实施政策引导和专项扶植机制，多出人才、精品和品牌

众所周知，任何战略的优势最终都要落实在行动和细节上，舞台艺术取胜的法宝没有捷径可循，“卓越而专业的艺术家+经典好戏”是不二法门。因此，政策引导首先要往好戏上引，专项扶植要细分。比如，由北京市文化和旅游局发起设立的公益性基金北京文化艺术基金近年来扶植了一大批新创剧目，为繁荣首都文化贡献了力量。但现有分类主要包括三大类，即围绕舞台艺术创作、文化传播交流和艺术人才培养三大领域开展资助。其中，人才培养类主要集中在举办培养人才的各种培训班，对个体人才的资助不够。另外，舞台艺术创作没有持续细分，话剧、戏曲、歌剧、舞剧、音乐剧、歌舞剧、杂技剧等在同一个平台上选拔，标准难以统一。仅戏曲一类全国范围内就有 348 个剧种，首都范围内也有京剧、昆曲、评剧、河北梆子、北京曲剧、豫剧等多个剧种。资助金额方面，歌剧、舞剧、音乐剧的资助范围是“≤400 万元”，杂技剧是“≤300 万元”，戏曲、话剧、儿童剧、交响乐、民族管弦乐是“≤120 万元”，木偶剧、综艺表演形式是“≤100 万元”，小

剧场戏曲是“≤80万元”，皮影戏是“≤60万元”，这一限制过于生硬，不能激发有活力和创新度较高的创作脱颖而出。传播交流推广项目也存在同样的问题，此不赘述。

因此，建议设立专项扶植基金，探索实施面向优秀戏剧人才的特殊政策，将急需紧缺人才纳入市、区两级人才评定范围，能进能退、可上可下。同时，基金支持类项目建议将观众及市场反馈作为重要的考核标准，促进专家人才多样化，体现一定的梯队意识、专业特点和领域区分。政策引导方面，虽然市级层面制定政策相对及时，但区级层面政策保障力度参差不齐。东城区明显处于领先地位，这和其基础雄厚有一定关系；西城区、丰台区、海淀区、朝阳区、石景山区也有较为深厚的文化资源，但政策跟进不够。未来，建议各区梳理自身家底，根据戏剧发展实际及时制定戏剧政策，有效引导人才培养、剧目创作和品牌活动。通州副中心的特殊地位已经奠定了其戏剧空间建设的崭新未来，但其更应该根据既有资源和未来发展的可能性精准谋划、精细布局，可结合北京欢乐谷、环球影城等大型文化项目的运营及创意经验，实现首都戏剧的新布局。密云区、怀柔区、顺义区、大兴区、延庆区、平谷区等非中心城区也要跟进政策导向，着力研究农村市场戏剧发展态势及观众需求。门头沟区的柏峪村是燕歌戏之乡，燕歌戏一度面临失传的困境，如何保护和传承是一个值得深入研究的问题，从非遗的角度保护是一种思路，从戏剧中心建设的角度来审视还会有新的变化。但无论哪一种角度，都警示着我们绝不能让“戏曲活化石”在我们这一代变成“化石”。

（二）发挥市属文艺院团精品创作主力军作用，积极培育多元演出空间

“大戏看北京”，首先看“好戏”，再次看“北京”。因为特殊的体制机制及隶属关系，市属文艺院团的力量调配更便捷，也更有效。在现有好戏连台的基础上，建议充分调动市属院团编、导、演、服、化、道资源力量，打造“一团一品”“一团一场或多场”的创演力量和剧场空间。

以北京地方戏北京曲剧为例，该团从1952年成立以来，至今正好70周

年。70 年来，它无办公场地、无演出场所、无排练厅，在“三无”的情况下排演了北京曲剧《茶馆》《烟壶》《北京人》《龙须沟》《正红旗下》《少年天子》等多部经典剧目。未来，北京市虽已规划了在亦庄给北京市曲剧团建一个场地，但从剧场集群效应和对比伦敦西区、美国百老汇的经验做法来看，建议在老城腾退的空间里，给北京市曲剧团这个地道的北京地方剧种一个空间，哪怕是一个小的空间，对固有观众群体的凝固都是大有裨益的。

同样，在回龙观、天通苑等人口密集的大型社区建立新的文化地标，可以更加凸显文化的辐射力和影响力。目前已知的北京天通苑文化艺术中心已终结了天通苑地区没有戏剧演出空间的历史。未来，如何将这样的艺术中心打造成为服务一方民众的新地标，需要结合成功案例进行顶层设计、区域规划和文化创意。演艺空间的探索是一个具有前瞻性和创意性的新事业，在现有演出空间的基础上，可考虑利用老旧文化产业园区、特色文化街区、艺术集聚区发展特色鲜明的新演艺空间。如 798 是一个传统的艺术中心，如何将美术与戏剧结合，发挥艺术人才的跨界、集聚和创意作用，大有文章可做、大有事业可为。“会馆有戏”也有良好的基础，如正乙祠的小剧场演出可谓一票难求，除了在创作和演出方面要加大力度外，在宣传、创意产品和产业带动等方面仍有提升空间。这方面可以借鉴故宫的文化创意，与国内外成熟的创意团队合作，促进传统与现代的结合。

（三）多维推动演艺与科技融合发展，持续做好“上云用数赋智”

戏剧人的云上拓展是一个值得肯定也有一定出路的重要渠道，成熟典型已经不少，比如艺术自媒体“意公子”，在艺术并非普罗大众皆感兴趣的情况下，10 万+对这个自媒体号而言，已经是稀疏平常之事。而我们的大多数戏剧院团的公众号的受众却很不乐观。因此建议要综合考虑“上云用数赋智”，让科技能真正为戏剧插上翅膀。

一是要改变传统观念，运用现代运营理念和科技手段深耕内容。深入研究市场化营销、明星化宣传和知识产权维护等细分领域的特点和技术，坚守“专业的事情由专业的人来做”这一基本行业操守。这一点北京人艺、国家话剧院等戏剧院团做得已经相当好，但也有发展空间。比较来看，戏曲院团则相对保守，这大概和艺术传统本身也有关系。

二是在打击盗版的同时，及时提供正版的观看渠道（付费也是一种方式），否则不仅难以打击盗版，而且会因为盗版的品质影响原版的声誉和市场。仍以上昆的案例为例，发表声明让别人删除视频的同时，应该首先做好弥补性方案，比如及时公告自己怎么服务观众的详细策划等，而我们的大多数院团还没有真切体会到这一服务理念的重要性。

三是厘清定位，是多维兼顾还是走差异化道路。以目前国内实力雄厚的主力军国有院团为例，它们既肩负着对主流文化宣传与维护的责任，也探索着发展观众、拥抱粉丝的新道路。那么，两个维度如何兼顾，或者只做最擅长的一面，走差异化道路，恐怕很多院团也未能深入思考这一十分现实的戏剧生态。

四是着眼长远，深入分析自身条件选择适宜道路。不能因为疫情来了，无生计可寻才想到了科技的加持。上云是为宣传而宣传的尝试，还是戏剧与生存环境的深入融合，这是戏剧人必须直面的问题。

总之，戏剧人必须清醒地认识到新媒体环境下戏剧产业的巨大变革正在进行，如从文本到体验的核心价值变化、从单一演出到多行业融合的市场环境变化、从面对面交流到社交媒体与网络介入的传播环境变化等，诸多要素都会对创作、营销、观众产生巨大而深远的影响。

B.14
“博物馆之城”建设的北京样本

李重蓉*

摘　要： 自正式提出建设“博物馆之城”以来，北京积极开拓、全面推进相关工作，初步形成了“博物馆之城”建设的北京样本。本报告从北京地区博物馆的数量级别、归属分类、藏品数量、展览活动和参观人数等方面，对北京博物馆建设现状进行了梳理分析。从顶层设计、科技融合、展览品牌和多方合作等角度，总结了北京“博物馆之城”建设的举措和经验。同时也提出统筹规划、加快改革、战略合作等方面的对策建议。

关键词： 北京　博物馆之城　统筹规划　改革机制　战略合作

首都特殊的城市地位、突出的资源优势、鲜明的文化特色，决定了北京地区的博物馆建设既要展示自身独特的文化魅力，满足人民日益增长的美好生活需要，将文博资源转化为城市发展动能；又要坚持首善标准，形成现代化的文物治理体系和治理能力，引领全国文博事业发展；还要讲好中国故事、北京故事，以文化软实力影响世界，为人类文明进程贡献中国力量。为了承担起这一职责使命，北京 2020 年正式提出了建设“博物馆之城”战略，并大力推进相关工作，表现可圈可点，为其他城市地区贡献了丰富的经验智慧。本文就北京“博物馆之城”建设的相关情况做出总结和分析，并提供相应的对策建议。

---

* 李重蓉，历史学博士，中国国家博物馆副研究馆员，研究方向为秦汉史、文物研究。本文写作得到国家文物局王汉卫博士的帮助，谨致谢忱。

一　北京地区博物馆的现状分析

（一）数量与级别

北京地区博物馆发展迅速，体系布局不断优化。北京市统计局的数据显示，2016~2020年，北京市按行业管理登记的博物馆数分别是178家、179家、179家、183家、197家（见图1）①。2019~2020年，博物馆增加14家，增速较快，同比增长7.7%。据国家文物局公布的数据，2020年底全国备案博物馆数量为5788家②，与2019年底的5535家相比，增长4.6%。由此可知，2020年底，北京地区的备案博物馆占全国备案博物馆总数的3.4%；新增备案博物馆的数量占全国新增数量的比重为5.5%。

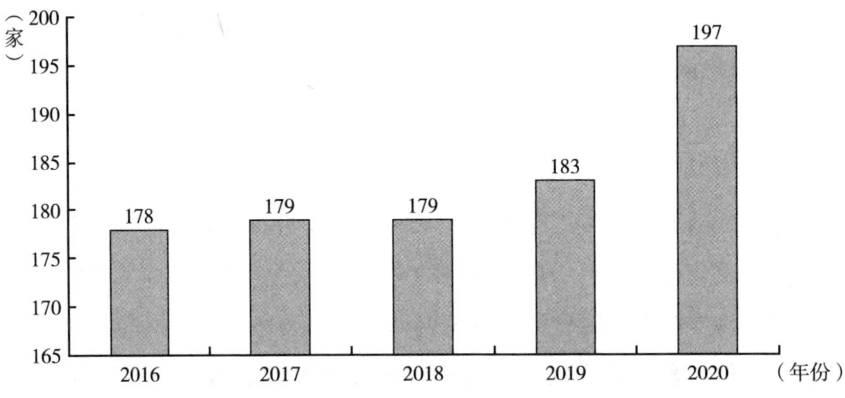

图1　北京市按行业管理登记的博物馆数（2016~2020）

---

① 北京市统计局、国家统计局北京调查总队：《北京统计年鉴2020》，http://nj.tjj.beijing.gov.cn/nj/main/2020-tjnj/zk/indexch.htm；《北京市文物局2020年工作总结》，北京市文物局官网，2021年1月10日，http://wwj.beijing.gov.cn/bjww/362679/362680/482911/10918498/index.html。

② 《中国备案博物馆达5788家！一图读懂全国博物馆未来什么样?》，光明网，2021年5月25日，https://m.gmw.cn/baijia/2021-05/25/34874041.html。

北京地区2020年新增博物馆为香山革命纪念馆、北京劲飞京作红木文化博物馆、北京荣唐连环画博物馆、北京木木艺术博物馆、北京二锅头酒博物馆、北京中药炮制技术博物馆、北京市大兴区月季博物馆、北京皇城御窑金砖博物馆、北京燕京八绝文化博物馆、北京东璧堂中医药博物馆、北京市和光书院博物馆、北京市大戚收音机电影机博物馆、北京市天佑兰亭书法文化博物馆、北京菜百黄金珠宝博物馆等14家。这批博物馆主题鲜明，带有浓厚的地域文化特色，有利于京味文化的传承发展。

博物馆级别方面，由于国家对博物馆定级的工作有其周期，自公布第四批博物馆定级名单以来没有变化。国家一、二、三级博物馆达1224家，非国有博物馆达1860家，免费开放博物馆达5214家。其中北京地区的一级博物馆有18家，在全国一级博物馆总数中的占比达8.78%，与山东省并列位居全国之首；二级博物馆数量是10家；三级博物馆有11家。目前，北京的等级博物馆总数为39家，占全国等级博物馆总数的3.19%。除数量和级别上的优势，北京地区博物馆类型多元、质量上乘、特色鲜明、发展迅速，居全国文博系统之首。

（二）归属与分类

北京地区博物馆种类丰富，可以按不同的分类方式进行划分。如按照隶属关系和管理方式分类，可分为央属、市属、区属及以下、非国有等四类；按照主题分类，可分为综合、考古、艺术、历史、民族、自然、工业、地质、科学、军事等类别；也可以按照行政区划，从全市16个区来考察。

其中按照隶属关系的分类，每类分别指隶属于中央在京各部委或科研院所，含中央属行业或企业出资兴办的博物馆，这类博物馆数量最多；隶属于北京市文物局、民政局、公园管理中心、公安局、宗教局、水利局等单位，含市属行业或企业出资兴办的博物馆；隶属于各区，含市属行业或企业出资兴办的博物馆；非政府投资，由私人企业或社会公民个人出资兴办的博物馆，这类博物馆的数量最少。

按照区域划分，据统计，截至2020年底，北京已备案的197家博物馆的具体分布为：东城区38家、西城区30家、朝阳区35家、海淀区30家、丰台区12家、石景山区3家、门头沟区3家、房山区6家、通州区8家、顺义区1家、昌平区11家、大兴区6家、怀柔区4家、平谷区2家、密云区1家、延庆区7家。但需要说明的是，有近20家因机构合并、部门调整等，或撤销或合并，不复存在。截至2021年底，北京地区备案且正常开放博物馆共177家，免费开放博物馆共93家①。

根据以上统计可知，隶属于中央在京各部委或科研院所的博物馆数量最多，且免费开放博物馆的数量超过全市博物馆实有总数的一半。这说明北京地区博物馆中公立性质甚至中央直属的博物馆占多数，意味着依赖国家财政拨款，但这些博物馆以公益服务为主，能够切实地服务人民群众。这也就引出了博物馆需要思考的新命题，即如何适度地在文化公益和市场经济之间取得平衡，既减轻国家的财政压力，又能更好地促进自身发展；如何更好地满足市民的精神需求，提升他们的文化品位。

（三）藏品数量与质量

藏品是每个博物馆的立馆之本，在保护传承的同时需要新的征集与整理。北京市文物局统计的数据显示，北京市博物馆文物藏品数2016~2020年依次是430万件（套）、430万件（套）、463万件（套）、463万件（套）、465.2万件（套）（见图2）。其中藏品数量超过100万件（套）的博物馆有2个，即故宫博物院和中国国家博物馆，前者的藏品数量为186.34万件（套），后者的藏品总量近144万件（套）。后者更注重藏品征集的体系化和时效性，2020年度入藏藏品35295件（套）。两馆藏品量约为北京地区博物馆藏品总量的71.01%。北京地区博物馆的藏品总量庞大、质量优良，在全国博物馆中优

① 《博物馆全面摸“家底儿”》，《北京日报》2022年1月10日，https://news.bjd.com.cn/2022/01/10/10028419.shtml。

势明显；但不同性质、不同类型的博物馆之间差距较大。如何缩小差距实现共同发展，是应该思考和努力的方向。

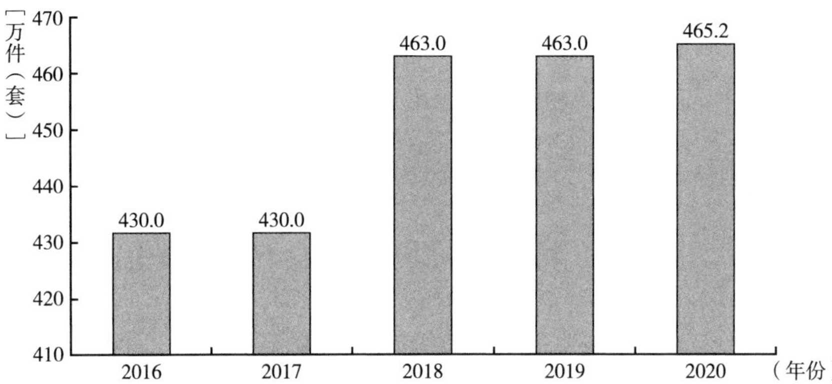

图 2　北京博物馆数文物藏品数（2016~2020）

（四）陈列展览与教育活动

2020 年全国博物馆举办 2.9 万个以上的展览，策划 22.5 万余场教育活动。北京地区博物馆陈列展览的数量为 1260 个，约占全国展览总量的 4.3%；接待观众 8209 万人次，约占全国观众总量的 15.20%。其中，中国国家博物馆共举办展览 41 个，包括基本陈列、专题展览、临时展览和巡展，临时展览包括主题展 4 个、地方精品文物展 2 个、历史文化展 8 个、考古发现展 4 个、地域文化展 3 个、经典美术展 5 个；巡展共 4 个，分别在上海、四川、澳门和深圳展出。从陈列展览的情况来看，北京地区部分博物馆硬件条件已接近或达到发达国家博物馆的平均水平。

（五）参观人数

北京市文物局统计的数据显示，2016~2019 年北京地区博物馆参观人数依次为 1994.3 万人次、2362.7 万人次、2383.5 万人次、2530.8 万人次。2020 年为了防控疫情，全国各地博物馆皆采取限流措施，共接待观众 5.4

亿人次，其中未成年人观众 1.3 亿人次。北京地区博物馆也根据疫情防控情况动态，基本都减少开馆时间和每日观众的参观额度，采取预约、限流、错峰的方式接待观众，以确保疫情防控安全，因此 2020 年的观众数量普遍少于 2019 年。其中，中国国家博物馆共开放 232 天，入馆观众为 160 万人次。另外在抗疫期间，全国博物馆系统推出了 2000 多个线上展览，总浏览量超过 50 亿人次①。

二　北京“博物馆之城”建设的主要举措

目前，全国有 20 多个城市提出建设“博物馆之城”，包括北京、西安、南京、成都、广州、佛山、深圳、长沙、洛阳、郑州、大同等。被国家文物局提名的代表城市中，排在前列的是北京、西安、大同、南京，这些城市普遍具有深厚的历史底蕴、丰富的遗产资源和鲜明的文化特色。与众多创建“博物馆之城”的城市相比，北京地区在博物馆数量、等级、藏品、展览、参观人数、影响力等方面有明显优势，目前已经形成多学科、多层次、广布局的博物馆体系和纵横有序、精美交织的博物馆布局。北京紧紧抓住首都文博事业发展的契机，大力推进“博物馆之城”建设，自 2020 年以来全面推进了大量工作，积极开展相关的调研，加快制定相应的政策。

（一）做好顶层设计，建立战略合作

优化顶层设计、提供政策保障是“博物馆之城”建设的必经之路。2021 年，《北京市“十四五”时期文物博物馆事业发展规划》提出“博物馆之城”建设的 8 个重点工程及重点文化活动。在北京市推进全国文化中心建设领导小组下设“博物馆之城”专项工作组。积极开展《北京博物馆

① 《多地陆续拉开“博物馆之城”建设大幕，如何活用自身禀赋?》，《中国城市报》2021 年 6 月 10 日，https://baijiahao.baidu.com/s? id=1702183578985755929&wfr=spider&for=pc。

之城建设发展规划》调研论证、文件编制等工作。完成《北京市鼓励社会力量兴办博物馆的若干意见》的调研、文件起草和意见征集等工作，集思广益，广泛借力，鼓励社会多方力量的参与。

加强战略合作、扩大建设体系是“博物馆之城”建设的重要任务。2021 年，市政府与国家文物局签署共建北京“博物馆之城”战略合作协议，标志着“博物馆之城”建设开启了新篇章。这在专业层面上将相关建设工作引入规范化的快车道，这种部市合作的机制也为建立良好的合作模式提供了范例。此外，市文物局与北京广播电视台、中国人民大学首都发展与战略研究院等机构也建立了战略合作关系。

不囿于本地范围，广泛寻求合作伙伴，将文化融入城市整体发展是“博物馆之城”建设的题中应有之义。北京加强了与天津、河北等地区博物馆资源的共建共享，签署了京津冀博物馆协同创新发展合作协议，建立联席会议制度，借助文化联系促进城市建设，实现互助共赢。

（二）借助新兴科技，创新传播方式

北京将数字化建设纳入“博物馆之城”的顶层设计，从策略层到行为层落实信息化、数字化建设所需的管理制度、运行方式，提升博物馆的管理和工作效率，优化博物馆的公共服务。

2020 年以来，北京地区多个博物馆率先尝试，借助新兴科技建设“云端博物馆”。中国国家博物馆通过官网、微信、微博、抖音等各线上端口，打造“云端国博”，营造“云看展”这一在线游览博物馆的新模式；故宫博物院上线“畅游多宝阁”“数字故宫”等小程序，供游客线上近距离欣赏文物、参观故宫。故宫也高度重视藏品数字化进程，从 2020 年开始，每年采集 7 万~7.5 万件文物信息，现在已公开发布 8.3 万件文物影像。这些举措广受好评，“云游博物馆”成为近年来的热门，实现保护成果开放共享。2021 年，在“5·18 国际博物馆日”中国主会场上，“万年永宝——中国馆藏文物保护成果展”揭幕，“博物馆 5G 新生活”、“中国国宝大会”节目及“金话筒走进博物馆，带你一起读中国”等活动启动，青年论坛、主题论坛

和博物馆之夜等配套活动引发热潮，新增阅读量35.8亿，平台直播观看量超过668万①。

（三）打造展览品牌，提升服务水准

积极打造展览品牌，提升博物馆的业务水平，为公众提供更优质的精神文化服务。2021年，在市文物局组织下，全市博物馆参与了“2020年度全国博物馆十大陈列展览精品”推介活动。其中故宫博物院《丹宸永固——紫禁城建成六百年》荣获精品奖，中国人民革命军事博物馆《铭记伟大胜利　捍卫和平正义——纪念中国人民志愿军抗美援朝出国作战70周年主题展览》荣获特别奖，首都博物馆《1420：从南京到北京》荣获优胜奖。评奖活动是对博物馆核心业务展览工作的重视和强调，有助于文博行业展览标准的明晰与提升，也鼓励更多的文博人脚踏实地、积极投身于博物馆文化事业中。

北京加大博物馆的公共文化服务供给力度，满足人民群众的期待和需求。2021年，北京地区博物馆围绕中华优秀传统文化策划举办了各种展览及文化活动，题材丰富，形式多样，精彩纷呈。据市文物局统计，2021年共举办传统节日文化活动507项，其中临时展览336项、文化活动171项（含线上各类展览、活动112项），博物馆延时开放服务逾250余次。高标准举办了“5·18国际博物馆日”中国主会场活动和国际博物馆协会藏品保护大会。

（四）市、区两级发力，推动文博事业发展

“博物馆之城”建设是对全城的一次集结号。各区根据自身资源禀赋、区域特色，积极参与到“博物馆之城”建设中来，文博资源较为丰富的区积极构建自己的博物馆体系，有的区制定了具体的建设规划。

① 《北京市文物局2021年工作总结》，北京市文物局官网，2022年1月10日，http：//wwj.beijing.gov.cn/bjww/362679/362680/482911/21197580/index.html。

其中，朝阳区已经完成《朝阳区博物馆之城“十四五”发展规划》编制，计划在“十四五”末建成100家博物馆、美术馆等文化场馆，目标清晰，还制定了《朝阳区2021年非国有博物馆发展专项资金扶持方案》。亦庄经济技术开发区立足自身优势和特色，于2021年4月召开新闻发布会，宣布打造一座全域开放、自建共创、高端定位的“科技馆之城”，将为城市文化建设增添一抹鲜明的时代色彩。文化底蕴深厚的东城区、西城区也相继提出建设“博物馆之城”的目标，在持续高质量发展现有博物馆的基础上，还利用腾退空置的古建、老旧厂房，主动引进博物馆等文化场馆，使得本区的博物馆种类丰富、层次多元。另外，大兴国际机场还与首都博物馆等文博单位深度合作，将在机场旅客休息区引入展览、文化活动等博物馆功能，既提升自身的文化品位，也便于向广大国内外游客推广北京的历史文化。

三 “博物馆之城”建设面临的问题

虽然北京“博物馆之城”的建设取得了突出成效，仍有一系列问题亟待解决，任重而道远。市政协委员丛巍认为：“北京博物馆在布局上点、线、面的格局不够清晰，面虽广，但缺少突出的点和相当突出的线引领，难形成集聚效应，起到以点牵线带面、纲举目张的效果。”① 北京市的博物馆体系要实现布局合理、结构优化、特色鲜明、活力充沛、功能完备的目标，就需要加强顶层设计，从全局的角度统筹规划和协调北京地区博物馆的改革建设，细分到各方面、各层次、各要素，集中资源、高效快捷地实现目标。全面改革仍是北京文博界的趋势潮流，顶层设计的能力需进一步提升。

“博物馆之城”意味着本地的博物馆之间不能是孤绝隔阂的，而是要建立一种联盟关系，实现彼此之间沟通与分享的畅通。这就需要有一个公共平台，创造便利交流的环境，使各个博物馆能够形成一种看似松散其实牢固的

① 《26个城市争创“博物馆之城”，北京有何优势?》，《新京报》2022年1月8日。

联盟关系，既能保持个性化又能够多元共生。但目前北京地区博物馆间的学习交流、互惠共赢局面还未形成，缺乏一个推动联盟，一个促进相互合作的平台机构。不同级别、类型、性质的博物馆在藏品保管与修复、展览陈设、学术科研、教育服务及机构管理等方面，都有自己的特色与经验，但缺乏互通有无、共同促进以实现均衡化发展的条件，很容易造成各自为政、分兵把口的态势，从而阻断资源共享与信息互联互通。

另外，博物馆改革机制尚未健全，导致其整体发展仍然囿于传统理念、传统框架、传统路径。传统博物馆的建设经营较为静态单一化，一般以藏品、展览和社会教育为其核心业务，以综合办公、财务、人事、安全保卫、后勤、文化创意产品销售等运营工作作为其行政保障；而具体到每一项工作时，途径可能较为单一、范围较为固定、管理方式较为传统、手段技术较为陈旧，可能导致博物馆对外交流合作的对象范围较为固化、与广大群众现实生活的距离较远、呈现出的面貌活力较为欠缺。

四　推进北京“博物馆之城”建设的建议

（一）整体布局，统筹规划

需要提升对“博物馆之城”的统筹和支持力度，完善工作机制，推动建设工作的科学常态化。在决策层上，要进一步出台“博物馆之城”所需的政策方针、管理制度，指导引领方向，保障支撑实际运作；在行为层上，要能够贯彻落实相关政策，及时总结现状与难点，通过实践形成一套行之有效的运行模式。

北京地区的博物馆类型多样、性质不一，内部发展并不平衡，对于建设“博物馆之城”而言是一个艰巨考验。北京既有故宫博物院、中国国家博物馆这一类国内首屈一指的大馆，在历史积淀、自身实力、硬件设施、资源配置、影响力等各方面皆远超其他博物馆；也有较多条件相对落后、藏品稀缺、人气冷落、亟待改变的博物馆；另外还有大量位于中间层的博物馆，它们的各项指标仍然与头部大馆之间存在差距。

对于这种现实情况，在“博物馆之城”的建设过程中就必须有所侧重和针对性，不能“一刀切”，要对不同地区、不同层级、不同属性、不同类型的博物馆，提出不同的要求和目标，采取不同的管理模式，创造不同的发展环境，既要尊重各博物馆的特色和发展规律，又要达到协调统一、共同贡献的总体目标，作出长期的有针对性的发展规划，实现“美美与共”“和而不同”的境界。这需要在整体上保证不同地区、不同层级、不同属性、不同类型博物馆的均衡发展；也需要根据不同博物馆的实际情况，做出切实的判断，鼓励一部分自身优势明显的博物馆优先发展、自主发展，指导帮助一部分中小馆立足发掘自身特色，持之以恒地发扬光大，由大馆带动其他博物馆共同发展。

能否做好资源共享，是每一个承载中华文明的博物馆能否成为“世界一流”的试金石。在统筹整合资源、促进发展方面，需要政府出面打造便于各博物馆之间交流、互助、共享的平台。比如集中力量打造线上线下的交流平台，打破文博系统内部、不同行业之间的壁垒，鼓励彼此之间的交流学习、资源共享，推动跨界合作，促使各种资源既能够合法合规，又能够灵活有效地流动等。

总之，“博物馆之城”的建设需要由政府部门牵头，在顶层设计上对北京地区博物馆进行整体布局和科学规划，实现博物馆的高品质、差异化发展，最终构建现代化的博物馆服务体系。

（二）夯实基础，顺应潮流

博物馆工作涉及藏品征集、收藏与保护，展览策划、设计与陈列，考古发掘，学术研究，面向公众的宣传、教育与服务，以及机构管理行政运维等方方面面。一方面，博物馆要夯实自身建设和改革的基础。从藏品的角度来说，征集的途径、范围应多元化，要加强以藏品为核心的收藏、保护与研究工作，树立“为明天收藏今天”的征藏理念，强化预防性保护和数字化保护。从展陈的角度来说，要优化展览的内容、形式，使之更符合当代观众的需求，既要积极打造精品展览，不断从人类文明和优秀文化中汲取养料、补充新内容，使展览常看常新；又要努力实现线下展览到线上线下展览并行。从社会教育服务的角度看，传统单向输出知识、观众被动接受的模式，要向观众主动参与、双向互动的模式转变。

另一方面，博物馆要根据社会发展和时代进步的需要，加强数字化建设，以便更好地满足人民的精神文化需求。在这个“十亿量级”的信息网络时代，互联网已深入人们的生活，博物馆也必须顺应时代潮流，借助科学技术彰显多元风格与无限活力，将博物馆资源禀赋有效转化为传播动能，提高博物馆公共服务的均等化、便捷化、多样化、个性化水平。博物馆传播的内容、形式和手段需要创新，要充分利用最新的电子技术和新媒体技术，使得技术变革的成果能够运用到博物馆建设中，于继承中实现开创，于传统中体现进步。

具体而言，一是在展览的形式上，要推进云端博物馆长效发展。进一步创新现场展览展示的方式，致力于拓展在线展示空间，努力把基础研究、展览展示、市场开拓有机结合起来，提高展藏比、扩大受众面，把馆藏文物的历史价值、时代价值、艺术价值等充分挖掘展示出来；突破实体展览局限，提高观众的参与度和体验感，满足“触摸”文物的心理需求。二是在与公众的互动上，要借助数字技术增强与公众的联系和交流，帮助公众转换角色，从过去的单向被动接收信息变为主动参与体验。比如 2020 年以来，中国国家博物馆积极利用现代数字技术手段，联合抖音、淘宝、央视频 App 等互联网平台，推出多次“云直播”活动，相关话题引发舆论高度关注。三是要借助信息技术回馈社会，提高馆藏资源的开放度，实现博物馆所承担的传承和传播精神文化使命。2020 年因疫情的影响，我国各地公共文化服务场所暂停开放，不少博物馆、出版单位、文化企业等免费开放更多数字资源，让公众享受不同形式的在线服务。这些不仅是应时之举，更为线下有限的场地分流，切实解决了公共文化供给不均衡不充分的问题。

总之，新时代的博物馆有新的使命任务，要切实利用好时代发展所带来的科技变革成果，提供更好的文化服务，进而提升公众线上线下的体验感，增强人民群众对博物馆的接受度，增进文化认同、坚定文化自信。

（三）协力合作，共襄盛事

“博物馆之城”的建设是一个系统工程，需要与全城多方合作，拓宽与外界合作的思路、开拓合作的途径与方式、加大合作的力度和深度，广泛征集和借助社会力量，为自身工作破题。

就业务工作而言，博物馆的文物活化、线上展览等工程，对于新兴科学技术的依赖性大；就宣传传播而言，需要外界媒体力量的帮助；就行政运营工作而言，博物馆的管理运营要现代化、先进化，就必须借鉴国际化企业先进的经营模式；就博物馆的前景而言，除了传统的历史、考古、艺术等领域的专业人才，还需要其他不同专业的人才加入，需要先进设施设备的引进；等等。因此，对外合作的对象除了包括北京市内、全国范围内乃至世界范围内的其他文博业界机构和单位，还应包括政府相关部门、媒体、企业、高校、科研机构等。

北京地区博物馆在未来需要打破各馆之间、行业之间、地域之间的壁垒隔阂，对于人、财、物、技术要有共享交流的心态和举措，形成以自身为“小核心”、以外界力量为“大外围”的局面。出台落实《北京市鼓励社会力量兴办博物馆的若干意见》的配套政策，积极引导社会各界力量兴办博物馆，推动“类博物馆”对社会开放，涵养城市文化底蕴，共同致力于中华文明的传承。

比如，2021 年北京市文物局与中国人民大学达成共建“博物馆之城”协议意向，深入研究“博物馆之城”建设实现路径。这意味着文博单位与高校深度合作，可以在高校设立智囊团，借助高校等科研单位的科研力量，为“博物馆之城”提供思想基础。又如，随着消费结构升级，公众对博物馆的用户体验和个性化需求日益增强，亟须深度挖掘博物馆藏品内涵，促进博物馆文化产品开发，博物馆的生存模式由此面临变革。对此，中国国家博物馆顺应市场对“国潮”的热情，切中消费场景，与优质的商业巨头合作，打造既富含传统元素又具有科技价值和商业价值、品牌辨识度高的跨界产品，提升“文化+科技”的互联网消费体验。再如，北京市作为历史悠久的古都，拥有丰富的精神文化资源，应充分开发利用北京众多的历史遗址、名人故居、文化场所。这就需要博物馆主动融入社会，积极与相关政府部门、街道社区、单位机构、公司企业等多方交流合作，在各方的支持配合下，征集文物、开发建设，营造城市的历史文化氛围，打造博物馆生态文化圈，使得北京建设“博物馆之城”蔚然成风。

综上，北京地区博物馆担当着历史使命，既发挥了收藏、研究、教育、展示、传播的职能；又贯彻了新发展理念，创新了体制和机制，不断推进治理体系和治理能力现代化，从顶层设计到落地实施的各环节，为“博物馆之城”建设提供了北京样本。在未来发展道路上，还要进一步思考“博物馆之城”的格局与走向，着力解决问题、弥补不足，为北京城市发展、城市文化影响力提升做出更大贡献。

文化创新与融合发展

Cultural Innovation and Integrated Development

B.15
北京文化产业发展的新特征、新趋势

王林生*

摘　要： 北京的文化产业进入以文化与科技“双向赋能”为显著特征的新发展阶段。这是由数字文化产业成为重要的发展战略、融合机制不断健全和元宇宙作为终极应用场景的提出等多种因素共同决定的。在“双向赋能”的实践中，北京文化产业呈现出以IP为核心的支撑体系、以新业态为引领的结构体系和以新型消费为引领的消费体系等趋势和特征。强化“双向赋能”在文化产业发展中的基础性作用，应在基础设施、文化引领、内容设计和“专精特新”企业打造中，构建“双向赋能”得以实现的文化资源数据平台、强化“一城三带”作为整体文化IP的引领作用、强化“双向赋能”的价值内涵支撑，以及提升小微文化企业的竞争力。

关键词： 文化产业　“双向赋能”　“一城三带”　元宇宙　“专精特新”

---

* 王林生，北京市社会科学院文化研究所副研究员，研究方向为创意城市、文化产业。

“十四五”时期是北京文化产业高质量发展的关键时期，也是加快实现文化产业数字化的关键时期。2021 年作为“十四五”规划的开局之年，北京文化产业已恢复至疫情前的发展水平，彰显出文化产业的活力与韧性，文化产业在国民经济中的支柱性地位进一步增强。从 2020 年以来的发展趋势看，北京文化产业已经逐渐走出疫情带来的深度冲击，呈现出较快的发展态势。随着文化产业数字化的深入推进，北京的文化产业不断调整适应移动互联网时代文化产业发展的新需求，促进文化与各种数字科技的互动，丰富文化科技融合应用的场景，加快产业格局的数字化重构进程，北京的文化产业发展进行进入新的发展阶段。整体而言，文化与科技融合推动北京文化产业高质量发展，北京文化产业进入文化与科技“双向赋能”的新发展阶段。

一　北京文化产业进入“双向赋能”的新发展阶段

党的十八大以来，中国特色社会主义建设进入新时代，这是我国社会经济文化发展的新方位。在新时代的历史语境下，文化产业的高质量发展呈现出以文化与科技“双向赋能”为核心支撑的整体特征。所谓“双向赋能”，是指文化为科技赋能，文化成为科技应用场景的内容支撑；同时，科技为文化赋能，科技成为文化内容或形式创造性转化和创造性发展的条件。与以往提及的“双轮驱动”的不同之处在于，“双向赋能”更为强调文化与科技之间的融合、发展和效果机制。北京的文化产业在追求高质量发展的过程中，进入以“双向赋能”为核心特征的发展新阶段，基于以下要素的判断。

（一）数字文化产业成为首都文化发展的重要战略

数字文化产业是当前文化产业发展的重要战略，2020 年 10 月《文化和旅游部关于推动数字文化产业高质量发展的意见》的出台与实施，意味着在文化产业高质量发展的过程中，大力发展数字文化产业，积极推动文化与科技的融合。这一文件的出台与实施，意味着促进文化与科技的“双向赋能”被纳入国家文化发展的整体战略。为深入推动文化与科技在北京文化产业发展中的实践，北京市相继推出一批文化产业政策，在整体规划中对文化与科技的融合进行了重点部署，体现出整体布局、重点突出、精准发力的特点。

整体布局体现在把文化与科技融合纳入《北京市国民经济和社会发展第十四个五年规划和二〇三五年远景目标纲要》的范畴，明确将推动文化与科技、金融、旅游等领域融合发展，实施文化产业数字化战略作为北京市“十四五”文化发展的重要任务，并从城市建设、金融支持、空间规划、乡村振兴、疏危解困等多个层面予以政策支持，彰显出文化与科技融合是一个跨越多个领域的系统性工程。重点突出是围绕新业态、新模式及数字贸易等相关服务业进行规划，加快建设文化与科技融合的基础性设施，不断丰富和拓展前沿科技应用场景，培育北京经济新的增长点。精准发力则是围绕文博、文旅、网络内容和文化消费等，强调创新文化的传播方式和内容生产形式，推出一批有文化科技含量的内容产品，构建数字文化创新生态。

因此，北京推动文化与科技的“双向赋能”统筹贯彻在北京建设发展的多个领域，一系列政策规划的制定与实施，在顶层设计领域为“双向赋能”的实现规划了方向，奠定了基础。在此需要特别指出的是，随着产业融合的趋势进一步增强，联合发文的比例愈加明显。在所涉及的 28 个文件中（见表 1），8 个具有部门联合性质，其中以“领导小组”名义联合发文的数量为 3 个，部门联合发文的数量为 5 个。这彰显出推动文化与科技的“双向赋能”不能仅仅依靠单一部门力量，意味着部门之间的合作在推动文化与科技融合的过程中会越来越多，而部门间协调、衔接与合作，则成为亟待解决的重要问题。

表 1　近年北京文化产业相关政策一览

序号	发布时间	发文单位	文件名称
1	2020 年 2 月	北京市文化改革和发展领导小组办公室	《关于加强金融支持文化产业健康发展的若干措施》
2	2020 年 6 月	中共北京市委、北京市人民政府	《中共北京市委　北京市人民政府关于加快培育壮大新业态新模式促进北京经济高质量发展的若干意见》

续表

序号	发布时间	发文单位	文件名称
3	2020年9月	北京市委宣传部	《关于加快国家文化产业创新实验区核心区高质量发展的若干措施》
4	2020年10月	北京市文化和旅游局	《北京市文化旅游体验基地认定及管理办法(试行)》
5	2020年12月	北京市文化改革和发展领导小组办公室	《北京市文化改革和发展领导小组办公室关于应对新冠肺炎疫情影响促进文化企业健康发展的若干措施》
6	2021年1月	北京市人民代表大会	《北京市国民经济和社会发展第十四个五年规划和二〇三五年远景目标纲要》
7	2021年1月	北京市发展和改革委员会	《北京市"十四五"时期现代服务业发展规划》
8	2021年3月	中共北京市委、北京市人民政府	《关于全面推进乡村振兴加快农业农村现代化的实施方案》
9	2021年5月	北京市发展和改革委员会	《关于加强腾退空间和低效楼宇改造利用促进高精尖产业发展的工作方案(试行)》
10	2021年6月	北京市财政局	《北京市"十四五"时期公共财政发展规划》
11	2021年6月	北京市人民政府办公厅	《北京市人民政府办公厅关于促进全民健身和体育消费推动体育产业高质量发展的实施意见》
12	2021年6月	北京市广播电视局	《北京市广播电视局关于加强广播电视网络视听公共服务体系建设的实施意见(2021年—2025年)》
13	2021年6月	北京市发展和改革委员会	《关于印发加强腾退空间和低效楼宇改造利用促进高精尖产业发展工作方案(试行)》
14	2021年7月	中共北京市委办公厅、北京市人民政府办公厅	《北京市关于加快建设全球数字经济标杆城市的实施方案》
15	2021年7月	北京市发展和改革委员会等12部门	《进一步完善北京民营和小微企业金融服务体制机制行动方案(2021—2023年)》
16	2021年7月	北京市人民政府	《北京市"十四五"时期乡村振兴战略实施规划》
17	2021年8月	北京市商务局	《北京市"十四五"时期商业服务业发展规划》
18	2021年8月	中共北京市委办公厅、北京市人民政府办公厅	《北京培育建设国际消费中心城市实施方案(2021—2025年)》
19	2021年9月	北京市商务局、中共北京市委网络安全和信息化委员会办公室、北京市财政局、北京市经济和信息化局、北京市知识产权局	《北京市关于促进数字贸易高质量发展的若干措施》

续表

序号	发布时间	发文单位	文件名称
20	2021年9月	北京市文旅局	《北京市"十四五"时期文化和旅游发展规划》
21	2021年11月	北京市发展和改革委员会	《北京市"十四五"时期现代服务业发展规划》
22	2021年11月	北京市文物局	《北京市"十四五"时期文物博物馆事业发展规划》
23	2021年12月	北京市促进中小企业发展工作领导小组办公室	《北京市关于促进"专精特新"中小企业高质量发展的若干措施》
24	2021年12月	中共北京市委教育工作委员会、北京市教育委员会等16部门	《北京市学习型城市建设行动计划(2021—2025年)》
25	2022年1月	北京市文物局	《北京市"十四五"时期推进国际文物艺术品交易中心建设规划(2021—2025)》
26	2022年2月	中共北京市委宣传部	《北京市文化旅游领域"两区"建设工作方案》
27	2022年2月	北京市规划和自然资源委员会	《北京市国土空间近期规划(2021年—2025年)》
28	2022年3月	北京市文物局	《关于进一步推动局属博物馆文博文创工作的实施意见》

（二）文化与科技“双向赋能”的机制建设不断加强

促进文化与科技融合，实现文化与科技的“双向赋能”，需要构建相对完善的体制机制，搭建必要的平台。在体制机制建设层面，不断加强文化体制改革专项小组的统筹领导作用，制定并实施“十四五”时期文化产业发展规划、文化和科技融合示范基地认定管理办法，以及文化产业园区高质量发展的若干措施等，推动文化与科技“双向赋能”的进程。同时，服贸会文旅专题、北京新视听展区和深圳文博会北京展区等国家级高端平台，对具有科技内涵的文化产品高度关注，在内容展示层面强化了文化与科技的“双向赋能”发展导向。完美世界、北大方正、影谱科技、中文在线、新维畅想和故宫博物院入选国家第四批文化和科技融合示范基地，成为北京“双向赋能”重要的实践场域。

需要特别指出的是，疫情下文化与科技“双向赋能”进程加快。疫情防控常态化下，以线下为主的传统文化行业受到较大冲击，但也促使了行业加速数字化转型。如2020年《北京市文化改革和发展领导小组办公室关于应对新冠肺炎疫情影响促进文化企业健康发展的若干措施》明确指出，鼓励北京地区数字出版企业及相关文化机构在疫情防控期间免费对公众开放优质内容资源及公益性线上演出、功能性小游戏等数字文化内容服务，催生出“云展览”“云旅游”“云演艺”等新业态。

（三）元宇宙成为文化与科技“双向赋能”的应用场景

“双向赋能”需要现实产业中的应用场景，元宇宙的提出为文化与科技的“双向赋能”提供了终极目标。从技术发展的角度来讲，元宇宙是虚拟现实技术发展到一定阶段必然出现的产物，其发展模式或是“平行世界模式”，即依照在线游戏的模式，实现人造的虚拟现实与当下的真实世界平行，是与现实世界有区隔的“第二现实”；或是“混合世界模式”，通过技术构建起与现实世界同步的“增强现实”环境。无论哪种模式，“元宇宙本身不是一种技术发明，而是多种技术密集到一定程度后，成为一个无限开放平台，建构出第一个被现实化的可能世界。”① 在这个被现实化的可能世界中，文化成为科技的应用场景，科技为文化创造性转化和创新性发展提供支撑。目前，元宇宙仍处在基础技术阶段，所涉及的最初级基础设施、相关软件技术，以及内容生产机制已具有雏形，将为未来经济社会发展带来巨大变革。

随着元宇宙在各领域的渗透，世界各国都在积极布局元宇宙。《中华人民共和国国民经济和社会发展第十四个五年规划和2035年远景目标纲要》指出：“迎接数字时代，激活数据要素潜能，推进网络强国建设，加快建设数字经济、数字社会、数字政府，以数字化转型整体驱动生产方式、生活方式和治理方式变革。”各地也在纷纷布局元宇宙。北京作为国际科技创新中心和全国文化中心，把发展元宇宙作为推动文化建设的重要内容，并进行决

① 意娜：《元宇宙，大流行时代各取所需的概念狂欢》，《文化中国》2022年第2期。

策部署。2022 年 2 月 23 日北京市通州区人民政府办公室发布《关于加快北京城市副中心元宇宙创新引领发展的若干措施》（以下简称《措施》），这是北京市第一个区级推动元宇宙的发展文件。《措施》指出，加快推动元宇宙相关技术、管理、商业模式等在城市副中心的创新应用，加快培育新业态和新模式，推动互联网信息技术和各类业态的紧密融合，为数字经济的蓬勃发展提供坚实基础。同时，为加快元宇宙在通州的落地，首钢基金城市副中心产业引导基金、首钢绿色基础设施投资基金和北京城市副中心元宇宙发展基金，会推动元宇宙在通州的发展落地，强化通州文化旅游区、台湖演艺小镇、张家湾古镇、宋庄艺术区、运河商务区等区域文化与科技之间的“双向赋能”，打造丰富而多元的元宇宙应用场景和示范主题园区。

二　“双向赋能”在北京文化产业发展中的特征趋势

推动文化与科技的“双向赋能”，是北京文化产业的重要实践。在北京文化产业追求高质量发展的过程中，“双向赋能”成为激发和保持新业态的市场活力和韧性的重要基石，为北京在全国文化中心建设中发挥好引领和示范效应提供了坚强支撑。

（一）文化资源的开发利用逐渐形成 IP 化的支撑体系

文化资源的开发与利用，是文化产业快速发展的基础性支撑。在探索文化资源的转化利用、实现文化赋能科技的探索中，北京文化产业逐渐形成了以文化 IP 为核心的资源支撑体系。IP 是文化产业重点发展的内容与方向，2020 年 11 月出台的《文化和旅游部关于推动数字文化产业高质量发展的意见》在内容建设层面明确指出：“培育和塑造一批具有鲜明中国文化特色的原创 IP，加强 IP 开发和转化。”从文化产业的发展阶段与模式来看，我国文化产业正经历从要素集聚模式、内涵创新模式向 IP 引领模式的发展转向，而构建以 IP 为导向的文化产业发展体系，是促进文化与科技“双向赋能”的重要保障。

北京作为我国文化产业发达、文化资源丰富、创新要素聚集的城市，在推动文化产业高质量发展过程中逐渐形成了资源支撑、产业运营、金融扶持和明星产品“四位一体”的 IP 开发体系。资源支撑层面，博物馆蕴藏着丰富的文化资源，最大限度地开发利用博物馆资源，是强化文化产业资源支撑的重要保障。北京市文物局 2022 年 3 月出台的《关于进一步推动局属博物馆文博文创工作的实施意见》明确，将有序开展博物馆 IP 开发授权，强化文化资源对文化产业的支撑。产业运营层面，2018 年成立的中国文化传媒新文创（IP）平台，以及 2020 年 10 月成立的北京数字文化产业 IP 平台，成为文化 IP 知识产权保护、运用和开展综合服务开发的第三方平台，有助于文化资源与其他行业的结合。金融扶持层面，2017 年北京银行就开始在文化 IP 领域扶持文化产业发展，从最早成立文创金融事业总部、揭牌文创专营支行、首推“文化 IP 通”，到疫情防控期间推出“京诚贷”专属产品、“京彩文园贷”，以及与北京歌华签署合作协议，拟通过多元金融服务和渠道，共同支持北京文化文物单位围绕文化 IP 打造特色文旅产品。为进一步促进数字文化产业与金融的合作，以金融支持数字文化产业的创新发展，培育新文化业态，孵化新文化 IP，深圳文化产权交易所推出的“2021 年文化金融创新奖”之“2021 年度最佳数字文化 IP 投资机构奖”由两家北京的金融投资企业摘得，即北京红杉资本投资管理中心、星际量子（北京）科技有限公司，这展现出北京在金融孵化和扶持文化 IP 领域具有较强的金融活力和市场竞争力。在明星产品层面，以故宫文创为代表的“网红”产品，充分发掘和利用故宫文化资源，探索文化资源的数字化，推出“数字故宫”微信小程序，建成“数字故宫社区”，利用 AI、VR 等技术研发“数字故宫体验展”等。

可以说，文化资源开发利用 IP 体系的逐渐形成与完善，有力支撑了文化科技的“双向赋能”。一方面，通过挖掘和利用传统文化资源，实现了传统文化的活态传承，动漫、游戏、电影、展览等文化产品在数字化和网络化时代，焕发出新的生机与活力。另一方面，围绕文化 IP 开始逐渐形成新的生产体系、传播体系，适应新时代的文化新生态逐渐形成。但是，目前围绕文化 IP 进行的资源挖掘与开发，还仅停留在某一个具体的点上，作为整体的北京文化所具有的产业效能和发展潜力仍未得到有效释放，如何把北京文化打造为一个整体的文化 IP，在全国文化中心建设的格局和视野下凸显北京文化的特有魅力，仍是一个亟待破解的问题。

（二）文化产业逐渐形成以新业态为引领的结构体系

文化与科技的“双向赋能”，在整体产业发展上逐渐形成了以新业态为重要引擎的结构体系。文化新业态的成长与当代互联网信息技术的普及密不可分，在某种程度上，文化的创造性转化和创新性发展就是把传统文化的内容与形式充分与互联网信息技术融合再炼，以形成新业态、新模式和新消费。北京作为全国文化中心和国际科技创新中心，文化优势和科技优势明显，新业态为文化产业的发展提供了强力支撑。2021 年北京市规模以上文化产业收入为 17563.8 亿元，同比增长 17.5%，已恢复至疫情前水平，利润总额达到 1429.4 亿元，同比增长 47.5%。其中，以文化与科技为支撑的文化新业态发展迅速，体现出文化与科技的“双向赋能”在文化产业发展中的巨大推动作用。

在文化科技“双向赋能”的推动下，以满足多元化、个性化为特征的数字业态保持了强劲增长态势。2021 年，全市规模以上文化企业中文化新业态特征较为明显的 16 个行业小类，[①] 实现增加值 16251.9 亿元，按现价计算，2021 年比 2020 年增长 13.1%，占全市地区生产总值的 40.4%。其中数字经济核心产业增加值 8918.1 亿元，增长 16.4%，占地区生产总值的比重达到 22.1%，提高 0.8 个百分点。[②] 产业结构体系的不断优化，提升了北京文化产业的竞争力和影响力。2021 年今日头条继续领跑国内新闻资讯市场；

① 新业态特征明显的 16 个行业小类是广播电视集成播控，互联网搜索服务，互联网其他信息服务，数字出版，其他文化艺术业，动漫、游戏数字内容服务，互联网游戏服务，多媒体、游戏动漫和数字出版软件开发，增值电信文化服务，其他文化数字内容服务，互联网广告服务，互联网文化娱乐平台，版权和文化软件服务，娱乐用智能无人飞行器制造，可穿戴智能文化设备制造，其他智能文化消费设备制造。

② 《全市经济持续恢复　发展优势积蓄拓展——2021 年北京经济运行情况解读》，http://tjj.beijing.gov.cn/zwgkai/zcjd/202201/t20220119_2595391.html。

北京市游戏企业总产值约为 1022.61 亿元，约占全国游戏市场收入的 34.4%；“数字贸易示范区”建设稳步推进；传统业态向“云端”转型发展；沉浸式业态不断涌现。

表 2　2021 年北京市规模以上文化产业发展状况

单位：亿元，%

项目	收入合计		利润总额	
	数额	同比增长	数额	同比增长
文化核心领域	15848.3	17.8	1343.3	48.2
新闻信息服务	5124.9	21.5	54.7	-79.6
内容创作生产	3912.8	30.8	1131.8	132.6
创意设计服务	3925.3	6.2	84.6	12.7
文化传播渠道	2727.4	12.5	97.1	51.4
文化投资运营	45.2	11.1	16.3	-36.2
文化娱乐休闲服务	112.6	38.5	-41.2	—
文化相关领域	1715.6	14.4	86.2	37.7
文化辅助生产和中介服务	761.7	11.4	38.9	49.1
文化装备生产	120.3	8.3	3.7	24.9
文化消费终端生产	833.6	18.4	43.6	30.0
合计	17563.8	17.5	1429.4	47.5

资料来源：北京市统计局。

新业态为北京文化产业的发展注入了新的活力和动力。作为新的经济增长点，文化与科技在文化产业发展中的深度融合，不断拓展着业态的边界。但仍然存在一些不容忽视的问题，如文化产业中规模以上文化企业数量较少，小微型文化企业的特色化、专业化程度不明显，文化企业创新能力、转化能力和竞争力仍有待加强。

（三）文化消费打造以新型消费为引擎的消费体系

文化科技的“双向赋能”，在消费领域体现为新型消费成为风尚。所谓新型消费是指利用 5G、AR 等新技术“唤醒”传统历史文化，让橱窗中只供人静观的历史变成可体验、可参与、可互动的沉浸式场景。在文化强国建设中，文化与科技的“双向赋能”是推进文化建设的重要路径，也是深入提升文化产品内涵、品质，促进文化产业高质量发展的重要保障。近年来，借助 AR、VR、MR 等技术，沉浸式体验在吃、住、游、购、娱等领域深入发展，不断优化供给侧的内容供给。

以沉浸式为主要特征的新型消费，是提振消费的重要内容。2021 年 8 月出台的《北京培育建设国际消费中心城市实施方案（2021~2025 年）》明确指出：“依托文体产业资源优势，优化沉浸式商业综合体布局，将华熙 LIVE · 五棵松培育成为以‘时尚+多元业态融合’为特色的夜间消费集聚区。”2021 年 12 月，华熙 LIVE · 五棵松成功入选第一批国家级夜间文化和旅游消费集聚区名单。沉浸式互动体验和商业综合体打造，是发掘文化消费潜力的重要手段，北京在打造沉浸式消费场景上，以优化空间体验和互动为导向，推动一批传统业态的升级改造。2019 年，北京在王府井百货大楼地下二层和平菓局内打造国内首家场景沉浸式体验空间；2020 年，北京首批推出 16 个文化旅游体验基地，助力沉浸式文旅体验进一步普及；2021 北京消费季启动仪式打造全景沉浸式体验，以沉浸式体验为特色的北京环球度假区开园；2022 年，由北京戏精文化打造的北京首家国风大型沉浸式主题商业空间戏精桃花源等一系列沉浸式场景的涌现，不断以新的内容和形式展示北京在文化与科技融合领域的高度。

沉浸式的文化消费体验，充分利用了 VR 技术、超高清技术等现代科技技术，并开展了相关服务，有效提升了北京文化消费的品级。但是需要指出的是，很多沉浸式体验项目仅把体验感局限在感官的被动接受上，缺乏与文化的深度互动，或者借助文化 IP 只是宣传的噱头，没有充分利用文化资源打造有内涵的、差异化的文化 IP 项目。

三　深入推动北京文化与科技“双向赋能”的对策建议

推动文化与科技的“双向赋能”，是推进文化新业态持续繁荣的重要保证。在未来文化产业发展过程中，新业态对文化产业的引领和支撑作用会越来越明显。因此，深入实现“双向赋能”在文化产业中的实践，有助于持续推动文化产业高质量发展。

（一）加快建设新一代文化基础设施，构建“双向赋能”得以实现的文化资源数据平台

在5G、云计算等新一代互联网信息技术的推动下，文化跨界融合的进程将逐步加快。但是，实现文化与科技“双向赋能”的基础是文化内容的选择与挖掘。2020年5月，中央文改办下发《关于做好国家文化大数据体系建设工作的通知》，指出建设国家文化大数据体系是新时代的一项文化基础性工程，提出建设“中国文化遗产标本库”“中华民族文化基因库”“中华文化素材库”“国家文化大数据云平台”等文化基础设施。这就意味着，新一轮文化基础设施建设把文化资源的数据化作为重要内容，而这种文化资源对推进文化与科技的“双向赋能”具有支撑作用。因此，北京在实施新一轮文化基础设施建设，构建北京文化资源数据库的过程中，应秉持全产业链、全价值链的全局观，加快文化资源、文化遗产的数字化，以文化数字开源平台为纽带，为新业态的文化创意和技术创新者提供内容素材支撑，让优质内容能以更多元的形式，实现和用户的对话。

（二）强化“一城三带”作为整体文化IP的引领作用，明确“双向赋能”的文化着力点

北京丰富的历史文化资源，是北京发展文化产业最强有力的支撑。但是实现文化与科技的“双向赋能”，应具有较高的站位和起点，应突出北京文化的整体性。目前，“一城三带”是北京最具独特性的文脉标识，是具有集体文化心理和社会共识的文化符号，强化以“一城三带”为文化IP的文化产业建设，有助于文化资源的挖掘与活态传承，突出北京文化产业的身份标识，在建设全国文化中心的过程中，能够以文化的特色化为破解文化产业“千园一面”“千品一面”的窘状提供北京方案，把文化创意和活态传承的重心引导到“一城三带”上来。同时，也能够以“一城三带”为统领，统

筹利用北京的各类文化资源，最大限度地把文化资源转化为文化资本，真正实现文化赋能科技和城市发展。

（三）提升以“一城三带”为依托的沉浸式内容设计水平，强化“双向赋能”的价值内涵支撑

文化产业不仅仅是售卖文化产品，更重要的是让人们在消费文化产品时获得消费体验。而文化产业如果要实现差异化、特色化发展，就必须在内涵上赋予文化产品以特定的价值，即把 IP 的文化价值融入创意产品的品牌价值之中，而不只是打造一个简单的文化体验项目，或纯粹借用一个 IP 的空壳。依托“一城三带”，强化沉浸式文化体验的内容设计，重在对文化资源本身进行内涵提炼，即必须在“一城三带”的宏观视野下赋予文化 IP 以价值，如对京西古道的认知不能仅停留在运煤进京专用道路或以“西山大路”为主干线的层面，而应从城市文脉的角度，深入挖掘历史与现实的紧密联系，从传统文化的创造性转化和创新性发展的维度，审视历史积淀与现代传承的关系，赋予其特定的文化内涵价值和专属的传播话术，并在此基础上进行项目孵化、文创 IP 打造、文创产品制造、周边产品开发及文化贸易开展等。

（四）强化打造文化新业态的“专精特新”企业，在“双向赋能”中提升小微文化企业的竞争力

随着文化与科技的跨界融合，技术正在改变文化产业的门类边界，当前 5G 通信技术、人工智能技术、云计算技术、大数据技术、区块链技术、增材制造技术、物联网技术和数字图像处理技术等八大技术在 146 个文化产业门类中存在不同程度的渗透与融合，催生出许多的新的业态类别。需要特别指出的是，这些业态在某一行业领域具有主营业务突出、竞争力强、成长性好的发展特征，在国家认定的三批次 4762 家“专精特新”企业中，中小文化企业不是分类培育的重点，与“文广体旅”直接相关的文化企业不足 20 家，北京仅有北京永新视博数字电视技术有限公司 1 家企业入围。目前，加快发展文化类“专精特新”企业已成为发展共识，山东、安徽等省均把数

字创意等列入“专精特新”之列。“十四五”期间，北京围绕数字创意，推动创意设计与战略性新兴产业相结合，坚持文化装备产业发展与北京市产业结构深度调整相适应，推动文化装备产业向设计、研发、服务等高精尖方向发展，具有较大的发展潜力。因此，北京在推动文化与科技“双向赋能”的过程中，可以通过政策引导、产业扶持和环境优化等举措，在全场景智能生态、数字文旅综合服务平台、数字 IP 线下打造体验场景、沉浸式艺术体验展、演艺装备、创意确权、4D 打印和超材料激发创意衍生品、云演艺等领域，孵化和培育“专精特新”的文化企业。

B.16

旅游业发展的新变局和北京的新机遇*

荆艳峰　陆跃祥　刘　敏　李杰澄　黄　婷**

摘　要： 本文分析北京市旅游业在新冠肺炎疫情背景下发展的总体状况；并从认知、情感和行为意向三个维度，以北京市居民为主要抽样对象，调研疫情防控常态化下旅游消费者态度的变化；预测未来北京文化旅游发展的新趋势、新模式，并提出对应性的策略建议。

关键词： 文旅融合　旅游消费　旅游业　北京市

旅游业是疫情敏感性行业。2021 年是“十四五”开局之年，北京市文旅业经受了严峻的挑战。出于疫情防控工作大局的需要，北京市多次动态调整文化和旅游场所开放政策，推动“限量、预约、错峰”常态化，建立健全跨省旅游“熔断”机制，启动旅游热点防疫预报机制，文化旅游业克服疫情影响、推动行业复苏举步维艰。文旅企业和文旅从业人员在抗疫服务、冬奥服务中积极寻求转机，为创造人民高质量生活砥砺前行。同时，机遇往往与挑战并存。在世纪变局和建党百年之际，红色旅游、乡村旅游与民宿、

* 本文是北京市社会科学基金重点项目（15JGA032）的研究成果。本文调研部分采纳北京联合大学“启明星”大学生科技创新项目“历史文化街区发展定位与游客感知比较研究——以什刹海片区为例”的成果，该项目指导教师为荆艳峰，项目组长黄婷，成员包括何哲源、姜鸿宇、谭茹文和吴淑童。

** 荆艳峰，北京联合大学旅游学院副教授，主要研究方向为旅游管理；陆跃祥，北京师范大学经济与工商管理学院教授，博士生导师，主要研究方向为旅游管理；刘敏，北京联合大学旅游学院教授，主要研究方向为旅游管理；李杰澄，北京联合大学旅游学院学生；黄婷，北京联合大学旅游学院学生。

古镇游、微度假、历史文化街区文化探访及元宇宙等旅游新概念、新形式开始活跃；疫情历经两年多，居民旅游消费行为和旅游行业管理机制也发生了实质性的变化；新一轮旅游投资正在积极布局，旅游业结构性变局已现端倪。

一　新冠肺炎疫情对北京旅游业的影响

（一）总体影响

2016~2019 年，北京市旅游业呈现蓬勃发展的健康走势。2019 年受国际国内经济下行因素的影响，旅游业发展增幅下滑，但增长态势仍然持续。2019 年北京市全年接待游客总量达 32209.8 万人次，旅游总收入达 6224.6 亿元，各项旅游总量的统计指标均达到历史峰值。

2020 年国内旅游业受新冠肺炎疫情影响严重，北京市全年接待游客总量为 18386.5 万人次，仅为 2019 年的 57.1%；实现旅游总收入 2914.0 亿元，仅为 2019 年的 46.8%。2021 年，在旅游景区（点）严格落实“限量、预约、错峰”等疫情防控常态化要求和文旅场所 75%限流预约要求的前提下，北京市接待游客总量 25512.8 万人次，同比增长 38.8%，恢复到 2019 年的 79.2%；实现旅游总收入 4166.2 亿元，同比增长 43.0%，恢复到 2019 年的 66.9%①。内循环仍旧是旅游市场主导模式，而本地游构成内循环的主要方式。

（二）国内旅游市场受疫情影响情况

国内旅游市场方面，2016~2019 年国内旅游人数的年增长率为 4.3%~4.7%，国内旅游收入的年增长率为 8.4%~9.4%。2019 年，北京市接待国内游客 31833.0 万人次，其中外省来京游客 19267.2 万人次，市民游客

① 北京市文化和旅游局_统计信息，http://whlyj.beijing.gov.cn/zwgk/zxgs/tjxx/。

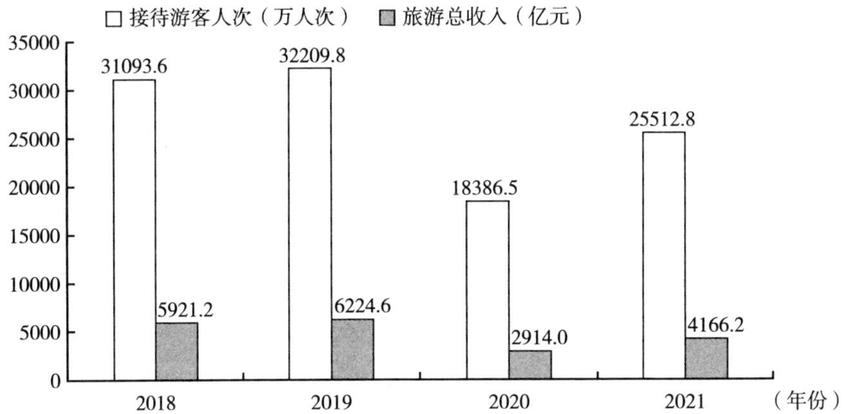

图 1　2018~2021 年北京市旅游业发展总况对比

12565.7 万人次；国内旅游收入 5866.2 亿元，其中外省来京游收入 5306.9 亿元，市民在京游收入 559.2 亿元。通过计算发现，2019 年国内游客占北京接待游客总人数的比重为 98.8%，收入比重为 94.2%。其中，本地游占国内游人数的比重为 39.5%，收入比重为 9.5%。

2020 年受新冠肺炎疫情影响，北京市全年接待国内游客 18352.4 万人次，仅为 2019 年的 57.7%，其中外省来京游客 9713.0 万人次，为 2019 年的 50.4%；市民游客 8639.3 万人次，为 2019 年的 68.8%。国内旅游收入 2880.9 亿元，为 2019 年的 49.1%，其中外省来京游收入 2513.9 亿元，为 2019 年的 47.4%；市民在京游收入 367.0 亿元，为 2019 年的 65.6%。计算发现，2020 年国内游客占北京接待游客总人数的比重为 99.8%，收入比重为 98.9%。其中，本地游客占国内游客人数的比重为 47.1%，收入比重上升到 12.7%。

2021 年北京市在疫情平稳期间积极推进旅游业复工复产，国内旅游人数和收入较 2020 年均有显著增长，全年接待国内游客 25488.3 万人次，同比增长 38.9%，为 2019 年的 80.1%。其中，外省来京游客 12881.1 万人次，同比增长 32.6%，为 2019 年的 66.9%；市民游客 12607.2 万人次，同比增长 45.9%，为 2019 年的 100.3%。在旅游收入的贡献方面，2021 年北京市国内旅游收入 4138.5 亿元，同比增长 43.6%，为 2019 年的 70.6%。其中，外省来京游收入 3657.7 亿元，同比增长 45.5%，为 2019 年的 68.9%；市民在京游收入 480.7 亿元，同比增长 31.0%，为 2019 年的 86.0%。通过计算发现，2021 年国内游客占北京接待游客总人数的比重为 99.9%，收入比重为 99.3%。其中，本地游客占国内游客人数的比重为 49.5%，收入比重为 11.6%①。

图 2　2016~2021 年北京市国内旅游市场状况对比

表 1　疫情前后北京市国内游和本地游所占比例变化

单位：%

<table>
<tr><th colspan="2">项　目</th><th>2019 年</th><th>2020 年</th><th>2021 年</th></tr>
<tr><td rowspan="2">国内游在总旅游中的比重</td><td>国内游人次 / 旅游总人次</td><td>98.8</td><td>99.8</td><td>99.9</td></tr>
<tr><td>国内旅游收入 / 旅游总收入</td><td>94.2</td><td>98.9</td><td>99.3</td></tr>
<tr><td rowspan="2">本地游在国内游中的比重</td><td>本地游人次 / 国内游人次</td><td>39.5</td><td>47.1</td><td>49.5</td></tr>
<tr><td>本地游收入 / 国内游收入</td><td>9.5</td><td>12.7</td><td>11.6</td></tr>
</table>

① 北京市文化和旅游局_ 统计信息，http://whlyj.beijing.gov.cn/zwgk/zxgs/tjxx/。

在疫情间歇期，北京市旅游市场尽力恢复，民众需求也一直保持旺盛。只是国内旅游消费行为有了很大变化。除必要的商务旅行外，居民减少出境游和国内长途游，周边游和在京游在疫情空窗期逆势增长，成为旅游经济的主力。两年来，国内游在总旅游中的比重（人数和收入）与本地游在国内游中的比重（人数和收入）比 2019 年均有较大幅度的提升。北京市国内旅游收入的增速高于国内旅游人数的增速，说明即使是在疫情下，国内旅游人均出游花费还是在逐年增加，基本实现了旅游业提质增效的预期。

（三）国际旅游市场受疫情影响情况

从北京市文化和旅游局公布的数据看，“十三五”期间国际旅游状况在前四年基本保持平稳，其中出境旅游处于缓慢下降趋势，主要原因是国际经济下行，还有主要客源国的地缘政治不稳定。

疫情发生后，国际旅游除了必要的出入境业务之外基本停摆。2020 年国际旅游市场受疫情影响严重。总体上，旅行社组织的出境旅游人数大于入境旅游人数。2020 年北京市接待入境游客 341004 人次，是 2019 年同期的 9.0%；国际旅游外汇收入 4.8 亿美元，是 2019 年同期的 9.2%。

2021 年北京市接待入境游客 244945 人次，同比增长-28.2%，是 2019 年同期的 6.5%；国际旅游外汇收入 4.3 亿美元，同比增长-10.4%，是 2019 年同期的 8.3%。

2021 年，主要客源国（地区）来京人数合计 244945 人次，同比增长-28.2%。其中，外国人来京 174520 人次，同比增长-33.9%；中国澳门来京 3110 人次，同比增长-22.8%；中国台湾和中国香港来京人数同比增速分别为-6.6%和-8.3%。亚洲来京 62458 人次，同比增长-33.7%；欧洲来京 52021 人次，同比增长-28.9%；美洲来京 44052 人次，同比增长-43.2%；大洋洲来京 6104 人次，同比增长-44%；非洲来京 5654 人次，同比增长 0.7%；其他地区来京 4231 人次，同比增长 12.6%。

在所有国家中，主要的客源国排名前五的是：美国 34073 人次，同比增

图 3　2016~2021 年北京市国际旅游人数对比

注：2021 年北京市旅行社组织出境旅游人数无官方数据。

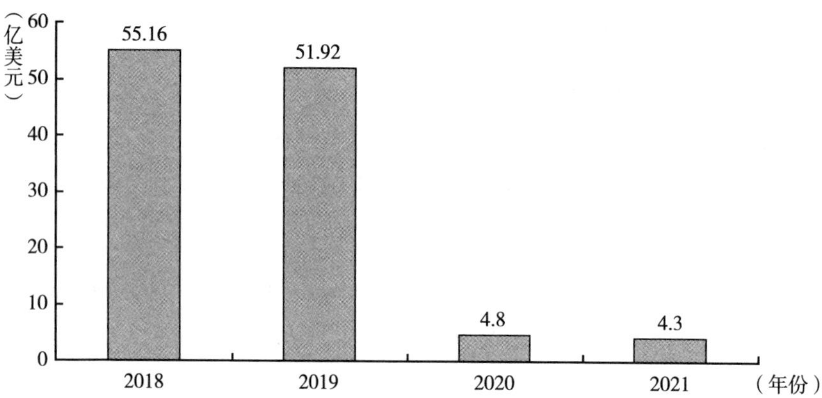

图 4　2018~2021 年北京市国际旅游外汇收入对比

长-40.9%；韩国 22733 人次，同比增长-9.4%；日本 14672 人次，同比增长-23.7%；德国 11927 人次，同比增长-30.2%；加拿大 9889 人次，同比增长-18.9%。增长率前五名分别是：巴基斯坦 1195 人次，同比增长 28.8%；韩国 22733，同比增长-9.4%；瑞典 2173 人次，同比增长 4.3%；意大利 3949 人次，同比增长-4.3%，朝鲜 401 人次，同比增长-9.1%。降幅前五名是：蒙古 135 人次，同比下降 92.8%；印度尼西亚 404 人次，同比下降 86.4%；缅甸 99 人次，同比下降 84.4%；越南 133 人次，同比下降 72.7%；西班牙 1189 人次，同比下降 60.4%①。

（四）疫情对假日旅游市场的影响

新冠肺炎疫情下，北京倡导“就地过节”“非必要不出京”，外地来京旅游市场受到抑制，使得北京市民成为北京旅游市场的绝对主体。即使这样，北京文化旅游市场仍旧在北京无疫情期间得到复苏。从北京市文化和旅游局已公布的节庆市场数据看，市民文化旅游消费的潜在需求仍然旺盛，只要疫情可控，防疫管控解除或放宽，消费潜力就能迅速有效释放。乡村旅游成为北京市民假日释放旅游消费潜力的主要替代性通道。

表 2　2021 年假日旅游市场相对于前两年的变化

分类	指标	比较	春节	清明	五一	端午	国庆
总接待情况	接待旅游总人数	恢复到 2019 年的比重	81.7%	98.7%	98.4%	77.7%	93.5%
		同比增长	3.5 倍	4 倍	81.9%	2.3 倍	0%
	旅游总收入	恢复到 2019 年的比重	51.9%	108.7%	86%	91.3%	96.8%
		同比增长	2.9 倍	9.3 倍	1.2 倍	2.8	115.0%
	人均花费	恢复到 2019 年的比重	63.5%	—	106.1%	—	103.5%
		同比增长	-13.1%	—	4.7 倍	—	16.6%
接待市民在京游情况	接待市民在京游人数	恢复到 2019 年的比重	105.4%	—	—	—	—
		同比增长	7.3 倍	—	—	—	—
	接待市民在京游收入	恢复到 2019 年的比重	125.5%	—	—	—	—
		同比增长	12 倍	—	—	—	—
	市民人均花费	恢复到 2019 年的比重	119%	—	—	—	—
		同比增长	61.9%	—	—	—	—

① 北京市文化和旅游局_ 统计信息，http://whlyj.beijing.gov.cn/zwgk/zxgs/tjxx/。

续表

分类	指标	比较	春节	清明	五一	端午	国庆
接待外省游情况	接待外省旅游人数	恢复到 2019 年的比重	49.7%	—	—	—	—
		同比增长	96.5%	—	—	—	—
	接待外省旅游收入	恢复到 2019 年的比重	38.5%	—	—	—	—
		同比增长	1.8 倍	—	—	—	—
	外省游客人均花费	恢复到 2019 年的比重	77.4%	—	—	—	—
		同比增长	40.7%	—	—	—	—
乡村旅游情况	乡村游人数	恢复到 2019 年的比重	24%	89.7%	106.1%	89.3%	85.1%
		同比增长	5.5 倍	339 倍	4.7 倍	12.9	40.8%
	乡村游营业收入	恢复到 2019 年的比重	53.4%	111.3	120.9%	114.2%	128.5%
		同比增长	10.6 倍	303.6 倍	5.3 倍	13.9	81.3%

注："—"为未搜集到官方公布数据。疫情防控要求为春节期间，室内 50%、宾馆饭店 75%、景区 50%限流，都需要预约；清明、五一、端午、国庆 75%限流，需要预约。参见北京市文化和旅游局_ 工作动态_ 春节假日文旅市场井然有序，线上线下文旅活动精彩纷呈，http://whlyj.beijing.gov.cn/zwgk/xwzx/gzdt/202102/t20210217_ 2282851.html；北京市文化和旅游局_ 工作动态_ 缅怀踏青两相宜，文旅市场展活力，http://whlyj.beijing.gov.cn/zwgk/xwzx/gzdt/202104/t20210405_ 2344782.html；北京市文化和旅游局_ 工作动态_ 五一假期游客热情高涨 首都文旅市场持续火爆，http://whlyj.beijing.gov.cn/zwgk/xwzx/gzdt/202105/t20210505_ 2380824.html；北京市文化和旅游局_ 工作动态_ 2021 年端午假日文旅活动情况通报，http://whlyj.beijing.gov.cn/zwgk/xwzx/gzdt/202106/t20210614_ 2412447.html；北京市文化和旅游局_ 工作动态_ 2021 年国庆节假日文化和旅游行业七天情况，http://whlyj.beijing.gov.cn/zwgk/xwzx/gzdt/202110/t20211007_ 2507641.html。

二 疫情常态化防控下的居民旅游消费态度调查

本节以北京市常住居民为主要调查对象，通过发放网络问卷调查分析居民在疫情前后旅游消费行为的变化，揭示疫情对旅游者的影响。

问卷主要分为四部分：第一部分是人口统计学特征的调查，包括性别、年龄、收入和文化程度等情况；第二部分是关于疫情防控常态化下旅游者消费行为的感知调研；第三部分是关于疫情常态化防控下旅游者消费行为的情感调研；第四部分是关于疫情常态化防控下旅游者消费行为的意向调研。

问卷发放时间为2021年2月20日到2021年3月29日。由于疫情管控原因，发放方式为网络发放，共回收问卷428份。

（一）受访者总体特征

受访者以男性居多，男女比例接近六四开；在年龄结构中，35岁以下的年轻人接近七成，36~45岁的人群占到10.5%左右，46~60岁的中年群体占到总人数的15.9%，60岁及以上的人群数量较少，占到3.1%；由于受访对象以年轻人为主，因此在收入结构当中，月收入5000元及以下的群体接近六成，5001元到1万元月收入的群体约占1/4，月收入1万元以上的群体不足两成，整体以中等收入群体为主；在学历结构中，本科及以上的群体占到七成多，大专学历占到15.4%，高中及以下占到12.6%，总体学历层次较高；在职业分布上，学生所占的比例最高，达到46.7%，事业单位的职工占到15.9%，私企职员占到11.9%，公务员占到4.9%，自由职业者及其他占到20.6%。

表3　旅游消费者抽样样本概况

单位：%

项目		所占比例
性别	男	59.0
	女	41.0
年龄	18岁以下	2.8
	18~25岁	53.0
	26~35岁	14.7
	36~45岁	10.5
	46~60岁	15.9
	60岁及以上	3.1

续表

项目		所占比例
月收入	2200 元以下	35.0
	2201~5000 元	21.7
	5001~10000 元	25.5
	10001~20000 元	11.2
	20000 元以上	6.6
学历	高中及高中以下	12.6
	大专	15.4
	本科	62.6
	硕士及以上	9.4
职业	学生	46.7
	自由职业者	8.4
	公务员	4.9
	事业单位职工	15.9
	私企职员	11.9
	其他	12.2

（二）居民旅游消费感知分析

1. 疫情防控常态化下居民对旅游消费的认知情况

（1）疫情防控常态化下居民“宜游性”认知

在被问及“疫情防控条件下您认为是否适合出游”问题时（从 1 分到 5 分分别表示从非常不适合到非常适合），从总体看，居民对本地旅游有较高热情，在本地无疫情及疫情稳定的条件下均认为比较适合出游。相对而言，居民对跨省旅游表现出慎重态度，在途经无疫区的情况下，表示适合出游，而在途经疫区的情况下则表示不太适合出游。比较意外的是，受访者对疫情严重区域的宜游性，也并没有表示完全否定。

（2）疫情防控常态化下居民旅游“安全性”认知

在被问及“疫情防控常态化下国内游安全吗”这一问题时，居民对无疫情期间（防控稳定，无新增病例）在周边或者省内旅游的安全性评

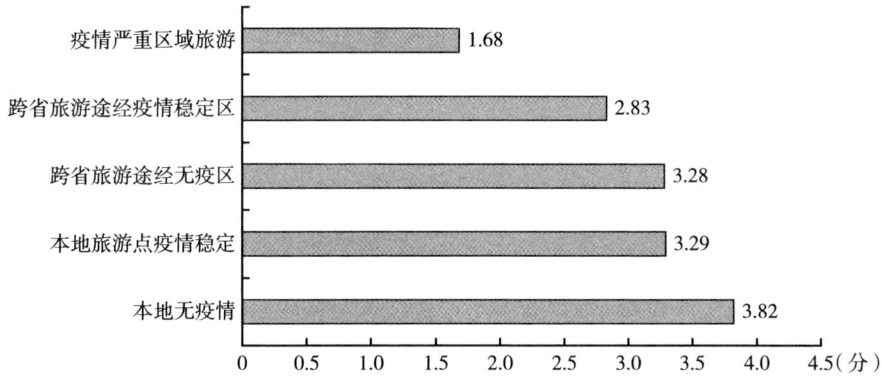

图5　疫情防控常态化下居民对“宜游性”认知评价

价值最高，为3.53分（5分为绝对安全）；对自己做好防护前提下的旅游安全性评价值为3.25分；对有疫情期间（有新增病例）在周边或者省内旅游的安全性评价值为2.80分，对没有确诊病例的地方旅游安全性评价值为2.89分。

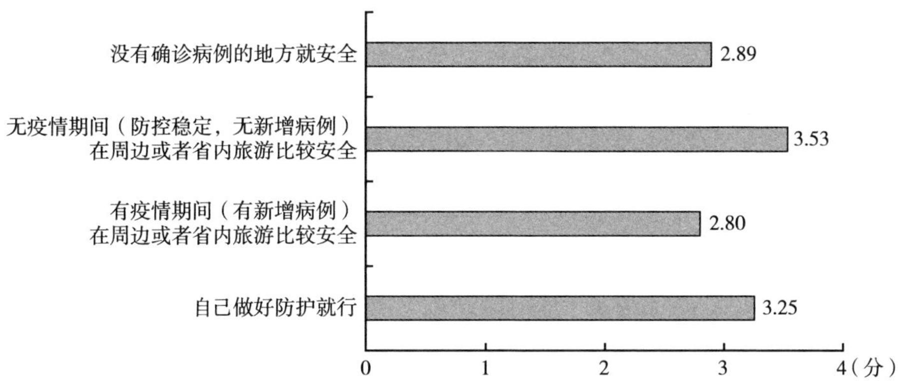

图6　疫情防控常态化下居民对“安全性”认知评价

（3）疫情防控常态化下居民对“旅游频率变化”的认知

调查发现，从居民的旅游频率来看，只有3.97%的受访者旅游频率较以前提高，有6.78%的受访者表示没有变化，27.57%的居民表示旅游频率下降，61.68%的人表示旅游频率受疫情影响显著下降。这与市场反馈的宏观数据是相吻合的，疫情对人们出游频率的降低形成显著的影响。

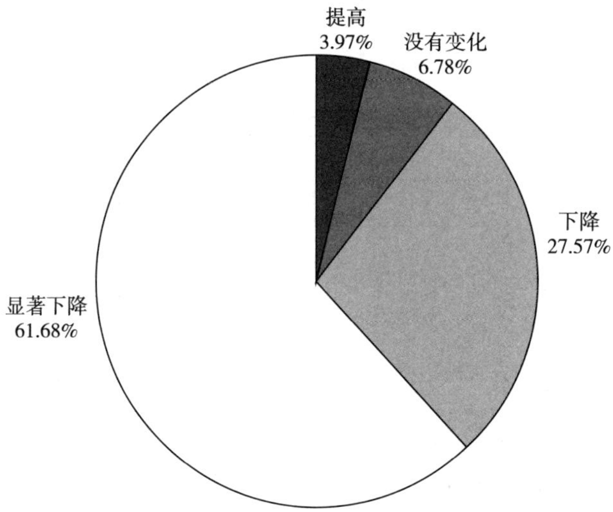

图 7　疫情防控常态化下居民旅游频率变化

（4）疫情对居民“旅游消费行为变化”影响程度的认知

在被问及“受疫情影响，您的旅游行为发生变化的程度”时，按照影响程度（5 分为受影响程度很大），从大到小分别为：出行前更多关注疫情情况和防疫政策（4.46 分）、出行中注重防疫措施（4.42 分）、地域限制改变了目的地选择 4.36 分、防控措施改变了部分行程 4.23 分、防控预警改变了出游计划 4.22 分、缩小了旅游活动范围 4.08 分、出游意愿降低 3.91 分、出游花费总额减少 3.79 分、改变了旅游产品类型的选择 3.71 分、疫情改变了出行交通工具 3.70 分。由上可见，人们旅游消费行为因为疫情已经在很多方面发生了很大程度的改变。

2. 疫情防控常态化下居民对旅游消费的情感分析

（1）疫情防控常态化下居民对各类旅游形式的偏好程度

据调研结果，在疫情防控常态化条件下，居民对各类旅游形式的偏好程度（5 分为非常偏爱）从高到低的排序如下：自驾游 4.00 分，户外游 3.80 分、本

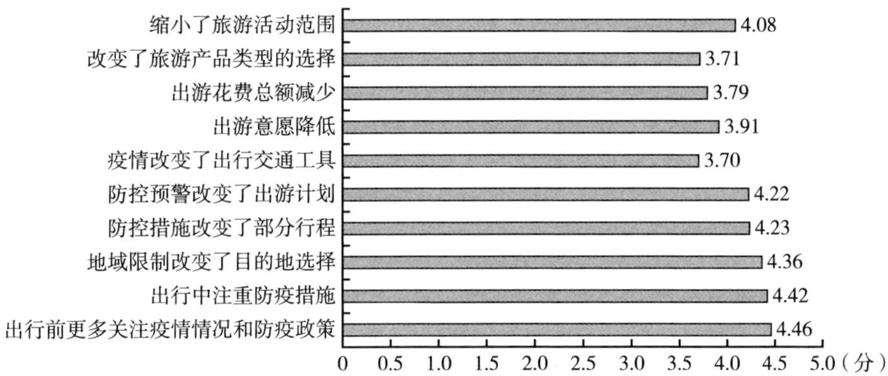

图 8　疫情对居民“旅游消费行为变化”影响程度的认知

地游 3.76 分、乡村游 3.38 分、城市慢旅游 3.40 分、微旅游 3.14 分、定制游 2.95 分、随团游 2.18 分。人们更喜欢自助出行、开阔地带出行、本地出行和低聚集性出行。这个结果符合疫情防控的要求和居民出于安全防护考虑的初衷。

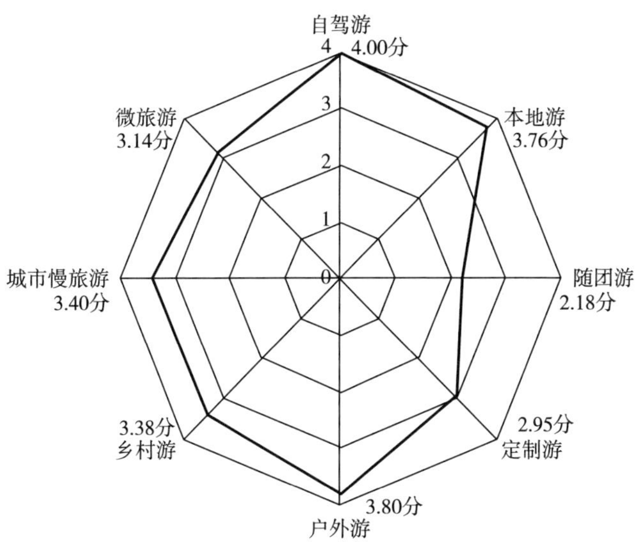

图 9　疫情防控常态化下居民对各类旅游形式的偏好程度

（2）疫情防控常态化对出游意愿的影响面及影响程度

在被问及疫情防控常态化中哪些因素对出行构成影响，以及这些因素在多大程度上影响到旅游出行时（5 分表示影响巨大），按照居民反馈意见，影响程度从大到小排列的各类因素分别是：担心景区的人员聚集问题 3.93 分，疫情不稳定导致不确定性增加 3.89 分，限制措施降低体验性 3.89 分，核酸检测手续和过程增加旅途不便 3.88 分，出行受限不便捷 3.84 分，因为收入降低导致旅游需求减少 3.39 分。

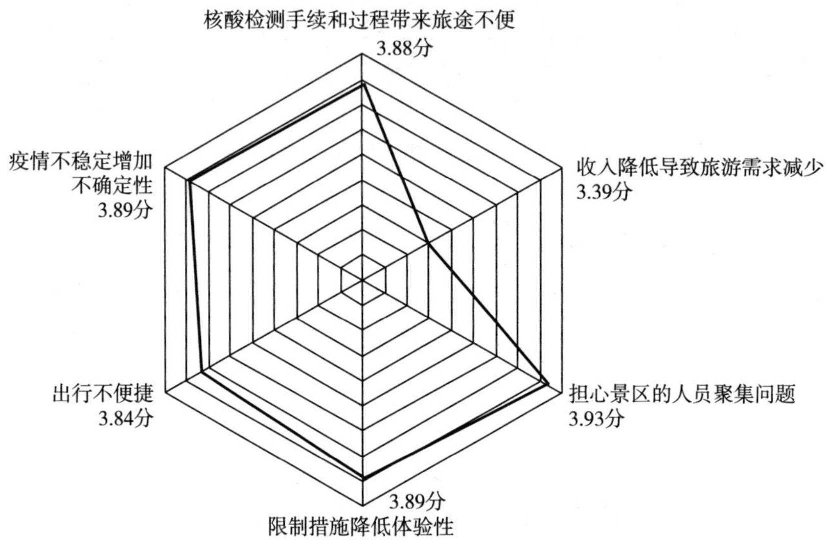

图 10　疫情防控常态化下各类因素对居民出行的影响程度

（三）疫情防控常态化下居民对旅游消费的行为意向分析

1. 疫情防控常态化下各类旅游动机强烈程度评价

疫情防控常态化下，按照各类旅游动机强烈程度从高到低排序（5 分表示很强），分别为：舒缓工作或学习上的压力 3.79 分，欣赏异地风景文化 3.64 分，提升自身文化水平或拓宽视野 3.56 分，打发空闲时间 3.41 分，锻炼身体增强体质 3.29 分，考察学习 2.96 分，探亲访友 2.89 分，商务旅行 2.55 分。

2. 疫情防控常态化下出游时间的选择

在被问及疫情防控常态化下出游时间时，62.85%的居民选择疫情稳定

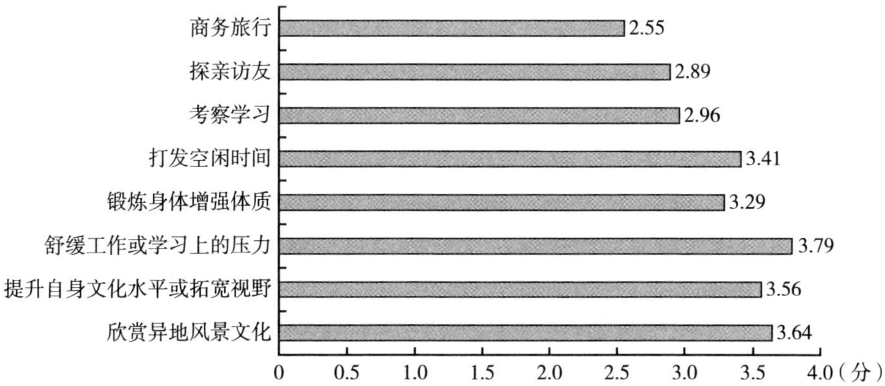

图 11　疫情防控常态化下各类旅游动机强烈程度评价

阶段（无新增病例），14.49%的居民选择疫情后 3~4 个月，10.98%的居民选择疫情后 1~2 个月，6.07%的居民选择疫情后 6 个月以上，5.61%的居民选择疫情后 5~6 个月。可见，人们在疫情稳定状态下，出游信心还是保持一定高度的。

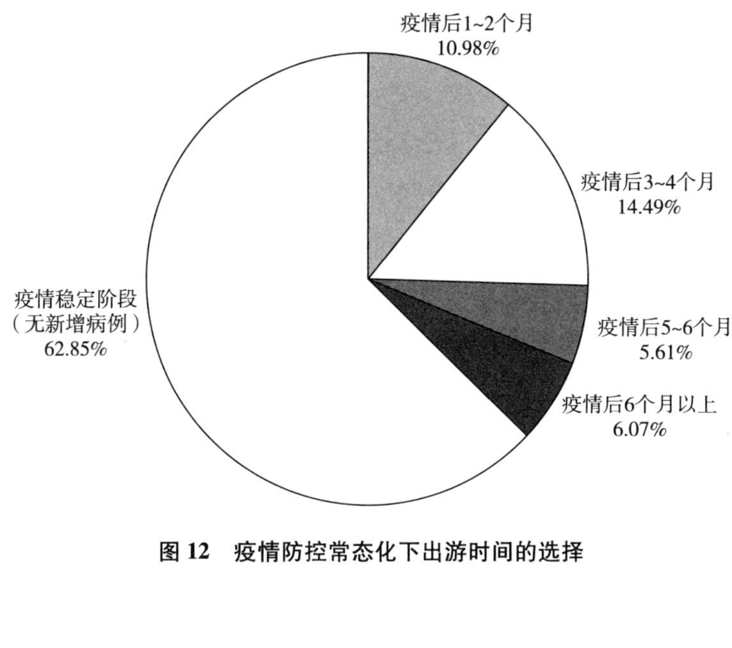

图 12　疫情防控常态化下出游时间的选择

3. 现阶段出游行为预期意愿

在被问及疫情防控常态化下出游行为的预期意愿时（5分为非常愿意），对人员密集度低的旅游项目的出游意愿为3.61分；参加非聚集性的旅游活动意愿度为3.53分；选择品牌住宿的意愿度为3.39分；减小旅游空间跨度的意愿度为3.29分；投入精力规划更为精准的旅游路线意愿为2.83分；组织亲朋好友外出旅游意愿不积极，为2.28分；增加出游的意愿为2.22分。

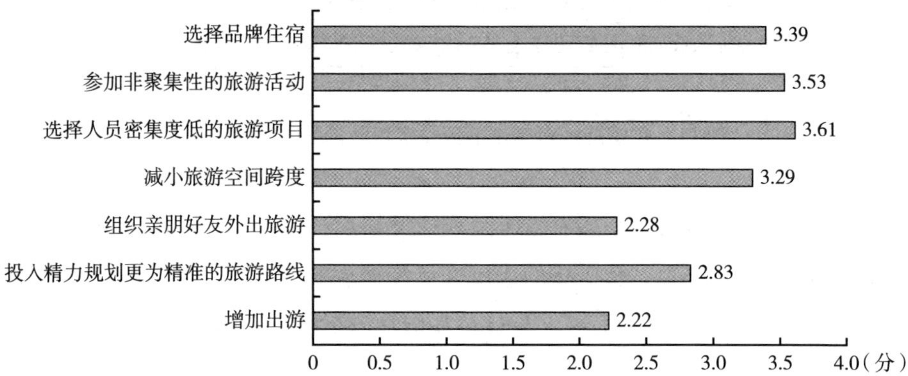

图13 现阶段会选择的出游行为预期意愿

三 目前疫情防控常态化下旅游企业和旅游消费者舆情研判

（一）旅游经营者对旅游业发展现状的感知

1. 旅游业仍然处于疫情影响的重灾区

新冠肺炎疫情是改革开放以来我国旅游业遭受的影响范围最广、影响程度最深、打击最沉重的一次冲击。2021年，旅游业因人员聚集带来疫情风险，造成人们心理预期改变，非必要不出省、非必要不离京成为阻隔境外、京外游客的藩篱。此外，接待市民群众游览娱乐的公共场所包括公园、名胜古迹、演出场所、上网服务场所、电影院、图书馆、博物馆、美术馆、文化馆等的严格限流要求，加上旅行社及在线旅游企业暂不恢复出入境团队旅游及“机票+酒店”业务等短时性的安全防疫管制，使得旅游业一再陷入被动。大众旅游消费不断下行，多数旅行社企业收缩业务，不少旅游从业者在困惑迷茫中转岗转行，以求生机。即使是原先经营状况较好的业态形式，也无法正常开展营业。旅游行业热切期待疫情早日控制，旅游信心逐步回暖，旅游市场报复性增长。

2. 旅游企业发展普遍受挫

受疫情持续两年的影响，旅游企业艰难度日，部分企业难以为继，由“观望”变为实质性的业务收缩整合，旅游企业员工流失严重，旅游业资金投入不足，旅游业发展信心受挫。旅游业是韧性行业。从需求侧看，居民的潜在旅行期望并没有减弱，一旦疫情解除，旅游消费就报复性回弹。这是旅游业继续坚守的信心所在。但是由于正常的工作和生活状态受到严重的影响，不少居民无法正常就业，收入有所减少，旅游消费收缩或市场下沉。

（二）旅游消费潜力和消费信心一直在线

疫情并没有影响人民群众对美好生活的向往。即使在管控较为严格的首都地区，居民的旅游消费需求也一直处于饱满状态。在跨省游受到限制和管控之时，以往出京、出境旅游的市民将消费热情纷纷投向乡村旅游和度假旅游。在京过节的外来务工人员也成为市内旅游的消费主力。政府发放消费券、景区面向部分群体免门票等各类惠民奖励政策措施，更助推了市民在京游热情，旅游消费潜力在管控之内充分释放，显示了文化与旅游业强大的生命力。脱口秀、盲盒旅行、沉浸式体验，或者历史文化休闲街区、农业旅游等非封闭环境下的旅游消费成为新的热点。

（三）居民对旅游防疫的支持度

1. 积极配合完成防疫措施

在调研中，该项支持度的平均分值为 4. 32 分。居民对旅游期间的疫情防控工作表示充分理解和配合，这是疫情防控期间顺利开展各项旅游活动的群众基础。

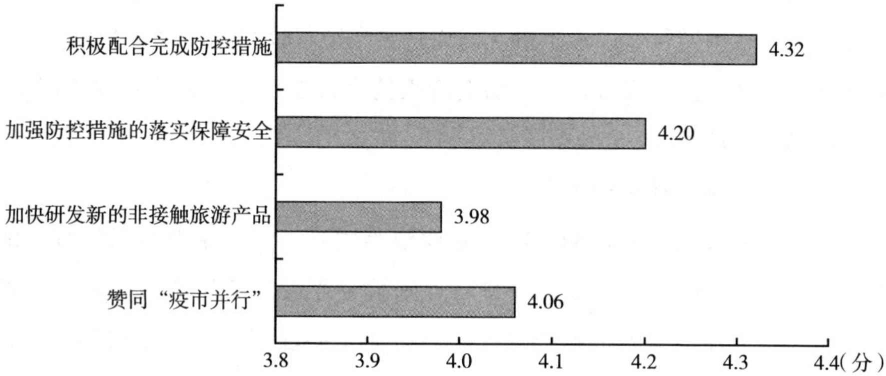

图 14　居民对旅游防疫的支持度

说明：5 分为非常支持。

2. 旅游各环节加强防控措施保障安全

居民对于该问题的支持度总体达到 4.20 分，并期望旅游接待单位在落实好各项疫情防控措施的前提下，能通过事前预约、设置防疫服务站点、实名登记管理、划定一米线、按期消毒等措施保证游客健康。

3. 期待非接触旅游产品上线

对旅游企业加快研发新的非接触旅游产品的支持度为 3.98 分。71%的受访者对旅游企业研发新的非接触性的旅游产品予以不同程度的支持。消费者对旅游企业创新产品有较高的期待。

4. 居民倾向于“疫市并行”的防控举措

调研中，在被问到是否赞成旅游市场的发展要和疫情的防控并行，即“疫市并行”的态度时，73%的受访者非常同意或比较同意，17%的受访者表示中立，只有 10%的人不同意“疫市并行”的建议。以 5 分为满分的话，该问题的平均值达到了 4.06 分。从总体看受访者持赞成态度，这为政府制定政策提供了民意依据。

5. 对促进旅游消费措施的敏感性

调查发现，在所提供的各项促进旅游消费措施中，按照旅游消费者应答的敏感程度（5 分为非常敏感）排序为：带薪休假政策落实 3.80 分、加强落实安全防护措施 3.79 分、航空公司机票优惠 3.57 分、旅行社及景区优惠 3.45 分、旅游消费券发放 3.35 分。可见，安全和闲暇的需求要高于对价格优惠的需求。

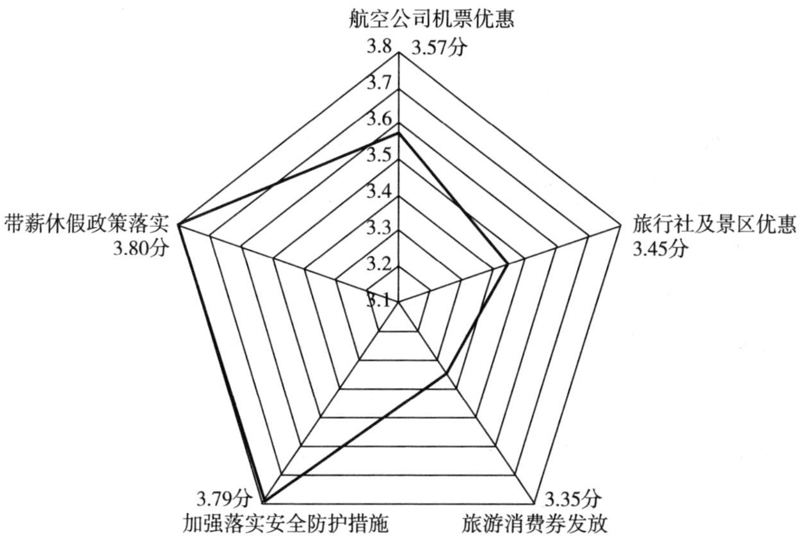

图 15　对促进旅游消费措施的敏感性

四　旅游发展的新趋势、新模式与新机遇

（一）新趋势

1. 虚拟旅游活动开始逐渐替代部分实体旅游活动

“云旅游”、智慧时代“元宇宙+旅游”等新模式层出不穷。出于疫情防控的需要，线下文化旅游活动及组织受到严格限制，文旅行业不得不转战线

上丰富群众生活，元宇宙带来沉浸式文旅体验的曙光。围绕“云直播”、元宇宙等新概念的文化旅游新业态初见分化。“XR 内容制作+技术研发+数字运营整体解决方案及产品”已经将首钢一号高炉改造成了一个 2 万平方米、6 层的全沉浸式的科幻综合体。城市副中心元宇宙应用场景将集中在环球度假区文化旅游区、张家湾设计小镇、大运河景区，将发挥北京环球主题公园的带动作用，基于元宇宙技术，赋能餐饮、零售、文化旅游、主题活动；在设计小镇建设元宇宙创新体验中心；大运河景区通过引入虚拟现实、增强现实、环境感知、人工智能等元宇宙相关技术，打造实数融合的运河文化旅游路线①。北京飞天云动科技有限公司（简称飞天云动）向港交所递交招股书，成为中国元宇宙生态中的先行者和领先者。“游戏+科技+旅游”多元融合、虚拟旅游、互动营销成为未来文化旅游业发展虚拟旅游的新模式。

2. 文化探访性深度体验旅游替代走马观花式印象感知旅游

出于疫情防控要求的限制，出境游和出京游的旅游需求逐渐转化为本地游和深度游。过去认为“熟悉的地方没有风景”，红墙绿瓦、塔檐风铃、京腔京韵在漫长的日子里习以为常。现如今，无法“到远方去”，只能在熟悉的地方“找”风景，却发现有时对“熟悉的地方”也并不是特别“熟知”。用新的观察视角，通过自觉自主地触碰文化、感悟历史、探寻神秘、增长阅历、调养性情、提升境界，细细品味城市的历史风情、古老回忆、文脉演化、生活习俗、名人典故成为人们重新认识自己生活的城市的新诉求。依靠文化，又对文化进行挖掘、展示和弘扬正在成为每个人的实践。人们对于古镇古村、历史文化街区等人文色彩和积淀深厚的目的地的文化探访兴趣提升。以什刹海历史文化街区文化探访为例，调研发现，游客普遍希望能探访到北京老城的传统格局、保留的历史遗迹、老城总体空间尺度和城市肌理、名人故居、民俗民风等文化要素。

---

① CAAPA 会员资讯：北京环球度假区将引入元宇宙应用场景_ 政务_ 澎湃新闻-The Paper，https：//www. thepaper. cn/newsDetail_ forward_ 16476405。

表 4　游客历史文化探访体验评价（以什刹海街区为例）

单位：分

序号	体验内容	评价均值
1	城市肌理反映北京老城的传统格局	3.79
2	重要标志性古建筑修缮重现历史风貌	3.67
3	色调流变保持北京老城的传统色调	3.68
4	地方活动体现老北京民风民俗	3.73
5	现代要素与历史文化基调吻合	3.65
6	商业气息与历史文化气息相吻合	2.41
7	特色饮食菜品反映历史典故	3.72
8	文创商品带有当地特色	3.47
9	导览有助于领略该街区与“北京建城史”的关联	3.57
10	导览有助于领略该街区与“运河文化”的关联	3.52
11	导览有助于领略街区“宗教文化”内涵	3.56
12	导览有助于领略街区“王府文化”内涵	3.59
13	导览有助于领略街区“古都文化”内涵	3.71
14	导览有助于领略街区“现代旅游休闲文化”内涵	3.70

注：5 分为满分。

在游客对历史文化街区兴趣感知方面，通过调研发现，“自然+人文”“历史+新潮”“古建+文艺”“民俗+美食”的混搭体验更受游客欢迎，折射出人们对自己熟悉的城市有进一步探寻历史文脉、了解文化内涵的诉求。当然，游客也对历史文化街区商业氛围过强给予了保守评价。

3. 碎片化的“微旅游”“微度假”诉求上升

时间碎片化和跨区域移动的限制使得消费更加多元化和微小化。以距离近、时间短、慢体验、轻松游为特点的“微旅游”越来越受到人们青睐，成为不少人休闲度假的新选择。

通过调研发现，北京居民对“微旅游”体验点的兴趣集中在水域自然景观、古建胡同民居、创意文化产品、历史文化脉络、民俗风情节庆、餐饮咖啡小食、人文遗存典故等方面。人民希望以微见著，透过不一样的视角和步伐，行走在熟悉之地，发现别样的好景致和好生活，实现对美好生活的追求。

表 5　游客对北京微旅游体验点的兴趣评价

单位：分

排序	评价内容	兴趣值
1	水域自然景观	3.65
2	古建胡同民居	3.64
3	创意文化产品	3.59
4	历史文化脉络	3.57
5	民俗风情节庆	3.54
6	餐饮咖啡小食	3.51
7	人文遗存典故	3.42

注：5 分为满分。

“微旅游”让居民有充足的时间，慢慢游、细细品一处景点、一个街区、一个主题……深度体验不同寻常的味道。北京市文化和旅游局及各区文旅局也不定时推出漫游城市精品线路，涉及美食、艺术、影视等各大主题，深度展示城市生活的方方面面。同时，“旅游+美食”“旅游+农业”“旅游+体育”“旅游+艺术”等多业态融合性旅游产品，成为带动地方经济发展的有效抓手。

在打造“微度假”项目上，也涌现了很多成功案例，如中粮祥云小镇，作为北京首个微度假项目，目前体验类的业态占比约为 63%，具体到各类业态占比为餐饮 33%、国际零售 37%、儿童娱乐 16%，以及专项服务 14%。爱琴海购物公园打造北京家庭欢聚中心、国际青年流行文化情报站、京城活力竞技主场、24 小时时尚秀场四大主题场景，立足北京南部的年轻潮流群体和年轻家庭，希望能够在未来辐射至全北京范围。北京昌平乐多港万达广场也将项目定位为“一站式城市微度假购物公园”，包括品牌街、美食街和室内步行街。

（二）新机遇

1. 建党100周年带来的红色文旅高需求

2021 年正值建党百年。在全面脱贫之后，乡村振兴提上日程，在共同富裕、党史学习教育、弘扬红色文化的需求下，北京市整合纪念性活动、红色文艺作品、红色旅游线路资源，开发了优质的乡村旅游和红色文旅产品，展示党的百年奋斗历程、经济社会发展的辉煌成就和宝贵经验，在开展爱国主义教育、培育社会主义核心价值观和促进高质量发展中发挥了重要的作用。

2.《北京市“十四五”时期文化和旅游发展规划》指导文旅综合发展

2021 年 9 月 8 日，《北京市“十四五”时期文化和旅游发展规划》正式发布，提出到 2025 年，北京市率先实现文化和旅游高质量发展，世界旅游目的地城市建设取得重大进展，旅游为民、旅游带动作用全面凸显。在空间布局上，构建“一核一轴、四极四带、多板块”空间格局；“一核”强调加强老城旅游要素管控与综合治理，提高旅游休闲业态占比，提供高品质旅游产品和设施环境；“一轴”强调打造中轴线文化探访线路；“四极”强调构建副中心、北京大兴国际机场、新首钢、奥林匹克中心区四大文化旅游增长极；“四带”指大运河文化旅游休闲带、长城文化旅游休闲带、西山永定河文化旅游休闲带、京张体育文化旅游带。

到“十四五”时期末的主要预期指标为：旅游综合服务体系方面，发展京郊精品乡村民宿 1900 家、京郊高星级酒店 60 家，游客在中心城区住宿比例达 80%，开发旅游专列线路 3 条；旅游经济方面，旅游总收入达 9000 亿元，入境旅游接待量达 515 万人次，入境外汇收入达 82.4 亿美元；区域协同发展方面，建设环京文化旅游带 7 条、京津冀特色旅游协作区 3 个。

优化旅游高品质供给结构，提升旅游现代化水平，构建文化和旅游现代化治理体系，推动文化和旅游区域合作，开创文化和旅游对外合作新格局，将北京建设成为彰显大国首都形象和中华文化魅力、引领时代潮流的世界旅游目的地，建成世界旅游名城[①]。

3.《北京培育建设国际消费中心城市实施方案（2021～2025年）》带动文旅消费

2021 年 8 月 27 日，中共北京市委办公厅、北京市人民政府办公厅发布

① 图解：北京市“十四五”时期文化和旅游发展规划_ 政策解读_ 首都之窗_ 北京市人民政府门户网站，http：//www.beijing.gov.cn/zhengce/zcjd/202110/t20211025_ 2520216.html。

《北京培育建设国际消费中心城市实施方案（2021～2025年）》。其中涉及旅游业的建设任务有：打造环京2小时旅游消费圈；培育“红色旅游”品牌；打造国家级旅游休闲街区，打造10条老城精品文化探访线路和特色主题游线路；开展“非遗+旅游”；高标准运营北京环球主题公园，谋划建设后续工程，打造文化旅游消费新地标；推出300个北京网红打卡地；开发一批精品四合院酒店和精品民宿小院，推广一批以文化为主题、高品质中小型精品酒店；加大“北京礼物”开发力度，鼓励天坛公园等市属公园和文化文物单位，加快开发蕴含戏曲曲艺等传统京味元素和“双奥之城”等现代时尚元素的旅游文创商品，提升“北京礼物”的吸引力和影响力；优化全市5A级景区布局，支持香山公园、野鸭湖国家湿地公园等4A级景区争创国家5A级景区；推进智慧景区建设，鼓励重点景区开展旅游大数据分析应用，在门票预约、客流管控、动态导览等环节探索推广智慧营销和服务；鼓励市场主体拓展“文旅+科技”场景应用，认定100个文化旅游体验基地；依托山、泉、湖等生态资源，积极推动北京植物园改造提升为国家植物园，推进门头沟区全域旅游示范区、丰台区王佐镇全域旅游小镇等项目建设，打造国际休闲度假旅游目的地①。

4. 北京环球度假区开园对北京文旅新形象的提升

2021年9月，全球占地面积最大的环球主题园区——北京环球度假区开园。度假区包括北京环球主题公园、北京环球城市大道及两家品质卓越的度假酒店——环球影城大酒店、诺金度假酒店。环球影城项目建设了具有中华文化元素的独创主题景区，引入多家首店和特色新店，带动休闲、餐饮、住宿、度假等多种业态发展，溢出效应与产业振兴前景可期。

5. 冬奥会举办带来的冰雪文旅热潮

北京冬季奥运会是中国历史上第一次举办冬季奥运会。借势冬奥，北京区域内冰雪资源得到很大丰富，冰雪消费扩张，冰雪产业业态发展迅

① 中共北京市委办公厅 北京市人民政府办公厅关于印发《北京培育建设国际消费中心城市实施方案（2021—2025年）》的通知，http://www.gov.cn/xinwen/2021-09/24/content_5639077.htm。

速，京张体育文化旅游带建设加速。融合“冬奥”“永定河”“西山”“首钢工业”等元素的亲水活动乐园——北京冬奥公园于2021年10月1日开园迎客。北京作为“双奥之城”，在场馆建设、奥运村运营、冬奥宣传和市民冰雪运动普及方面，都达到了一个高峰。青少年冰雪运动教育、竞技相继推行，中国冰雪科技、装备器材产业快速成长。冰雪旅游成为新的旅游热潮。

（三）新业态

1. 冬奥主题受到市场追捧

市民对2022年北京冬奥会表现出很高的热情，随着冬奥会赛场设施和配套设施的不断完善，加之冬奥组委官网的“云上看场馆”展演，冬奥主题旅游深受民众欢迎。北京市文化和旅游局也适时发布了三条北京冬奥旅游路线——冰雪京城“双奥”之旅、长城脚下生态之旅、京张雪乡休闲之旅——使得首钢园区、延庆冬奥赛会场馆等冬奥会竞赛永久设施及北京冬奥公园等都成为热门的网红打卡点，民众冰雪旅游热情得以充分释放。未来，体验冰雪运动（如滑雪、冰球、冰钓等）、观看冰雪竞技比赛、参与冰雪趣味比赛、计划冰雪度假（如冰雪探险旅游、冰雪温泉体验）、参与冰雪观光（如冰灯、冰瀑、冰雕、雾凇等自然景观）、参与冰雪休闲娱乐（冰雪文化演出、特色美食、购物、节庆）、参加冰雪游乐（雪地摩托、狗拉雪橇、冰上卡丁车、打雪仗）、打卡冬奥场馆、报名冰雪俱乐部、体验冰雪民俗（冰嬉、冰舞、冰上摔跤等）等将逐步成为冬季旅游的新内容。赛后，冬奥遗产相关的文化旅游项目体验产品的开发也在进行中。

2. 红色文旅市场繁荣

北京市红色旅游资源丰厚，共有红色旅游景区100余家。2021年6月，中国共产党早期北京革命活动旧址集体开放，包括北大红楼（中国共产党早期革命活动纪念馆）、《新青年》编辑部、中山公园来今雨轩、中法大学旧址、京报馆旧址等。7月，中国共产党历史展览馆开放。这些红色景点一经开放，就被推上网红打卡榜单。北京市文化和旅游局推出数十条红色旅游线路，涵盖红色地标、红色遗址遗迹、可移动红色文物、红色文化纪念馆、红色旅游景区。在“一二·九”运动86周年纪念日，市委宣传部、市委党史研究室、市文化和旅游局、市测绘设计研究院联合出品了北京红色旅游地图，梳理出了北京268个红色文旅目的地，设计了9条主题游览线路，为人们在京探访学习提供了权威、全面的参考。结合不同的节庆活动，“红色+电竞”“红色+非遗”“红色+影视”等融合业态出现，红色文化旅游市场及红色文创产品市场均呈现繁荣趋向。此外，红色文旅还通过市、区两级融媒体平台，打造传播矩阵，为全市党史学习教育提供生动教材。

3. 京郊乡村旅游产品实现结构性升级

从供给角度看，随着乡村振兴工程全面推进，北京市乡村旅游发展在充分挖掘地方特色资源的基础之上，因地制宜发展乡村旅游、休闲农业等新产业、新业态，各政府机关积极携手共促，实现了农业旅游产品产销贯通，农业、文旅、科技三大产业融合发展。同时，从需求角度看，北京市民的旅游消费发生结构性变化，乡村旅游和休闲度假短途旅游成为主要旅游形式，乡村民宿产品有了结构性升级，促发了北京市乡村旅游的快速发展，农民更多分享到了旅游休闲业带来的产业增值收益。

2021年8月，文化和旅游部、国家发展改革委评选的第一批全国乡村旅游重点镇（乡）名单和第三批全国乡村旅游重点村名单公布。北京市共有怀柔区渤海镇、延庆区八达岭镇、顺义区龙湾屯镇等3个镇和密云区古北口镇司马台村、延庆区旧县镇盆窑村、平谷区金海湖镇将军关村、房山区大石窝镇王家磨村、门头沟区清水镇洪水口村、怀柔区汤河口镇庄户沟门村等6个村入选全国乡村旅游重点村镇名录，进一步推动了乡村旅游的内涵式发展。

4. 非遗跨界营销势不可挡

2021年6月10日，第五批国家级非遗代表性项目名录正式公布，北京市有18个项目入选，入选项目数量在全国名列前茅。非遗文化充分传承和弘扬了红色基因，可结合红色旅游、乡村美食开发非遗旅游线路；加快发展

“非遗+互联网”新业态，推动非遗老字号项目单位及非遗传承人集中“触电触网触屏”，通过直播、顶流支持、预售、新品首发等方式，讲好非遗故事，进行话题营销圈粉，展示非遗文创、跨界联名等非遗新产品形式，实现非遗见人见物见生活，充分展示非遗承载的中华优秀传统文化的当代价值，以及激发非遗活态传承的生命力。

五　对旅游业发展的策略建议

（一）疫情防控措施的制定和实施需要更为综合性地进行科学研判

建立科学的疫情防控体制机制、健全公共卫生应急管理体系，增强应对重大疫情和公共卫生安全事件的能力，是守住人民健康安全底线，推进社会治理体系和治理能力现代化的基础。疫情防控工作产生的社会影响涉及民生的方方面面，因此，在制定和执行疫情防控政策的时候应适当听取社会多方意见，在居民健康和生命安全得到保障的同时，兼顾社会生产和流通，做到防疫和生产流通并重。只有社会再生产可持续发展、经济基础雄厚、财政账户丰盈，人民生存健康和基本权益才能得到更大程度的保障。疫情防控只有结合社会层面的广泛意见和人民群众的实际需求，才能变得更加科学、有序、适度和精准。在疫情缓解期（无病例），尽可能保护性恢复文旅商产业。政策的科学化与精准化、机制运行的高效化与精细化将直接决定疫情防控对旅游及各行各业的影响程度，对政府政策的制定与执行提出了更高的要求。文化旅游层面的发展需求也应适时进入疫情防控政策和机制的决策制定的考量中，以“科学适度”替代“从严从紧”，慎踩“急刹车”，提高政策调控的精度。

（二）政府应进一步增强旅游企业纾困政策的研究

2022 年 2 月 18 日，国家发展改革委、文化和旅游部等 14 个部门联合印发《关于促进服务业领域困难行业恢复发展的若干政策》，将旅游业作为重点帮扶行业，给予有力政策支持。除了在相关税费金减免缓缴、金融信贷供给、接待机关企事业单位活动等方面继续予以大力支持外，值得期待的是旅游防疫政策的制定与执行在保障游客人身健康安全的基础上，给予旅游行业更为宽松的营商机会。其实旅游消费需求一直在线，只要给旅游业适当的环境，旅游行业就能可持续发展，摆脱纾困对象的设定，就能为国家上缴利税、吸纳就业和带动地方经济发展。

（三）旅游企业应抓紧时间窗口进行产品换代升级

相对于2020年的紧张和不知所措，2021年旅游业似乎更加善于利用疫情空窗期充分回血。随着旅行直接经验和间接经验不断积累，按照自己的创意组织旅游要素已经成为旅游达人的基本技能，信息技术进化和疫情催化，加快了旅游达人脱离旅行社服务的进程。旅行社产品结构性调整和经营模式转变已经成为定局，文旅行业大多数产业需要在新时期的市场中重新寻找价值创造，旅游高质量发展已成开弓之箭无可逆转，旅游消费结构转型迎来重大拐点。经过疫情两年多来的调整和适应，消费需求侧呈现了复杂的变化，消费结构也发生较大变化，旅游行业面临两条发展路线——变革或创新。通过文旅融合、科技赋能和数字虚拟产品创新，新的旅游文化替代产品已经出现，更多沉浸式体验和虚拟体验正在酝酿，旅游产业结构性调整正在孕育。

旅游企业和从业人员不能完全指望依靠政府纾困来解决生存困难，只有认真理解消费行为变化，探索新的旅游消费需求，在需求实现的价值链中找准自己的服务切入环节，自我革新，才能最终找回市场。

六　结语

未来疫情防控机制将会更加科学和精准，居民对疫情防控措施将有更加稳定的预期，人们追求美好生活的信念不会变化，旅游产业提升国民幸福感的初心不变，旅游市场发展根基也不会变。纵观历史，人类社会从未被疫情征服过，旅游行业在这危与机并存的时刻，与其抱怨浪费时间，不如借机寻机、调整蓄势、大胆革新。“不经一番寒彻骨，怎得梅花扑鼻香”，大浪淘沙，适者生存。寒冬里积蓄的能量，一定会在春天绚烂绽放，期待旅游业尽早苦尽甘来。

参考文献

北京市文化和旅游局_ 统计信息，http：//whlyj. beijing. gov. cn/zwgk/zxgs/tjxx/。

2021 年春节假期，北京市接待旅游总人数 663. 2 万人次！https：//www. sohu. com/a/451170702_ 120438071。

北京市文化和旅游局_ 工作动态_ 五一假期游客热情高涨　首都文旅市场持续火爆，http：//whlyj. beijing. gov. cn/zwgk/xwzx/gzdt/202105/t20210505_ 2380824. html。

CAAPA 会员资讯：北京环球度假区将引入元宇宙应用场景_ 政务_ 澎湃新闻-The Paper，https：//www. thepaper. cn/newsDetail_ forward_ 16476405。

B.17

国际知名文化主题公园演进规律与北京的实践路径研究

田蕾　唐鑫*

摘　要： 受疫情影响，当前全球主题公园发展速度有所减慢，发展模式从单一娱乐项目向多功能综合化集群转变，发展动力越来越依靠优质版权与新技术应用，发展路径日益智能化、数字化、网络化。国际知名文化主题公园演进规律呈现一系列特点。文旅商行业高度融合，加速市场循环与规模扩张，形成区域消费高地；产业集群式发展，各类要素实现最佳组合，放大经济规模效应；经营方式灵活多样，版权资源不断丰富，增强创新活力与文化自信；立足本土化供应链，优化区域分工合作，在协同发展中维护运营安全；催生专业培训市场，建设文旅人才“蓄水池”，为高质量发展提供优质人力。充分把握演进规律，需要着力从强化消费导流、提升区域功能、促进产业联动、融入京津冀协同发展格局和叠加北京冬奥品牌效应五个方面谋划，促进北京环球主题公园高质量发展。

关键词： 主题公园　北京　环球影城

根据国际游乐园及景点协会（IAAPA）定义，主题公园（theme park），

---

* 田蕾，博士，北京市社会科学院市情研究所助理研究员，主要研究方向为文化经济；唐鑫，北京市社会科学院市情研究所所长，研究员研究方向为城市经济、文化产业。

是指拥有主题景点的游乐园，包括游乐设施和纪念品、奢侈品，乃至餐饮、服装等零售商店。主题公园不仅是主题景点的集合，而且集娱乐活动、休闲要素和服务接待设施于一体，具有资本和技术密集、品质优良、精心装饰、以用户为导向、休闲环境优良等特点。本文所述国际知名文化主题公园特指大型迪士尼乐园、环球主题公园及其衍生的度假区，它们在城市经济、文化发展中发挥着不容忽视的作用，充分把握其在市场扩张、发展模式、驱动要素和转型方向等方面的发展趋势，探索其演进规律，对于推动北京环球主题公园高质量发展具有重要意义。

一　国际知名文化主题公园发展态势

随着人民休闲娱乐需求的日益增长和新技术的迅猛发展，国际知名文化主题公园（下文简称“主题公园”）以文化版权（IP）资源开发为内核，加快内容创新和技术创新融合，不断迭代升级，从最初的单一娱乐景点项目发展为“文化+旅游+科技”的度假综合体，呈现出发展速度逐渐加快、模式与时俱进、动力不断增强、路径日益优化的态势。

（一）发展速度在持续加快中受疫情影响有所减慢

1. 全球主题公园游客量快速增长

20 世纪 50 年代，世界第一家主题公园迪士尼乐园在美国加州诞生。20 世纪 70 年代，世界各国掀起了主题公园建设热潮，美国奥兰多迪士尼魔法王国、韩国爱宝乐园、德国欧洲主题公园、中国香港海洋公园等相继建成开园。到 90 年代，主题公园概念在全球迅速推广，进入高速发展时代。1990 年全球有 225 个主题公园，每年游客量超过 3 亿人次，创造相关经济收入 70 亿美元。到 2000 年，全球主题公园的数量增加了 50%，游客量增加了 80%，收入更是几乎翻了一番。此后，激烈的竞争加速了行业并购，美国以 68 亿美元的收入和近 50%的市场份额成为全球主题公园业的领跑者。目前全球主题公园每年游客量已超过 5 亿人次。

2. 头部主题公园吸引力不断增强

2012 年，全球排名前 25 的主题公园游客量为 2 亿人次，而 2019 年这一数字已经超过 2.5 亿人次，其中我国三个主题公园游客量约占 27%。迪士尼和环球影城是国际主题公园领域的两大巨头，根据主题娱乐协会（TEA）和 AECOM 经济咨询机构共同出版的《2019 年主题公园报告和博物馆报告》，2019 年全球主题公园 25 强中，迪士尼乐园占有 12 席，即所有已开业的迪士尼乐园全部进入榜单，且 8 席均超过千万人次；环球主题公园占有 4 席，除新加坡环球主题公园外其余已开业环球主题公园均进入榜单，接待量过 1000 万人次的占 3 席。全球主题公园 25 强合计接待游客 2.54 亿人次，其中迪士尼乐园占 56%，环球主题公园占 18%。

3. 受疫情影响，所有主题公园发展速度放缓

2020 年以来，全球主题公园游客量出现了 70%左右的下降，迪士尼、环球集团年收入同比分别下降了 37%、69%，而那些专注服务本地客群的主题公园受到的冲击较小，如中国华侨城集团旗下的乐园总游客量降幅为 14%。虽然受疫情影响较严重，但主题公园在成本、营收、服务等多个领域加强管控，优化投资结构，不断推进产品和服务创新，在疫情冲击中坚持了下来，并呈现逐步复苏的态势。

表 1　2019 年和 2020 年全球排名前 25 主题公园游客量情况

单位：万人次，%

2019 排名	主题公园名称	所在地	开园年份	2019 年游客量	2020 年游客量	同比增速
1	迪士尼魔法王国	美国佛罗里达	1971	2096.3	694.1	-66.9
2	迪士尼乐园	美国加利福尼亚	1955	1866.6	367.4	-80.3
3	东京迪士尼乐园	日本东京	1983	1791.0	416.0	-76.8
4	东京迪士尼海洋	日本东京	2001	1465.0	340.0	-76.8
5	日本环球影城	日本大阪	2001	1450.0	490.1	-66.2
6	迪士尼动物王国	美国佛罗里达	1998	1388.8	416.6	-70.0

续表

2019 排名	主题公园名称	所在地	开园年份	2019 年游客量	2020 年游客量	同比增速
7	Epcot 迪士尼未来世界	美国佛罗里达	1982	1244.4	404.4	-67.5
8	长隆海洋王国	中国珠海	2014	1173.6	479.7	-59.1
9	迪士尼好莱坞影城	美国佛罗里达	1989	1148.3	367.5	-68.0
10	上海迪士尼乐园	中国上海	2016	1121	550	-50.9
11	环球影城	美国佛罗里达州	1991	1092.2	409.6	-62.5
12	冒险岛	美国佛罗里达州	1999	1037.5	400.5	-61.4
13	迪士尼加州冒险乐园	美国加利福尼亚州	2001	986.1	191.9	-80.5
14	巴黎迪士尼乐园	法国马恩拉瓦	1992	974.5	262	-73.1
15	环球影城	美国加利福尼亚州	1964	914.7	129.9	-85.8
16	爱宝乐园	韩国京畿道	1976	660.6	276	-58.2
17	乐天世界	韩国首尔	1989	595.3	156	-73.8
18	长岛温泉乐园	日本桑名	1966	595	240	-59.7
19	欧洲主题公园	德国鲁斯特	1975	575	250	-56.5
20	海洋公园	中国香港	1977	570	220	-61.4
21	香港迪士尼乐园	中国香港	2005	569.5	170	-70.1
22	艾夫特琳主题公园	荷兰卡特斯维尔	1952	526	290	-44.9
23	华特迪士尼影城	法国马恩拉瓦、巴黎迪士尼乐园	1992	524.5	141	-73.1
24	欢乐谷	中国北京	2006	516	395	-23.4
25	长隆欢乐世界	中国广州	2006	490.5	268.1	-45.3

资料来源：《2020 年全球主题公园和博物馆报告》。

表 2　2019 年全球排名前 10 主题公园集团基本情况

排名	集团	营业收入（亿美元）	主题公园数量（个）	2019 年游客数量（万人次）	同比增速（%）	属地国
1	华特迪士尼	653.88	6	15599	-0.8	美国
2	默林娱乐	6.9	9	6700	0.9	英国

续表

排名	集团	营业收入（亿美元）	主题公园数量（个）	2019 年游客数量（万人次）	同比增速（%）	属地国
3	华侨城	128.7	11	5397	9.4	中国
4	环球影城	59.3	5	5124	2.3	美国
5	华强方特	6.3	28	5039	19.8	中国
6	长隆集团	11	2	3702	8.9	中国
7	六旗乐园	3.57	26	3281	2.5	美国
8	雪松会娱乐	1.82	13	2794	7.8	美国
9	海洋世界	4.32	12	2262	0.2	美国
10	团聚公园	—	61	2220	6.2	西班牙

资料来源：《2019 年全球主题公园和博物馆报告》。

（二）发展模式从单一娱乐项目向多功能综合化集群转变

1. 产业形态向着文旅商融合发展转变

随着科学技术的迅猛发展和休闲娱乐需求的日益增长，主题公园以 IP 资源开发为内核，加快内容创新和技术创新，不断迭代升级，从最初的单一娱乐项目发展成为“文化+旅游+科技”的度假综合体。未来发展趋势呈现出多功能的综合特点，通过小型景点的集群式发展，规避较高融资门槛的风险。国际知名主题公园由单个主题公园发展成具有不同元素的主题公园集群，主题内容、娱乐产品形态、景点布局、服务品质以及商业、休闲配套设施不断融合、更新、完善。

2. 服务对象向着不同年龄段消费者转变

环球影城从最初的面向年轻人的参观电影制作过程、回顾经典影片片段和亲身体验电影拍摄现场的“电影重现+娱乐”景点，发展成面向家庭，包含多个主题公园、演艺园区及酒店，拥有餐饮等配套的“世界级家庭娱乐胜地”，业态综合性较强。加州环球影城是世界上最大的电影、电视制片基地及以电影题材为主的主题公园，舞台演艺、影视演艺、实景演艺等多种形式的游乐项目不断更新，互动性、体验性、科技化和沉浸感突出，其丰富度、体验度、创新性均吸引着各个年龄段的客群。

3. 运营时间向着四季开放转变

荷兰最大的主题公园艾夫特琳童话世界作为世界上最古老的主题公园之一，即将迎来 70 周年纪念。根据获批的“艾夫特琳世界 2030”发展计划，艾夫特琳童话世界不再局限于最初卡茨赫弗尔的主题公园定位，正向拍摄电视剧、制作音乐和建立儿童电台等方向发展，从一个季节性主题公园发展成为全年开放的度假胜地。

（三）发展动力越来越依靠优质 IP 与新技术应用

1. 优质 IP 开发成为产业发展的核心动力

在整个“IP+渠道+衍生品”的产业链内，主题公园娱乐项目位于产业链中游环节，通过把内容生产与发行形成的电影 IP 投放到娱乐资产上，开发衍生品，创造 IP 的二次价值和长线价值。强大的 IP 开发运用能力是迪士尼乐园全产业链的核心，为创造企业价值、促进产业成长提供了不竭动力。综合全球第三方权威数据统计平台和上市公司财务报表的数据，截至 2021 年，全球累计经济收益在 500 亿美元以上的 IP 有 6 个，迪士尼占 50%；全球累计经济收益为 200 亿~500 亿美元的 IP 有 19 个，迪士尼占 42.1%；迪士尼旗下直接由 IP 带来的收入占其营业收入的一半以上。

2. IP 生态圈建设增强了产业国际竞争力

IP 生产及转化运用需要在产业链各个环节上得到体现，只有形成 IP 群，才能增强主题公园的竞争力。通常迪士尼每上映一部电影，都会在迪士尼乐园增加新的电影角色，例如《冰雪奇缘》的大热，也使得以“冰雪奇缘”为主题的景点先后登陆各个迪士尼乐园。从白雪公主到超级英雄，迪士尼通过自主开发、挖掘经典和外延并购的方式，快速扩充 IP 矩阵，构建了庞大的 IP 生态圈，确立了行业话语权。2006 年，迪士尼以 74 亿美元收购皮克斯动画工作室，获得了《玩具总动员》IP，后续合作开发了《飞屋环游记》《海底总动员》等经典作品。2009 年和 2012 年，迪士尼分别以

42.4亿美元、40.5亿美元收购美国著名漫画公司漫威和卢卡斯影业，获得了“漫威宇宙”“星球大战”两大重磅IP。2018年收购的二十世纪福克斯品牌（“第二十电视”），旗下IP包括卡梅隆执导的泰坦尼克号及阿凡达、漫威的X战警和神奇四侠、经典动画IP加菲猫和辛普森一家，以及蓝天工作室所拥有的冰川时代、里约大冒险等。这些在全球范围内都极具号召力的IP为迪士尼在影视领域的开拓添加了重要砝码。

3.元宇宙引导着数字化场景新业态的诞生

主题公园不断提高科技含量，给予游客更丰富的沉浸式体验，并通过体验的不断创新升级形成持续的吸引力。在元宇宙的概念引导下，主题公园结合文化娱乐数字化、虚拟化发展趋势，借助前沿科技提升游览体验，打造更有科技感的沉浸式度假目的地。据统计，环球主题公园通过多达40余种特效技术、先进VR手段来加强视听感受，在巧妙逼真的场景上创新性融入新鲜元素，将电影与娱乐主题充分结合。日本大阪环球主题公园创新性地在传统过山车项目中引入VR技术，通过多种高科技仿真手段，让游客体验全方位的立体场景、逼真的主题观感。2021年底迪士尼公司宣布创造品牌元宇宙，围绕旗下巴斯光年、爱莎公主等标志性角色和星球大战、漫威等IP形象将物理与数字世界连接。在主题公园的场景设计中，元宇宙数字化技术应用增强了主题公园游览的新鲜感和体验感，满足了不同偏好人群的个性化需求，实现了全方位、立体化、动态感的旅游体验。

（四）发展路径日益智能化、数字化、网络化

1.利用先进技术提升服务品质

在疫情倒逼、游客需求变化的背景下，主题公园运营流程、服务手段和传播策略正在发生高技术化的转变，整体呈现出智能化、数字化、网络化趋势，推动产品结构升级、服务流程优化、供给质量提高。因为疫情累计闭园超过400天的美国加州迪士尼乐园，引入非接触式入园，使游客可以通过iPhone、Apple Watch或其他智能设备来访问Magic Band（魔法腕带）功能从而进入乐园。北京环球主题公园则采用了更先进的售票及预订软件系统，

实现了无接触式购票入园和智能化交互体验，为游客在入园、置物柜使用、购买商品直至休闲娱乐等方面提供了高品质服务。

2. 建设智慧园区增强体验效能

智能化、数字化、网络化全面渗透主题公园景观设计、互动模式、营销策略等方面，游客的主体感受及沉浸体验的独特性越来越受到重视。许多主题公园，围绕游前、游中、游后的全流程关键节点，以智能化管理系统和数字化方式，通过虚拟排队机等软件程序收集大量用户画像和行为数据，有效地将更多的游客触点数据化、标签化，全面优化了从骑乘设施维护到游客个性化体验的各个环节，提高了园区运营和服务效率，也为未来产品研发与服务创新提供了指引。

二　国际知名文化主题公园演进规律分析

以迪士尼和环球为代表的全球顶级主题公园，立足项目所在地的区位优势、资源禀赋、功能定位和产业基础，逐步在消费提升、产业集聚、IP 资源注入、供应链本土化和专业人才培训等方面与城市经济形成共生共荣的发展格局，促进城市经济、文化的高质量发展，反过来又为自身的进一步发展创造了良好的条件，形成了产业内部和外部的良性循环，呈现出具有自身特色的演进规律。

（一）文旅商产业高度融合，加速市场循环与规模扩张，形成区域消费高地

1. 发挥溢出效应，促进产业融合

终端消费是主题公园追求的主要目标，也是检验其溢出效应的重要指标。主题公园经营者把培育市场、促进消费作为营销战略的关键因素，打造文旅商融合产业链，不仅增加游客量、扩张市场规模，而且提升整体消费水平。奥兰多主题公园凭借每年 7000 余万人次的客流规模，将“吃、住、行、娱、游、购”等旅游业基本要素汇聚在一起，带动周边区域餐饮、住宿、

商业零售、休闲娱乐等服务业实现规模扩张、品质提升和结构优化，形成区域消费高地。奥兰多国际大道作为政府规划的大型旅游带，也是著名的商业街，串联起环球影城等众多主题公园。这里不仅布局了各种娱乐景点以及表演、高尔夫等活动，还有各种特色餐厅、酒吧、大型商场、品牌商店、酒店等配套设施，高性价比的消费和夜间经济活力深受游客欢迎。

2. 提升二次消费，扩大营收规模

主题公园的客流量在进入成熟期后趋于稳定，仅仅依靠门票收入会面临增长瓶颈。国际知名的主题公园通常会围绕 IP 提供餐饮、酒店、衍生品等各种各样的增值服务，二次消费占比 50%~60%。而目前中国本土主题公园二次消费占比不足 30%，门票收入占比高达 70%~80%。根据 2021 年迪士尼集团财务报告，在主题公园相关业务里，公园门票收入占比仅为 23%，而住宿、商品销售、餐饮收入则占 68%，其二次消费运营能力可见一斑。根据东方乐园公司（Oriental Land Company）财报，东京迪士尼乐园餐饮、商品、酒店等二次消费占比约为 62%，高于门票收入，除 2020 年外开园后始终保持盈利，即便 2020 财年受疫情影响限制入园游客量，东京迪士尼乐园的单客商品销售依然实现了 6.3%的同比增长，单客餐饮销售额也同比增长了 22.4%。

3. 完善配套设施，提高服务水平

消费的增长要求当地城市提升旅游基础设施水平，优化住宿、餐饮、商业零售等组团业态，提升服务理念和品质。一般来说，主题公园周边 2 公里范围内以餐饮、购物中心、纪念品商店等商业形态为主，配套建设完善的周边商业设施是国际知名主题公园的普遍做法。奥兰多城配套建设的奥特莱斯商业设施规模位列全美排行榜前五，有约两百多个一、二线名品店，被誉为“购物天堂”，不仅有丰富的国际品牌和较低的价格折扣，而且有便捷高效的旅游签证退税制度，成为重要的地标性消费场所。

4. 用好便捷交通，打造旅游集散地

交通设施对于市场建设、消费增长具有重要的促进作用，以主题公园为核心打造旅游度假区离不开便捷的交通。基西米（Kissimmee）是美国佛罗里达州大都会统计区的一个主要城市，距离奥兰多国际机场（MCO）仅25分钟路程，也是前往奥兰多迪士尼、环球影城、海洋世界等各大主题公园及度假村的必经之路。依托极佳的地理区位及丰富的生态旅游资源，基西米成功地将自己打造成一个成熟的旅游集散地和多元化的度假胜地。

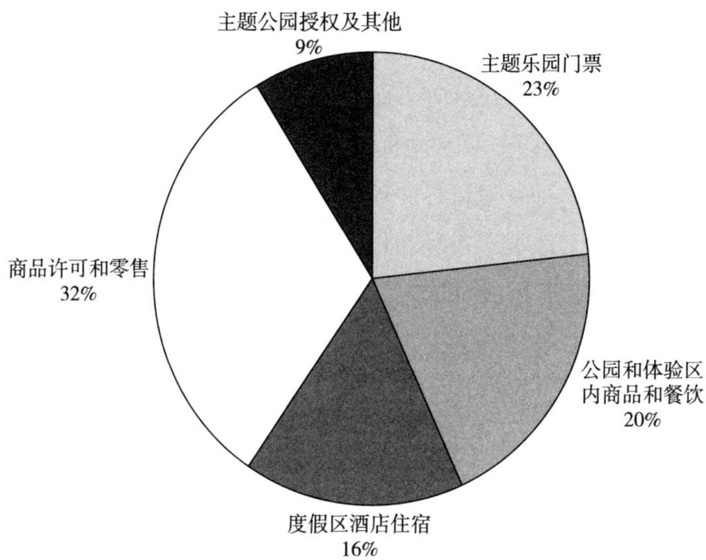

图1　2021财年迪士尼主题公园相关业务收入结构

（二）产业集群式发展，各类要素实现最佳组合，放大规模经济效应

1. 导入多元资源，丰富主题内容

文旅产业的发展需要“聚人气”，形成资源丰富的项目组团和满足多元文化需求的产品供给。美国奥兰多城作为世界级休闲度假城市，自1971年第一家迪士尼主题公园在此开业至今，不断引进迪士尼魔法王国、迪士尼动物王国、未来世界、迪士尼好莱坞影城、环球影城、环球影城冒险岛、奥兰多海洋世界、佛罗里达乐高乐园等多家国际知名品牌主题公园，逐渐形成以迪士尼、环球影城和海洋世界三大巨头为首的主题公园集群，被称为名副其实的“世界主题公园之都”，极大地丰富了主题内容。

2. 强化技术集成，拓展运用场景

主题公园通过新技术探索新玩法、吸引新游客，除拥有多种高水平的科技人员和科技成果外，还利用多样化的产业平台为人工智能、智能传感、高清视听、虚拟现实和增强现实等新技术提供应用场景，形成强大的技术组团和高效的技术嫁接机制，让技术在集成中发挥最大效益。作为新技术“实验场”的奥兰多，吸引了大量科技人才和科技创业公司，在数字媒体、农业技术、航空航天、软件设计等方面形成了多个集群式技术创新中心，成为培育创新科技的“温床”，极大地促进了奥兰多科技行业发展，其成功转型的密码是汇聚了华特迪士尼世界、环球影城、海洋世界等六大主题公园，催生出世界级规模的技术要素市场和相关技术应用场景。

3. 实现联动发展，形成产业集群

现代服务业的迅速发展和城市现代经济体系的建构，促进了产业跨界联动发展，也为形成以主题公园为主体的产业集群提供了契机。奥兰多从早期单一的农业小城发展为每年吸引 7500 万游客的世界级休闲度假城市，从最初的环球影城、酒店组团、购物组团、主题娱乐项目简单聚集逐渐走向上下游产业聚集发展、形成群落，从旅游业一枝独秀发展到旅游、科技、会展、医疗多元化产业格局，很重要的一点就是不仅产业链上的行业联动发展，而且以主题公园产业链为核心衍生出其他服务业联动发展，从而形成服务产业集群，进一步放大了文旅经济的规模效应。

（三）经营方式灵活多样，版权资源不断丰富，增强创新活力与文化自信

1. 挖掘自身既有资源，拓展版权创造渠道

版权资源（IP）是主题公园的命脉，也是文化产业的核心价值。主题公园脱胎于电影行业，依托丰富的电影内容、多姿多彩的剧情角色，拥有广泛的 IP 头部资源，包括原创电影、电视剧、动漫、游戏等方面的 IP。主题公园深度挖掘自有 IP 资源，在不同的娱乐载体中转化运用，在继承中创新，在创新中发展。同时，结合所在国家的风土人情、民族习俗和大众消费心

理，在园区项目中注入当地文化元素，进行项目设计、场景打造、营销推广，适时更新项目内容，获取更多的专利。

2. 收购与合作并用，在国际 IP 中叠加本土 IP

主题公园通过收购、合作授权等形式，不断汇聚 IP、定制扩充版权资源库。除结合东道国文化特质及受众偏好从自己的内容库里选择合适的项目外，往往还会在当地本土优秀电影、电视剧、动漫、游戏等项目中遴选产品成熟度高、商业价值高的知名 IP，收购后做进一步的本土化深耕。日本是 IP 生产的大国，在动漫、游戏领域有着丰富的 IP 产品。大阪环球主题公园着眼于全球顶级 IP，搭配日本自身顶流 IP，营造出最适合日本本土的主题公园。他们采用“国际 IP+本土 IP”“固定项目+季节性项目”策略，及时投资更新主题游乐设施，创新娱乐形态，使主题公园活力不断增强。

3. 经营产业源头，扎根城市文化沃土

主题公园与城市经济的触点从需求消费端迁移至产业源头，从内容创作到场景设计都深度嵌入城市文化中，与城市文化共建互进、相得益彰，增进了消费者文化认同和对本土文化的自信，不仅扩张了消费市场，而且延长了 IP 的生命周期。大阪环球主题公园将海外 IP 与本土的合家欢 IP 成功结合，开设“史努比（美国）+Hello Kitty（日本）+芝麻街”主题园区，当年到访游客突破 975 万人次，顺利完成了自身城市场定位的转型。2014 年，其又投资 4.4 亿美元建设了哈利·波特园区，游客数量再创新高，推动主题公园进入快速发展通道。2021 年 3 月，以日本任天堂游戏公司经典游戏“超级马里奥”为重要卖点的“超级任天堂世界”主题乐园正式向全球游客开放，总投资额达到 5 亿美元，再次提振了主题公园的创新活力和文化影响力。

（四）立足本土化供应链，优化区域分工合作，在协同发展中维护运营安全

1. 锻造本土供应链，积极参与国际协作

巴黎迪士尼主题公园的供应链本土化程度很高，3000 多家供应商中，有 82.3%来自法国本土，且七成供应商在巴黎大区内。这不仅对巴黎都市

圈和法国其他地区有一定的经济带动和就业带动效应，而且与周边国家形成上下游产业分工。例如，英国的烟花和特效、荷兰的鲜花业、意大利的建筑师事务所、西班牙建造的游行花车、比利时的巧克力和德国的工厂供应商相互协作，与巴黎迪士尼联结成紧密的供应链网络。巴黎迪士尼乐园每创造 1 个工作岗位，大约会在外部增加 3 个工作岗位，尤其是在公园附近的酒店、餐馆和其他服务部门，实现 1∶3 的就业带动。

表 3　巴黎迪士尼乐园与周边国家之间的游客、员工及供应网络关系

	英国	荷兰	意大利	西班牙	比利时	德国
游客占外国游客比重	28%	13%	6%	13%	11%	12%
供应商数量	135 家	63 家	43 家	40 家	77 家	58 家
供应商主要领域	烟花和特效	鲜花	建筑师事务所	游行花车	巧克力	工厂供应商
演职人员数量(人)	400	120	900	520	130	110
平均工作年限(年)	—	10	7	6	7	10

资料来源：*The Excellent 25 ans de Contribution Économique et Sociale Report*，https：//www.dlptownsquare.com/30-years-convention-disneyland-paris/。

2. 加强横向与纵向产业联系，融入区域发展格局

主题公园只有从 IP 开发、场景设计、设备引进、演艺培训到系列配套服务等环节衍生出横向与纵向产业联系，才能优化产业空间、促进区域协调发展，形成产业集群与区域发展的良性互动格局。设立在传统电子工业区的大阪环球主题公园和地处远郊区的上海迪士尼乐园，均远离市中心。由于周边地区产业基础薄弱，对主题公园供应链相关产业缺乏承接能力，难以享受到产业带动的红利，形成产业集群的概率较小，承担着较大的增加成本乃至断供等运营风险。

（五）催生专业培训市场，建设文旅人才“蓄水池”，为高质量发展提供优质人力资源

1. 联系工作岗位设置，形成专业培训市场

培养高素质的服务与管理人才队伍，是主题公园高质量发展的重要环

节。主题公园通常可以提供上万个工作岗位，分布在公园运营、创意设计、安全和应急管理、游客接待、娱乐表演等五大重点领域。巴黎迪士尼乐园内部约有500个工作岗位，每天都有100个国家和20种语言的员工在一起工作。由于不同种类的岗位之间专业技术含量差异较大，该乐园在设计工作岗位时就对岗位人员的专业素质和培训计划提出了要求，“招聘+培训”的人才使用模式催生了一批专业培训市场。

2. 与大学和专业培训机构合作，建立人才培养机制

一方面当地或周边区域的大学与主题公园在教育、就业等方面建立合作机制，提供相关专业课程，为主题公园建立储备人才库。上海迪士尼与上海10所服务类高校在酒店管理、旅游会展等领域展开订单式合作，与工科院校合作培养娱乐设备维修和安全维护方面的高素质技能人才。另一方面，洛杉矶迪士尼乐园和奥兰多主题公园面向内部员工、实习员工和外部人才分别提供迪士尼大学、迪士尼学院及迪士尼课程等各种培训项目。巴黎迪士尼乐园每年向1.5万名员工提供人均26小时以上的工作培训。全球主题娱乐行业领导组织（IAAPA）将总部迁至奥兰多城，以期在设计、管理及表演等领域培养更多优质人才。

三　把握规律促进北京环球主题公园高质量发展的路径

主题公园在文旅商业态高度融合、产业集群式发展、经营方式灵活多样、立足本土化供应链、催生专业培训市场等方面呈现出其演进规律，给了我们有益的启示。促进北京环球主题公园高质量发展，需要把握规律，按照全市“五子联动”新发展格局构建的总体战略，依托环球度假区带来的消费流量，统筹消费拉动、产业驱动与区域承载的关系，统筹文化旅游区与台湖演艺小镇、张家湾设计小镇、宋庄艺术小镇的空间资源，全域构建国家级5A级景区，以IP全产业链运营为主线，加快构建前端文化艺术创作、数字创意设计，中端出版发行、广播影视，末端演艺娱乐、商业服务、文化旅游

的多元复合型区域产业生态，使副中心成为消费经济新阵地、文化转化新平台、数字创意新高地、区域协同新引擎、服务开放新窗口。

（一）着力强化消费导流，提升环球主题公园可持续发展能力

北京环球主题公园处于刚起步阶段，除了按照整体规划安排抓紧启动二期建设、适时开展三期建设外，更重要的是保持一期主题内容的动态更新，形成可持续发展能力，形成千万级客流的消费导流。

提升民宿配套服务供给水平。加快改造提升环球主题公园周边酒店品质，弥补短期内附近酒店配套的不足。加强通州民宿的规范引导，完善乡村基础设施，加快布局发展精品民宿。结合新建商业类用地、更新改造用地、集体产业用地等，根据实施时序与实施难度分类施策，补齐环球主题公园周边服务设施短板。加强旅游线路规划布局，推出特色精品旅游线路，加大宣传推介力度，结合国内知名旅行社及 OTA 平台进行销售。

持续更新主题内容。在后续主题设计中充分调研本土游客喜好，结合具有良好受众基础的中国文化内容，打造与本土文化需求相匹配、具有持续吸引力的 IP 主题园区。在 IP 的选择上要进行充分调研论证，选择具有本地受众欢迎度的 IP 进行开发，加强与本土 IP 的联动效应，避免文化冲突、文化差异带来的投资损失。

打造更具科技感的沉浸式度假区。新技术的快速发展为沉浸式体验带来了更多可能性，环球主题公园要充分利用 VR/AR 等新技术手段拓展虚实结合的沉浸式体验，丰富不同 IP 主题的游玩性和体验深度，通过体验的不断创新升级形成持续的吸引力。

开发特色主题活动。客流量是主题公园健康运营的重要指标，环球主题公园要针对不同客群开发主题节庆活动，增加游客重游率。通过烟花秀、音乐演出、剧目演出等方式丰富夜间活动，延长游客的停留时间，增加相关衍生消费。

提升 IP 开发运营能力。环球主题公园要发挥开发 IP 的优势，加强与腾讯等本土知名 IP 产权方进行合作，通过举办创意活动、打造小型景点等方

式进行 IP 孵化及衍生开发；推动环球主题 IP 授权与周边酒店、业态合作，打造基于环球主题 IP 的产品，将主题公园的氛围延伸至周边区域，形成联动效应。

打造世界级主题公园运营团队。环球主题公园是中美合作经营项目，要发挥中方更了解中国市场、更便于和境内上下游企业合作开发本土 IP 等方面的优势，加强研发团队建设，打造具有世界一流水平的技术人员队伍。同时，加强与美方合作，虚心向他们学习先进的管理经验，打造高素质的管理队伍，不断提高管理水平，掌握运营主动权。

完善副中心公共文化服务体系。按照国际标准提升副中心图书馆、博物馆、文化馆的服务品质，充实基层公共文化服务内容。吸引与环球主题 IP 相关的动漫游戏、时尚设计类艺术品参与中国艺术品产业博览会，助力打造国际级艺术品产业交易交流平台。在大运河文化节增设环球主题元素，形成“三庙一塔”等文物区与环球度假区相连的旅游线路，以此带动年轻游客对大运河文化和通州历史文化的关注，推进传统文化与现代文化、中华文化与外来文化融合发展。在环球主题公园地铁站附近和战略留白区，打造集中展示城市副中心文旅品牌和线路的宣传专区，重点推介各种节庆活动，全面树立副中心高端定位、高质量发展的城市形象。

（二）着力提升区域功能，促进环球主题公园与周边联动发展

以大运河为轴，推动文化旅游区与台湖、张家湾、宋庄等特色小镇联动，推动文化旅游区与运河商务区、行政办公区联动，全域按照国家 5A 级景区标准，打造以消费为支撑的复合型产业功能区。

推进北部地块开发建设。按项目制分期梯次推进建设的原则，聚焦环球主题公园衍生产业的发展，深化与国际顶级的主题娱乐协会（TEA）的战略合作伙伴关系，吸引文化领域的国际组织与协会、总部及创新型文化企业集聚，引进娱乐休闲、文化科技、配套服务等功能性产业项目，引导企业应用新技术创造新 IP、新业态、新模式。

探索留白用地过渡性使用。参照上海国际旅游度假区战略留白用地过渡

性开发经验，在战略留白区搭建过渡性建筑设施，鼓励在此发展临时性会展设施，举办国际性文娱演出、艺术品和体育用品展会（交易会），开办文创产品销售门店，承接消费溢出。待后期结合园区开发和土地上市需要，及时清退过渡性设施。

支持田家府服务区扩容升级改造。田家府服务区位于通州区京哈高速公路附近，是前往北京环球主题公园的重要途经点之一。可借鉴苏州阳澄湖服务区、雅康高速天全熊猫主题服务区等交旅融合型网红打卡地成功经验，拓展田家府服务区旅游服务等功能，融合通州区城市人文特色、文化元素等，进行主题式升级改造，打造综合性旅游景点。

建设副中心地标性购物中心。借鉴西红门荟聚、奥特莱斯等一站式大型购物中心成功经验，在文化旅游区北部地块和台湖镇加快集聚国际国内知名品牌商，导入高端商业业态，培育打造以“品牌+品质”为特色的顶级品牌消费中心。

打造“网红”特色文化街区。建议在公共交通条件最为便利的梨园镇，以瑞都公园世家、九棵树中路、荟萃园商业等产业项目为载体，与环球影城城市大道错位规划，引入差异化的餐饮、住宿、消费娱乐品牌。建设深夜食堂主题街区、特色精品店购物区、“网红”打卡地。引入开心麻花、嘻哈包袱铺等小型文艺演出项目，为当地及环球主题公园游客提供聚会的消费场所，增加消费者的消费黏度、消费机会和留驻时间。

加强台湖、张家湾、宋庄特色小镇功能开发。一是升级更新台湖演艺小镇演出消费业态。充分把握剧场与环球主题公园的联动效应，推动演艺产业集群式发展。立足“特而精、小而美、活而新”的定位，利用好允许外商投资文艺表演团体及探索优化营业性演出许可审批的“两区”政策，加强市场化演艺队伍的培养与国外知名演艺团队的引进，探索通过 IP 合作运营或授权的方式，推出涵盖剧场演出、驻场演出、实景演出等不同形态的高品质演艺产品。二是推进张家湾设计小镇设计及周边产业发展。鼓励企业参与基于环球主题 IP 的产品设计与开发，开展主题公园需要的灯光、场景及潮流元素的设计。办好北京国际设计周、北京时装周等设计品牌活动，积极引入 IP 交易类会议会展，带动国内外知名设计企业、设计机构入驻，促进中小微设计企业向专、精、特、新方向发展。参照古北水镇模式，保护好张家湾的村庄肌理及历史文化遗存，建设遗址公园，吸引游客消费，实现文旅、设计联动发展。三是完善宋庄原创艺术小镇文旅融合的产业体系。建设以原创艺术为主导、文化旅游为延伸、网络直播为特色的副中心文化旅游关键节点。加快推进中国艺术品交易中心项目和抖音直播站项目建设，为艺术家、商家提供艺术品销售渠道和宣传平台，增加销售收入，吸引环球主题公园游客二次消费，提升宋庄艺术小镇整体价值。

全域创建国家 5A 级旅游景区。以创建国家 5A 级旅游景区、推动运河航线全线通航为重点，有机串联运河商务区、城市绿心等重要功能片区，构建大运河生态文化景观廊道。深入挖掘运河历史文化资源，积极推进大运河文化沉浸式体验、北运河非遗传习所等场景项目建设，导入观光游览、休闲度假、创意文化、商务会展等文旅业态。进一步丰富大运河两岸及城市绿心公园文化旅游配套，加快绿心三大建筑、运河商务区都市型商业中心建设，与环球主题公园形成优势互补、相得益彰的联动发展格局。

完善交通路网体系。一是加快开通京津高铁站亦庄（台湖）站，完善周边配套设施。京津城际铁路亦庄站位于北京市通州区台湖镇，目前由于客流关系暂不办理业务。根据北京环球主题公园的客流需求协调铁路系统开放业务办理，完善站点服务，建设公交接驳系统、公共停车设施，依托高铁站向周边地区引入客流。二是完善副中心内部道路交通，改善游客在景区之间乘车体验。加强与宋庄、台湖、张家湾、城市绿心、大运河森林公园等重点地区之间的交通联系，完善周边的路面交通服务设施。要完善定制公交、旅游专线等交通措施，改善游客乘车体验，引导游客出行路线向更大范围拓展。三是水上连通张家湾古镇和环球主题公园。打通凉水河航道，推进船舶在萧太后河和凉水河之间通航，连通环球主题公园到张家湾古镇的南姚园村的高端酒店和民宿，打造贯穿环球主题公园、张家湾镇城墙遗迹等特色文旅项目的水上观光线。

培育专业人才培训市场。努力吸引首都高校或其分支机构入驻城市副中心，与首都高校开展广泛合作，如与临近的中国传媒大学开展合作，开设文化、旅游相关专业，培养本科以上专业人才；或开设文化、旅游课程，举办短期培训班，培养企业在职人才。鼓励有条件的民办学校和社会智库在城市副中心举办培训班、研讨班，以满足企业员工获取相关专业知识的需求。

（三）着力促进产业联动，拉长环球主题公园产业链

立足环球主题公园导流基础，从文化与科技融合、文化与旅游融合、交通与旅游融合、文旅与农业现代化融合等角度，打造以消费经济为核心的产业功能区。

打造文化贸易开放高地。一是推动文化贸易创新发展。利用好“两区”政策优势，围绕环球主题公园核心 IP，积极争取国际性文娱演出活动落地。聚焦创意设计、数字内容、原创动漫、版权运营等领域，加强基于本土 IP 的开发设计与创新，吸引更多国内外高端团队和原始创新项目落地转化和发展，推动企业通过 IP 授权的方式开展国际文化贸易。二是深度拓展文化交流合作。持续吸引外商独资、中外合资文化企业集聚，举办各类国际大型交易博览会、知名展览、品牌活动、高端会议，策划组织高水平文化交流活动，全面提升副中心国际文化影响力。

打造首都旅游首站集散地。统筹考虑自驾游、同城游、外地游等不同类型游客需求，以开设专线、互联站等方式完善交通接驳功能。与北京首都国际机场、北京大兴国际机场等建立直接联系，便利游客向文化旅游区及周边集聚。

打造数字创意产业新阵地。依托环球主题公园二三期建设场景，加大情感感知、新型人机交互、全息成像、虚拟现实、文化资源数字化处理等技术创新力度，发展数字文化装备，搭建 IP 发布平台，积极导入数字媒体、演艺娱乐、艺术品交易、设计服务等业态。试点设立数字版权交易中心，建设国际艺术品文化交往和文化贸易基地，打造全球艺术品展示交易新高地。加快引入国内外产业协会类组织，延伸产业链条，提升竞争实力。

建设数字技术场景转化基地。吸引国内外知名的文化科技型平台总部与

独角兽企业，把握环球主题公园形成的消费市场规模优势，采取“政府扶持、市场竞争、项目合作”等方式，丰富技术应用场景，鼓励应用大数据、云计算、人工智能等科技创新成果，提升线下设施与内容的数字化水平，探索通过网络终端提供全景视角、自由视角、第二现场等线上展示模式。推动互联网数据服务、物联网服务、设备技术服务等科技领域发展，面向全球吸引专业化主题娱乐项目技术研究与创新设计企业集聚，提升文化旅游智能化运营能力。

打造农旅融合发展示范区。以台湖、张家湾、宋庄、西集田园农场和民宿项目为支撑，充分盘活闲置农宅，持续补齐基础设施短板，加强美丽乡村建设，充分挖掘大运河文化和更多通州故事，打造高品质农旅融合示范区。

（四）着力融入京津冀协同发展格局，发挥环球主题公园促进首都现代化都市圈建设作用

把环球主题公园作为促进城市副中心与北三县联动发展的重要着力点之一，以大运河文化带为轴，促进文化旅游合作，加快促进首都现代化都市圈建设。

深化大运河文化连接。京津冀协同发展国家战略和大运河文化带建设战略项目叠加是京津冀区域的突出特点，要统筹做好京津冀区域内大运河文化带的文化旅游业规划，加强三地历史文化内涵挖掘，形成首都地区文脉传承展示利用的新空间。以大运河为通道，串联起山水资源，形成客源互补、特色鲜明的跨区域旅游线路。

推动形成跨区域精品旅游线路。一是推进长城、故宫等全市热门景区与环球度假区联动发展。改善交通接驳、开辟旅游线路、设立引导标识，推动景区联动合作。建议市文旅局以此为契机，整合重点文旅项目，向全国和东北亚地区宣传推广北京旅游品牌。二是推动京津冀三地文旅部门共建，推广跨区域旅游线路。发挥环球主题公园距离两个机场较近、位于京津冀中心区域的优势，将其周边建设成为京津冀区域旅游集散地，吸引全国和全球游客以此为首站畅游京津冀。依托京哈高速等公路，有机串联环球主题公园到黄

金海岸、天津蓟州盘山、武清佛罗伦萨小镇、香河天下第一城等天津与河北的热门景点，开发京津冀特色精品旅游线路，建立跨区旅游服务平台，推出特色旅游套餐，联合进行宣传营销，形成跨区消费链，打造京津冀大旅游品牌。

共同打造本土供应链。发挥首都科研院所多、研发能力强的优势，协同津冀两地产业园区积极争取各类 IP 授权和技术合作，推动主题公园相关制造业的发展。以首都研发机构为支点，集聚专业化程度高的相关企业，在津冀两地布局文化、旅游设施和服务用品生产环节，促进诸如主题公园设备设施及其零部件、游艺器材、娱乐用品等制造业的发展，形成高品质、可持续、本土化的供应链。

促进与“北三县”产城融合发展。释放环球主题公园对河北省三河市和香河县、大厂县的辐射力，利用其带来的就业岗位，优先安排居住在“北三县”的人员就业，提供班车、通勤卡等促进就业人员便捷往返；同时，在“北三县”合理布局相关配套产业，进一步优化产城结构。

（五）着力叠加北京冬奥品牌效应，确保环球主题公园冬季旅游“不降温”

主动应对高纬度地区主题公园面临的气候条件等不利影响，结合冬奥冰雪主题，研究增加相关设施与消费项目，努力平抑可能出现的季节性消费落差。

结合主题 IP，增加冰雪类体验项目。在后期建设中打造具有本土特色的冰雪主题园区，满足高品质多元化冰雪旅游需求。将环球主题公园的发展与 2022 年北京冬奥会相结合，利用现有 IP 资源优势，设计与冰雪充分结合的游玩体验项目，将低温劣势转为独有优势，成为特色化凸显的冰雪旅游目的地。

增加四季恒温的室内体验项目。把握环球主题公园体验项目的特征，充分挖掘旅游客群的高频次游玩需求，深挖主题 IP，探索在二期开发建设恒温水上乐园、温室植物园等适合家庭高频游玩的项目，同时增加音乐演出、话剧等室内文化活动，提升家庭客群的重游率。

补充温泉度假、室内文化活动项目。借鉴瑞士、日本北海道等冬季旅游目的地发展经验，依托台湖、宋庄地热资源，在环球主题公园周边地区补充温泉度假、康养旅游等项目，形成冬季旅游的特色优势项目，增加冬季游客的出游意愿。同时，在项目周边地区丰富音乐演出、舞台剧、展览展示等室内文化体验业态，促进冬季文化旅游资源协同发展。

参考文献

TEA/AECOM：《2020 全球主题公园和博物馆报告》，AECOM 官网，https：//aecom. com/wp-content/uploads/documents/reports/AECOM-Theme-Index-2020. pdf。

欧洲迪士尼公司：《巴黎迪士尼 25 周年经济贡献报告》，https：//www. dlptownsquare. com/30-years-convention-disneyland-paris/。

Danica Dvorachek, *Determining Theme Park Attraction Attributes: An Analysis of Factors that Impact Theme Park Attraction Popularity and Success*, Liberty University, 2018.

王铭杰、徐如意、陈涵琪等：《主题公园智慧旅游建设研究——以五大主题公园为例》，《中国商论》2022 年第 2 期。

姚亚奇：《主题公园产业如何“拔节生长”》，《光明日报》2021 年 10 月 17 日，第 5 版。

郑江宁、周春发：《世界主题公园现状及经营策略发展趋势》，《浙江工业大学学报》（社会科学版）2005 年第 4 期。

张卓：《文化传统与影视 IP 的创新融合——中国本土主题公园的发展路径》，《人民论坛》2021 年第 35 期。

B.18

2021年北京文化财政金融创新、问题与对策*

何 群　阙恋懿　刘士奇**

摘 要： 2021年，在疫情反复背景下，北京市在文化财政金融领域实现了多方面的创新。在文化财政方面，北京市继续推动文化产业数字化发展，增强非遗保护，促进文旅消费释放等；在文化金融方面，北京市官方平台持续活跃，发挥金融支持作用，灵活面对后疫情时代。但北京市文化财政金融领域也面临着后疫情时代数字文化产业发展缺少规范性引导、亟需复合型人才等问题。对此，可以采取不断完善北京市数字文化产业发展的营商环境、支持新业态开发、以数字金融拓宽投融资渠道等措施来应对这些挑战。

关键词： 北京　文化产业　文化财政　文化金融

2021年，全国文化产业虽然已经有所恢复，但在疫情防控常态化的背景下，我国文化产业的发展还是面临着不少的问题。为推动后疫情时代文化产业的健康发展，北京市积极调整财政预算，完善相关政策措施，不断推动北京市文化金融体系朝着规范化、体系化方向发展。

---

* 本文为2021年北京市社会科学基金决策咨询重点项目“北京创新文化资源挖掘与价值阐释研究”阶段性成果。

** 何群，博士，中央财经大学文化与传媒学院副院长，教授，硕士生导师，研究方向为文化产业、创意经济；阙恋懿、刘士奇，中央财经大学文化与传媒学院艺术管理方向研究生。

一　北京市文化财政金融的创新发展

2021 年，全国和北京市疫情有所缓解，但防疫形势依然严峻，后疫情时代投资环境和政策环境的不确定性也依旧居高不下。对此，北京市在文化财政与文化金融领域多措并举，精准发力，切实解决北京市文化产业发展的难题，为后疫情时代北京市文化产业的复苏与创新发展打通出路。

（一）北京市文化财政的创新

1. 继续推动文化产业数字化发展

2021 年上半年，北京新经济累计增加值达 7870.8 亿元，“互联网+文化”领域实现收入 4615.3 亿元，比 2020 年增长了 35.9%，两年平均增长率为 28.6%，占规模以上文化产业收入的比重达 57.4%。其中多媒体、游戏、动漫等领域实现营收 1097.9 亿元，同比增长 53.3%。同时，5G 等互联网技术的迅速发展也推动了“互联网+文化”的融合。2021 年上半年，互联网信息服务企业营业收入和规模以上互联网数据服务企业收入同比分别增长 31.6%和 37.0%。在线教育、在线体育企业收入同比增速超 40%，在线娱乐、在线游戏企业收入同比增速均在 30%左右[①]。数字化发展为这些行业注入了崭新的生机与活力。

北京市规模以上文化科技融合企业收入已经连续三年达到北京市整体文化产业收入的 50%以上，且每年的平均增长速度都保持在 10%以上。2021 年上半年，北京文化新业态企业的营业收入占全国比重高达 25.9%[②]。与此同时，为了给探索数字经济知识产权保护制度和模式提供政策支持，北京市

① 《上半年北京新经济引领新发展　新动能展现新活力》，北京市统计局、国家统计局北京调查总队官网，http://tjj.beijing.gov.cn/tjsj_31433/sjjd_31444/202108/t20210819_2471511.html。

② 《中国文化产业发展高峰论坛今日举办！“数字+文化”已成为北京市文化产业重要支撑》，北京市文化和旅游局官网，http://whlyj.beijing.gov.cn/zwgk/xwzx/szfdt/202109/t20210906_2484803.html。

积极推进“北京市知识产权保护条例”的立法工作，目前已进行到公开征求意见的阶段。从文化新业态企业的发展到政策法规的大力支持，北京市数字文化产业的发展更加体系化和健康化。

2021年8月2日，首届全球数字经济大会在北京国家会议中心开幕。该大会以“创新引领　数据驱动——建设全球数字经济标杆城市”为主题，以北京建设国家服务业开放综合示范区和中国（北京）自由贸易试验区为契机，深入探讨了北京数字化发展新道路、数字化发展新理论。本次会议还提出了《全球数字经济标杆城市北京宣言》，其中指出要继续加强北京的“四个中心”功能建设，提高“四个服务”水平，积极将北京建设成全球数字经济标杆城市；继续推进5G技术的推广和5G基地的建设，用5G技术赋能行业，为经济社会的高质量发展提供支撑；继续推动“互联网+文化”型企业的发展，推动数字内容成为文化产业的主要支撑内容，使数字传播成为文化传播的主要渠道。该宣言将对北京市把握其文化核心竞争力、建设成为数字发展的“云高地”起到积极的推动作用。

2. 增强非遗保护，促进文旅消费释放

《北京市“十四五”时期文化和旅游发展规划》指出，要继续将北京打造成为文化遗产保护及传承的典范城市；要继续优化北京市旅游的供给结构，推动北京旅游高质量发展；继续推动北京市的文旅产业朝着现代化的方向发展；继续推进文化和旅游的现代化治理体系建设等。北京市还出台了《北京市旅游条例》《北京市住宿管理方法》等系列措施，推动北京市文化旅游市场管理方式更加科学化、系统化。与此同时，北京市还出台了《北京市文化和旅游局“两区”建设工作推进方案》以推进文化和旅游领域的改革创新发展。以上相关政策的出台能更切实地推进北京市文旅产业的高质量发展。

为加强保护北京市非物质文化遗产，市政府修订完善了《北京市非物质文化遗产保护专项资金管理办法》《关于进一步加强非物质文化遗产保护工作的意见》《北京市中轴线文化游典》等政策，鼓励北京市内的相关非遗项目积极向联合国教科文组织申报《人类非物质文化遗产代表作名录》，以上方针政策从财政资金支持非遗发展、到宣传推广非遗的价值及中轴线申遗保护等多个角度显示了北京非遗保护传承的决心和能力。在建设大运河文化带中，北京市还将继续推动大运河国家公园的建设，进一步加强对大运河内涵的挖掘及相关推广，通过讲好大运河文化故事提升大运河的文化影响力。

为继续壮大北京文旅新消费市场，继续优化文旅新消费结构，继续扩大文旅新消费供给，北京市文旅局牵头制定了《北京培育建设国际消费中心城市实施方案文旅消费潜力释放配套方案》。为完成这三个目标，北京市共确定了23项重点任务，主要包括以下三个方面。一是积极挖掘文化资源优势。将环球影城作为发展的核心，充分发挥环球影城的辐射效应，积极推动城市副中心相关文旅产业的发展；将环球主题公园与大运河、遗址公园等节点串联起来，吸引更多游客，推动文旅区块发展；发挥冬奥主办地优势，开展国际冬季运动博览会，展示北京冬奥筹备进度及相关成果，推动体育文化发展。二是设计与北京文化相关的精品旅游路线。例如可以围绕长城文化带、大运河文化带、“北京冰雪游”等主题开发设计旅游路线。三是打造重磅文旅消费产品。挖掘北京文化遗产、中轴线等文化资源，评选“北京网红打卡地”，积极开发“北京礼物”。不仅如此，为增加北京市民的文化消费，2021年9月，北京市还举办了第九届惠民文化消费季，通过六个板块向市民推荐了300多项文化活动，还联合了国家大剧院、首都剧场等，推出了中国戏曲文化周、老舍戏剧节等演出活动。不论是北京市制定的扩大北京文旅消费的目标和任务，还是举办的相关文化消费季的活动，对于推动北京文旅消费潜力的释放都具有重要作用。

3. 政府财政积极应对后疫情时代文化产业困境

2021年，在疫情常态化的背景下，北京市文化产业的发展逐渐回到正轨。北京市财政局《关于北京市2020预算执行情况和2021预算的报告》显示，2020年北京市在文化旅游体育与传媒领域支出100.1亿元，共完成调整预算的93.8%。2021年北京市在文化旅游体育与传媒支出预算安排103.0

亿元，相比2020年有2.9%的增长[①]，2020年因受疫情影响相关项目未按预算执行，文物修缮、“投贷奖”等项目未按计划任务量实施，2021年的预算执行以2020年具体执行情况为基础并做更进一步的完善：一是继续推进中轴线申遗工作，完善文物修缮等工作，支持“一城三带”文物保护，推动国家公园建设；二是围绕建党100周年开展重大宣传活动及相关文化活动；三是继续加强北京市公共文化服务体系示范区建设，对受疫情影响严重的实体书店加大扶持力度，并推进广播电视领域的技术升级，以及智慧广电和超高清视频的发展；四是进一步完善全民健身公共服务体系建设，并做好冬奥会和冬残奥会的各项工作，保障冬奥会和冬残奥会各项任务有序展开。

表1　2021年1~10月北京市规模以上文化产业情况

项　目	收入		利润总额		从业人员平均人数	
	数额（亿元）	同比增长（%）	数额（亿元）	同比增长（%）	人数（万人）	同比增长（%）
文化核心领域	12512.3	21.0	1077.4	61.7	54.7	6.9
新闻信息服务	4093.5	25.4	138.7	-35.1	14.8	4.8
内容创作生产	2967.9	28.1	796.2	134.0	17.4	7.2
创意设计服务	3168.2	11.5	64.0	48.0	11.1	0.2
文化传播渠道	2156.4	18.4	93.3	82.7	7.9	12.2
文化投资运营	32.1	6.8	16.2	-39.2	0.3	0.3
文化娱乐休闲服务	94.2	40.1	-31.0	—	3.1	33.2
文化相关领域	1345.5	18.9	71.9	122.0	9.2	-3.8
文化辅助生产和中介服务	590.5	15.9	26.3	190.5	7.7	-4.1
文化装备生产	89.2	21.1	2.4	—	0.7	-12.4
文化消费终端生产	665.7	21.4	43.2	80.9	0.9	7.8

资料来源：北京市统计局，2021年12月1日。

① 《关于北京市2020年预算执行情况和2021年预算的报告》，北京市财政局官网，http：//czj.beijing.gov.cn/zwxx/czsj/czyjs/202102/P020210210537679430824.pdf。

同时，为帮助实体书店发展，北京市从财政、政策上分别给予了补贴与优惠。北京市在《关于支持实体书店发展的实施意见》中指出，北京市实体书店如果具有法人资格并取得《工商营业执照》《出版物经营许可证》，即可申报房租补贴、转型升级奖励、示范书店奖励、校园入驻奖励等。不仅如此，《北京市文化企业“房租通”支持办法（试行）》提出对2021年北京市文化企业“房租通”申报项目进行审核，在2020年1月1日（含）至2020年12月31日（含）期间，符合条件的文化企业所产生的房租可以得到补贴。这些相应的财政措施都很好地帮助了北京市文化产业度过疫情难关。

4. 推动首都公共文化高质量供给

2021年8月，《东城区关于加快“书香之城”建设　引导支持实体书店“四进”的实施意见》发布，以政策扶持实体书店进驻商场、社区等，并鼓励实体书店联合新技术跨界发展，以“书店+”的新发展模式进一步推动首都文化事业的发展。

北京市文化和旅游局研究制定了《北京市曲艺传承发展计划》和北京传统工艺目录，为曲艺的发展搭建了相关展示平台。同时北京市还继续完善北京文化艺术基金、北京宣传文化引导基金等文化艺术类基金，全链条引导扶持首都文化艺术发展，完善项目监督机制，充分发挥了基金推进文化艺术事业发展的积极作用。如北京文化艺术基金将2021年的艺术资助分为三个板块，第一个板块是对舞台艺术创作进行资助，其中又细分为大型舞台艺术作品，例如昆剧《千里江山图》、话剧《椅子》、音乐剧《红楼梦》和小型剧（节）目整理加工作品及一些配套资助作品等；第二个板块是对传播交流推广项目进行资助，其中包括“打开艺术之门”“2021第五届老舍戏剧节”等项目；第三个板块是对北京市相关艺术人才培养项目进行资助，这一资助对北京京剧人才、非遗剪纸人才、融媒体演播艺术拔尖创新人才等的培养具有重要推动作用，同时也促进了首都文艺舞台的繁荣发展。

（二）北京市文化金融的创新

1. 官方平台持续活跃，发挥金融支持作用

2021 年，疫情对文化产业影响依旧。针对北京市相关文化企业流动资金不足、线下业务停摆等问题，北京市国家文化产业创新实验区（以下简称文创实验区）为这些文化企业提供了相应帮助以保障其顺利度过疫情。到 2020 年 12 月 15 日止，文创实验区登记注册文化企业共有 3.48 万家、文化产业园区 59 家、上市挂牌企业 52 家。文创实验区通过无还本续贷、延缓还款期限、提供贷款担保等方式，为企业补充资金缺口，充分发挥线上金融综合服务平台的作用。2021 年疫情以来，文创实验区的合作金融机构已提供融资贷款 54.67 亿元，助力实验区中的中小微企业平稳度过疫情，实现线上线下创新发展①。

2021 年，北京市政府持续重视文化产业的发展，在继续完善文创实验区的多项金融支持政策之外，还搭建创设多个全新的文化金融服务平台，旨在向北京相关的文化企业提供专业化和规范化的金融产品及服务。2021 年 4 月 26 日暨第 21 个世界知识产权日，北京版权资产管理与金融服务平台成立。这一平台旨在围绕版权资产，大力创新金融服务机制，更好地发挥金融业在北京市文化资源配置、文化企业融资中的引导与服务作用，为文化金融行业分享智慧、凝聚共识、实现共赢提供新的助力②。此外，2021 年 5 月 31 日，由北京股权交易中心、北京文创板发展有限公司共同推动成立的北京文化企业股权转让平台正式揭牌，这标志着北京区域性股权市场（即北京四板市场）文化创意板正式投入运营。这一平台将针对转板上市、股权管理、股权债权融资等方面为北京市文化企业提供更为专业化的服务，此举可以更好地促进北京市文化与金融的融合，并进一步推动北京市文

---

① 《国家文创实验区已登记注册文化企业 3.48 万家》，中国日报网官方账号，https://baijiahao.baidu.com/s?id=1688580756793976758&wfr=spider&for=pc。

② 《北京版权资产管理与金融服务中心成立》，北京日报网官方账号，https://baijiahao.baidu.com/s?id=1698096088714159833&wfr=spider&for=pc。

化产业的发展①。

此外，北京市还积极举办了一系列论坛活动，助力企业资源对接。2021年9月6日，作为2021年中国国际服务贸易交易会文旅服务专题论坛活动之一，第八届北京市文化融合发展项目合作推介会主场活动成功举办，超200亿元文化融合发展项目签约在北京达成，这是对北京市抗疫成果的反映与对北京市抗疫措施的高度肯定②。2021年9月3日，北京市举办了“第十届中国文化金融创新大会”。该大会邀请了深度聚焦文化领域的投资人和优秀企业家、行业专家同台，捕捉行业最新发展趋势，促进资本与文化、产业融合融通，助推文化金融创新升级③。

2. 创新金融产品，灵活应对后疫情时代

2021年，为应对后疫情时代疫情反复小规模发生的困境，多部门多主体携手进行了一系列的金融产品创新，助力文化企业克服时艰，挺过疫情带来的层层风浪。2021年4月30日，文化和旅游部、中国人民银行、中国银行保险监督管理委员会联合发布了《关于抓好金融政策落实进一步支持演出企业和旅行社等市场主体纾困发展的通知》，其中指出，要通过金融创新，不断丰富针对文化和旅游产业的保险产品供给，推广新型保险产品如演艺活动取消险和旅行取消险等，降低文旅产业受疫情影响的风险，用金融创新的方式为文旅产业保驾护航④。

为进一步加强政策协同，发挥部门合力，充分发挥货币政策工具的导向作用，支持符合条件的金融机构发行小微企业金融债，北京市让“京绿通”“京文通”“京创通”等专项再贴现工具充分发挥作用，为科创、文

① 《“两区”建设又一项目落地：北京文化企业股权转让平台正式运营》，北京市人民政府官网，http://www.beijing.gov.cn/fuwu/lqfw/gggs/202106/t20210603_2404975.html。

② 《北京文化融合发展项目签约逾两百亿　涵盖数字文化融合“新成果”》，新京报社官方账号，https://baijiahao.baidu.com/s?id=1710162655788059457&wfr=spider&for=pc。

③ 《9月3日，第十届中国文化金融创新大会将启》，中国商报官方账号，https://www.zgswcn.com/cms/mobile_h5/wapArticleDetail.do?article_id=202108261859141198&contentType=article#。

④ 《三部门：鼓励推广演艺活动取消险、旅行取消险等保险产品》，光明日报官方账号，https://m.gmw.cn/baijia/2021-05/06/1302275259.html。

化、高端制造业等领域引入更多优质信贷资金。2021 年 8 月 4 日，《进一步完善北京民营和小微企业金融服务体制机制行动方案（2021～2023 年）》发布。该方案由中国人民银行营业管理部、北京证监局等 13 个部门研究制定，强调要引导所辖商业银行提供更多差异化政策，通过推广随借随还贷款，扩大信用贷款规模，持续增加首贷户等方式助力文化、旅游等易受疫情持续影响的行业企业平稳度过困难时期。方案第十七条提出要把握高质量创建国家文化与金融合作示范区的契机，进一步优化与完善文化金融服务体系，创新现有的认定与评估文化金融专营组织机构的相关工作，推动各区配套支持政策的出台，让文化金融专营组织机构发挥引领示范作用，令“京文通”专项再贴现产品的试点企业范围得到进一步扩大，促进金融产品与服务更好地匹配中小文化企业的需要①。这些措施的实行，将会使北京市的文化金融服务进一步提质增效，帮助更多相关企业度过疫情。

3. 银行主体活跃，有战略有规划且敢贷能贷

以北京银行为例。2021 年以来，为进一步支持北京全国文化中心建设，北京银行积极助力北京消费季，并与多家北京文化机构进行了全面战略合作。2021 年 1 月 8 日，北京银行与北京广播电视台续签全面战略合作协议②。2021 年 1 月 20 日，北京银行联合北京市文学艺术界联合会签订了全面战略合作框架协议③。2021 年 2 月 7 日，北京市文旅局和北京银行发布“漫步北京及网红打卡地金融支持计划”，签署《支持北京网红打卡地高质量发展战略合作协议》，并约定北京银行将在未来 5 年内提供不少于 200 亿元的意向性授信助力北京网红打卡地相关企业发展，助力北京建设全国文化

① 《完善北京民营和小微企业金融服务 25 条措施公布》，光明日报官方账号，https://m.gmw.cn/baijia/2021-08/06/1302463925.html。

② 《北京银行携手北京广播电视台助力全国文化中心建设》，上海证券报官方账号，https://news.cnstock.com/news，jg-202101-4642519.htm。

③ 《北京银行与北京市文联举办全面战略合作框架协议签约》，中国发展网官方账号，http://www.chinadevelopment.com.cn/sh/2021/0122/1714436.shtml。

中心和国际消费中心城市①。

根据北京银行2021年上半年年报，北京银行携手北京市文资中心打造“文信贷”，完善文化小额信用贷款风险补偿体系；联合北京市委宣传部、西城区政府、中国版权保护中心共建北京版权资产管理与金融服务中心，推出“文化英才贷”“漫步北京及网红打卡地金融支持计划”等多种创新金融产品，支持《送你一朵小红花》《你好，李焕英》等多部“爆款”影视作品②。2021年9月22日举行的第十一届北京国际电影节“中国电影投融资峰会”上，北京银行推出了“电影+”版权质押贷融资产品，围绕优质电影版权，从电影及电影延伸产业链的层面再次升级服务供给，更好地促进电影金融融合，帮助影视企业解决融资难题，将新的融资活力注入电影企业。9月25日，北京市电影局与北京银行签订《关于支持北京电影业发展战略合作协议》，约定北京银行在未来五年内将不少于200亿元的意向性授信提供给首都电影行业企业。这是北京市电影局首次与金融机构签署战略合作协议，旨在支持北京市优质电影企业、电影产业集聚区和重点电影项目的建设发展③。上述行动体现了北京市在金融联动文化产业机制方面的创新，使金融更好地服务于北京市文化企业与优秀文化人才，有助于营造更加开放包容的首都文化产业发展环境。

二 北京市文化财政金融面临的问题

2021年，面对常态化疫情防控形势，北京市虽然在文化财政与文化金融领域采取了一系列措施，促进首都文化事业与文化产业的复苏发展。但在落实北京市“十四五”目标规划的过程中，仍然面临着一些挑战和考验。

---

① 《北京发布“漫步北京及网红打卡地金融支持计划”》，北京市人民政府官网，http：//www. beijing. gov. cn/fuwu/lqfw/gggs/202102/t20210208_ 2279299. html。

② 《北京银行半年成绩单：零售转型成果亮眼，资产质量稳中加固》，第一财经官方账号，https：//baijiahao. baidu. com/s？ id=1710879880431223572&wfr=spider&for=pc。

③ 《借力文化强国战略 推动影视投融资长效发展》，中国经济时报社官方账号，https：//baijiahao. baidu. com/s？ id=1711709224643906268&wfr=spider&for=pc。

（一）后疫情时代数字文化产业发展缺少规范性引导

回顾“十三五”期间，北京市围绕促进文化产业高质量发展，通过“文化+金融”“文化+科技”等战略布局，从政策、财政等多方面促进了北京市文化产业的发展。在“十四五”开局之年，虽然在疫情的影响下北京市实体文化产业受到了较大影响，但与此同时，数字文化产业又迎来了新的发展机遇。据国家统计局相关数据，2021 年上半年，北京市 16 个文化新业态的行业小类共计营收 18204 亿元，比上年同期增长 32. 9%；占所有文化企业营收的 33. 5%，比 2020 年提高了 0. 6 个百分点。并且北京市规模以上的文化科技融合企业的营收也逐年增长，其收入已经连续三年占据北京市整个文化产业收入的 50%以上。文化新业态已经成为北京市文化产业高质量发展的重要引擎①。

但在数字文化产业高速发展的情况下，北京市扶持数字产业发展的政策及财政帮扶措施等都还未有良好配套，尚未能更好地支持北京市数字文化产业的发展。北京市现已出台的政策中，大部分是针对实体经济的，例如开发文化产业园区、发展文化旅游等，虽然也在推进“互联网+文化”，但实则重点也是以文化政策引导为主，因此针对数字产业发展的政策性扶持和财政引导都还不够。特别是在疫情防控期间，虽然北京市数字文化产业迎来了爆发式增长，但在后疫情时代，为使数字文化产业健康化、产业化、规范化发展，北京市还应出台相应的规范性政策及财政支持措施等，对数字产业的发展进行引导。

（二）线上线下文化市场都有待复苏与拓展

在后疫情时代，虽然北京市文化产业已具有了明显的回暖趋势，文化及相关产业的营收数据开始回升，数字文化产业也在稳定发展中，但在疫情常

---

① 《中国文化产业发展高峰论坛举办》，北京市人民政府官网，http：//www. beijing. gov. cn/ywdt/yaowen/202109/t20210905_ 2484379. html。

态化、反复化的背景下，北京市的文化产业仍面临着很多的危机和挑战，北京市应对这些危机和挑战的能力还有待提升。

疫情的反复冲击对北京市相关实体文化产业造成了很大的影响，许多行业营收不平衡，面临着严峻的生存问题。在疫情防控常态化的背景下，如何更有效地对实体文化产业进行疫情防控并促进其业务发展，还需进一步探讨。

虽然疫情防控期间线上文化新业态出现了爆发式的增长，许多传统的文化产业都在寻求线上发展的可能，但对于大部分的文化企业而言，线上可以作为拓宽其发展的一条新路径，却很难成为其主要经营模式。以具有高度互动性的演艺行业为例，观众在线下的现场可获得沉浸式体验，得到线上无法替代的获得感和满足感，并且线上演出更易出现一些侵犯知识产权的现象，这些问题都还有待解决。同样，虽然故宫推出了云游故宫等小程序，但旅游产业是以在场体验和情感交流为主的，在新的突破性技术出现之前，在线文旅更多的是一种拓展方式，尚不能成为文旅发展的主要模式。

（三）产业融合加深，亟需复合型人才

由于其具有轻资产属性、抵押物和担保不足、收益不可预见等原因，文化产业与文化产品的价值难以具体衡量，文化产业与金融机构的联系也尚未达到后者与传统产业那样密切结合的程度。相较于传统产业，投资少、融资难一直是文化产业需要面对的难题。打破这样的局面，促进文化产业与金融机构之间的融合，增进双方对彼此的了解，提升文化金融服务体系的专业水平与数字化水平，用数字经济提高北京市文化产业投融资的质量与效率，需要精通文化产业、投融资行业与数字经济的高质量复合型创新人才在其中起到黏合、推动与催化创新的作用。

另外，从政策层面来看，文化金融政策作为交叉性公共政策领域，多由文化、财政、金融相关的多部门联合研究制定并发布，这需要高度的部门协调性和政策协调性，也需要复合型人才的助力支持。应促进北京市多部门的合作对接，围绕中小微企业、特色重点园区及行业难点，推出符合

北京市产业特点和实践需要的创新金融服务措施，营造更安全方便的投融资环境。

三　解决北京市文化财政金融问题的对策

针对以上问题，北京市政府可以多措并举，从以下方向推动文化财政与文化金融领域的进一步发展，不断开创首都文化建设新局面。

（一）不断优化北京市数字文化产业发展的营商环境

第一，北京市在营造公平竞争的营商环境的过程中，应继续聚焦并完善数字文化产业的产权保护、市场准入、公平竞争等市场体系基础制度，建设高效规范、竞争有序、治理完善的市场体系。第二，北京市在营造公平公正的法治环境的过程中，已经从立法、执法、司法三个维度大力推进相关工作，围绕优化创新发展的法治环境，推进国际科技创新中心、数字经济等发展，具体针对数字产业的相关立法还应继续完善，使北京市数字文化产业的发展环境更加规范化和系统化。第三，在营造自由便利的投资贸易环境的过程中，针对北京市属的一些文化企业，北京市要继续完善外商投资促进机制，建立更专业化的国际招商团队，使北京市的数字文化产业朝着更加国际化的方向发展。第四，在营造开放包容的人文环境的过程中，北京市还需着力健全规范化、机制化政企沟通渠道，破解新业态文化企业相关发展难题，为中小型文化企业提供优质服务。

（二）建立全流程扶持机制，支持新业态开发

在后疫情时代，应继续发扬北京市文化产业的长处和优势，以北京市现有的文化资源为核心，吸引其他优质资源。例如北京市可以继续发挥各项文化艺术基金的扶持作用，针对在疫情防控期间损失严重的一些演艺产业，如live house、剧院等，建立合理有效的政策评估体系，推出具有针对性的帮扶措施。在疫情防控的前提下，对相关的演出场所进行补贴，并支持剧院开发

新兴业务形态，实现多方面发展。同时要继续加强北京市政府对文化产业的增值服务，增强一系列服务平台功能的协同性、系统性，例如形成北京市文化经济政策统一服务平台等，提供更好的政策一条龙服务，真正助力北京市文化产业的新业态发展。

（三）发展数字金融，拓宽投融资渠道

目前，我国文化产业具有多种融资渠道，例如政府金融平台支持、文化产业专项基金、银行信用贷款、企业债券及风险投资等。融资渠道看似已经丰富多样，但是在实践的过程中，尤其是在疫情的影响下，可供文化企业选择的融资渠道并不算多，中小微文化企业相较国企与文化事业单位更难获得投资支持。而数字金融的出现，为解决上述融资困境提供了一个新的思路。

版权管理领域的人工智能应用，文化资产领域的区块链应用、云计算等新技术的出现与应用，都进一步促进了文化产业融资渠道的拓展，为各种体量的民间资本参与高风险高回报的文化产业提供了新的可能性，为解决版权难以估量计算等问题提供了新的答题思路。在数字金融的加持下，我们可以预见到在不久的将来，文化产业的融资成本将持续降低，文化产业的投融资效率将大幅提高。当然，这需要政府、银行、民间资本及文化企业等各主体积极参与，进行技术层面、制度层面，乃至思想层面的创新，为数字金融服务文化产业打开更广阔的通路。

此外，数字金融在发展过程中也会不可避免地面临信息技术风险、监管风险及信用风险等，对应的监管措施、法律法规与投融资双方之间的对接平台等配套方案，也需要及时研究并投入应用。

（四）加强文化金融复合型人才队伍建设

文化产业轻资产、高附加值、高社会效益、高风险高回报等特点，意味着传统行业投融资的经验并不完全适用，这也是有越来越多的文化产业投融资专属政策规定和数字文化金融产品问世的原因。为加快金融行业与文化产业、数字经济的对接融合，使金融行业更为准确地把握文化产业的发展特点

与实践需求，增强金融服务的专业性、金融产品的规范化，应大力培育新一代复合型人才，推动建立健全适合培养复合型创新人才的体系。

北京市可以出台相关政策，设立各类复合型创新人才培养项目，呼吁高校设立文化产业、投融资与数字经济相关课程与专业，制定相关人才培养、发展方案，大力培养与引进相关人才，并为其工作实践提供更多机会与岗位，从而为北京市文化产业、金融行业、数字经济的交叉融合和持续健康发展开辟道路，提前发掘把握行业的未来发展趋势。

整体而言，北京市在后疫情时代背景下仍然高度重视文化产业的复苏与发展，积极运用财政、金融等手段促进文化产业高质量发展。相信北京市的文化产业将会迅速恢复往日生机和活力，北京市将不断朝着世界历史文化名城、世界文脉目标迈进，建设中国特色社会主义先进文化之都。

B.19

2021年京津冀文化协同发展现状、特点、问题及对策

安 静　潘孙千千*

摘　要： 2021年是中国共产党成立100周年，是为北京冬奥会预热的一年，是全力建设数字中国的一年，也是对京津冀协同发展尤为重要的一年。在经历漫长但也非常令人振奋的“以艺抗疫”探索后，京津冀文化协同发展建设在疫情防控中稳步恢复，取得新的成绩，同时也存在进一步开拓的广阔空间。在这一年里，京津冀三地以红色文化为精神支撑，以科技创新为技术动力，以强健体魄的体育文化为重要主题，共同携手驱散疫情之阴霾，协力谱写文化协同发展的时代新篇章。

关键词： 京津冀文化　协同发展　建党百年　科技创新　奥运文化

2021年，我国新冠肺炎疫情逐步得到稳定控制，动态清零的方式取得了卓越的抗疫效果，全国各地的经济、文化活动陆续恢复。习近平主席在2021年7月亚太合作组织领导人非正式会议上发出了“团结合作抗疫，引领经济复苏”的倡议，并指出在新冠肺炎疫情起伏反复、病毒频繁变异、疫情发展形势依然严峻的情况下，我们应该加强团结合作，努力克服疫情影响，推动世界经济复苏。京津冀响应国家的号召，持续统筹推进疫情防控和

---

* 安静，文学博士，中央民族大学文学院文艺学副教授，硕士生导师，主要研究方向为文艺美学；潘孙千千，中央民族大学文学院文艺学2020级硕士研究生。

经济社会发展，演出、展览等文化活动逐步恢复。但随着疫情的反复，文艺展演所需要的公共场所受限，这对各单位的应急能力提出了要求。进入后疫情时代，在文化发展和科技进步的双重推动下，京津冀三地涌现出了多样的文艺演出形式及文化传播手段，为京津冀文化协同发展建设提供了有力支撑。2021 年是挑战与机遇并存的一年，也是多元文化繁荣发展的一年。总体来看，庆祝建党百年的红色文化、科技创新氛围下的科技文化及迎接冬奥的体育文化成为这一年的发展主题。

一　2021年京津冀文化协同发展建设的相关政策梳理

自 2014 年京津冀协同发展上升为国家战略以来，京津冀三地应对了各种突发事件及重大挑战，积累了非常丰富的经验，产生了颇具时代精神的应对方案与措施。在 2021 年 2 月召开的北京市推进京津冀协同发展领导小组会议上，北京市委书记、市推进京津冀协同发展领导小组组长蔡奇强调，要立足融入新发展格局，主动谋划、积极作为，全力以赴将京津冀协同发展向纵深推进；加快构建京津冀协同创新共同体，推动创新链、产业链、供应链“三链联动”；高标准推进“两区”建设，将自贸区打造为京津冀协同发展的新平台；京津冀携手筹办好北京冬奥会、冬残奥会……这都为 2021 年京津冀文化协同发展建设指出了明确方向。

2021 年是中国共产党成立一百周年，也是“两个一百年”奋斗目标的历史交汇之年，举国上下呈现出鲜明的红色文化氛围，无论是全民抗击疫情还是民族文化复兴，我党的红色精神贯穿始终。京津冀三地发布的政策文件和举办的各种传统曲艺类、现代经典类展演及非遗民俗活动，集中展现了中国人民浓烈的民族意识与家国情怀。2021 年是为 2022 北京冬奥会、冬残奥会预热的一年，国际赛事的举办为我国体育文化的发展提供了颇具影响力的平台。京津冀三地借助这一优势，积极推动京张体育文化旅游带建设，发布了《关于促进全民健身和体育消费推动体育产业高质量发展的实施意见》《河北省全民健身实施计划（2021~2025 年）》等相关文件，发掘与利用我国的奥运遗产，打造好奥运“金名片”，带动京津冀文化和旅游产业发展。2021 年也是迎接数字时代的一年，我国“十四五”规划中明确指出，要加快建设数字经济、数字社会、数字政府，以数字化转型整体驱动生产方式、生活方式和治理方式变革。因此，科技文化也成为这一年的重点，从《“十四五”文化和旅游科技创新规划》到《天津市深化“互联网+旅游”推动旅游业高质量发展的落实方案》，都能看出国家和地方对运用科技发展带动文化创新的信心和决心。

在推动文旅事业复苏的同时，国家对文旅企业、文艺工作者的管理与要求也更为严格与规范，文化和旅游部办公厅于 2021 年 8 月发布了《关于进一步加强文艺工作者教育管理和道德建设的通知》，引导广大文艺工作者自觉以习近平新时代中国特色社会主义思想为指导，承担起举旗帜、聚民心、育新人、兴文化、展形象的使命任务，讲品位、讲格调、讲责任，不断提高思想品德修养、职业道德素养和人文艺术涵养，争做德艺双馨的文艺工作者。

表 1　2021 年国家及京津冀三地文化发展相关文件

国家		
《关于新时代支持革命老区振兴发展的意见》	国务院	2 月
《关于举办 2021 年全国舞台艺术优秀剧目网络演播活动的通知》	文化和旅游部办公厅	2 月
《关于开展 2021 年度国家文化和旅游科技创新工程项目推荐工作的通知》	文化和旅游部办公厅	3 月
《关于印发〈“十四五”文化和旅游科技创新规划〉的通知》	文化和旅游部	4 月
《关于实施文化艺术职业教育和旅游职业教育提质培优行动计划的通知》	文化和旅游部办公厅	4 月
《关于印发〈“十四五”文化产业发展规划〉的通知》	文化和旅游部	5 月
《关于印发〈“十四五”非物质文化遗产保护规划〉的通知》	文化和旅游部	5 月
《关于印发全民健身计划(2021~2025 年)的通知》	国务院	8 月
《关于进一步加强文艺工作者教育管理和道德建设的通知》	文化和旅游部办公厅	8 月
《关于在城乡建设中加强历史文化保护传承的意见》	中共中央办公厅	9 月
《关于印发〈新时代现实题材创作工程工作方案〉的通知》	文化和旅游部办公厅	9 月
《关于印发“十四五”文物保护和科技创新规划的通知》	国务院	10 月

续表

《关于公布2021年“一带一路”文化产业和旅游产业国际合作重点项目的通知》	文化和旅游部办公厅	10月
《关于命名2021—2023年度“中国民间文化艺术之乡”的通知》	文化和旅游部	11月
《关于进一步优化文化和旅游系统政务服务便民热线的通知》	文化和旅游部办公厅	11月
北京		
《北京历史文化名城保护条例》	北京市人民代表大会常务委员会	1月
《关于印发〈北京市“十四五”时期智慧城市发展行动纲要〉的通知》	北京市大数据工作推进小组	3月
《关于印发〈关于促进中国(北京)自由贸易试验区科技创新片区海淀组团产业发展的若干支持政策〉的通知》	海淀区“两区”建设工作领导小组	3月
《北京市人民政府办公厅印发〈关于支持中小微企业和个体工商户做好常态化疫情防控加快恢复发展的若干措施〉的通知》	北京市人民政府办公厅	3月
《关于开展老旧厂房更新改造工作的意见》	北京市规划和自然资源委员会、北京市住房和城乡建设委员会、北京市发展和改革委员会、北京市财政局	4月
《关于促进全民健身和体育消费推动体育产业高质量发展的实施意见》	北京市人民政府	6月
《关于印发〈大兴区数字经济创新发展三年行动计划(2021~2023年)〉的通知》	北京市大兴区人民政府办公室	7月
《关于印发〈深入推进回龙观天通苑地区提升发展行动计划(2021—2025年)〉的通知》	北京市人民政府办公厅	7月
《关于公布北京市第五批市级非物质文化遗产代表性项目名录的通知》	北京市人民政府	9月
《北京市“十四五”时期国际科技创新中心建设规划》	北京市人民政府	11月
《北京市“十四五”时期现代服务业发展规划》	北京市发展改革委	11月
天津		
《关于公布天津市革命文物名录的通知》	天津市文化和旅游局	2月
《关于做好人民群众就地过年服务保障宣传工作的通知》	天津市文化和旅游局	2月
《关于梁启超旧居文物保护工程设计方案的批复》	天津市文化和旅游局	2月
《关于滨海新区两家博物馆可移动文物保护方案的批复》	天津市文化和旅游局	3月
《关于全面加强庆祝建党一百周年重点宣传期网络视听业务工作的通知》	天津市文化和旅游局	4月

续表

《关于印发〈天津市深化"互联网+旅游"推动旅游业高质量发展的落实方案〉的通知》	天津市文化和旅游局	4月
《关于举办"同庆建党百年　共创美好未来"天津市第十三届滨海艺术节的通知》	天津市文化和旅游局	5月
《关于公布于方舟故居等15家单位为首批天津市红色旅游景区(点)的通知》	天津市文化和旅游局	6月
《关于印发〈天津市文化和旅游融合发展"十四五"规划〉的通知》	天津市文化和旅游局	6月
《关于印发〈天津市开展红色旅游景区配置红十字应急救护一体机的工作方案〉的通知》	天津市文化和旅游局	6月
《关于天津博物馆文物数字化保护项目(二期)方案的批复》	天津市文化和旅游局	6月
《关于印发天津市加快推进"排球之城"建设实施方案(2021—2030年)的通知》	天津市人民政府办公厅	8月
《关于杨柳青历史文化名镇保护规划(控制性详细规划)元宝岛及岛西地块部分修改方案的批复》	天津市人民政府	11月
河北		
《关于做好全国文化和旅游系统先进集体、先进工作者和劳动模范表彰对象评选推荐工作的通知》	河北省人力资源社会保障厅、河北省文化和旅游厅	1月
《关于新时代支持重点革命老区振兴发展的实施意见》	河北省人民政府办公厅	3月
《关于做好文旅部2021年度国家文化和旅游科技创新工程项目申报工作的通知》	河北省文化和旅游厅	3月
《关于转发文化和旅游部办公厅〈关于实施文化艺术职业教育和旅游职业教育提质培优行动计划的通知〉的通知》	河北省文化和旅游厅	5月
《关于2021—2023年度"河北省民间文化艺术之乡"命名名单和"中国民间文化艺术之乡"推荐申报名单的公示》	河北省文化和旅游厅	8月
《关于印发河北省建设京津冀生态环境支撑区"十四五"规划的通知》	河北省人民政府办公厅	10月
《关于印发河北省全民健身实施计划(2021—2025年)的通知》	河北省人民政府	10月
《关于印发河北省科技创新"十四五"规划的通知》	河北省人民政府办公厅	11月

二　2021年京津冀文化协同发展建设的现状

京津冀历史渊源深厚、地理位置相邻，具有一体化协同发展的良好基础。三地通过资源共享、优势互补、区域联动，有力推进了文化交流与合作。2021 年京津冀三地的各类文化活动陆续恢复，但也因疫情的反复而受到影响。进入后疫情时代，民众的精神文化需求提升、活动参与热情高涨，这既是对文化创新提出的要求，也是科技发展的动力所在。2021 年 5 月，在河北廊坊举办的“疫情下文旅产业振兴高端会议”以“融入发展新格局，构筑产业新高地”为主题，聚焦疫情状态下的文旅市场特点、产业发展趋势，推动行业振兴和高质量发展，强调了文化旅游数字化产品创新的重要性。基于 2020 年新冠肺炎疫情对线下文化活动的严重冲击，京津冀在 2020 年至 2021 年不断探索与实践，通过引进高新科技来发展文艺事业，出现了更具创新性也更为成熟的线上展演方式，为京津冀三地的文化传播与传承提供了有力的技术保障。从科技创新到文化创新，京津冀文化协同发展建设在 2021 年围绕红色文化、体育文化与科技文化三大主题，交出了令人满意的答卷。不仅如此，在互联网科技的支持下，北京、天津、河北分别进行了各具特色的跨国文化交流，既体现出三地人民为“美美与共”的世界多元文化做出的努力，也展现了京津冀协同发展建设的国际视野。

（一）本土文艺演出

1. 传统曲艺类

自京津冀协同发展建设战略推出以来，三地的传统曲艺文化交流一直处于繁荣状态。2021 年，京津冀传统曲艺类演出共计 1670 余场，其中北京传统曲艺类演出共计 1100 余场，仍居京津冀演出数量之首，演出剧种极为丰富，以京剧、评剧、河北梆子为主，同时还有花鼓戏、豫剧、昆曲及北京曲剧等。春节期间，国家京剧院联合中国移动咪咕公司通过“5G+4K”的技术将京剧《龙凤呈祥》进行云演播，利用科技创新来探索文化传播新模式。天津传统曲艺演出场次 405 余场，演出类别以相声、评剧、鼓曲为主。河北演出共计 165 余场，以评剧、河北梆子、丝弦戏为主。值得一提的是，为庆祝中国共产党成立 100 周年，京津冀各大剧院将传统曲艺与红色革命精神相结合，推出了诸如现代京剧《红灯记》《江姐》《李大钊》、河北梆子《没有共产党就没有新中国》及评剧《革命家庭》等极富时代精神的曲艺作品。

表 2　2021 年京津冀三地传统曲艺类展演

剧名	类型	演出地区	演出时间	演出场所/主办方
线上				
《临川四梦》后台探秘直播	昆剧	天津	1 月	天津大剧院官方抖音账号
《评剧天地:评剧折子戏专场》	评剧	北京	1~12 月	中国评剧院微信公众号
“云大戏　过大年”—《龙凤呈祥》5G+4K 云演播	京剧	北京	2 月	国家京剧院/中国移动咪咕公司
京剧电影《赤壁》	京剧电影	北京	2 月	国家大剧院线上演出
“戏韵动京城”——第四届京津冀文艺院团新春线上展演	京剧、昆曲、评剧、河北梆子、曲剧	北京、天津、河北	2 月	北京市文化和旅游局
2021 年“我的中国梦”——文化进万家网络展演活动——《大青衣》《野猪林》《宝莲灯》《六世班禅》《当家哥哥当家嫂》《李慧娘》	河北梆子	河北	2 月	河北省河北梆子剧院
丝弦剧团优秀青年折子戏展播	丝弦戏	河北	3 月	石家庄丝弦剧院官方微信公众号
2021 邯郸市“周周有好戏”惠民演出“云剧场”	平调剧、豫剧	河北	3 月	中共邯郸市委宣传部、市文化广电和旅游局
唱响经典旋律　赞美百年芳华——评剧名家名段演唱会	评剧	北京	7 月	中国评剧院官方快手
2021“艺香流韵 · 传佳话”——关爱弱势群体 · 共建和谐社区曲剧专场——《烟壶》	曲剧	北京	7 月	北京市曲剧团
《牛郎织女传奇》七夕节线上直播	评剧	北京	8 月	中国评剧院官方快手
第九届中国京剧艺术节线上演播	京剧	北京	9~10 月	“文艺中国”视频号
中国戏曲文化周直播	戏曲	北京、天津、河北	10 月	快手、微信、微博中山公园音乐堂官方自媒体账号

续表

剧名	类型	演出地区	演出时间	演出场所/主办方
		线下		
《龙凤呈祥》	京剧	北京	1月	国家大剧院
《江姐》	现代京剧	北京	1月	梅兰芳大剧院
2021新年京剧演唱会：于魁智、李胜素领衔"现代经典　传统名段"北京演唱会	京剧	北京	1月	北京保利剧院
怀念东风 · 京剧演唱会	京剧	天津	2月	中国大戏院
"金牛贺岁　吉祥如意"同乐汇相声专场	相声	天津	2月	中国大戏院
《杨门女将》	京剧	北京	3月	国家大剧院
《红灯记》	现代京剧	北京	3月	国家大剧院
《大闹天宫》	木偶剧	北京	3月	国家大剧院
"再唱山歌给党听"戏曲专场	京剧、昆曲、评剧、梆子、曲剧	北京	4月	全国地方戏演出中心
《没有共产党就没有新中国》	河北梆子	河北	4月	河北梆子剧院
《革命家庭》	评剧	天津	5月	中华剧院
聚焦党史迎盛典，京腔京韵话百年——河北梆子《没有共产党就没有新中国》、评剧《母亲》、京剧《李大钊》	现代京剧、评剧、河北梆子	北京	6月	天桥剧场
《红头巾》	粤剧	北京	6月	天桥剧场
"十朵梅花耀古城"——京津冀三地四团梅花奖名家演唱会	河北梆子	河北	6月	保定关汉卿大剧院
《许云峰》	现代京剧	北京	7月	国家大剧院
《红梅赞》	花灯戏	北京	7月	国家大剧院
《花为媒》	评剧	天津	8月	中国大戏院
《打金枝》	河北梆子	天津	8月	中国大戏院
《京华武魂耀中华》非遗演出季 · 传统武术专场演出	武术	北京	9月	天桥剧场
《颂歌献给党 · 携手共续文脉情》京津冀非遗交流演出	文艺汇演	北京	9月	天桥剧场
中国戏曲文化周：《百年恰是风华正茂》大型红色戏曲经典交响音乐演唱会	戏曲演唱会	北京	10月	北京园博园阳光剧场
《卖油郎独占花魁》	评剧	天津	11月	红旗剧院
《奇袭白虎团》	现代京剧	河北	12月	衡水保利大剧院

2. 现代经典类

京津冀传统曲艺展演纷繁多样，在现代文化的发展方面也不甘落后。三地在发扬自身现代经典作品的基础上，不断引进国外优秀文化，将其与中国传统文化相结合，创作出融合中西的经典之作。2021 年京津冀现代经典类演出共计 1880 余场，其中北京 870 余场、天津近 780 场、河北近 230 场。从形式上看，这些演出汇聚了多样化的世界艺术形式，以话剧、舞剧、歌剧、音乐会等形式为主；从内容上看，以世界经典艺术作品为主，同时也有类似《孔子》《李白》等将歌舞剧形式与中国传统文化相结合的作品。与以往不同的是，基于建党百年的主题，京津冀各文化单位也相应地推出了话剧《香山之夜》《上甘岭》、“颂歌献给党”合唱艺术展演、音乐诗剧《血沃中华》及芭蕾舞剧《红色娘子军》等红色文化作品。

表 3　2021 年京津冀三地现代经典类展演

活动名称	类型	活动地区	活动时间	活动场所/主办方
线上				
“艺术河北”线上艺术大讲堂	讲座	河北	1 月~3 月	百度 App—度看河北
《蓝色多瑙河》	戏剧电影	北京	2 月	国家大剧院线上演出
《舞彩家园》	舞蹈	北京	2 月	国家大剧院线上演出
《社区居委会》《我爱桃花》	话剧	北京	2 月	北京人民艺术剧院新春线上文化活动/一直播平台
“戏韵动京城”——第四届京津冀文艺院团新春线上展演	舞剧、儿童剧	北京、天津、河北	2 月	北京市文化和旅游局
中国国家话剧院官网“国话云剧场”专题——《人间烟火》《懒汉脱贫》《喜从天降》《回家》《夜深人不静》《你是谁》《一步之“谣”》	话剧	北京	2 月	中国国家话剧院官网
“颂歌献给党”合唱艺术展演活动	艺术展演	河北	6 月	河北省艺术中心
传承红色精神，开创美好未来——北京人民艺术剧院庆祝中国共产党成立 100 周年诵读会	诵读会	北京	7 月	一直播/快手 App/北京时间直播间

续表

活动名称	类型	活动地区	活动时间	活动场所/主办方
第六届中国原创话剧邀请展线上展演——《金色的胡杨》《鸽子》《地铁时代》《八廓街北院》《狗还在叫》《作家在地狱》《微光》	话剧	北京	8月	中国国家话剧院/央视频 App
《香山之夜》双清别墅实景演出	话剧	北京	9月	北京人民艺术剧院一直播/快手 App/北京时间直播平台
线下				
《骑兵》	民族舞剧	北京	1月	国家大剧院
《李白》	舞剧	北京	1月	国家大剧院
《天鹅湖》	芭蕾舞剧	天津	1月	天津大剧院
《面试》中文版	音乐剧	天津	1月	天津大剧院
《锛儿头小辫儿之宋词大作战》	儿童剧	河北	1月	保定关汉卿大剧院
《长安第二碗》	话剧	河北	1月	保定关汉卿大剧院
在津过年——"爱在天津·乐在天津"新春祝福系列音乐会开幕式	音乐会	天津	2月	天津音乐厅
《红色娘子军》	芭蕾舞剧	北京	3月	天桥剧场
《北京邻居》	京味话剧	北京	4月	国家大剧院
《丁西林民国喜剧三则》	话剧	北京	4~5月	北京人艺实验剧场
《运河 1935》	话剧	河北	4月	石家庄大剧院
《燃情大河北》	音乐会	河北	4~5月	河北省艺术中心音乐厅
《血沃中华》	音乐诗剧	北京	5月	国家大剧院
2021 第 13 届全国助残日文艺演出《赏芳流韵赞时代》	文艺汇演	北京	5月	大兴剧院
《天地宝藏》	杂技	天津	5月	天津大剧院
《路遥》	舞台剧	河北	5月	衡水保利大剧院
《滹沱之声》	音乐会	河北	5月	河北省艺术中心
《白毛女》	歌剧	北京	6月	国家大剧院
《天使日记》	歌剧	北京	6月	国家大剧院
《小二黑结婚》	歌剧	北京	6月	国家大剧院
民族交响乐《解放·1949》	音乐会	北京	6月	国家大剧院
《支部建在连上》	话剧	北京	6月	天桥剧场
《上甘岭》	话剧	天津	6月	天津大礼堂

续表

活动名称	类型	活动地区	活动时间	活动场所/主办方
《江姐》	现代戏	河北	6月	邯郸市工人剧院
《党的女儿》	歌剧	北京	7月	国家大剧院
《闪闪的红星》	芭蕾舞剧	北京	7月	国家大剧院
"冰雪之约"迎冬奥专场音乐会——谭利华指挥北京交响乐团音乐会	音乐会	北京	7月	国家大剧院
辉宏颂歌——北京交响乐团庆祝建党100周年京津冀音乐会	音乐会	天津	7月	天津大剧院
《漫溯红河》	话剧	河北	7月	衡水保利大剧院
《杜甫》	话剧	北京	8月	首都剧场
《长城·丰碑》	音乐会	河北	8月	河北省艺术中心音乐厅
《黄河大合唱》中国交响乐团交响合唱音乐会	音乐会	北京	9月	国家大剧院
《革命之路》	话剧	北京	9月	国家大剧院
2021中关村舞剧展演剧目《长城》	舞剧	北京	9月	国家大剧院
大型京剧交响套曲《京城大运河》	音乐会	北京	9月	国家大剧院
《钢伴惹不起》	音乐喜剧	天津	9月	中华剧院
《嫦娥奔月》	木偶剧	河北	9月	石家庄大剧院
《冬日1948》(原名《抉择》)	话剧	北京	10月	国家大剧院
《雷雨》	话剧	北京	10月	曹禺剧场
《直播开国大典》	话剧	北京	10月	中国国家话剧院
《海河人家》	话剧	天津	10月	天津人民艺术剧院实验剧场大厅
《家有九凤》	话剧	河北	10月	衡水保利大剧院
《游吟诗人》	歌剧	北京	11月	国家大剧院
《货郎与小姐》	轻歌剧	天津	12月	天津大剧院

3. 文化遗产和民俗类

受到疫情影响，2021年春节期间的京津冀非遗、民俗等文化活动大量取消，与2020年一样，大批活动转为线上举行。北京市文化和旅游局联合北京各区文化和旅游局及相关单位，在落实疫情防控措施、保障线下活动有序开展的同时，充分利用互联网和数字文化资源，在春节、元宵节期间推出了358项线上文化活动，无不体现出互联网已成为后疫情时代文化传播的重要力量。"线上+线下"的活动内容也更为多样化，北京市文化和旅游局与北京网红打卡地联盟联合举办的"在京过年，打卡网红地"线上线下系列活动，通过线上百度地图搜索进行推荐，同时提供讲解服务及滴滴打车App红包等支持，为活动提供了文化、科技与经济相结合的三重保障。同时，京津冀三地各文化单位积极举办了多场以建党百年为主题的红色革命展览，集中展示中国共产党建立新中国的光辉历程。此外，冬奥知识科普系列活动的开展也为2022年北京冬奥会所需要的体育文化氛围预热。

表4　2021年京津冀三地文化遗产和民俗类活动

活动名称	活动时间	线上播放平台/线下活动地区	活动内容	主办方
线上				
北京厂甸庙会"云"模式	2月	抖音/"厂甸庙会"小程序	①抖音全民挑战赛模块，以北京童谣为线索，西城区非遗传承人与市民互动，手把手教制作DIY新派糖瓜儿、八宝豆腐、包子等②"厂甸庙会"小程序板块包括厂甸溯源、今日厂甸、厂甸沿街老店等内容③正月初一至正月十五期间，市民通过抖音"国潮非遗等你来"话题视频截屏扫码形式，线上观看戏曲、曲艺、音乐剧、原创剧、情景剧等	北京厂甸庙会
元宵节灯谜灯光秀活动	2月	"爱上天塔"视频号	①观看直播时视频或音频连线生活官，答对指定数量灯谜即可获得奖品②每次连线成功后，直播间将开启弹幕抽奖，弹幕发送指定关键词即可参与抽奖③通过直播间二维码进入元宵节专属福利群，开播后随机在群内发送现金红包④直播最后还将从观看直播的观众中抽取一份惊喜大礼	天津天塔湖风景区

续表

活动名称	活动时间	线上播放平台/线下活动地区	活动内容	主办方
“云享科学”线上主题教育活动	2月	微信	以“点亮好奇心、线上过大年”为主题，推出“小博士讲科学”“线上探新展”“好奇心百科”三个类型的活动，邀请中科馆小志愿者居家演示科学实验、中科馆策展人在线介绍“纸艺”“平行宇宙”短期展览、中科馆科技辅导员线上讲解观众最喜爱的展品	中国数字科技馆
清明节“云上缅怀”空间	4月	微信	推出抚今追昔的栏目，以献花、点烛、寄语等形式缅怀革命先烈，传播革命精神	陶然亭公园、中山公园
冬奥知识知多少——北京2022年冬奥会视觉类知识	8月	微信	此次线上活动以冬奥知识科普为主，让更多的人走进冬奥，了解冬奥	石景山区文化中心
线下				
“在京过年，打卡网红地”线上线下系列活动	2月	北京	市民通过百度地图搜索“北京”“网红”等词即可获得“北京网红打卡地”热词推荐，点击热词即可进入网红打卡地的专属详情页，并根据地点类型链接到导航、听讲解等服务。同时，用户在使用地图的过程中，也可在地点详情卡片标签、公告等位置轻松了解到北京文旅官方推荐信息	北京市文化和旅游局、北京网红打卡地联盟
2021年“两岸妈祖缘”文化交流系列活动	5月	天津天后宫、滨海新区妈祖文化园	积极弘扬妈祖文化，推动天津、台湾两地妈祖宫庙和民间信众交流，以两岸同胞福祉为依归，凝聚和平力量，祈愿人民平安健康，共同推动两岸关系和平发展、融合发展，实现祖国统一	天津市委常委、天津市委统战部
百年回望：中国共产党领导科技发展	5月	中关村国家自主创新示范区展示中心	2021年是中国共产党成立100周年，全国科技活动周暨北京科技周以“百年回望：中国共产党领导科技发展”为主题，突出展示中国共产党领导我国科技事业发展的光辉历程，重点展示党的十八大以来党领导科技创新取得的重大进展和突出成就，弘扬科学家精神	北京市政府

续表

活动名称	活动时间	线上播放平台/线下活动地区	活动内容	主办方
红色记忆——天津革命文物展	6月	天津博物馆	展览分为"开天辟地""奠基立业""富国裕民""复兴伟业"四个部分,通过千余件文物展品、文献史料、图片视频,全景展示了天津这座革命的、英雄的城市在百年党史中留下的弥足珍贵的革命印记	中共天津市委宣传部、天津市文化和旅游局、中共天津市委党校、天津市档案馆
"英雄河北·红色基因"庆祝中国共产党成立100周年全国美术作品展	6~7月	河北美术馆	展览展出130余件国、油、版、雕作品,以不同题材、不同形式、不同风格反映了中国共产党百年的辉煌、百年的荣光,充分发挥文艺作品记录新时代、书写新时代、讴歌新时代的历史使命,以伟大形象重温建党百年中国大地上发生的可歌可泣的故事和英雄赞歌,传颂建党百年的辉煌历程	河北省文化和旅游厅、河北美术馆(河北画院)
"永远跟党走"京津冀百名书画玉雕家作品展	6~7月	天津美术馆	展出了京津冀知名画家、书法家、玉雕家倾情创作的绘画、书法、玉雕等艺术精品力作200余件,以此向中国共产党成立100周年献礼	中共天津市河东区委宣传部、河东区文化和旅游局、中国智慧工程研究会(天津)书画院、人民书画院天津分院、天津市振兴文化艺术基金会
2021京津冀房车巡游暨文旅赋能乡村振兴文化旅游交流活动	10月	北京、天津、河北	来自京津冀60多辆房车180人齐聚一堂,从北京蜗蜗牛房车驿站出发赴天津杨柳青古镇,参观石家大院、民俗文化馆、玉成号画舫,再到廊坊市香河县中青旅水岸潮白房车小镇、漫山花溪谷房车露营地,开启房车露营文化之旅	北京市文化和旅游局、天津市文化和旅游局、河北省文化和旅游厅
2021北京冰雪文化旅游季暨延庆区第36届冰雪欢乐季	11月	北京世园公园	以"畅游冰天雪地,乐享北京冬季"为主题,汇集北京各区冰雪活动、冬奥文化活动、节庆活动、冰雪赛事、戏雪乐园等内容,升级冰雪消费体验	北京市文化和旅游局、延庆区人民政府

（二）国际交流与合作

除了促进自身传统文化繁荣发展外，京津冀也在积极地推动国内外优秀文化“走出去”与“引进来”。2021 年 11 月，党的十九届六中全会审议通过《中共中央关于党的百年奋斗重大成就和历史经验的决议》，其中明确了中国特色大国外交要服务民族复兴、促进人类进步，推动建设新型国际关系，推动构建人类命运共同体。这充分体现出我国对外交流与合作的重要性。2021 年京津冀三地在促进中外文化交流与合作上做出了相当大的努力：北京、天津在春节期间分别联合加拿大、斐济举办了欢庆春节相关活动；河北省人民政府于 9 月举办了 2021“一带一路”·长城国际民间文化艺术节。同时，三地的各文化单位也与国外优秀艺术团合作，推出了杂技、街头艺术等合作展演。此类活动，为各国人民交流对话搭建了桥梁。这不仅在文化层面上推动了中华民族伟大复兴中国梦的实现，更促进了世界“美美与共”多元文化格局的构建。2021 年京津冀三地在文化方面的国际交流与合作主要分为特色文化交流活动与中外合作展演两类。

1. 文化交流活动

表 5　2021 年京津冀国际文化交流活动

活动名称	活动时间	活动地区	活动内容	主办方
2021“欢乐春节·寻味天津”系列活动	2 月	中国天津 斐济苏瓦市	中国天津杨柳青年画、天津杨柳青剪纸、中国传统书法等非遗传承人通过视频讲授和现场体验相结合的方式，为斐济人民提供深入了解中国传统文化、天津文化的机会	天津市文化和旅游局、斐济中国文化中心
2021 第五届世界智能大会	5 月	天津	举办非遗展示、极客马拉松、生态城智能体验、迷宫机器人等多个互动性强、趣味性十足的智能体验活动，以及友好城市圆桌会议、全域科普和科技周、机器人演奏等一批特色活动，市民在参与之余还能近距离感受到智能科技带来的全新体验	天津梅江会展中心

续表

活动名称	活动时间	活动地区	活动内容	主办方
“大运河国际交流季”论坛	6月	北京	邀请多位中外专家学者,围绕“大运河协同发展”“守护千年运河、展现生态之美”“大运河博物馆的未来”三个主题为推广大运河文化、大运河协同发展出谋策划	北京广播电视台、通州区委区政府
“走进传统医药文化,了解中华医药瑰宝”——传统医药文化国际交流活动	7月	北京	活动主办方重点向参会的中外嘉宾分享了连花清瘟胶囊在全球抗击新冠肺炎疫情中的应用经验及成果,推动了我国中医药知识与文化的传播,以及中外在中药领域的合作	北京恒济卫生管理发展基金会
2021“一带一路”·长城国际民间文化艺术节	9月	河北	以“文化艺术交融·共建‘一带一路’”为主题,廊坊主会场丝绸之路国际艺术交流中心举办开幕式系列活动,秦皇岛分会场举办长城脚下话非遗、长城音乐会、长城之美摄影展等活动。艺术节期间还推出了国际国内艺术家线上线下交流研讨、国际民间艺术嘉年华、首届“你好艺术生活节”、云上艺术节等活动	文化和旅游部、河北省人民政府
2021北京(国际)运河文化节	10月	北京	以“游运河,行大运”为主题,其间举办世界运河文化对话会、文化节主题展览、运河音乐会、运河赛艇大师赛、好运巴士游、运河文化时尚大赏、第二届大运河非遗论坛、“嗨!运河”文化派等多项活动	北京市委宣传部
2021世界交响乐北京论坛	11月	北京	以视频会议的方式召开,来自全球五大洲20余个国家和地区的70家国际艺术机构、百余位交响乐领域行业代表齐聚云端,围绕“交响乐的可持续发展”“交响乐团与剧院:构建城市文化地标”两大议题进行发言与讨论,碰撞出许多交响乐发展的新思路	国家大剧院

2. 中外合作展演（见表6）

表 6　2021 年京津冀国际合作展演

活动名称	类型	活动地区	活动时间	活动场所/主办方
线上				
“枫华温情”云端春节联欢会	芭蕾舞剧、音乐会	加拿大温哥华、中国北京	2 月	中华人民共和国驻温哥华总领事馆
2021 年线上海外“欢乐春节”文艺盛典	文艺汇演	中国北京、芬兰赫尔辛基、爱沙尼亚塔林、希腊雅典、爱尔兰都柏林	2 月	北京市人民政府、赫尔辛基市政府、塔林市政府、中国驻芬兰大使馆、中国驻爱沙尼亚大使馆、中国驻希腊大使馆、中国驻爱尔兰大使馆
庆祝《中俄睦邻友好合作条约》签署 20 周年专场音乐会	音乐会	北京	5 月	国家大剧院
“世界剧院联盟特别呈现四海之声——以色列爱乐乐团”音乐会	音乐会	北京	12 月	国家大剧院
线下				
中英荷合作形体特技故事剧场《开天辟地之斗水》	杂技	天津	4 月	天津大剧院
街头艺术表演（中外街头艺术交流）	街头艺术	北京	10 月	天桥剧场

三　2021年京津冀文化协同发展建设的特点

（一）弘扬红色精神，振兴革命乡村

2021 年是中国共产党成立 100 周年，是“十四五”规划开局之年，也是全面建成小康社会、开启全面建设社会主义现代化国家新征程的关键之年。在这注定不凡的一年里，红色文化、革命精神振奋全国，成为全民抗击

疫情、振兴美丽乡村及实现中华民族伟大复兴的精神支柱。在政策指导方面，国务院于 2 月发布了《关于新时代支持革命老区振兴发展的通知》，指出各地应公布革命文物名录，实施革命文物保护利用工程。同时，支持革命历史类纪念设施、遗址积极申报全国爱国主义教育示范基地、全国重点文物保护单位、国家级英雄烈士纪念设施和国家级抗战纪念设施、遗址，努力推动红色旅游高质量发展，让脱贫成果与乡村振兴衔接。对此，京津冀三地分别发布了《北京历史文化名城保护条例》《关于公布天津市革命文物名录的通知》《关于新时代支持重点革命老区振兴发展的实施意见》，从政策文件上响应国家的号召，推动当地的红色文化建设。在政策实施方面，北京、天津、河北的文化和旅游局（厅）分别推出了具有本土文化特色的红色旅游精品路线，以“革命文物+互联网”的模式，推动文旅融合，在弘扬和传承红色文化的同时带动当地经济发展。

（二）借力奥运文化，掀起体育热潮

习近平总书记在 2021 年 1 月北京 2022 年冬奥会和冬残奥会筹办工作汇报会上的讲话中指出，要积极谋划冬奥场馆赛后利用，将举办重大赛事同服务全民健身结合起来，加快建设京张体育文化旅游带。对此，由河北省张家口市、内蒙古自治区乌兰察布市、北京市延庆区主办的京张文化旅游带发展论坛于 5 月在北京市延庆区举办，会上成立了京张体育文化旅游带文旅联盟及京张体育文化旅游带专家智库。在增强民众健身意识、推动体育产业发展的基础上，京津冀三地也结合冬奥会主题，推出了各类体育文化活动。例如 11 月举办的“2021 北京冰雪文化旅游季”活动，以“畅游冰天雪地，乐享北京冬季”为主题，汇集北京各区冰雪活动、冬奥文化活动、节庆活动、冰雪赛事、戏雪乐园等内容，升级民众的冰雪消费体验。同时，主办方还融合北京当地的冬奥元素、城市特点、文化标识，推出了 22 条冰雪旅游精品线路。除了在本地民众中掀起体育热潮外，北京冬奥村的广场区设置了 28 处生活服务空间，涉及餐饮娱乐、商业服务、文化体验等多项活动，为来自世界各地的运动员、随队官员和媒体提供交

流互动的空间，积极利用冬奥会、冬残奥会为我国的对外文化交流提供具有国际影响力的世界平台。

（三）运用科技进步，推动文化创新

2021 年毫无疑问是对于我国数字化、科技化来说尤为关键的一年，前有 2020 年疫情防控工作中互联网科技的广泛使用，后有“十四五”规划中对未来建设“数字中国”的计划与展望。对此，北京发布《北京市“十四五”时期国际科技创新中心建设规划》，聚焦“三个突出”，全力支撑北京 2025 年率先建成国际科技创新中心，为社会各领域的发展提供技术支持。在这“十四五”开局之年，面对新发展格局，文旅行业也面临转型的要求。2021 年，京津冀三地对“文旅+科技”模式做出了不同程度的探索，其中以北京的成果最为突出。例如，天坛公园设置天坛文创照相馆，推出全新的“文化+科技”体验式新零售消费空间，馆内设置了文创商品售卖区和“美映”摄影棚，游客能够在此体验与天坛的 AI 拍照。此外，大运河城市广播联盟于 2021 年 6 月在“大运河国际交流季”活动上成立，为运河文化的发展搭建全媒体传播与交流的平台。这不仅有利于促进运河沿线城市的交流互鉴，推动大运河文化带建设，更有利于提升北京城市副中心和大运河的国际影响力，讲好中国大运河故事，运用科技创新让中国文化“走出去”。

（四）注重艺人艺德，维护诗性品质

针对 2021 年文娱领域出现的违法违规、失德失范现象，为进一步加强文艺工作者教育管理和道德建设，树立文艺新风，培育和弘扬社会主义核心价值观，文化和旅游部办公厅于 8 月发布了《关于进一步加强文艺工作者教育管理和道德建设的通知》，京津冀三地也相继发布了有关文艺工作者学习教育、职业道德培训的文件。在社会主义时期，文艺活动主要的价值取向是满足最广泛的人民群众日益增长的审美需要，提高人民的鉴赏能力和审美水平，丰富人民的精神生活。文艺作品除了具有审美价值外，还包含着认识价值、伦理价值、教育价值，既以艺术真实反映生活，又以伦理的态度观察

和评判生活，表达对人的社会活动的价值判断。也就是说，文艺作品所传达的不仅仅是审美感染力，同时也会受到创作者、演出者价值观念的影响。一部由德艺兼修的艺人所表演出的优秀文艺作品，是对人类情感的集中表达，是对社会价值观的诗意裁判，还会对民众的世界观、人生观及价值观起到净化作用。这就要求文艺工作者们能够遵纪守法、严守道德底线，从奔腾前进的时代潮流和更加壮丽的共产主义未来中汲取自己的诗情，共同谱写真、善、美相统一的时代华章。

四　京津冀文化协同发展建设中存在的问题及对策建议

（一）线上展演互动性较弱，应提升对民众的审美感染力

在新冠肺炎疫情影响之下，无论是文艺演出还是非遗民俗活动都大量地采用线上实时直播或后期短视频传播的形式。互联网的运用虽然保证了文艺展演活动在疫情防控期间的稳定传播，但与舞台表演、现场活动的形式相比，民众的参与度不高，演员与观众的互动性较弱，艺术所带来的审美感染力与延展性也受到影响。因而，需要完善和加大从政策颁布到政策落地一整条艺术传播链中“线上+线下”的互动方式与力度。

首先，在政策颁布方面，国家文化部门及京津冀三地的各文化单位制定和发布推动“科技+文化+生活”三个领域相结合的文件，为“科技+文化”深入社会、贴近民众生活提供方向指引。其次，在政策落地方面，可划分为前期、中期及后期。在前期的宣传方面，要利用公共交通广播等伴随性媒体，加大各文艺展演活动的宣传力度，扩大民众的视野，为民众对文艺展演及活动的审美接受铺好道路；在中期的活动过程中，丰富展演的互动形式，例如增设问答环节、完善奖励机制、发放红包福利，让更多的群众加入审美交流活动中来；在活动结束的后期，针对文艺作品的艺术批评、艺术阐释也需及时跟进，并通过微博、微信公众号等新媒体社交平台进行推广，增加投

放量，提升文艺作品的审美延展性。此外，在文艺作品的生产过程中也需要考虑到其传播和消费的问题，在运用科技、经济手段发展文化的同时，也要发挥文化的反作用力，以文化的手段来促进传播路径、当地经济的发展。例如，除了用直播带货来增加乡村特产的销量外，还可以在直播中售卖当地景点门票，提供“文旅一条龙”服务，不仅要让其他地区的民众能够在网络上买到当地特产，更要激起游客前往当地领略特色文化的欲望，带动当地文旅产业的发展。

（二）三地的合作缺乏深度，需注重传统文化的内部革新

从以往京津冀文化协同发展建设中的文艺展演来看，在本土的交流与合作中，京津冀的传统曲艺类演出虽保持了各自的特色，但仍停留在表面而未能深入联动，因而需要注重传统文化的内部革新。首先，将京剧、相声、评剧、河北梆子、丝弦戏等具有本土特色的曲艺形式有机结合起来，在保持传统特色的基础之上，在背景音乐、表演形式、唱作内容等层面进行融合创新，为民众提供一场形式多样、耳目一新的曲艺盛宴。其次，河北省本土文化传播的方式较为传统，文化输出路径单一，影响力较弱。因而河北省应注重提升自身传播实力，积极利用科技为传统文化注入富有时代精神的新鲜血液，增强河北本土文艺的活力和生命力，使其在京津冀文化协同发展建设当中更好地发挥作用。最后，除了在形式上进行革新外，所传达的内容也需跟紧时代发展的步伐，关注社会热点话题、热词，在突出民族性的前提下创作出反映时代精神的文艺作品，锤炼讲好中国故事的能力。此外，在一味强调运用科技发展带动传统文化创新的同时，也要注重科技本身的人文价值与人文关怀，让“科技+文化”模式不是简单的依附关系，而是科技和文化相互交融、齐头并进。

（三）文化层面的国际交流较少，应加强对文化接受问题的关注

受到疫情影响，全球国家间的线下交流机会大量减少，而以文化为主题的跨国合作展演与交流活动就更为珍贵。因此，如何在良好的疫情防控下保

证文化在国际上传播的质量与效果，成为需要深思的问题。一方面，有关部门积极利用诸如2021年中关村论坛和2022年北京冬奥会、冬残奥会等国际平台资源，在这些平台中注入文化元素，或以设立文化交流分会场的形式，紧抓各种国际交流的机会。与此同时，也需要为国际交流提供更多的科技支持，提高我国传统文化的国际传播力。另一方面，国外对中国的认知和中国的快速发展与变化情况还存在极大差距，很多人对中国的认知还停留在文明古国上，认为中国没有吸引人的文化，对中国的认知较为片面。因此，除了传播问题外，也应关注我国本土文化“走出去”之后各国民众接受度的问题。在全球化语境及我国的“一带一路”背景之下，文化交流与传播不应停留在展示层面，还需要用对方听得懂、能理解的方式来进行文化价值阐释，传达蕴含在其中的民族精神。这就需要去调查我国文艺作品在国外的演出情况、演出之后国外民众对中国文化的接受度，了解在文化“走出去”过程中受到的阻碍，及时补充对中国传统文化的翻译与讲解，由此在中国与他国民众之间架起理解和沟通的桥梁。

五　结语

综上所述，2021年京津冀在文化协同发展建设方面虽存在一些问题有待解决，但总体上呈稳步发展趋势。可以看到，文化的协同发展既让后疫情时代的民众精神生活得到保障，更为京津冀其他领域的发展提供了强大的精神动力和支撑。自2014年习近平总书记提出“文化自信”的时代命题以来，京津冀文化协同发展建设在中华优秀传统文化的溯源、传承及创新上做出了巨大的贡献，也推动了世界各民族不同文化之间的兼容并蓄、交流互鉴，为人类命运共同体的建设添砖加瓦。相信在未来，京津冀文化协同发展建设将会在党中央的指导下和人民群众的参与中踏着坚实的步伐，向人类文明更灿烂的未来迈进。

B.20
2021年北京市夜间文化活动现状与发展报告

郑以然　杜静汐　杨　明*

摘　要： 2021年北京夜间文化建设稳步推进并呈现出一些新趋势，包括发展夜间文旅消费集聚区，推动多元文化业态发展，扶持博物馆、书店的夜间文化活动，完善文旅线路和资源配置等。北京前门大街等六处入选国家级夜间文化和旅游消费集聚区，代表了六个主要发展类型，但也存在缺乏拳头品牌、没有形成文化与餐饮依存发展业态、供给不均衡不充分等问题。对此，建议采取以下措施，如发展夜间必去文化集聚区、针对不同人群提供多元化的夜间文化产品、以文化作为核心驱动带动周边文旅生活消费、完善配套保障与平台建设等，以推动北京夜间文化活动可持续发展。

关键词： 夜间经济　夜间文化　文旅消费聚集区　北京

夜间文化旅游在夜间经济的背景下应运而生。20世纪70年代，英国为改善夜晚城市中心区空巢现象，发展城市经济，提出“夜间经济”。经过几十年的发展，世界各大城市的夜间文化消费已经渐趋成熟。作为文旅融合发展和都市经济的重要组成部分，夜间文化活动也成为中国各大城市着力开发

* 郑以然，首都师范大学文化研究院副研究员，主要研究方向为城市文化；杜静汐、杨明为首都师范大学文学院硕士研究生，主要研究方向为文艺学与文化。

的新增长点。北京市正不断挖掘文化资源优势，打造文旅消费新地标，在夜间消费的大潮中发展丰富多元的夜间文化，以建设充满夜间魅力的全国文化中心。

一　北京发展夜间文化活动的意义、现状与新趋势

发展夜间文化活动，对于建设全国文化中心具有重要意义。首先，发展夜间经济是城市发展竞争的新赛道。目前形成的共识是发展夜经济、夜活动，是下一轮世界各大城市竞争的新赛道。2017 年 6 月，美国纽约成立“夜生活办公室”并发布了首个详尽的夜生活报告，夜生活被看作纽约市经济文化的发展引擎，可带来 29.9 万个直接和间接工作岗位，351 亿美元的直接和间接收入①。2018 年以来，北京、上海、天津、重庆、南京、西安等地相继出台关于推动夜间经济发展的指导意见②。在这一新赛道上，上海走摩登路线，成都主打休闲娱乐牌，广州以餐饮为核心驱动，南京和西安分别借助“夫子庙”“大唐不夜城”汇集人气，天津深入发掘相声的曲艺表演作为亮点。北京亟须抓住这一机遇，充分发挥已有的文化优势，助力其全国文化中心、国际交往中心建设。

其次，当经济发展进入新常态，夜间活动是拉动城市内需的重要抓手。据中国旅游研究院（文化和旅游部数据中心）发布的《2021 年上半年全国文化消费数据报告》，2021 年上半年夜间文化消费比重为 35.3%，接近 2019 年平均水平。③ 2021 年 7 月 6 日，携程发布《2021 上半年旅游夜经济报

① The Mayors's Office of Media and Entetainment, *NYC's Nightlife economy: Impact, Assets, and opportunities*. https://econsultsolutions.com/nyc-nightlife-economy/.

② 《关于推进夜游西安的实施方案》《支持“深夜食堂”特色餐饮发展项目申报指南》《成都加快建设国际消费城市行动计划》《关于加快推进夜间经济发展的实施意见》《关于上海推动夜间经济发展的指导意见》,《南昌市进一步促进夜间经济发展三年行动方案》《关于推进夜间经济发展的实施意见》等。

③ 中国旅游研究院文化和旅游部数据中心：《2021 年上半年全国文化消费数据报告》，2021 年 7 月 9 日，http://www.ctaweb.org.cn/cta/ztyj/202107/4bcca8a490084015a0dc6d37c439f300.shtml。

告》。数据显示，2021 年上半年用户人均夜游次数达 1. 3 次，夜游人均消费达 187 元；上半年夜游景区及玩乐门票销量同比增长 469%。商务部城市居民消费习惯调查报告显示，60%的居民消费发生在夜间，“95 后”年轻人是夜间消费的主力人群。夜间消费集合了休闲、旅游、文化、餐饮、购物等多种消费，是城市消费的“新蓝海”[①]。仅以北京朝阳区 2021 年中秋假期数据来看，据银联消费大数据测算，假期三天，朝阳区总消费金额约为 5. 67 亿元。其中，旅游拉动文旅消费（餐饮、住宿、交通、游览、购物、娱乐及其他）4. 66 亿元，占全区总消费金额的 82. 29%；全区夜间经济消费总金额为 1. 45 亿元，占全区总消费金额的 25. 60%。[②]

最后，丰富的夜间文化活动能打造城市形象、服务民生。值得注意的是，夜活动不等于夜经济。夜活动的繁荣的确可以大力拉动夜经济，但除了经济带动作用之外，还具有打造城市形象、服务民生的重要意义。北京作为全国文化中心和国际交往中心，在文旅融合的背景下，应放眼长远，扎实做好文化基础设施建设，重视对市民文化消费习惯、文化市场的培育，让夜间文化消费不是昙花一现，而是能在未来长期稳定增长。

2021 年 12 月，“2021 北京网红打卡地推荐榜单”正式发布，在 2020 年的基础上又结合新业态发展情况，增设了夜间经济的板块。经过 568 万人次投票，最终 10 家入选夜间板块的网红打卡地是北京欢乐谷、北京世界公园、北京世界花卉大观园、中央电视塔景区、古北水镇、亮马河国际风情夜游、老牌 LEGEND 餐吧、南宫旅游景区、“杨宋综合文化中心+星巢露营区”，以及东郎通州电影创意产业园。市文旅局也将引入社会资本进一步支持打卡地的提升发展。2021 年，尽管受到疫情严重影响，文旅活动发展受限，但在国家与北京市一系列政策的指导下，北京的夜间经济还是稳步发展并呈现一些新趋势。2021 年底，北京市形成一批布局合理、管理规范、各具特色、

① 央视网：《夜间经济持续升温　繁荣背后仍需加大供给侧结构性改革力度》，2021 年 9 月 12 日，https：//news. cctv. com/2021/09/12/ARTIRYgjAy6Ztzpz62lMZxBA210912. shtml。

② 北京市朝阳区人民政府：《中秋假期朝阳接待旅游超七百万人次》，2021 年 9 月 24 日，http：//www. bjchy. gov. cn/dynamic/zwhd/8a24fe837c14ac65017c15a4be5a00e8. html。

功能完善的“夜京城”地标、商圈和生活圈。4个“夜京城”地标分别为前门和大栅栏、三里屯、国贸、五棵松，它们分别围绕古都风貌、活力时尚、高端引领、跨界融合等主题，发展具有创新引领和品牌吸引力的夜经济消费业态。9个商圈包括蓝色港湾、世贸天阶、簋街、合生汇、郎园、食宝街、荟聚、中粮祥云小镇、奥林匹克公园；9个生活圈包括上地、五道口、常营、方庄、鲁谷、梨园、永顺、回龙观、天通苑[①]。在这一年，北京夜间文化活动发展也呈现出一些新趋势。

首先，集中人气，大力发展夜间文旅消费集聚区。2021年4月29日，文化和旅游部发布了《“十四五”文化和旅游发展规划》，提到大力发展夜间经济，推进国家级夜间文化和旅游消费集聚区建设；把文化消费嵌入各类消费场所，建设集合多种业态的消费集聚地；建设200个以上国家级夜间文化和旅游消费集聚区，扩大夜间消费规模[②]。2021年11月10日，北京市发布的《北京市“十四五”时期现代服务业发展规划》中也特别提到北京市要开展国家级夜间文化和旅游消费集聚区创建，增强文化旅游品牌吸引力。文旅集聚区的发展，可以整合资源集中发力，打造文化品牌，在优势区域有效汇集人气，同时有侧重地扶持拓展不同类型的夜间文化业态。2021年10月19日文化和旅游部发布《关于公布第一批国家级夜间文化和旅游消费集聚区名单的通知》。在公布的120个项目中，北京市东城区前门大街、西城区天桥演艺区、朝阳区798-751艺术街区、朝阳区亮马河风情水岸、海淀区华熙LIVE·五棵松、密云区古北水镇六大知名文旅消费区入选。

其次，遍地开花，推动夜间多元文化业态发展。2021年8月27日，北京市发布了《北京培育建设国际消费中心城市实施方案（2021～2025

① 北京市2019年7月9日《北京市关于进一步繁荣夜间经济促进消费增长的措施》要求2021年底完成以上目标。

② 文化和旅游部：《“十四五”文化和旅游发展规划》通知，文件同时鼓励各地制定促消费优惠政策，举办消费季、消费月等活动。同时提到，国家文化和旅游消费示范城市达到30个，建设60个区域文化和旅游消费中心城市，加强指导支持和动态管理。此外，发展夜间旅游和假日经济，拓展旅游时空范围。2021年4月29日，http：//www. gov. cn/zhengce/zhengceku/2021-06/03/content_ 5615106. html。

年）》，其中特别关注到了目前北京夜间文化活动区域发展不均衡的问题，提出了针对不同地区的促进方案。东部的朝阳 CBD 地区，以华贸购物中心、国贸商城、北京 SKP 等商业综合体为核心，引进国内外高端品牌首发首秀，开发特色夜间演艺活动，加快形成千亿规模世界级商圈。西部则要“点亮西部夜经济”，在海淀依托文体产业资源优势，优化沉浸式商业综合体布局，将华熙 LIVE·五棵松培育成为以“时尚+多元业态融合”为特色的夜间消费集聚区。昌平区则在龙域、龙泽、龙德三大特色商圈引入新消费业态，加强新场景应用，补充实体书店、小剧场、小影院、小微绿地、口袋公园等文化休闲设施，提升消费品质，将回天地区打造成为“商圈+生活圈+夜经济”的消费重地。在全市实施“漫步北京”“畅游京郊”“点亮北京”计划，打造 10 条老城精品文化探访线路，设计开发北京电影艺术之旅、北京音乐艺术之旅、北京建筑游等特色主题游线路①。

再次，公益便民，继续扶持博物馆、书店的夜间文化活动。北京在打造“夜京城”时专门强调要打造夜间消费文化 IP，包括策划组织一批戏曲、相声、电影、歌剧、音乐、读书等主题鲜明的“夜京城”文化休闲活动。继续扶持 24 小时实体书店。24 小时营业的三联韬奋书店“深夜书房”、北京坊的“网红书店” Page One 等成为城市夜晚的精神地标。鼓励有条件的博物馆、美术馆延长开放时间，逢重要时间节点、传统节日开放夜场参观。

自 2020 年 10 月起，北京天文馆就推出夜场参观，每周六 17：30~21：00 为夜场时段。夜场活动包括科普剧场、展览、天文专家面对面活动、户外望远镜观测活动、科普活动等。在 2020 年七夕，北京 9 家市属博物馆提供了 24 小时延时服务，共推出 50 多项特别活动，将传统节日与博物馆结合，打造了“博物馆七夕夜”。常规与特殊夜间博物馆活动的成功举办证明了树立北京博物馆夜间文化品牌的重要性与可能性。北京市文物局目前已编制了

① 北京市人民政府：《中共北京市委办公厅　北京市人民政府办公厅关于印发《北京培育建设国际消费中心城市实施方案（2021~2025 年）的通知》》，2021 年 9 月 24 日，http：//www.gov.cn/xinwen/2021-09/24/content_ 5639077.htm。

《北京地区博物馆夜间开放试点工作方案》[①]，试点探索符合北京地区特点的博物馆夜间开放模式，逐步完善博物馆夜间开放的形式和内容，制定了针对夜间经济的延时开放工作方案，还建议各馆将夜场开放增加的软硬件设施保障需求列入年度预算予以解决；指导首都博物馆、大钟寺古钟博物馆、徐悲鸿纪念馆制定延时开放工作计划。2021 年 5 月，首都博物馆依托特色馆藏资源，推出“5·18 国际博物馆日”——“博物馆之夜”活动，专门设计了展现北京城市特色景观和表演的夜游项目。2021 年北京市文物局倡导北京各博物馆广泛开展七夕主题活动，落实习近平总书记“优秀传统文化是中华民族永远不能离别的精神家园”的指示精神，结合各馆特色，以弘扬传统文化和宣传冬奥为主题，延长开放时间或开放夜场参观。文化场景日渐融入北京夜间经济业态，构成夜间活动的核心要素。

最后，配套支持，完善文旅线路和资源配置。2019 年 12 月 11 日，北京市出台《关于推进北京市文化和旅游融合发展的意见》[②]，明确了要聚焦夜间经济，持续推进“点亮北京”行动计划，开发夜赏北京线路，串联经典与时尚文旅消费地标资源，打造日夜相连消费风景线。2020 年 6 月 10 日，《北京市促进新消费引领品质新生活行动方案》[③] 启动了夜京城 2.0 行动计划，包括设计开发 10 条左右“夜赏北京”线路，策划举办 10 场精品荧光夜跑、夜间秀场等户外主题活动，引导夜间体育消费新风尚；实施“点亮北京”夜间文化旅游消费计划，推动有条件的博物馆、美术馆、景区、公园、特色商业街区等延长营业时间。

2020~2021 年，北京市尤其重视对市民参加夜间文化活动的相关资源

① 宗泳杉：《博物馆里的夜消费》，2019 年 7 月 26 日，http：//www. ce. cn/culture/gd/201907/26/t20190726_ 32722840. shtml。

② 北京市文化和旅游局：《北京市正式出台〈关于推进北京市文化和旅游融合发展的意见〉》，2019 年 12 月 12 日，https：//www. mct. gov. cn/whzx/qgwhxxlb/bj/201912/t20191212_849516. htm。

③ 北京市人民政府：《中共北京市委北京市人民政府关于加快培育壮大新业态新模式促进北京经济高品质发展的若干意见》，2020 年 6 月 9 日，http：//www. beijing. gov. cn/gate/big5/www. beijing. gov. cn/zhengce/zhengcefagui/202006/t20200610_ 1921162. html。

配套，如建立夜间经济协调推进机制；优化夜间公共交通服务，推出10条深夜食堂特色餐饮街区；培育16个区特色精品夜市，开展晚间促销活动；建立夜间经济风险防控机制；编制《北京夜间消费指南》，开发夜间旅游消费“打卡地”等。市商务局和美团点评之前还曾联合发布《2020夜京城消费指南》，网罗了首批“夜京城”4个地标、9个商圈和9个生活圈涵盖的近万个“打卡点”信息。这些都为市民参与夜间文化活动提供了便利与保障。①

二　北京夜间文化和旅游消费聚集区类型分析

2021年北京入选6个国家级夜间文化和旅游消费聚集区，正好代表了北京6种夜间文化活动类型。它们各具特色，为北京进一步推进夜间文化活动发展提供了可复制的经验。

（一）东城区前门大街：历史文化商业街区类——古都文化沉浸式体验

前门大街位于北京市东城区，北起正阳门箭楼，南至珠市口大街，全长845米，保留了老北京传统历史风貌与非物质文化遗产，是一条文化特色鲜明的城市旅游休闲商业街区。据北京市文化和旅游局发布的数据，2021年春节假期，前门大街接待游客62.4万人次，位居全市游客接待量排名第二，铛铛车售票量创下2008年开街以来单日最高值。② 五一期间前门大街以50.8万人次接待量在所有景区中排名第四。③ 国庆期间，前门大街七天游客

① 中国日报网：《2020夜京城消费指南火热出炉》，2019年12月28日，https://baijiahao.baidu.com/s?id=1654140538538646735&wfr=spider&for=pc。

② 北京市东城区人民政府：《官方统计来了——东城春节假日市场繁荣有序，重点景区（街区）接待游客257万人次》，2021年2月19日，http://www.bjdch.gov.cn/n3952/n9279505/c10456155/content.html。

③ 文英：《2021五一期间北京游客接待量排名前十景区名单》，2021年5月7日，http://bj.bendibao.com/news/202157/292301.shtm。

接待量为 93.7 万人次，排名上升到第二①。景区提供的夜间游览活动占全天游览活动的 40%以上。可见，前门大街不仅是北京历史文化商业街的典型代表，也是北京夜间旅游的重要景点。

前门大街的夜游模式是对传统文化的沉浸式体验。夜幕降临，游客踏入建于明代的历史会馆，聆听民族器乐，看京剧表演，在声与影的交织中体味京味文化与古都文化。北京特色美食也吸引了众多游客前来品鉴，前门大街全聚德、便宜坊、丰年灌肠、馄饨侯等美食老字号游客络绎不绝，激发了传统老字号的新活力。除了老字号品牌，还有"国潮"融合其中。北京第一家沉浸式国潮文化体验餐厅——宫宴就坐落于前门大街 50 号。游客进店穿上传统服饰，感受传统礼仪和传统文化艺术。前门大街的夜游项目，还包括赏灯、在北京特色传统建筑前拍照打卡、参观等，游客在长街散步闲逛，可以深度感受前门大街对北京城悠久的历史和传统京都文化的再现。

除前门大街外，王府井步行街、南锣鼓巷、簋街都属于历史文化商业街区类的夜间文化旅游消费集聚区，夜间接待的客流量在全天客流量中占重要地位。王府井步行街的"王府中环冰世界"开设夜场，给游客带来夜晚冰雪体验。2021 年 7 月 30 日至 8 月 8 日，簋街举办"不夜节"活动，推出"簋街十大必吃商户"和簋街系列文创产品，打造簋街的文化 IP。夜间的南锣鼓巷更具烟火气，游客在此品尝北京特色小吃，买一幅北京手绘地图，看老胡同沉入夜色，在休闲娱乐的同时获得独特的游玩体验。

（二）西城区天桥演艺区：演艺集聚类——多种演艺资源形成规模效应

西城区天桥演艺区东起前门大街、天桥南大街、永内大街，西至虎坊路、北纬路、太平街，南以安定门护城河为界，北至珠市口大街，占地面积 2.1 平方公里。区内主要分为四大部分，分别为演游商互动区、商业活动

① 北京市文化和旅游局：《2021 年国庆节假日文化和旅游行业七天情况》，2021 年 10 月 7 日，http：//whlyj.beijing.gov.cn/zwgk/xwzx/gzdt/202110/t20211007_ 2507641.html。

区、演艺剧场带、文体娱乐区。天桥演艺区是中华民族传统文化和现代艺术相结合的国家级文化演艺集聚区，夜间接待人次占全天接待人次的60%以上。

天桥演艺区继承了传统天桥市民文化，在此基础上不断创新，形成了新的天桥演艺区。不同于其他单体剧场，北京天桥艺术中心占地1.65公顷，建筑面积7.2万平方米，包括一个1600座的综合性大型剧场、一个1000座的中型剧场、1个400座的小型剧场和一个300座的多功能厅，[①] 是一个综合性剧场群。音乐剧、戏剧、儿童剧、京剧、杂技、皮影、相声等多样演艺形式聚集在夜幕下，让天桥演艺区比白天更热闹。市民与游客前来欣赏钟爱的艺术表演，演艺资源也在夜间焕发新的生机与活力。

天桥艺术中心利用国内外演艺资源，提供文化艺术交流的机会。2021年天桥第五届老舍戏剧节共演出《茶馆》《狂人日记》《傲慢与偏见》《活动变人形》等20余部国内外戏剧佳作，2021年8月20日至10月31日共提供了30余场演出，成为一个兼具“首都范”“北京味”“人民性”“国际性”的戏剧品牌展演活动[②]。2021年3月10~14日，《白夜行》在天桥连演5日。《白夜行》音乐剧的“灵魂缔造师”是日本国宝级音乐家千住明，音乐剧演出者全部为中国演员。7场演出中5场都在夜间上演，吸引了10000多人前来体验和感受。夜间有着不同于白天的氛围和体验，通过灯光与舞台的相互配合，给观众带来视觉和听觉的双重享受。

北京地区剧场众多、规模各异、各有专长。大剧场的代表——国家大剧院由歌剧院、戏剧院、音乐厅、小剧场及相关配套设施组成，可容纳观众5500余人。作为世界一流的国家级表演艺术中心，其演出类型涵盖歌剧、舞蹈、戏剧、戏曲等多种。2021年国家大剧院累计上演570余场商业演出，惠及观众46余万人次，举办各类艺术普及演出及活动近580场、展

① 消你嗷：《中国场馆大全之北京天桥艺术中心-大剧场》，2021年4月25日，https：//www.sohu.com/a/345118191_ 120204627。

② 星星：《2021老舍戏剧节时间+主题+演出内容》，2021年9月3日，http：//bj.bendibao.com/tour/2021825/298633.shtm。

览 33 场[1]，除中外经典剧目外，还包含建党 100 周年相关剧目、抗疫题材歌剧等。此外，国家大剧院还积极开设线上展厅，2021 年累计推出 100 多场线上演出，惠及观众 30 亿人次。

与大剧院形成互补关系的演艺场所是小剧场。北京小剧场有 9 剧场、77 剧场、蜂巢剧场、隆福剧场等。小剧场容纳量一般为一二百人，票价十分“亲民”，以脱口秀为例，观众甚至可以在百元内买到自己心仪的演出门票。以国外如伦敦发展经验来看，小剧场是培育观众市场潜力、建设演艺人才梯队的基础，是演艺产业血液供给与循环的重要保障。

（三）朝阳区798-751艺术街区：艺术街区类——打造文创园区艺术 IP

朝阳区 798-751 艺术街区占地面积约 52 万平方米，是酒仙桥街道大山子地区夜间文旅消费的旗帜性区域。区内以常态化、现象级的大型夜间文化活动（如 Young Days 园游会、宇宙工厂等）为引领，带动园区夜间经营租户，形成夜间文旅消费集聚效应，拉动夜间经济[2]。街区依托自身文化艺术、时尚设计的优势，致力于打造夜间消费的艺术 IP，以艺术促进文化消费升级。

2021 年十一假期期间，798 举行了 798 Young days 园游会。这是 798 艺术区自主打造的大型艺术文化旅游消费活动 IP，通过举办潮流艺术市集、动漫原画手稿艺术展等，形成艺术衍生、品牌快闪、网红美食、原创产品等多样化产品矩阵[3]。在毗邻的 751D · PARK 设计广场，2021 年“751 宇宙工厂”设置了积乐星球拼砌艺术展、“玩具拾光”传统玩具艺术展、露天电影放映等多项活动。751 园区内动力广场在 2021 年 6 月举办仲夏雅集-751 汉

---

① 腾讯网：《国家大剧院线上线下共庆建院十四周年　推出两大特色新展》，2021 年 12 月 23 日，https：//new. qq. com/omn/20211223/20211223A062R300. html。

② 朝阳区文化和旅游局：《朝阳区“三个打造”激发文旅消费新需求》，2021 年 10 月 26 日，http：//whlyj. beijing. gov. cn/zwgk/xwzx/hycz/202110/t20211026_ 2520785. html。

③ 北京市文化和旅游局：《第九届北京惠民文化消费季启动 300 余项活动奉上文化消费盛宴》，2021 年 9 月 18 日，http：//whlyj. beijing. gov. cn/zwgk/xwzx/szfdt/202109/t20210918_ 2496909. html。

文化节，三日的古风市集从下午直到深夜。昆曲、舞蹈、古琴表演等将传统艺术与现代艺术融合。

除了798-751艺术街区，其他同类文化艺术区也在为“夜京城”献力。例如首钢园为2021年9月服贸会打造了绚丽多彩的夜游景观，现代展览、工业景观、自然风物的交织，为观众带来精彩的视觉体验，同时让工业遗存重新焕发生机。首钢园还承办了2021中国科幻大会，将永定河文化艺术与科幻产业元素相结合，打造“艺术+科幻”的夜间新体验。科幻大会的开幕式在夜间举办，上演光影秀，其后带来沉浸式科幻戏剧——《未来的约定》①。国庆假期三高炉南广场的光影秀、“科幻·共同体”科幻产业展都大受欢迎，假期前三天共接待游客1.5万人次②。

（四）朝阳区亮马河风情水岸——滨水夜游灯光秀

在城市规划中，陆域和水域的交错地带被称作“滨水空间”。城市滨水区具有巨大的景观功能和生态服务价值，是城市景观的重要组成部分。作为城市文化、风貌特色的重要载体，其生态、景观、经济、游憩等多元复合价值被重新认知。伦敦、巴黎、上海、重庆等中外名城都有自己的河流，滨水夜游项目是城市夜间文化消费的刚需，然而北京一直没有代表性的夜间渡船游水项目。

2021年7月24日，亮马河燕莎桥至朝阳公园段正式通船，并开通夜赏航线，亮马河80万平方米风情水岸成为“网红”③。通船航线全长1.8公里，历时45分钟，河畔高大建筑色彩变幻，两岸灯光与倒影互相映照。尤其是有约15分钟位于亮马河船闸内，闸室以科技感十足的光影秀呈现亮马

① 国际科技创新中心：《2021中国科幻大会开幕：感受“科幻之夜”》，2021年9月29日，http://www.ncsti.gov.cn/kjdt/ztbd/2021chinakhdh/202109/t20210929_45722.html。

② 国家科技创新中心：《1.5万市民首钢园体验未来世界》，2021年10月4日，http://www.ncsti.gov.cn/kjdt/ztbd/2021chinakhdh/202110/t20211004_45873.html。

③ 北京日报：《亮马河燕莎桥至朝阳公园段7月24日正式通船，京城再添风情水岸》，2021年7月23日，http://www.beijing.gov.cn/fuwu/bmfw/jmsh/jmshggts/202107/t20210723_2447100.html。

河的前世今生与大运河文化带的深厚底蕴。夜赏亮马河还激活了沿线的商业价值，依托商区特色景观、自然人文优势，从时尚、艺术、文化等诸多层面为夜间文旅消费创造绝佳场景，如已连续举办 13 届的 SOLANA 蓝色港湾灯光节、露营市集、露天天幕电影等①。

除亮马河夜游外，通州运河游也在 2021 年夏季推出夜航线路，游览时长 60 分钟。大运河灯光秀起点为五河源头，终点为甘棠闸，景观带长约 12 公里。游客可乘游船感受通州的历史风貌和滨河景观，饱览运河文化的古今风韵②。

（五）海淀区华熙 LIVE·五棵松——“文体融合”新样态

文体商旅多元化融合是国务院鼓励开展国家体育消费试点城市、示范城市创建的内在要求，也是国际大都市和国家中心城市体育赛事区、商务消费区、文旅活动区融合发展的重要手段。华熙 LIVE·五棵松依托海淀区复兴路繁华街区和五棵松体育馆区位与资源优势，通过打造体育、娱乐、艺术、教育、生活等全方位沉浸式互动体验业态，被国家体育总局指定为“国家体育产业示范基地”，2021 年荣获“十大文化消费地标”称号③，当年“十一”期间，客流量达到单日 8 万人次。④

华熙 LIVE·五棵松在短期内成为京西夜间文化活动热门地的成功经验主要有三点。首先，五棵松场馆群每年举办演唱会、体育赛事等活动 500 余场，占据北京室内演艺市场的 80%，年接待人流量超 2000 万人次⑤。超大

---

① 北京头条：《朝阳两个项目入选国家级夜间文旅消费集聚区》，2021 年 10 月 27 日，https：//baijiahao. baidu. com/s？ id=1714747667840894342&wfr=spider&for=pc。

② 北京通州发布：《今起副中心开启大运河灯光秀+游船夜航！这些观赏事项要注意》，2021 年 6 月 28 日，https：//www. sohu. com/a/474410378_ 121147038。

③ 华熙 live·五棵松资讯号：《华熙 LIVE·五棵松入选第一批国家级夜间文化和旅游消费集聚区》，2021 年 11 月 24 日，https：//mp. weixin. qq. com/s/F3i3pO5gepWFl-G7ApLrfg。

④ 文化产业评论：《新一批国家级文旅品牌诞生，120 个项目中蕴藏 12 种融合模式》，2021 年 11 月 9 日，https：//user. guancha. cn/main/content？ id=629963&s=fwtjgzw。

⑤ 华熙 live·五棵松资讯号：《华熙 LIVE·五棵松入选第一批国家级夜间文化和旅游消费集聚区》，2021 年 11 月 24 日，https：//mp. weixin. qq. com/s/F3i3pO5gepWFl-G7ApLrfg。

文体场馆起到了天然的引流作用。其次，华熙 LIVE · 五棵松敏锐地把握了当前迭代变化的夜间文化和旅游消费趋势，以独特的文化产品吸引人。其重要地标时代美术馆是全国开放时间最长、营业时间最晚的美术馆之一，每天观览时间持续到 22：00，因此有“深夜美术馆”之称。2021 年以来，已成功举办了“WAVELENGTH：此时此刻”、“2021 亚洲数字艺术展”、“潮极玩家”潮流艺术展等形式多样的展览，吸引了众多看展爱好者前来观展，也带动夜间文化和旅游消费。最后，华熙打造了时尚的氛围和多元化的配套服务，汇聚了超过 170 个时尚特色品牌，也让老字号重新焕发活力，老字号营业时间从晚上 9 点延长至 10 点。在“京‘熙’文化节”系列活动中销售额 2.2 亿元，同比增长 104%，客流量达 230 万人次。融合商旅文体娱五大业态，华熙 LIVE · 五棵松所创造的沉浸体验式消费休闲样态，代表了全新的城市生活方式[①]。

北京冬奥会已于 2022 年 2 月开幕，北京文体商旅融合夜间消费还会有更大增量。随着 2022 年冬奥场馆——五棵松冰上运动中心的落成，以及冬奥冰球赛事的举办，华熙 LIVE · 五棵松夜间文化消费将迎来新的发展契机[②]。

（六）密云区古北水镇——“夜游长城下的童话小镇”

古北水镇国际旅游度假区位于北京市密云区，坐拥鸳鸯湖水库与司马台长城，这个长城脚下独具北方风情的度假式小镇是集观光游览、休闲度假、商务会展、创意文化等旅游业态于一体的综合性特色休闲旅游度假目的地。

古北水镇景区总规划师陈向宏认为，“度假旅游就是晚上旅游，越到晚上人越多，这才是度假旅游”。正是基于这样的理念，古北水镇不断丰富着夜游产品。司马台长城是目前国内唯一开放夜游的长城，开发了长城夜游“八大名玩”项目：提灯夜游登长城、湖畔晚餐品长城、摇橹汤河望长城、

① 新京报：《京南夜生活缤纷节启动，北京消费季夜京城六月解锁新玩法》，2021 年 6 月 12 日，https：//www.sohu.com/a/471847584_114988。

② 新京报：《京南夜生活缤纷节启动，北京消费季夜京城六月解锁新玩法》，2021 年 6 月 12 日，https：//www.sohu.com/a/471847584_114988。

温泉细雨赏长城、品酒观星醉长城、音乐盛宴聆长城、畅游泳池观长城、枕梦山水宿长城。在传统长城文化旅游之上发掘了新意①。2017 年 3 月 1 日起，古北水镇取消了原有的 80 元/人夜游门票优惠价，全天门票价格统一为 150 元/人，以此突破了昼与夜的限制。

古北水镇的长城音乐水舞秀于每晚 19：00~21：40 演出。“爵士音乐夜”等特色主题活动将二次元文化等潮流热点与长城文化创造性融合。此外，还开发了夜游南天门、汤市街、星空夜市等路线。以“星空”为主题推出了多样化的夏日活动，如星空音乐派对、星空啤酒夜市、星空下的讲堂、传统手工艺体验等。这些活动贯穿了古北水镇的整个夏季，长城首届“星空放映节”轮番放映国际顶级演出团体如柏林爱乐乐团、维也纳爱乐乐团的演出作品，游客得以在夜幕中的长城剧场，欣赏《天鹅湖》《卡门》等殿堂级艺术作品。

由于有夜间文化活动加持，在 2021 年疫情防控常态化期间，古北水镇的客流恢复迅速，在 1~2 月基本放空的情况下依然达到 2019 年同期的近七成，清明小长假游客数恢复至 2019 年同期的 70%，收入恢复至 90%，入住率基本接近 2019 年同期水平。在客群之中，作为小镇主要目标的过夜用户热度增长明显，单位客单价有明显增长，部分主要经营指标超过了中国旅游景区行业中经营指标最好的乌镇景区，也超过了古北水镇疫情前 2019 年同期指标②。

中国旅游研究院曾提出了适配夜间经济“老三样、新三样、再三样”的概念。“老三样”是夜市、演出、景区；“新三样”是节事、场馆、街区；“再三样”是书店、古镇、乡村。古镇和乡村被认为是未来夜游的新去处。乡村夜游大多服务周边城市客人，满足城市人的休憩需求，也将成为更多地区“以城带乡”的一种手段③。疫情防控常态化阶段，北京郊区短途游、自

---

① 古北水镇旅游公众号：《全国首批！榜上有名！古北水镇景区入选首批国家级夜间文旅消费集聚区!》，2021 年 11 月 24 日，https：//mp. weixin. qq. com/s/L-roVMFqoyJvlBtYCD8pUA。

② 古北水镇旅游公众号：《古北水镇荣获 2020 年度中国旅游景区品牌影响力典范!》，2021 年 4 月 23 日，https：//mp. weixin. qq. com/s/iYP8hd8tt_ r6uOWRTRx-Rw。

③ 出走研究所：《乡村夜游的创新法则方法论》，2020 年 11 月 6 日，https：//baijiahao. baidu. com/s？ id=1682614053332577202&wfr=spider&for=pc。

驾游比例明显上升，夜游古镇项目可以提升游客夜宿率，增加了复游可能性，也让当地居民更多享受景区红利溢出效应。

三　北京发展夜间文化活动的难点与现存问题

跟国际上文化发达城市相比，北京的夜间文化活动还存在一定差距，面临一定挑战。北京冬季气候寒冷，淡旺季差别大，市民冬季室外文体活动意愿低，需要有强大吸引力的高质量活动。另外，北京上班族工作时间长，通勤时间和距离在全国居前，晚高峰交通压力大，因此夜间活动也应照顾地区均衡性，并提供相应餐饮交通配套服务。具体来看有以下几方面。

第一，缺乏夜间文化拳头品牌。

对大麦网 2021 年 12 月 12 日 ~2022 年 1 月 12 日京沪穗深四大城市的文化艺术演出数据进行统计发现，北京和上海的各类演出数量大幅领先（见表 1）。北京曲苑杂坛类演出最多；话剧歌剧略多于上海；音乐会、展览休闲、儿童亲子类略少；演唱会数量不到上海的一半。

表 1　2021 年 12 月 12 日 ~2022 年 1 月 12 日京沪穗深文化演出数量

单位：场

项目	北京	上海	广州	深圳
演唱会	24	49	12	8
话剧歌剧	56	54	6	26
音乐会	60	75	7	4
曲苑杂坛	140	82	12	17
展览休闲	69	82	12	3
舞蹈芭蕾	4	7	1	0
儿童亲子	55	59	2	0
体　育	0	3	0	0
其　他	1	0	0	0
合　计	409	411	52	58

从数据来看，北京 30 天内有各类文化演出活动 409 场，大部分高质量的演出安排在夜间，几乎能做到“每天有演出”，周末更是各类型演出百花齐放，票价从几十元到几百元不等，除一些热门演出外供给比较充足，票价相对合理，观演的门槛并不高。但从几大旅游网站的游记来看，多少年来，来北京的游客的主要夜间去处还集中在前门、王府井、后海、三里屯，剧院看剧还是比较小众的选择，以年轻人居多。这也是故宫一推出“夜游”就掀起关注热潮的原因。北京的“夜经济”还应更好地和北京的特色文化相结合，充分利用北京的自身定位优势，充分激发其潜在的文化软实力。

第二，没有形成文化核心驱动、餐饮补充支持的依存发展业态。

通过调研京城热点“夜经济”商圈发现，有些热点商圈以餐饮、购物为主，消费有余文化不足，而这样的业态不具备稀缺性，不能吸引远程市民与游客专程与反复前往。而那些有高质量文化活动的地区，周边服务却不尽如人意，没有形成文体活动与餐饮酒吧互相补充依存的生态。比如国家大剧院、国家话剧院、鸟巢等许多场馆周边几乎没有成气候的餐饮酒吧聚集地。由于有相关限制①，天桥地区剧场地下餐饮也被关闭，绝大多数观众需要先自己解决完晚饭再来看演出，看完演出就不得不直接回家。这不仅是对消费的抑制，也不利于文化的吸收沉淀。一方面，文化演出本身能够产生的收益其实远远低于其带动周边业态产生的收益，一般估算演艺直接收入与衍生收入应为 1∶7 倍左右，包括用餐、住宿、交通、衍生品等。因此，如果没有完善的产业链条，仅凭演出收入难以实现文化事业可持续发展。另一方面，参与文化活动之前的预热和之后的讨论交流，能够帮助人们实现更好的文化体验。

第三，供给不均衡不充分，无法充分满足不同人群需求。

北京夜间文化活动也存在供给不均衡不充分的问题，主要表现为参与夜间文化活动的多为年轻人，文化产品质高价也高，而“一老一小”参与度

---

① 根据北京市发改委公布《北京市新增产业的禁止和限制目录（2015 年版）》，城六区所有餐饮业严禁使用地下空间从事商业性经营。

较低。一方面，由于实行“双减”教育政策，义务教育阶段中小学生作业变少，课外培训班被叫停，夜间可利用时间大大增多，而北京优质普惠的文博教育资源应该填补这一空白，通过错峰延时服务，让放学后的学生和家长能更多走进博物馆、图书馆，看展览、听讲座。对公共文化机构延时服务的付出，政府给予补贴。另一方面，适合老年人的夜间文化活动相对较少：老人感兴趣的京剧、昆曲等戏曲类别演出占比不高；优质演出票价动辄几百元，非老龄群体所能承受；网络购票，尤其是优惠购票的方式老年人也不熟悉，也应通过适老化改造满足老年群体需求。

四　促进北京夜间文化活动发展的建议

北京夜间文化活动的繁荣发展，应以北京自身特色为抓手，充分利用北京丰富的人才、公共设施资源。不仅要发展京城的“夜经济”，更要向世界展示北京的“夜文化”。

1. 集资源聚人气，发展夜间必去的拳头品牌

一个旅游城市，必须有一个龙头式的带动产品。比如伦敦的戏剧圣地西区，2/3 的外地游客将伦敦西区作为来伦敦的重要原因，3/4 的海外游客会将西区作为必去地点。去伦敦西区看戏剧的观众数，超过排在前两名的景点（大英博物馆、国家画廊）游客的总和，在收费景点中，相当于排在前六位的景点总和。再如西安的大唐不夜城，1500 米的步行街上灯光雕塑夺目，餐饮商铺遍布。更为难得是，由于中心位置即为西安音乐厅、曲江美术馆、曲江电影城，这使得它避免了陷入只有外地人来、本地人不来的旅游业常见怪圈，成为本地和外地人同乐的文化聚集地。每逢夜晚“从天而降十万人”，节假日更是达到一天 45 万人次的客流。

2021 年北京的 6 个国家级夜间文化和旅游消费集聚区，都是已有一定积累和声望的文化街区，北京可在现有基础上，集中打造几个具有国际水平和影响力的文化综合项目，重点发展对国内外游客都具有极大吸引力的夜间文化产品，打造夜间文化拳头品牌。比如经典话剧驻场戏剧、夜游长城、滨水夜游等。

2. 针对不同人群提供多元化的夜间文化产品

政府应提供补贴，支持盈利性弱但市民需求迫切的夜间文化活动与空间。首先，要向消费能力较低，或者有培育潜力的群体更多发售惠民票和惠民券，借助基层组织大力宣传公益活动。据对国家话剧院几位观剧老人的采访，他们是第一次看话剧，自己仅需花费10~20元，看后非常喜欢，表示今后只要有类似优惠剧目一定还会再来。北京老年人受教育程度相对较高、消费能力相对较强，他们参与夜间文化活动的意愿应得到更多关注和扶持。目前北京对全市3000座以下的演出场所的营业性演出给予一定比例的低票价补贴，对市场培育起到很大推动作用，还应针对演出质量和观众反馈区分不同补贴力度，以更好地鼓励优质产品的创演。其次，加强文旅部门与教委联动。2021年是中国共产党建党100周年，北京有很多优秀的红色剧目上演，也应通过学校等渠道宣传组织，让更多青少年有机会走进剧场，实现爱国主义教育和美育教育一举两得。最后，北京冬季寒冷，但借2022年冬奥会举办的契机，北京也应大力发展夜间冰雪运动，让冬季淡季不淡。

3. 以文化作为核心驱动带动周边文旅生活消费

以伦敦为例，伦敦的夜间经济由音乐厅、剧院、酒吧、饭店等有机组合而成。市民和游客夜间活动的核心内容是观看戏剧、听音乐会、参观博物馆。在参观之前，会到周边的饭馆吃饭；之后，会到旁边的咖啡厅，意犹未尽地讨论刚欣赏过的节目。据统计，每天晚上有3万~4万人次来到伦敦西区不到1平方英里的区域内观看演出，70%会在观看演出前后在外用餐。对此，不少剧院在售票时会赠送周围咖啡馆的咖啡券或者饭店打折券，形成了良好的生态。2004~2016年，“夜经济”为伦敦市贡献了超过10万个就业岗位。2017年，其促进的消费占据伦敦GDP的6%，这种文化驱动的“夜经济”不仅为伦敦带来了经济增长，更向世界展示了伦敦的文化形象。乌镇戏剧节的经验也证明，在乌镇能够实现“沉浸式”的文化体验，戏前戏后观众都长时间逗留，在一起充分交流，艺术欣赏效果要远远好于大城市中人们下班赶去剧场看两个小时再直接回家的模式。

北京城区要加强规划，在夜间文化集聚区内形成完整旅游线路，打造沉浸式体验。如天桥演艺文化区，区内有剧场群、电影院、博物馆，而且借助积淀，打造了天桥历史实景复原区、老城区胡同文化街区，而且与周边大栅栏琉璃厂、北京会馆文化区形成呼应，可以推出京味儿文化体验线路，将区内的老字号餐饮和文化消费品纳入进来，白天进行文化消费，夜间观看经典演艺节目，住在区域内精品民宿，步行距离内形成完整文化闭环。通过文化拳头产品吸引客流，提升区域人气，再通过餐饮旅游消费获得收益，反哺文化。

在郊区则要开发高质量有吸引力的夜游项目。疫情出现后，北京郊区周末游升温，但有些景区文化产品单薄，游客当日往返，停留过夜率低。北京郊区的众多景区应积极探索夜游模式，设计开发高质量的文化夜游项目、发展不同层次的民宿，以此充分利用山水资源、延长游客逗留时间、带动提升景区周边民宿餐饮效益、优化景区产业结构，发挥对郊区文化旅游的开发带动作用。

4. 完善配套保障，搭建企业与文化活动合作平台

国外一些城市会为夜间行政管理成立专门的管理机构，设置专门岗位，更专业地保护城市环境。比如伦敦有“夜间工作委员会”，而阿姆斯特丹甚至任命了“夜间市长”①。北京要各部门联动，为夜间文化活动保驾护航。以交通为例，北京东三环晚上 10 点仍然会交通拥堵，难免影响人们夜间文化活动的热情和体验。在热点商圈，可以采取开辟临时夜间停车场、增加出租车调度、适当延长公交线路运行等方式，满足人们的出行需求。同时，夜间活跃地区对周边居民产生的灯光、噪声、气味污染也需要采取行政或高新技术手段控制，营造包容和谐的夜间氛围。

北京应发动各大文创、科技、金融企业，提供针对夜间文化活动的服务，如北京市文旅局在网红打卡地评选活动后，让高德地图、百度地图为网

① 邹统钎、韩全、常梦倩等：《夜间经济发展与管理的国际经验借鉴》，《中国旅游报》2019年2月26日。

红打卡地制作专题页面，并提供1000万元往返出行补贴；美团为到访游客提供2000万元红包补贴和流量扶持，并免费配置充电宝机柜；北京银行还为网红打卡地提供更优惠的授信支持和商户信用卡活动。这些举措都同样适用于夜间文化消费集聚区，既能实现企业与市民双赢，也能促进北京夜间文化活动长期良性发展。

北京夜间文化的建设发展，提供了更丰富的精神产品、更多样的文化场景，以及更新鲜的城市体验，给经过这座城市的人制造了许多惊喜，也让居住在这里的人找到了家的感觉。

文化交流与文明互鉴

Cultural Communication and Mutual Learning Among Civilizations

B.21

2021年北京文化传播与文化交流发展报告

张　力*

摘　要： 在聚力建设全国文化中心的背景下，2021年北京文化传播与文化交流取得明显进展，从政策环境、统筹部署、硬件设施、文化资源利用、传播与交流载体形式等方面发力，较以往更具包容性、创造力和国际化。但是，从国家和首都经济社会发展大局来看，北京文化传播与文化交流还有不小的提升空间，仍需大力加强城市文化软实力建设，推动文化传播与文化交流水平跃居世界一流国际城市行列，与大国首都地位相匹配，展示大国首都城市文化形象。

关键词： 北京　文化传播　文化交流

* 张力，博士，北京市社会科学院国际问题研究所副研究员，主要研究方向为国际传播、国际城市比较。

2021 年是“两个一百年”的交汇点，是北京“十四五”规划开局之年。北京坚持以习近平新时代中国特色社会主义思想为指导，全面贯彻党的十九大和十九届历次全会精神，在坚决做好疫情防控的前提下，砥砺前行、积极作为，认真贯彻落实习近平总书记关于首都文化建设的重要论述和对北京重要讲话精神，注重增强中华优秀传统文化的传承性，提升北京城市文化的包容性与国际性，努力打造全国文化中心与世界文明交流互鉴高地。一年来，北京文化传播与文化交流服从服务于国家文化发展整体战略，彰显大国首都风范，文化事业、文化产业繁荣发展，旅游业稳步复苏，首都市民文化生活得到不断丰富与提升。高质量文化消费促进经济增长的引擎作用更加凸显，为首都文化生产、文化传播与文化交流带来历史机遇和现实挑战。总体来看，北京统筹推进疫情防控和全国文化中心建设，坚持稳中求进，努力推动文化传播与文化交流，突出抓好中国共产党成立 100 周年重大庆祝活动，以及服务保障北京冬奥会、冬残奥会两件大事，积极推动文化产业、文化旅游业高质量发展，实现了“十四五”良好开局。

一　2021年北京文化传播与文化交流的发展背景

2021 年是北京社会经济从疫情中全面复苏的一年。疫情冲击下，北京文化传播与文化交流经受考验、攻坚克难，在稳步复苏中充分发挥全国文化中心示范引领作用，通过创新应变，持续推进文化传播与文化交流。北京文化媒体、文化企业增强了抗风险的韧性能力，线上与线下文化传播交流融合推进，文化传播与文化交流受到抑制的情况有所缓解。在政策扶持、企业自救与社会各方支援下，北京文化传播逐步复苏，文化交流有序推进，文化精品鼓舞人心，传播与交流形式创造性出新，开创了后疫情时期文化传播交流发展的新局面。

1. 以高科技为支撑，“数字+文化”传播交流生态圈初步形成

“数字+文化”一方面改变了人们的文化消费方式，另一方面拓展了文化传播的途径。近两年北京数字文化消费和数字文化传播发展迅速，在线文

化需求日益增长，特别是在2021年疫情持续的形势下，线下文化传播与交流活动恢复较慢，线上文化消费、文化“云传播”成为常态，市民群众数字文化需求从量到质日益提高，推动数字经济快速发展①。此外，北京市互联网文化独角兽企业数量全国第一，在文化科技融合发展方面处于全国引领地位。人们在文化消费中满足精神文化需求成为明显趋势，文化消费是实现文化传播和交流的主要途径。《2021年北京市文化消费报告》统计数据显示，2021年1~10月，规模以上文化产业文化核心领域收入合计增长12512.3亿元，其中新闻信息服务、内容创作生产、文化娱乐休闲服务同比增长速度超过25%。文化消费终端生产收入665.7亿元，利润达到43.2亿元，数字文化消费成为一种日常消费选择②。

2. 文化产业释放新活力，成为助力文化传播与文化交流的重要力量

2021年，北京统筹疫情防控和经济社会发展进一步取得成效，文化产业领域发展成果主要体现为文化产业规模不断壮大、文化产业体系更加健全、文化产品质量明显提升、文化消费日益活跃等。据北京市统计局数据，2021年全年北京市规模以上文化产业实现营业收入17563.8亿元，占全国比重为14.75%，实现利润总额1429.4亿元。文化核心领域收入占北京市规模以上文化产业总营业收入九成以上，行业主导地位优势明显。文化核心领域收入合计15848.3亿元，其中新闻信息服务、文化传播渠道分别同比增长21.5%、12.5%，文化娱乐休闲服务和内容创作生产分别同比增长38.5%和30.8%。《2021年北京市文化消费报告》分析指出，2021年文化产品供给趋势呈现品牌化、品质化、场景化，文化体验式消费推动文化传播的体验式转向，成为文化经济发展的主流。疫情防控期间，文化消费与传播活动大量转移至线上，加速推进北京市数字文化产业发展扩容提质，2021年北京产业数字化规模已达13371亿元，同期北京数字经济占

---

① 《〈2021年北京市文化消费报告〉在京发布》，网易网站，https://www.163.com/dy/article/GSS4H7E60514H4CF.html，2022年1月4日。

② 《〈2021年北京市文化消费报告〉在京发布》，网易网站，https://www.163.com/dy/article/GSS4H7E60514H4CF.html，2022年1月4日。

GDP 比重为 55.9%，位列全国第一。北京市文化科技融合发展，科技加持文化传播与交流水平领先全国，目前北京是拥有全国数量最多文化独角兽企业的城市。[①] 此外，假日经济、夜间经济凸显文化核心要素，有力助推文化传播交流。

3. 文化消费市场日益活跃，凸显文化消费的文化传播价值

文化消费具有促进文化生产和文化经济发展的作用，除此之外，文化消费还表现为一种文化传播方式，即在消费文化产品实用性价值的同时，实现文化产品的精神价值，成为实现文化传播的介质渠道。疫情防控形势下，线上文化消费呈现高增长态势，文化与科技融合发力促进数字文化消费日趋活跃，文化新业态产品、文化消费新模式带来新的文化体验。第九届北京惠民文化消费季是 2021 年度北京具有标志性的群众文化系列活动，年度主题为“悦享文化　智惠生活”，不仅带来电影展映周、大戏看北京、全民阅读惠等系列文化精品项目，还推出“数智创新、国潮风尚、书香悦文、汇声汇影、演艺飨宴、畅玩优游”六大文化板块，打造包括“云享京彩文化生活节”“北京文化消费品牌周”“文化消费智库研讨会”“北京文化消费品牌榜”等系列文化活动品牌，引导与激励文化消费，丰富城市文化生活，传播优秀文化价值理念。据北京市国有文化资产管理中心《立足疫情常态化防控　开启文化消费新征程》总结报告，文化消费季期间，共举办 24219 场线上活动，线上文化消费达 62.73 亿元，占总消费额比重为 77.92%，线上浏览量达 18.32 亿人次，占总参与人次比重为 99%。

4. 文化和旅游融合走向深入，“场景化—体验式”传播常态化

城市文化传播交流更多通过文化体验旅游途径实现，注重互动体验的“场景化—体验式”传播成为当前城市文化传播的趋势与特征。最突出的体现是，受人青睐的城市文化空间成为热门网红打卡地、网红新地标，2021 年北京市评选出 100 个网红打卡地，包括人文景观类、文化艺术类和阅读空

---

① 《〈2021 年北京市文化消费报告〉在京发布》，网易网站，https：//www.163.com/dy/article/GSS4H7E60514H4CF.html，2022 年 1 月 4 日。

间类等，同时也成为文化旅游消费的热门目的地，从不同侧面塑造与展示北京城市文化形象，发挥对北京城市文化的传承与推广作用。另外值得注意的是，鉴于疫情防控的需要，文化传播、文化交流及文化消费的方式发生明显变迁，更多地转向借助互联网技术来实现。“场景化—体验式”传播交流活动也加速向线上迁移。从 2021 年北京市旅游、演出、电影、实体书店等线上直播、线上活动、线上消费的热度，可以看出市民群众对线上文化传播交流需求增大，对线上传播的综合体验感、场景互动感、内涵丰富感的要求也日益提高。①

5. 探索实践文化“云传播”“云交流”，持续推进全国文化中心建设

以互联网力量赋能北京文化传播与文化交流，策划打造形式多元化、注重体验互动的网络活动和网络文化产品，提升北京文化传播的价值认同感。由北京市委网信办主办的 2021 年“京·彩”北京文化网络传播活动，立足北京历史文化资源，挖掘与弘扬北京文化精神内涵，展示与传播全国文化中心建设成果。通过组织开展“百年征程”“京气神儿”“京彩冬奥”“创新引擎”“中轴风韵”五大主题短视频征集活动，积极调动广大市民参与网络文化作品创作的热情与活力，记录与传播全国文化中心、国际科技创新中心、“两区三平台”等城市建设发展的时代篇章，有效推动京味文化、古都文化、红色文化、创新文化、奥运文化广为传播，取得良好社会反响，助力打造北京文化活动品牌。

二　2021年北京文化传播与文化交流发展现状

文化传播与文化交流是北京建设全国文化中心工作的重要内容，是增强城市文化软实力、促进北京实现城市战略定位不可或缺的发展环节。随着进入高度信息化、万物皆媒时代，在开放的城市社会中，文化传播与文化交流

① 《〈2021 年北京市文化消费报告〉在京发布》，网易网站，https：//www.163.com/dy/article/GSS4H7E60514H4CF.html，2022 年 1 月 4 日。

的内涵与形式愈加丰富多元。2021 年，在疫情防控形势平稳的前提下，北京在铆足力气修炼内功的同时，稳健有序地推动后疫情时期北京文化传播与文化交流，主要体现在以下方面。

1. 紧紧围绕国家和首都年度重大活动，弘扬与传播特色主题文化

2021 年是中国共产党建党 100 周年，在党和国家历史上具有里程碑意义。北京全市宣传思想文化战线全心全力服务庆祝建党百年系列文化活动，高标准高质量圆满完成《伟大征程》盛大文艺演出任务。文艺界倾力倾情演绎优秀舞台艺术作品 48 台 95 场，出品《觉醒年代》等优秀影视作品。推动红色文化走进寻常百姓家，修缮开放北大红楼，举办“红色课堂”，相关旧址共吸引近 100 万人次参观。全市洋溢着奋进新征程的浓厚氛围。与此同时，全市还围绕冬奥会筹办创作推出一批文艺作品，开展“冬奥唱起来”群众性文化活动，打造 22 条冰雪旅游线路，举办北京冰雪文化旅游季，编创推广冬奥广场舞，筹办“一起向未来·大家舞起来”全国网络广场舞大赛等①。此外，持续推进 16 个冬奥文化广场和 95 个冬奥示范设施建设，组织 51 家成员单位开展了 2317 场冬奥主题城市文化活动。一年来，北京市宣传思想文化战线聚焦党的百年华诞与北京冬奥会“两件大事”创作策划了一系列文化精品和文化活动，掀起了全市人民爱党爱国爱社会主义的热情。此外，影视文化传播争相唱响主旋律，据《北京市 2021 年国民经济和社会发展统计公报》，全年生产制作 186 部电影、41 部电视剧、22 部电视动画片、158 部网络电影、66 部网络剧、27 部网络动画片。全年全市 30 条院线 281 家影院放映电影共计 335.4 万场，观众共计 4224.4 万人次。②

2. 以文化提升旅游内涵品质，用旅游推动文化传播与文化交流

2021 年，北京社会经济全面复苏，国际文化和旅游业也开始恢复发

① 《弘扬伟大建党精神　奏响新时代最强音——2021 年北京市宣传思想文化工作综述》，《北京日报》2022 年 1 月 12 日。

② 《北京市 2021 年国民经济和社会发展统计公报》，北京市人民政府网站，http://www.beijing.gov.cn/zhengce/zhengcefagui/202203/t20220302_2620158.html，2022 年 3 月 1 日。

展。10 月北京举办了驻华外交官“发现中国之旅”启动仪式暨北京文旅资源推介会，共有 40 位来自 34 个国家的外交官出席活动。“发现中国之旅”系列活动，让各国驻华外交官踏上了解真实、立体、全面的中国的“友好之旅”，架起各国民心相通、情感联结的桥梁。同时，以北京冬奥会和冬残奥会为依托，精心设计打造文化旅游产品、文化旅游线路，推出“漫步北京”“点亮北京”“畅游京郊”三大文化旅游品牌，推进文化旅游业与影视演艺业、体育产业、动漫产业等融合发展，打造 100 个文化旅游体验基地。特别要提出的是，2021 年 9 月 20 日北京环球度假区正式开园运营，融合中国本土文化元素，成为北京一个文旅新地标，在吸引大量游客的同时，释放了国际民间交往的热情与推进更广泛国际领域交往的愿望。此外，2021 年红色文旅消费也有不俗表现，北京推出 10 条红色精品旅游线路，红色旅游市场消费活跃。据统计，清明和五一两个假期，北京市接待游览观众达 270.9 万人次，北大红楼、长辛店二七工人纪念馆等成为参观热点[①]。北京市文化和旅游局统计资料显示，2021 年北京加强与外省市文化和旅游交流交往，协助 20 个省市在京举办文化旅游推介活动，推动京津冀文化和旅游协同发展，举办京津冀房车巡游等活动。此外，推进重大文旅设施建设成绩显著，城市副中心大剧院、图书馆、博物馆主体结构全面封顶。

3. 演艺行业与文化传播深度协同，增强优质文化艺术内容的传播影响力

2021 年北京在着力推进文艺设施建设的同时，深化文艺院团改革，致力于创作文艺精品力作，打造“大戏看北京”文化名片，塑造“会馆有戏”文化品牌，推进文艺院团进会馆旧址演出。同时制定出台推动“大戏看北京”36 条、深化国有文艺院团改革发展 22 条、加强新时代北京文艺评论 14 条等政策，一系列政策措施让北京演出市场重现蓬勃发展的活力。北京市文旅局统计数据显示，全年北京 13 家市属文艺院团和国家大剧院共创排舞台

① 《〈2021 年北京市文化消费报告〉在京发布》，网易网站，https://www.163.com/dy/article/GSS4H7E60514H4CF.html，2022 年 1 月 4 日。

剧111部，其中新创原创剧58部。全市共推出2415台演出剧目，举办20597场营业性演出，票房总收入约7.83亿元，观众总数513.5万人次。值得一提的是，2021年正逢中国共产党建党100周年，红色主题成为文艺演出市场的主旋律，其中引起热烈反响的剧目是北京人艺主创的重大革命历史题材话剧《香山之夜》，成为全市党史学习教育的生动教材①。此外，第九届中国京剧艺术节成功举办，北京市文旅局提供的数据显示，在这次全国规模最大、水平最高的京剧艺术盛会中，共上演全国27个省区市近40台大戏，线上线下超过9000万人次观演。在2021年“中国戏曲文化周”期间，北京携同津冀文艺团体开展1000余场戏曲文化活动，推出42场少儿戏剧场，有力推动中华优秀传统文化传承。与此同时，北京国际戏剧中心落成，王府井吉祥戏院重新开张，北京新增包括曹禺剧场、人艺小剧场等演艺空间，助力演艺市场复苏和繁荣发展。在影视行业方面，品牌化、品质化发展趋势明显，《觉醒年代》《长津湖》成为最受关注的两部影视作品。《觉醒年代》的热播为北京市红色旅游带来热度，电影《长津湖》收获票房57.57亿元，成为迄今为止中国影史上的票房冠军②。可以说，演艺行业收获一批精品力作，呈现日益繁荣的趋势，极大地提振了北京文化演艺市场，有力地推进了北京全国文化中心建设。

4. 加快推进博物馆之城建设，面向世界充分发挥博物馆文化传播功能

北京建设“博物馆之城”已进入提速期。为加强“博物馆之城”建设顶层设计，北京编制出台《“十四五”时期北京国际文物艺术品交易中心建设规划》，从政策上推动文物艺术品市场、文物拍卖业健康发展。北京各博物馆加大博物馆文化服务供给，积极围绕中华优秀传统文化传承与发扬策划展览、组织文化活动。北京市文物局提供数据显示，2021年北京地区博物馆通过线上线下共举办展览336项、文化活动171项，延时开放服务逾250余次。特别是高标准筹备承办“5·18国际博物馆日”中国主会场和国际博物馆协会藏品

① 《“大戏看北京”让剧场加速复苏》，《北京日报》2022年1月6日。

② 《〈2021年北京市文化消费报告〉在京发布》，网易网站，https://www.163.com/dy/article/GSS4H7E60514H4CF.html，2022年1月4日。

保护大会，还举办了“万年永宝——中国馆藏文物保护成果展”“博物馆5G新生活”“中国国宝大会”等精彩活动，线上平台直播观看量超过668万人次。此外，为增强博物馆文化传播影响力，不断促进博物馆开发文创产品，组织2021年北京文博创意设计大赛，进一步吸引各方力量参与开发博物馆文创产品。同时，推进建设北京文博衍生品创新孵化中心，建设打造4家博物馆“文创空间”，举办线上线下相结合的“2021北京·中国文物国际博览会”，发布北京文物艺术品交易指数，助力北京文物艺术品交易中心建设等，突出体现了北京在博物馆文化、文物艺术品领域的全国优势龙头地位和引领聚集效应。

5. 创新打造北京特色文化节庆活动，提升节庆文化的传播影响力

文化节庆活动是鲜活的城市文化表现形式，北京通过对城市文化精髓的挖掘、对文化精神标识的打造，着力策划打造具有北京特色的文化节庆活动。2021年9~10月举办的北京（国际）运河文化节、北京长城文化节和北京西山永定河文化节广受好评，媒体报道转载量和阅读量上千万次，社会反响热烈。三个文化节紧紧围绕北京“三个文化带”的保护、传承与创新，通过国际品质、专业标准、艺术手法，梳理展现具有独特人文魅力和传播推广价值的北京城市文化。北京（国际）运河文化节的主题为“游运河　行大运”，以建设人文运河、生态运河、魅力运河为遵循，根据运河北京段不同区域文化特点，并结合全线通航、环球主题公园开园等重要事件，设计开展48项主题活动，涵盖大运河文化带全部七区和相关市级部门。2021年9月举办的北京长城文化节，北京市文物局等相关单位策划推出涵盖长城沿线6个区共35项主题活动。北京西山永定河文化节则以“百年风华　山河永定”为主题，将建党百年红色文化与西山永定河文化元素相结合，打造开展共50余项文化活动，惠及西山永定河文化带全部8个区。

6. 不断优化文化对外交流格局，文化公共外交取得良好效果

推进全国文化中心和国际交往中心融合发展，搭建中外文化的沟通桥梁，促进多元文化融合。北京对外文化交流在政府主导下，通过相关文化部门、非政府组织、社会力量等社会各界普遍参与，加强文化艺术交流、推动民间往来互通，夯实人文交流基础，促进文明互鉴，为构建人类命运共同体凝聚精神力量，在文化对外交往层面塑造良好国家形象。北京文化公共外交格局得到不断的拓展和优化，以文化为交往载体开展柔性对外交流，传播中国文化价值理念，促进对外文化传播中的价值认同。对外交流的主体进一步多元化，跨国公司、非政府组织、智库机构及社会个体等成为公共外交主体的重要方面。北京市文化和旅游局通过举行驻华外交官“发现中国之旅”启动仪式和推介会，宣传推广入境旅游；为了让海外旅行商深入了解北京文化旅游资源，特别打造免费在线培训课程“北京旅游专家计划”；策划制作系列短视频《京·粹》，营造氛围提振疫情冲击后北京对外文化交流及入境旅游业活力。深挖城市历史文化资源，创新开发入境文化旅游产品，共推出11个主题88处新兴文化旅游资源点。面向欧美、日韩、西语等市场开展多主题的线上推广及产品发布，与友城新西兰惠灵顿开展线上冬季旅游研讨会，推介冬奥旅游资源。此外，参与第26届澳门国际贸易投资展览会线上会议，推广北京文旅资源。

7. 推动公共文化服务惠及广泛群众，多措并举提升基层文化传播水平

2021年北京持续推进公共文化服务高质量发展，重点突出，成效显著。进一步鼓励与扶持实体书店，推动全民阅读，建设书香社会。据统计，截至11月底全市实体书店数量为2042家，万人拥有实体书店数量达到0.93家，并且首次评选出99家示范书店。同时，持续开展阅读活动，2021年北京全民阅读工作围绕“颂读百年路展阅新征程”主题，举办3万余场各类阅读活动，惠及2000多万人次①。全民公共文化服务基础设施更加完善，《北京市2021年国民经济和社会发展统计公报》显示，2021年末全市共有24个公共图书馆，18个档案馆，204个博物馆，19个群众艺术馆、文化馆②。与

---

① 《2021北京文化扩容能“花”会“挣”“是个过日子人儿”》，光明网，https：//m.gmw.cn/baijia/2021-12/30/1302742175.html，2021年12月30日。

② 《北京市2021年国民经济和社会发展统计公报》，北京市人民政府网站，http：//www.beijing.gov.cn/zhengce/zhengcefagui/202203/t20220302_2620158.html，2022年3月1日。

此同时，在疫情平缓形势下，有序有效地推广群众文化活动。北京市文化和旅游局统计数据显示，2021 年首都市民系列文化活动共举办了 2.3 万场，包括“歌唱北京”“舞动北京”“阅读北京”“艺韵北京”“戏聚北京”“影像北京”等六大板块活动。围绕重点传统节庆日，举办了 6000 余项各种形式的文化活动，共完成近 1 万场“文艺演出星火工程”等公益惠民演出。积极推动全民艺术普及工作，开展以“艺术让生活更美好”为主题的第三届“全民艺术普及月”活动，通过公益讲堂、亲子互动、线上直播、手工制作等形式向广大群众普及文化艺术知识，共计 7136 场活动，群众参与人次近 1608 万。同时，北京与其他省市实现文化成果共享，依托“春雨工程”组织文化志愿者边疆行、“送福到家”等文化志愿服务活动，传承和弘扬中国优秀传统文化，提升广大人民群众的人文素养。

三　北京文化传播与文化交流的问题与短板

做好文化传播与文化交流工作是北京建设全国文化中心、实现“四个中心”城市战略定位的题中应有之义，具有不可或缺的助力作用。近年来，随着对文化传播与文化交流的认识更加深刻，北京制定出台多方面政策措施，促进与鼓励文化传播与文化交流，然而目前仍然存在不小的提升空间，亟待改进补齐的主要问题与短板如下。

一是政府部门亟须加强文化管理的系统观。文化传播与文化交流是一个完整的系统工程，离不开文化宣传系统各政府部门和文化机构步调统一、协同合作。目前政府文化管理机构在职能范畴、管理机制、服务能力等方面存在优化提升的空间，以确保各部门各机构权责清晰、对接顺畅，避免工作盲点，协调有序地推进文化传播和文化交流。

二是文化传播与文化交流力量较分散。主要原因在于缺乏文化传播与文化交流的整体规划，传播与交流主体相对单一，特别是对外文化传播与文化交流主要依赖政府、精英阶层，未能形成由政府、民间组织、社会力量及社会个体等构建的文化传播与文化交流体系，限制了北京文化传播与文化交流的丰富性、多元化和辐射力。

三是对文化资源整合创新力度不够。北京历史文化资源没有得到充分挖掘与利用，文化集约化程度不高，导致文化产品的文化附加值与创新性比较有限，在对外文化传播与文化交流中的竞争力有待加强。

四是对非官方非营利文化机构的引导与扶持仍需加大力度。非官方非营利文化机构在文化传播和文化交流中的推广和宣传作用不可低估。长期以来，由于缺乏充分的政策支持与资金保障，非官方非营利文化机构发展受到限制，亟需政府从管理层面给予更多鼓励引导与规范化扶持，增强非官方非营利文化机构文化传播与文化交流的现实效果。

五是文化传播与文化交流面向海外市场的推广能力尚有欠缺。海外受众和海外市场的接受度决定了北京对外文化传播与文化交流的效果，以往通过官方渠道面向海外的文化传播交流活动比较多，直接面向海外市场做文化推广和营销还处于起步阶段，还需要充分了解海外文化市场的偏好和需求，提高针对海外市场和受众的文化产品营销推广能力。

四　推进北京文化传播与文化交流的对策思路

近年来在锚定文化强国目标、聚力建设全国文化中心的背景下，北京文化传播与文化交流取得明显进展，从政策环境、统筹部署、硬件设施、文化资源利用、传播与交流载体形式等方面发力，较以往更具创造力、包容性和国际化。但是，从国家和首都经济社会发展大局来看，北京文化传播与文化交流还有不小的提升空间，仍需加强城市文化软实力建设，推动文化传播与文化交流水平跃居世界一流国际城市行列，与大国首都地位相匹配，展示大国首都城市文化形象。

第一，充分发挥政府在推动文化传播与文化交流中的引导与扶持作用。从总体上说，政府在文化传播与文化交流中占据主导地位，在统一筹划、协调组织文化传播与文化交流各项工作的同时，需要进一步调整完善文化机构功能，理顺各层级关系，健全适应全国文化中心建设的工作体制、运行机制，为文化传播交流创造更优良的发展环境。特别是应建立以政府文化宣传部门为主，其他相关部门、单位支持配合，民间文化艺术机构、社会力量积极参与、投入的综合性工作系统，集中资源更好地服务于文化传播与文化交流，为加快全国文化中心建设提供人力、财力、物力、智力、知识经验等方面的稳定支持与坚实保障。发挥政府主导推动作用，调动媒体界、企业界、学术界等主体力量，整合社会资源，协调各方机构，围绕北京文化传播与文化交流打好“组合牌”，形成叠加效应。

第二，在文化传播与文化交流中彰显大国首都城市文化的精神价值。一座城市的文化精神价值是文化竞争力的核心，也是产生巨大吸引力、引发人们喜爱和向往的根本原因。北京文化传播与文化交流要植根于历史文化资源的沃土，彰显传统文化与现代文明交相辉映的独特魅力，处理好北京城市文化发展中的民族性、时代性、包容性、创新性和国际化等方面的问题，传承优秀传统文化精髓，突出北京城市文化特色，顺应城市文化国际化发展潮流，利用多元化渠道与媒介对北京城市的文化艺术进行全方位展示，树立包容、开放、自信的北京城市文化形象，提高北京城市文化国际知名度和美誉度。特别是在科技文创产品开发、文化旅游融合发展、文化遗产保护利用等领域，深度提炼北京城市的文化精神、时代价值，助推全国文化中心建设，打造彰显文化自信与多元包容魅力的世界文化名城。

第三，提升文化贸易和文化产业在北京文化传播与文化交流中的地位。坚持文化先行理念，发挥市场经济导向作用，不断做强文化贸易、文化产业，加大力度扶持文化艺术企业发展，利用市场机制培育优秀文化艺术企业，探索文化传播的商业化运作模式，打造北京国际文化 IP，实施系统化的市场营销，形成城市文化软实力的规模化竞争体系，进一步提高北京文化产业在国际市场中的比重，增强北京文化产品在文化贸易中的国际竞争力，从而发挥好文化贸易、文化产业在国际文化传播中的重要作用，使得文化传播过程更加顺畅。通过市场平台和贸易渠道带动更加广泛、更加深入的文化交流，通过赢得国际市场的声誉收获文化传播的长久效应。

第四，加强城市文化公共外交，搭建文化传播交流的多元化渠道平台。

不断提升北京城市文化的公共外交水平，积极拓展文化传播与文化交流的多元化途径。借助国际友城平台，建立起北京文化国际推广网络，与国际友城在人文交流领域达成更多交流合作项目，学习借鉴其他国家文化艺术发展的经验模式，加强自身文化对外传播能力建设。深度整合利用海内外推介平台资源，积极主办、承办、参与有影响力的国际文化活动。充分发挥驻外使领馆、驻外办事处等桥梁作用，将文化传播与文化交流融入驻外机构的日常工作，推进更具有针对性、更受当地欢迎的文化传播交流。同时，大力提高国际性文化活动策划筹办水平，举办具有国际影响力的节庆、会展、赛事，以及国际会议等，提高北京与国际相关领域的关联度，整体推动北京文化传播与文化交流能力大幅提升。

第五，构建文化传播媒体矩阵，提升北京故事内容生产和传播水平。创新城市文化传播方式，做强城市文化的亮点传播、特色传播、互动传播，以北京城市文化亮点内容、特色内容为素材，通过影音作品、短视频、动画、文章、游戏产品等形式和载体，进行高质量内容输出，同时扩大与海外主流媒体、媒体机构等合作，策划实施北京文化传播交流计划。适应文化传播交流的现实需求，打造融媒体矩阵，推动北京媒体传播走向国际化，发展壮大对外传播媒体、外语媒体，鼓励与海外自媒体合作，增进国际信息交流互动。

B.22
2021年北京对外文化贸易分析与未来展望

张　丽*

摘　要： 2021年北京市积极探索文化产业与国际文化市场的对接举措，加大推进文化产品和服务进入国际市场的力度，数字化技术推动对外文化贸易制度创新，文化出口基地拓展文化对外合作渠道，传统文化产品出口向数字文化贸易转型，数字文化引领文化服务出口呈现新态势，个人、文化和娱乐服务出口居全国前列，海外文化投资不断深化，国家文化出口重点企业高质量稳步增长，国际展会搭建对外文化服务的北京品牌，对外文化贸易创新发展。2022年新冠肺炎疫情依然严重影响世界文化市场，国际文化贸易数字化且竞争激烈，北京市对外文化贸易面临新的挑战。同时，新时代中国文化产业高质量发展，北京市积极打造数字贸易示范区，对外文化贸易存在巨大的发展机遇。要依托建设全国文化中心优势，落实好国家政策，抓住数字文化发展机遇，持续探索对外文化贸易创新模式，坚持开放发展理念，在对外文化贸易平台建设、主体培育、品牌形象打造等几个方面创新对外文化贸易的发展路径。

关键词： 对外文化贸易　北京市　文化产品　文化服务

* 张丽，博士，北京市社会科学院国际问题研究所副研究员，主要研究方向为世界经济与国际政治经济学。

对外文化贸易是推动文化产业发展成为国民经济支柱性产业的重要渠道，也是提升文化软实力的战略路径。近年来，我国不断推出促进对外文化贸易的政策，使对外文化贸易迅速发展。但是，突如其来的全球新冠肺炎疫情给世界市场带来严重的冲击，世界文化市场更是受到重创，无论是文化产品生产与服务的供给，还是国际文化交流与贸易合作渠道都遭遇风险挑战。2021 年，我国加大推动文化与科技的深度融合的力度，出台推动文化贸易的战略举措，进一步加快文化产业数字化转型升级，创新构建对外文化贸易发展新格局。北京市积极探索文化产业与国际文化市场的对接举措，加大推进文化产品和服务进入国际市场的力度，对外文化贸易创新发展。本文结合国内国际形势分析北京对外文化贸易发展特点，剖析对外文化贸易新现象、新变化、新趋势，指出未来面临的挑战与机遇，提出推动对外文化贸易发展的建议。

一　2021年北京对外文化贸易创新发展呈现新特点

2021 年，北京立足全国文化中心建设，依托文化产业优势，积极应对世界经济态势、国际政治经济格局及全球疫情影响带来的挑战，把握国家政策机遇和文化新业态发展趋势，对外文化贸易创新发展。

（一）数字化技术推动对外文化贸易制度创新

我国对外贸易快速增长，货物进出口规模可观。据国家统计局资料，2021 年全年货物进出口总额 391009 亿元，比上年增长 21.4%。其中，出口 217348 亿元，增长 21.2%；进口 173661 亿元，增长 21.5%。实现货物进出口顺差 43687 亿元，比上年增加 7344 亿元。北京地区外贸呈现稳中向好的发展趋势，据北京海关统计，北京地区（含中央在京单位）2021 年进出口总值 3.04 万亿元人民币，较 2020 年增长 30.6%（较 2019 年增长 6.1%），高于同期全国增速 9.2 个百分点。其中，进口 2.43 万亿元，增长 30.4%，高于同期全国增速 8.9 个百分点；出口 6118.5 亿元，增长 31.2%，高于同期全国增速 10 个百分点[①]。文化产品出口是对外贸易的重要组成部分。海关总署统计资料显示，我国 1~12 月文化产品出口金额 1392 亿美元，比上年同期增长 43. 3%[②]。我国文化产品出口增长速度是货物出口增速的 2 倍多，说明我国文化产品出口处于迅猛发展时期。

为鼓励文化贸易发展，我国推动对外文化贸易制度创新，持续推进国家文化出口基地建设，发挥基地集聚、引领和辐射作用，以保税物流方式推动文化产品出口，带动文化贸易模式创新。北京市积极响应号召，重视对国家文化出口基地的加强完善与有效利用，加快与世界艺术交流步伐，以文化产业的优势跻身创新发展前沿，激发文化贸易活力。继 2017 年国家文化出口基地建设启动、北京天竺综合保税区成为 2018 年认定的首批国家文化出口基地，2021 年 8 月 2 日北京市东城区、朝阳区入选第二批国家文化出口基地，积极打造文化贸易竞争新优势。

北京天竺综保区依托文化出口基地建设，对于文化保税的探索走在全国前列，建立功能辐射世界文化市场的国际文化交易平台。2021 年，北京天竺综保区实现文化贸易进出口额超 19. 6 亿元。在文化艺术品出口方面，天竺综保区与市场监管和税务等实行多部门联动，探索机制创新，促进交易便利化发展。北京天竺综保区基地艺术保税区加强与海关对接合作，开展艺术品保税展示、交易和衍生品业务，打造一站式艺术品服务平台，推动文化艺术品便利实施跨境贸易。比如，实施 AEO 高级认证企业申请适用免担保政策，文物在综保区内存储期限延至两年。艺术品保税服务平台为艺术机构提供艺术品大型展览和流通展品专业服务，使综保区成为文化艺术品共享平台和全球集货平台，服务网点遍布欧洲、北美洲等 50 余个国家 200 余个城市。2021 年 10 月，北京天竺综保区举办的国际文物艺术品博览会汇集 15 个国家和地区的近 3000 件展品，总价值近 50 亿元。目前，围绕国际文物艺术品贸易，天竺综保区培育上下游产业业态，形成文物鉴定、文物修复、数字贸

① 中华人民共和国北京海关网站，http：//beijing. customs. gov. cn。

② 中华人民共和国海关总署网站，http：//www. customs. gov. cn。

易、知识产权贸易等全链条发展的新模式，成为文物艺术品国际交易的重要平台。

（二）传统文化产品出口向数字文化贸易转型

对外版权贸易是传统文化贸易的典型代表，在新形势下，经历了从传统纸质版权交易到电子、音像动画交易，再到数字出版等新形态多元化发展的过程，也完成了以引进为主向扩大输出的转变。

2021 年图博会的主会场设在中国国际展览中心的北京顺义新馆，通过线上线下相结合方式完成一次盛大的中外出版交流合作活动。活动期间，采用“线下会场+线上直播”形式举办了北京出版高峰会议。会议围绕新时代出版业的交流合作、融合发展、智慧创新等议题展开交流讨论、交易合作。多家海外展商通过加强同国内出版同行的交流与合作，开展更大规模的出版合作，图书内容重视讲述中国故事。中国版权输出越来越受到重视，国内出版机构实现引进国外图书版权向版权输出的转型。在国际市场上，由我国作者出版的著作增多，在形式上与内容上都在助力中国文化走向世界。同时，海外企业与国内出版单位建立密切、务实的合作关系，积极共同拓宽合作领域，寻找新的业务合作增长点，每年向中国授权图书版权，将更多高质量的中国科研、学术图书介绍到海外。

内容生产与电商平台结合的输出渠道正在创新开拓，图书博览会的书展功能得到扩大提升。从承办方式上创新，以活动为载体，吸引国际项目合作，自主开拓系列图书输出渠道。海外优质企业与产品利用展会与综保区优势，进入中国图书市场，扩大合作规模。

（三）个人、文化和娱乐服务出口居全国前列

2021 年全年我国服务进出口总额为 52983 亿元，比上年增长 16. 1%。其中，服务出口 25435 亿元，增长 31. 4%；服务进口 27548 亿元，增长 4. 8%。尽管服务进出口逆差为 2113 亿元，还是可以看到，服务出口增长速度较快。从中国服务进出口类别比重来看，2021 年个人、文化和娱

乐服务出口比重占0.5%，进口比重占0.8%。1~9月，个人、文化和娱乐服务进出口金额为240.6亿元，同比增长12.5%。其中，出口88.1亿元人民币，同比增长33.5%；进口152.5亿元，同比增长3.2%；逆差64.4亿元。据国家外汇管理局统计资料，2021年1~12月我国国际收支口径的个人、文化和娱乐服务贸易收入94亿元，支出211亿元，逆差117亿元。

近年来北京市服务贸易额快速增长，约占全国服务贸易总额的1/5，2018年服务贸易总额突破万亿大关，保持全国前列。服务贸易额占全市对外贸易总额的近30%，高出全国十余个百分点。2020年，个人、文化和娱乐服务出口额在全国的占比达到51.7%。2021年个人、文化和娱乐服务出口增长较快，增长达33.5%。据北京市文旅局和北京动漫游戏产业协会统计，2021年北京动漫游戏企业出口产值大幅增长，达到约575.33亿元，同比增长约27.12%。文化娱乐跟随生产生活转移到线上，成为一种网上的、数字化的便利的娱乐方式，随着网络应用的推广，短视频、网络游戏供给持续增多。

自推动“两区”建设以来，北京市大力推动无形文化资产融资租赁，鼓励广播影视新闻出版等企业以项目合作方式进入国际市场，优化影视作品审查流程，建设国际影视摄制服务中心等，成效显著。“北京广播电视网络视听节目‘走出去’服务体系”被商务部评为最佳实践案例向全国推广。网络视听平台加快新产品、新模式、精品内容的“出海”步伐。新媒体传播借助短视频、网络直播增强内容投放，拓宽服务出口渠道和方式，运用国外社交平台，开辟对外传播新窗口。北京新视听海外协作联盟在促进文化内容产品出口方面发挥了巨大作用，提升了北京广播电视产业国际影响力。以建设全球视听产业中心为目标，推动广播电视和网络视听产业链上下游集聚协同形成雁阵效应，培育数字经济新增长点。

（四）国家文化出口重点企业高质量稳步增长

北京激发市场主体活力和发展动力，加大对国家文化出口重点企业和重点项目的支持，初步形成了一批具有国际影响力的外向型文化企业。北京国家文化出口重点企业及重点项目数量稳步增长，数量居全国之首。2021 年北京市持续涌现一批具有国际影响力和竞争力的文化企业。根据《2021～2022 年度国家文化出口重点企业和重点项目名单》认定结果，全国有 369 家入围企业，其中北京市有 32 家，占全国的 8.67%。北京四达时代目前已在尼日利亚、肯尼亚、坦桑尼亚、乌干达、卢旺达等近 40 个国家注册成立公司，开展数字电视运营，成为非洲大陆发展最快、影响最大的数字电视运营商。东方嘉禾将中国影视带到欧美地区，在互联网电视上进行播放。中国杂技团有限公司作为中国高端演艺文化的代表，累计出访近 134 个国家和地区。

在培育重点企业的同时，北京重视企业管理人员的培养。为推动对外文化贸易高质量发展，北京市重视对文化贸易复合型人才和文化企业外事人才的培养。2021 年 7 月 26 日，市文资中心和市政府外办联合举办对外文化贸易骨干人才培训班。

（五）国际展会搭建对外文化服务的北京品牌

国际展会以线上方式推出文化服务，使对外文化贸易额在北京市对外贸易总额中的比重明显提高，文化整体实力和竞争力显著增强。

国家服务业扩大开放综合示范区和中国（北京）自由贸易试验区建设为开放型经济体系高质量发展注入强劲动力。借助建设“两区”，国际服务贸易交易会成为我国对外开放的重大展会平台。2021 年 9 月 2～7 日，以“首善标准”举办 2021 年服贸会，以线上线下相结合方式集聚外部国际创新要素，运用 VR 技术为参展客商提供线上展品展示、项目发布服务，而且提供洽谈和线上体验服务，吸引国际企业、国际投资和国际合作，实现共赢发展。目前北京已经与 200 多个国家和地区建立了服务贸易往来，1000 余家服务企业实现跨国经营。“北京服务”日益呈现全球化、高端化、集合化、融合化的发展特征，国际影响力不断提升。

二　北京对外文化贸易发展中存在的问题

近年来，党中央、国务院高度重视文化“走出去”工作，先后出台了《国务院关于加快发展对外文化贸易的意见》等政策文件。文化产品和服务贸易规模不断扩大，成为中华文化“走出去”的重要方式和提升中华文化软实力的重要途径。但同时，核心文化产品和服务贸易逆差依然存在，文化贸易结构亟待优化，迫切需要规划建设一批以文化出口为导向、具有较强辐射力的功能载体，打造我国文化贸易的竞争新优势。2021 年以来，全球新冠肺炎疫情起伏反复，对服务贸易供给与需求造成较大冲击。

（一）个人文化娱乐出口比重小

快速增长的个人、文化和娱乐服务业属于新兴服务领域，适应了网络技术的不断进步与中国网民数量庞大的特点。而从整个文化服务贸易的发展状况来看，个人、文化和娱乐服务业出口占整个服务贸易出口的比重小，在世界文化市场的占比也还远远不能与中国文娱产业的国内市场规模相符。根据世界贸易组织（WTO）最新统计数据，2021 年上半年，中国出口和进口的国际市场份额分别约为 14.6%和 12%，同比分别提升 0.9 个和 0.7 个百分点，继续保持世界货物贸易第一大国地位。与之相比，我国 2021 年个人、文化和娱乐服务业出口占国际市场份额的比重为 0.5%，进口占国际市场份额的比重为 0.8%，我国文化服务贸易占世界市场的份额还不能与迅速扩大的文化产业发展规模相匹配。

（二）内容文化产品开发不充沛

网络短视频技术应用普遍，日益走向世界市场，目前主要依赖企业或展会的专项活动进行对外传播，在国际市场占有率与传统文化产品本身关联紧密，属于附加值产品。新闻传播类文化服务依赖国家平台在国际社会产生影响。而个人、文化、娱乐类文化服务增速快，但是存在内容与受众群体不相适应的问题，从而使文化服务出口大打折扣、娱乐需求市场与供给脱节。优化内容、提升短视频质量与价值将是文化产业对外开放遇到的重要问题。短视频的产业平台既需要视频应用技术进步，也需要高质量的原创内容。

（三）文化服务出口结构不均衡

对外文化贸易出口增长迅速，但是出口结构存在不均衡现象，出口结构亟待优化。尤其是文化服务业，近年来虽然规模不断在扩大，但是对外出口存在外部环境因素的限制，出口规模还有待增大。出版、发行等服务借助数字平台转型发展，规模较大、影响力较强；表演服务受场地因素的限制，线上模式有待增强；视听服务随着科技的发展速度较快，但是规模较小，依赖重点企业的战略经营，而个人视听娱乐服务的出口规模与国内市场相比还存在不匹配的情况。

（四）中小企业开放创新动力不足

近年国内文化市场的大规模发展孕育了大批中小企业，这些企业在双循环新发展格局中发挥着重要作用。而从国际文化市场竞争来看，北京文化企业的核心产品竞争力不强，靠政策支持的产品与服务多，自身缺乏原创文化服务，对于国际文化市场的动态调研和评判不足。

三　2022年北京对外文化贸易发展形势展望

2022 年北京对外文化贸易面临巨大发展机遇，有许多潜在增长空间。要关注以下几点。

（一）全球新冠肺炎疫情发展态势依然严峻

2022 年新冠肺炎疫情的影响不会消失，世卫组织总干事 2022 年 2 月 1 日在 COVID-19 疫情媒体通报会上讲话，指出，“对于任何国家而言，不论是放弃还是宣布胜利，现在都为时过早。这种病毒是危险的，并继续在我们眼前进化”。[①] 新冠肺炎疫情肆虐成为世界各国面临的严峻挑战，给国际社会交往带来不利影响，各种线下活动受到约束。文化产品的出口与服务出口都面临着疫情防控的重大背景。传统的文化贸易方式普遍朝着跨境电商方式转变，数字平台非常重要。借助数字化技术，文化产业链变得数字化，各个环节凸显数字创意服务特征。

（二）国际文化贸易数字化且竞争激烈

数字化的对外文化贸易面临着激烈的竞争。全球主要大国之间的竞争与合作关系处于深度调整期，中美博弈、俄乌冲突使我们面临的国际环境趋于复杂。国际市场需要信心，对文化服务需求旺盛。我国坚定维护和践行多边主义，“将继续做世界和平的建设者、全球发展的贡献者、国际秩序的维护者”。[②] 随着数字技术的创新、发展和应用，数字贸易的范围越来越大，货物贸易和服务贸易、国内贸易和国际贸易等传统贸易中存在大量数字贸易。数字文化贸易竞争不只是网络平台的竞争，而且包含着内容文化、舆情导向的对外传播问题。

（三）新时代中国文化产业高质量发展

我国踏上实现第二个百年奋斗目标新征程，全面深化改革开放进入新发展阶段。从我国外贸的整体形势来看，我国经济长期向好基本面没有改变，外贸企业韧性和活力不断增强，新业态新模式加快发展，创新转型步伐提速。近年来，中央高度重视文化“走出去”工作，国务院先后出台了《关于加快发展对外文化贸易的意见》等政策文件。2021 年的国务院政府工作报告指出，面对外部环境变化，要坚定不移扩大对外开放，稳定产业链供应

① 《世卫组织总干事 2022 年 2 月 1 日在 COVID-19 疫情媒体通报会上的讲话》，世界卫生组织网站，https：//www. who. int。

② 《习近平在中华人民共和国恢复联合国合法席位 50 周年纪念会议上的讲话》，外交部网站，https：//www. mfa. gov. cn/web/zyxw/202110/t20211025_ 9980825. shtml。

链，以开放促改革促发展。从我国文化产业整体发展态势来看，我国文化产品供给质量稳步提升，文化市场主体发展活力进一步增强。文化产业的高质量发展提供了对外文化贸易的技术与内容支撑。

（四）北京市积极打造数字贸易示范区

我国相继出台多项政策推动文化贸易产业发展，2021 年 7 月，国务院办公厅印发《关于加快发展外贸新业态新模式的意见》，鼓励拓展外贸发展空间，激发外贸主体活力，促进外贸新业态新模式发展。2021 年 8 月，国务院实施《关于推进自由贸易试验区贸易投资便利化改革创新的若干措施》，促进自贸试验区贸易投资便利化，推动高水平开放、深层次改革，推动自贸试验区高质量发展。自 2014 年 2 月习近平总书记视察北京始，首都功能建设持续推进，文化中心功能建设不断取得新进展。2021 年，北京市出台了《加快建设全球数字经济标杆城市的实施方案》，明确提出要将北京打造成引领全球数字经济发展的高地。《北京市“十四五”时期推进国际文物艺术品交易中心建设规划》明确，到 2025 年末，北京将成为全球文物艺术精品的展示地、文物艺术品科技创新的引领地、全国文物艺术品交易市场的首善之区。这些发展动向为对外文化贸易的发展提供了好的政策环境与发展条件。

四　北京市发展对外文化贸易对策建议

北京推动对外文化贸易与首都文化产业的高质量发展是互相促进的，要坚持新发展理念，在新发展阶段落实好国家政策，抓住数字文化发展机遇，创新对外文化贸易的发展路径。

（一）持续探索文化贸易创新模式

尽管面临严峻的外部环境约束，但是在新发展格局战略性构建中，对外文化贸易创新发展空间巨大。北京市对外文化贸易创新发展更具有优势，要把握机遇，依托优势条件，不断探索对外文化贸易新模式。

疫情防控期间，越来越多的企业为快速恢复生产能力，广泛使用远程办公软件开展工作，智能化办公逐渐发展成为各个企业运营新常态。对于文化企业而言，更需要数字化技术支撑，创新文化服务供给方式，大力发展数字文化贸易，从而打破线下文化服务的限制。依托数字化技术条件拓展文化产品市场。文化娱乐领域在数字技术的拉动下表现出规模庞大、内容多元的特点，要关注短视频海外播放的规模拓展问题，充分发挥资源禀赋优势，加大海外市场开拓力度，打造上下游畅通的文化出口产业链，扩大传播范围。在译介比较便捷的条件下，网络文学走向世界市场。世界各国各地区的读者成为网上消费者，支撑了网络文学的繁荣。

跟上数字经济发展步伐，要为产品本身赋予更高的技术含量，也要重视打造线上服务平台，推动数字技术与传统服务贸易深度融合，创新服务供给方式，打破传统服务贸易限制，促进服务贸易转型升级。发挥数字经济和数字贸易优势，在规则、制度、服务体系、应用场景、承载区域等方面积极探索，加快建设数字贸易港，打造数字贸易示范区。发挥服务业和服务贸易优势，深化服务贸易创新发展试点，积极争取建设国家服务贸易创新发展示范区。

（二）深入发挥文化贸易平台效应

国家文化出口基地是以文化出口为导向的功能载体，具有集聚和引领功能，对于培育文化企业、形成对外文化交易平台具有重要意义，要充分发挥全国文化中心与文化出口基地优势，进一步创新发展对外文化贸易方式。推动对外文化贸易高质量发展，巩固天竺综保区国家文化出口基地改革成果，推进东城、朝阳文化出口基地创新发展，发挥平台效应，使北京具有更高开放层次、更优营商环境，与世界市场运行规则对接，推进对外文化贸易改革创新。突出优势行业，视听服务是一个文化、旅游、信息领域融合的产业，将其作为北京市对外开放的重点领域，在新形势下，用好自贸试验区建设政策和高科技信息技术，打造“全球视听产业中心”。在自贸试验区范围内创新建设网络视听产业平台，提供建立视听服务产业基地（园区）、会展、项目库的渠道。

强化服贸会、北京文博会功能，提供大型文化交易平台，促进国际文化产业合作。打造线上服务平台，采取“线上+线下”联动、“交流+体验”互动的形式，在家门口开展国际交流活动，拓宽文化服务渠道。

依托流媒体视频平台推动文化服务出口。21 世纪是流媒体时代，直面消费者的推流使文化市场需求大幅增长。中国目前网民人数多、上网时间长，文化产业创新发展存在潜在优势，运用流媒体技术支持，创新对外文化贸易模式。借助互联网打造中国文化贸易优势，应用流媒体技术推动对外文化贸易结构优化。在新闻发布、娱乐视频、产品广告等领域通过流媒体技术的广泛应用，对全球消费者产生吸引力。通过流式传输在网络上传输音/视频信息，短视频平台占领海外流媒体市场，使消费文化产品与服务的用户范围扩大。

（三）坚持文化产业开放发展理念

文化贸易反映文化产品与服务在世界市场与国际社会被消费的程度，是衡量文化产业发展的一个重要指标。因此，开放发展成为文化产业创新发展的内在要求，文化产业开放发展有利于拓展文化产品与服务出口的新思路和新渠道。

北京文化产业拥有雄厚的实力，要坚持开放发展理念，扩大文化产品出口与服务出口，在国内国际相互促进的双循环新发展格局中发挥重要作用。贯彻落实国家发展开放型经济的战略部署，进一步优化文化贸易国内区域布局，深化文化服务贸易国际合作，主动扩大优质服务进口，推动优势服务出口，有序推进文化等领域相关业务开放进程。

在疫情防控常态化的背景下，文化产业的开放发展更多借助技术条件的支撑，线上文化交流与合作为全球产业链的持续运行开拓新模式。要在国家防疫政策的指导下，统筹安全与发展，开放发展文化产业，高质量发展数字文化经济。

（四）“四个中心”协同推动文化贸易

新时代对外文化贸易发展离不开政策、文化、技术及国际交往各个要素的协同作用，深入广泛推进对外文化贸易发展，就要汇聚北京资源优势，协同推进“四个中心”功能共同发力，发挥功能叠加效应，助力文化产品与服务的进出口。

利用北京国际科技创新中心建设的优势，促进数字文化产业创新发展，并以技术创新应用推动对外文化贸易创新发展。把握网络时代日新月异的技术条件，把北京文化产业的发展特色与优势同对外文化贸易领域相结合，推动文化产品与服务出口在内容上与形式上不断创新发展。

北京文化资源基础雄厚，市场潜力巨大，文化产业前景广阔，要在国际交往活动中突出展示北京历史文化价值，彰显并创新发展现代文化，在国际交往与文化创新发展中，搭建国内外文化传播与合作交流的平台，把优秀文化作品的创作、文化产业的发展与各领域各行业结合起来，把握文化“走出去”的机遇，多方创设文化“走出去”的渠道，促进中华文化走向国际舞台，走进国际社会，让国际友人进一步认识新时代的中国，展现新时代北京的新气象及中国人的时代风貌。

（五）提升文化企业现代化经营力

市场主体是核心力量。要激励市场主体在市场配置资源中的作用，通过政府引导，充分发挥企业市场主体作用，激发企业实施全球化战略，促进文化企业对外直接投资，开拓国际业务，延伸文化产品及服务的全球产业链，实现利润最大化。但是同时也要看到，尽管流媒体平台有潜力，随着时间的推移，需求增长伴随成本扩张，广大消费者对于文化内容的追求是第一位的。因此，未来需要增加内容方面的投入，把内容看作核心竞争力。

国家重点文化出口企业是文化出口的主力军，要积极探索内容出口的丰富多样性，探索文化服务出口的模式多元化。一方面，要鼓励这类企业进一步深入海外市场，把文化产品与服务带到世界各地。另一方面，要加强企业自身管理机制体制改革，全面提升企业的现代化经营力。要发挥企业的力量，就要不断提升企业的现代化经营力，使企业在经营活动中把长远目标与近期目标结合，全面提升管理人员的业务能力与综合素质。

与就业政策相结合，鼓励更多人通过自媒体参与对外文化贸易，同时加强对从业人员的综合素质考察与专业能力培训。定期为对外文化贸易从业人员提供培训，不仅增强市场营销、技术制作等业务能力，而且全面提升从业人员的人文素养，以及全球视野及战略管理能力。

品牌是进入国际市场很好的通行证，要把文化产品品牌作为企业无形资产和软实力来经营，研究文化创意产品的运行规律，加强对外文化贸易的品牌建设，提升企业在世界市场持续领先发展的动力。

（六）参与国际文化贸易规则变革

在数字化文化贸易发展趋势下，国际文化贸易规则面临着变革。中国是数字经济大国，数字贸易发展速度快、规模大，在国际市场的竞争力不断增强。不同于货物贸易与其他的服务贸易，文化贸易涉及的国际约束更多，包括各国保护本国产业的政策、文化安全的政策、意识形态领域的政策等，形成一种贸易壁垒，文化产品与服务在出口中遇到的摩擦不断。目前，发达国家对于我国数字文化贸易存在较多限制，尤其限制我国数字文化产品与服务出口。我们不仅要熟悉全球文化产业发展与文化市场发展的动态，还要特别关注国际文化贸易规则变化，积极参与国际文化贸易规则的变革。

北京作为全国文化中心，要依托自身文化产业迅速发展的优势，以及中华文化在国际社会的影响力，增强在国际文化贸易领域的话语权，积极引领文化贸易模式创新及新型文化贸易规则变革。在传统文化贸易领域向数字文化贸易转型的过程中，增强文化自信，在坚实的文化产业综合实力的基础上，推进文化产业出口与创新文化服务出口。在与世界共享中国技术和中国服务发展成果的过程中，加强北京对外文化贸易的政策引导。根据实践领域的情况，尝试构建文化产品与服务进出口大数据中心，根据统计目录指标建立全球比较指数，建立北京标准，为文化产品与服务的制度型开放提供参考。

（七）做好对外文化贸易领域统计工作

为适应文化产业和贸易发展形势变化，进一步提升文化贸易统计的科学性和可操作性，完善我国对外文化贸易统计体系，商务部、中央宣传部、文化和旅游部、海关总署、广电总局、统计局、国家外汇管理局于 2022 年 3 月 22 日发布了最新的《文化产品和服务进出口统计目录》。文化产品方面，将“工艺美术品和收藏品”列入文化产品核心层，并在“文化装备”项下新增“影视录放设备”“幻灯及投影设备”“照相机及器材”“舞台及场地用灯”“专业音响设备”等子项。文化服务方面，借鉴《国际服务贸易统计手册》对文化服务的定义，将文化服务划分为核心层和相关层。其中，核心文化服务包括新闻和信息服务、文化相关知识产权许可服务、设计服务、视听和艺术相关服务、博物馆和体育服务、游戏服务；相关文化服务包括广告及相关服务、会展服务。

随着文化业态发展的迅猛变化，对外文化贸易数据源在拓宽，涉及的企业等申报主体数量更加庞大分散。《文化产品和服务进出口统计目录》的公布为更加清晰地了解与把握文化产品和服务的进出口情况提供了统计依据，使对外文化贸易的统计有了最新的科学的制度依据，更加适应未来对外文化贸易的发展需要。因此，要协调相关部门及时做好统计工作，及时统计相关领域的情况，归纳总结文化贸易领域的经验，把握时机，积极开展对外文化贸易工作。要加紧追踪数据源，帮助申报主体提高对统计口径的理解，推进企业各项涉外业务的申报，促进统计整体水平提升，为宏观形势判断和行业政策制定提供更加全面、系统的参考依据，推动文化产业开放改革，提升文化产业的国际竞争力。

参考文献

詹晓宁、贾辉辉、齐凡：《后疫情时代国际生产体系大转型：新趋势和未来方向》，《国际贸易》2021 年第 9 期。

花建：《国家对外文化贸易基地十年建设研究（2011～2021）》，《学习与探索》2021 年第 10 期。

李怀亮：《从市场占有率到价值引导力　中国对外文化贸易的新趋势》，《人民论坛》2018 年第 15 期。

B.23 百年变局背景下文化交流互鉴的大国首都气象

范颖　向勇*

摘　要： 随着国际经济秩序的改变，国际文化发展格局正进行调整。中国作为最大的发展中国家、世界第二大经济体，面对全球治理诸多议题，提出“促进文明交流互鉴，构建人类命运共同体”的倡议。作为实现中华民族伟大复兴的大国首都，北京正在大力推进全国文化中心建设，担当国家形象对外传播引领示范区的历史使命。北京在开展对外文化交流与合作时，要立足国家外交战略，创新文化交流与文明互鉴的机制与模式，通过友好包容的气度、古今交融的气质、现代宜居的气场、互利共赢的气魄，充分展现大国担当的首都气象。

关键词： 百年变局　文化自信　文化交流　文明互鉴

当今世界正在面临百年未有之大变局和新冠肺炎疫情全球大流行交织影响，再加上此起彼伏的区域冲突、逆全球化的民粹主义思潮暗流涌动，国际形势充满不稳定性和不确定性。一方面，单边主义、保护主义抬头，严重影响世界格局的稳定；另一方面和平发展、合作共赢依旧是时代主流，世界各国人民同舟共济、携手应对各类世纪难题。国际经济格局呈现“东升西降”

* 范颖，博士，社会科学文献出版社博士后，主要研究方向为文化贸易、文化产业与新媒体传播；向勇，北京大学艺术学院教授，北京大学文化产业研究院院长，主要研究方向为审美文化、艺术管理与文化产业。

之势，中国抓住国际文化发展格局战略调整和国家形象大力提升的机遇期，高瞻远瞩、勇于担当，向世界发出“构建人类命运共同体，实现共赢共享”的共识倡议。

近年来，作为中国特色社会主义国家的首都，北京正抓住国家发展和首都建设的历史机遇，大力推动全国文化中心和国际交往中心建设，积极展现大国首都气象，探索中外文化交流与文明互鉴的新途径和新平台，为讲好中国故事、传播好中国声音、展示好中国形象发挥着不可替代的首都力量。

一　在百年大变局中审视文化交流互鉴的时代价值

当前，世界正经历百年未有之大变局。随着国际经济发展“中心—外围”格局的变化，国际文化发展格局也迎来调整。中国在发展中承担大国责任，为全球治理积极贡献中国智慧、发挥中国力量。数字技术和人工智能技术的迅猛发展，人际交往与信息传播的渠道和模式都在发生巨大变革，这些变化都为中国声音的传播和中国形象的塑造带来了新的发展机遇。

（一）国际经济秩序变革与世界文化格局重塑

伴随着新一轮科技革命的兴起和产业变革的加剧，发展中国家和新兴市场利用后发优势日渐兴起，成为全球经济发展的重要驱动力量。中国作为最大的发展中国家，在2001～2019年实现了GDP年均9%速率的增长，已成为全球第二大经济体，并在2019年人均GDP首次站上1万美元新台阶，2021年人均达到1.25万美元，超过世界平均水平。受国际政治环境、经济发展周期等多重影响，西方发达国家的表现则不尽如人意，大多数西方发达国家自2008年国际金融危机以来都出现经济增长乏力，甚至经济衰退的不利局面。根据国务院发展研究中心课题组的研究，预计到2035年，新兴市场和发展中国家经济总规模将超过发达经济体，在全球经济和投资中的比重接近 60%①。国际经济版图的“东升西降”带来了国际文化格局的相应调整。

过去，国际秩序的主导权和话语权往往掌握在经济繁荣的西方发达国家手中，这些国家利用强大的经济实力构建起蕴含本国价值观的世界文化格局，将欠发达国家牢牢笼罩在西方话语体系之下。如今世界经济重心转移，西方发达国家的衰落使得西式“民主与自由”的价值受到质疑，以中国为代表的新兴发展中国家的崛起让世界看到了更多可能，意识形态博弈与文化中心迁移等现象悄然发生，中国向全世界做出“弘扬和平、发展、公平、正义、民主、自由的全人类共同价值”的庄严宣告，成为解答时代之问、引领国际之路的世界强音。

与老牌资本主义国家依靠对外扩张和殖民掠夺实现崛起的道路不同，中国的发展不以牺牲其他国家或民族的利益为代价，且愿与其他国家共享发展成果，证明人类社会的发展除资本主义道路外还有一条中国式现代化新道路，为人类文明创造了新范式。

（二）全球治理与构建人类命运共同体

随着全球工业化进程的加快，资源枯竭、环境污染、气候变暖等全球生态问题日益严峻，需要人类社会采取共同措施和行动积极应对。世界各国只有形成通力合作、共生共赢的共同体，才有可能摆脱气候变化的困境。新冠肺炎疫情因传播速度快、范围广和防控难度大，迅速发展为全球性公共卫生事件，对全球的经济贸易、供应链安全和社会治理提出了挑战，越发显示出人类社会是一个休戚与共的命运共同体。各国开始反思追求经济利益最大化、人与自然二元对立的单一西方文明模式给人类发展带来的局限，主张重新审视文明发展的路径，亟待寻找一种站在人类整体利益之上的可持续发展的新文明模式。

---

① 王一鸣：《百年大变局、高质量发展与构建新发展格局》，《管理世界》2020 年第 12 期，第 1~11 页。

2011年《中国的和平发展》白皮书提出，要以“命运共同体”的新视角寻求人类共同利益和共同价值。2012年11月党的十八大报告明确提出倡导构建人类命运共同体。习近平总书记指出，国际社会日益成为一个你中有我、我中有你的“命运共同体”，面对世界经济的复杂形势和全球性问题，任何国家都不可能独善其身。党的十九大报告明确把“坚持推动构建人类命运共同体”纳入习近平新时代中国特色社会主义思想和建设中国特色社会主义现代化国家的基本方略之中。习近平总书记在各种国际场合反复强调“打造人类命运共同体”，呼吁各国共建“持久和平、普遍安全、共同繁荣、开放包容、清洁美丽的世界”。

中国在构建人类命运共同体、推动国家间合作交流、促进全球共同应对的重大议题上，不仅有理念，更有行动。中国先后提出中非“十大合作计划”，设立南南合作援助基金、南南合作与发展学院和金砖国家经济技术合作交流计划等一系列务实援助倡议和举措。2013年，习近平总书记提出建设“丝绸之路经济带”和“21世纪海上丝绸之路”的构想，最终形成中国“一带一路”的重大倡议，为推动“一带一路”沿线国家的经济合作，共同打造政治互信、经济融合、文化包容的利益共同体、命运共同体和责任共同体做出了积极的贡献。2020年9月，习近平主席在第七十五届联合国大会一般性辩论上向全世界明确提出中国实现碳达峰碳中和的时间点，中国随之调整能源结构，大力促进经济社会发展全面绿色转型。新冠肺炎疫情发生后，中国采取果断措施控制疫情扩散，积极配合世界卫生组织开展全球疫情防控工作，参与全球公共卫生治理，将中国疫情防控经验毫无保留地与世界各国分享，派出医疗团队协助多个国家开展疫情防控工作，并向120多个国家和地区提供防疫物资。

此外，中国在扶贫减贫、气候变化、疫病防控等全球治理问题上展现出大国应有的担当，以实际行动树立起了负责任的大国形象，为“人类命运共同体”“一带一路”等倡议赢得了更多国际共识。

（三）新媒体技术发展与中国文化国际传播

国家形象的塑造和对外传播主要有三条渠道：传播媒介、组织机构和"桥梁人群"。传播媒介的强弱曾是影响国际传播格局的主因，西方发达国家凭借覆盖全世界的主流媒体占据了全球话语权的优势地位，在人权、经济发展模式、环境保护等诸多问题上刻意抹黑中国，并将其固化为西方民众的刻板意见和文化偏见。随着全球化进程的深入推进、文化交流和文化贸易的多元开展，政府组织、非政府组织、跨国公司、文化组织等组织机构在国家形象塑造和对外传播上的作用变得日益重要。除了政府间开展的文化外交活动，华为、海尔、腾讯等中国企业，海外中国文化中心，"欢乐春节"文化品牌活动均成为中国文化海外传播、中国国际形象塑造的重要途径。

此外，随着新媒体技术和国际社交网络平台的快速发展，"桥梁人群"的信息传递功能因个人力量的变化也越来越被重视。相对于传统的大众媒体，新媒体有着更加广阔的参与性、高度的及时性、传播的灵活性等优势，日益成为国际传播的重要力量。社会组织、企业和个人等非国家行为主体被新媒体赋予了信息主体的地位和能力，传播主体极大地多元化，人人都能成为中国故事的讲述者、中国声音的传播者和中国形象的塑造者。与此同时，新媒体技术和中国企业主导的国际型社交媒体平台的涌现，打破了国际传播中传统的单向传播模式，改为双向互动模式，为中国文化符号的对外推广与国际传播提供了一个相对去等级化的环境，让国家形象的国际传播更加真实、立体和全面。中国入境旅游者、海外华人华侨、来华学者和留学生等"桥梁人群"成为中国形象的传播大使，正在扭转传统西方主流媒体"一言堂"的局面。在 2022 年北京冬奥会举办期间，国际顶流体育明星谷爱凌、多位外国运动员通过 Twitter、TikTok 等社交媒体平台围绕赛场设施、开幕式志愿者的友好态度、冬奥村软硬件设施、健康和安全保障等多维度发表自己的个人感受，积极与网友在评论区互动，形象生动、真实可亲地展现了北京冬奥会的举办盛况，为中国国家形象的塑造起到了积极的作用。

新媒体技术和社交媒体平台的发展，极大地推动了国家形象对外立体传播体系的构建[①]。中国主张、中国方案、中国道路可以通过多样化的传播渠道、多元化的传播主体、多维度的传播视角传递给多层面的传播受众，从而赢得更多的国际共识。

二　在文化交流互鉴中塑造大国姿态的国家形象

“构建人类命运共同体”是以承认世界的多样性、差异性为基础的[②]。目前，“构建人类命运共同体”倡议还是以中国声音为主，要想赢得更多共识，必须在中外文化交流互鉴中寻求共同关切、达成相互理解。中国作为负责任的大国，要采取一种新的大国姿态和大国气度，促进中外文化交流与文明互鉴，积极营造“和而不同、合作共赢”的世界文明新气象，推动“人类命运共同体”愿景实现。

（一）文化平等对话：文化的相通性与互补性

在中国漫长的对外文化交流史中，中华文化曾极度繁荣，隋唐时期国力强盛，中国在中外文化交流中处于优势地位；中华文化也曾遭遇冲击，遭受西方列强入侵，丧失平等对话的机会。中华文化的不同历史境遇，让国人时而盲目自信，时而盲目自卑，在对外文化交流上表现为时而“唯我独尊”，时而“崇洋媚外”。这种非此即彼的二元对立的思维模式不利于中外文化交流与文明互鉴。

文化多元是人类社会的主体特征，不同文化间存在差异，而恰恰是这种差异推动着不同文化间的交流与合作。不同的文化主体可以彼此共存、借鉴和融合，不应该彼此对抗、彼此消解。要在平等和相互尊重的基础上，寻找

---

① 张昆、王创业：《疏通渠道实现中国国家形象的对外立体传播》，《新闻大学》2017 年第 3 期，第 122~130 页。

② 叶小文：《大国文明新气象：建设人类命运共同体》，《人民论坛》2016 年第 6 期，第 38~40 页。

不同文化间的相通性和互补性，实现不同国家和民族的共同进步和共享共赢。比如，中非合作论坛的交流与对话价值，正是中国文化中庸稳重和谨慎有序的精神特质与非洲文化中积极热情和乐观向上的文化基因互通互补而形成的结晶[①]。

（二）坚定文化自信：外来文化的引进、学习和借鉴

中华文化波澜壮阔的发展史也是一部中华文化与其他文化冲突和交流的历史。中华文化之所以能历经劫难而不被取代，且日趋强大，恰恰是因为它具有极强的包容性，能撷取外来文化中的有益部分，发展和壮大自身。汉代对外部世界的不懈探索促成了丝绸之路的开辟；魏晋南北朝时期儒、释、道三方互动融合促成了思想文化的飞跃；隋唐欧、亚、非繁荣的商贸往来和文化交流融汇成绚烂多彩的盛唐文化；宋元海上丝绸之路、明朝郑和下西洋、清末开办西学和民国初期的留学潮，都大大拓宽了中外文化交流的广度和深度。当中国处于中外交流的优势地位时，仍然能以开明的政策和包容的心态推动中外文化交流与互鉴；当中国处于中外交流的劣势地位时，也不忘文化自觉，去粕取精、兼收并蓄。这些都展示了中国引进、学习和借鉴外来文化的胸襟和勇气。

中国文化具有多元融合的历史经验，形塑了多元一体的中华民族，在长期的发展中显示出稳定、连续、凝聚、包容、开放、和平的精神价值，对外来文化和异质文化展现出强大的凝聚力和吸引力，这是我们文化自信的基础[②]。综观中外交流史，但凡我们国力强盛、政治开明、文化包容的时代，中外文化交流便更为频繁，文化创新也越发繁荣[③]。如今，我国综合国力和国际影响力持续提升，在推动构建人类命运共同体的历史伟业中，我们要以

---

① 李安山：《释“文明互鉴”》，《西北工业大学学报》（社会科学版）2018 年第 4 期，第 42~50 页。

② 牛喜平：《探索文明交流互鉴核心机制　加强中华思想文化国际传播》，《国际儒学》2021 年第 4 期，第 4~13 页。

③ 杨慧、王纪波：《交流互鉴与创新发展：中外文化交流历史脉络研究述评》，《昆明理工大学学报》（社会科学版）2019 年第 4 期，第 94~103 页。

更加包容自信的交流姿态和积极对外的政策措施，拓宽文化交流与文明互鉴的渠道、机制与模式。

（三）双向文化交流：搭建国际舞台与善用国际化语言

文化交流不是单向的文化宣传，而是双向的文化互动。单向的文化宣传往往会陷入生搬硬套、自说自话的误区，不仅无法达到平等交流的目的，而且容易造成对中国的认知误解。随着中国的经济发展和综合国力的提升，中外文化交流变得愈加频繁，我们既要推动中华文化“走出去”，还要实施先进外来文化“引进来”，不断调整对外文化交流互鉴的中国姿态。如果说2008年北京奥运会开幕式展示中华上下五千年的璀璨文明，努力告诉世界“我曾经有什么”，那么2022年北京冬奥会开幕式上旨在告诉世界人们“我们在一起”，体现了中国对外交流互鉴的理念和姿态。从“展示自我”到搭建百花齐放的国际舞台，卸下了国际社会对中国发展的戒备，用“各美其美，美美与共”理念赢得国际社会对中国实践的理解。

讲好中国故事，要寻找具有中外共同价值的题材，在彼此共同的价值基础上，用国际化的语言讲好中国故事，增进外国民众对中国的认识和了解。除了寻找中国历史和中国文化中具有世界共同价值的内涵，也要将中国面对经济衰退、气候危机、地区冲突、新冠肺炎疫情全球大流行等世界性问题时的探索、实践和经验讲出来，增强“中国智慧”和“中国方案”的时效性，在国际舞台上塑造中国作为世界和平建设者、全球发展贡献者和国际秩序维护者的大国形象。

（四）遵循守正创新：民族文化与世界文化

习近平总书记指出，“中华文明延续着我们国家和民族的精神血脉，既需要薪火相传、代代守护，也需要与时俱进、推陈出新”。推动中外文化交流互鉴，需要处理好现代性与传承性、民族性与世界性的关系。

民族性与世界性同样是辩证统一的关系。“民族的就是世界的”，这是有其现实基础和实现条件的，离开了基础和条件，“民族的”不一定就是“世界的”。只有那些真实反映社会发展趋势和时代精神的民族文化才有可能成为世界人民共享的共同文化。在民族性与世界性的关系上，我们不能抱残守缺、孤芳自赏，要深入挖掘人的一般本性和人类的共同之美，真实反映人类社会发展趋势和全球时代精神的民族文化。有效推进中华优秀传统文化创造性转化、创新性发展，要坚持“古为今用、洋为中用，辩证取舍、推陈出新”的原则，将中华优秀传统文化创造性融入新时代的生活和生产之中，在更大范围内推动中华优秀传统文化的转化、再造与创新，加强中华优秀传统文化国际传播及其与世界各国文明的交流互鉴。

文化交流与文明互鉴不是消弭彼此的差异，而是在彼此借鉴中促进人类文明的整体提升。既要读懂自己，更要读懂他者，要跳出自己的思维定式细观他者、跳出他者的话语框架省思自己，在主体间性中尊重他者、构建自我，在超越他者、超越自我中实现综合创新[①]。

三　在国际交往中展现大国首都的责任担当

北京作为首都，其发展定位和国际交往策略始终要与国家的大政方针和外交策略保持一致，以推动中外文化交流与互鉴为目标，在城市功能布局、历史文化遗产保护、“引进来”和“走出去”，以及国际事务设施建设等方面承担大国首都的主体职责。

（一）优化城市定位：全国文化中心与国际交往中心协同建设

新中国成立后，北京的城市定位和功能规划始终紧随国家的大政方针，历经数次调整。新中国成立伊始，为发挥首都的示范作用、指导全国开展生产工作，北京被定位为“政治、经济和文化的中心、强大的工业基础和技

① 马振江：《“综合创新”文化观的源流及其方法论启示》，《探索》2017 年第 6 期，第 122~126 页。

术科学中心”，从历史文化古都、大型人口消费城市迅速转变为生产型城市。改革开放的新时期，北京的城市功能调整为“政治中心和文化中心”，弱化了“经济中心”和“现代化工业基地”的功能定位，并为筹备1990年亚运会而极大地提升了城市公共设施的现代化水平，在全方位对外开放的背景下，北京在“政治中心和文化中心”的基础上增加了“世界著名古都”和“现代国际城市”的发展定位。21世纪以来，北京在总体规划中明确“更好地为中央党政军领导机关服务，为日益扩大的国际交往服务，为国家教育、科技、文化和卫生事业的发展服务和为市民的工作和生活服务”等四个服务，提出“国家首都、世界城市、文化名城、宜居城市”的发展目标①。

新时代以来，习近平总书记9次视察北京、14次对北京发表重要讲话，始终关心“建设一个什么样的首都，怎样建设首都”这一重大问题，中共中央国务院先后审议通过《北京城市总体规划（2016年~2035年）》《北京城市副中心控制性详细规划（街区层面）（2016年~2035年）》等纲领性文件。为贯彻落实习近平总书记对北京的重要讲话精神和“四个全面”“五位一体”总体布局，北京明确了“政治中心、文化中心、国际交往中心、科技创新中心”的发展定位，有序疏解非首都功能，推出多项“疏解整治促提升”专项行动，有效降低中心城区人口密度，实现资源更优配置。在政治中心的空间保障上，明确政治中心的空间格局，重点地区均进行专项规划，创造安全优良政务环境；通过“文化+金融”“文化+科技”等手段全面推进全国文化中心建设；以雁栖湖国际会都扩容提升与国家会议中心二期建设为切入点，加强国际交往中心的重要设施和能力建设，建立常态化的国事活动服务保障机制；推动怀柔科学城、中关村科学城、未来科学城和北京经济技术开发区建设，打造全国科技创新中心主战场。通过优化功能布局，全面提升首都核心功能，北京进入了城市高质量发展的快车道。

① 石晓东、和朝东：《回溯总体规划历史上发挥的关键作用　展现首都规划建设大国首都的责任担当》，《北京规划建设》2021年第6期，第6~18页。

作为大国首都，北京责无旁贷地承担起推动中外文化交流互鉴的职责。除了高频次的外事活动，北京还成功举办了2019年世园会、2022年冬奥会等举世瞩目的大型国事赛事活动，通过高水平的活动组织和服务保障，充分展现了中国风采，传播了中国文化，让北京作为全国文化中心和国际交往中心的两大功能建设，并驾齐驱、相得益彰。

（二）保护文化遗产：夯实文化交流互鉴的物质根基

北京具有3000年的建城史、800多年的建都史，古迹密集、底蕴深厚，既有长城、故宫、天坛、颐和园、大运河这样的世界文化遗产，也有众多历史文化街区和名人故居，是中华文明源远流长的历史见证，也是我国乃至世界文化遗产的宝贵财富。

党的十八大以来，党中央高度重视历史文化遗产的保护工作，习近平总书记在2014年、2017年和2019年视察北京时指出，“北京是世界著名古都，丰富的历史文化遗产是一张金名片，传承保护好这份宝贵的历史文化遗产是首都的职责”，“保护大运河是运河沿线所有地区的共同责任，北京要积极发挥示范作用”，“要把老城区改造提升同保护历史遗迹、保存历史文脉统一起来”，“老北京的一个显著特色就是胡同，要注意保留胡同特色，让城市留住记忆，让人们记住乡愁”。

为做好文化遗产保护、传承与创新工作，北京市不断完善首都文化遗产保护的顶层设计，先后出台了《北京市人民政府关于进一步加强文物工作的实施意见》《关于加强文物保护利用改革的实施意见》《北京市“十四五”时期文物博物馆事业发展规划》等一系列政策，构建了“一轴一城、两园三带、一区一中心”发展框架。通过不断实施文物修缮和环境整治工程，长城、故宫、大运河等世界文化遗产的保护管理和展示水平不断提升。完成《北京中轴线保护规划》《北京中轴线申报世界遗产名录文本》等系列文件的编制，明确了中轴线申遗时间表路线图，并以中轴线申遗保护为抓手，推动老城整体保护与复兴。博物馆公共服务水平显著提升，文创产品开发更具创新活力。长城、大运河两个国家文化公园（北京段）持续建设，长城、大运河、西山永定河三条文化带初步形成，海淀“三山五园”列入首批国家文物保护利用示范区创建名单。明确了老城的核心价值和空间格局，保护好长安街和中轴线与四重城郭、棋盘路网、六海八水的空间格局，保护好胡同、四合院、名人故居、老字号等城市历史肌理，守好北京建设世界文化名城的根基。

当前，北京正努力走出一条具有首都特色的文化遗产保护利用之路，在守住民族精神根脉、坚定国家文化自信的同时，向世界展示中华文化的魅力。

（三）彰显文化多元：组织国际文化展演活动

作为国际大都市，北京积极引进、学习和借鉴国际优秀文化成果。2006年以来，北京文化产品和服务进口始终保持着高速增长态势，年均复合增速达14.6%①，贸易伙伴遍布五大洲，定期举办中国国际服务贸易交易会、北京国际设计周、北京国际图书博览会、北京国际电影节等国际性展会，推动中外文化产业的交流与贸易。开放包容的姿态和积极务实的举措，为北京营造了多元化、国际化的文化氛围，也为北京文化产业高质量发展提供了内在动力。2020年北京文化产业发展全年继续保持增长，全市规模以上文化企业达到5119家，同比增长6%；全市规模以上文化产业收入合计15420.8亿元，同比增长13.9%，显示出文化产业发展的强劲性②。根据中国省市文化产业发展指数，2010~2019年的北京文化产业发展综合指数呈现稳定上升趋势，连续9年排名全国第一③。

国之亲在于民相亲，民相亲在于心相通。依托国际交流中心的建设，北京在引进国际文化艺术精品的同时，积极推动中外文化交流与互鉴，共享文明成果、促进民心相通。2018年第十八届“相约北京”艺术节，邀请了19

① 田蕾：《“一带一路”背景下首都文化“走出去”的路径选择》，《市场论坛》2018年第10期，第68~72页。

② 《北京文化产业发展白皮书（2021）》发布，北京国有文化资产管理中心，http://wzb.beijing.gov.cn/wzbdwdt/wzdt/ff8080817a1cad4b017d944d413d0416.htm，最后访问时间：2022年3月27日。

③ 卢明华、朱婷、李国平：《基于国际比较视角的北京“四个中心”建设体检评估探索》，《地理科学》2021年第10期，第1706~1717页。

个国家和地区的44个艺术院团约800位中外艺术家在北京举办了近130多场演出，开幕音乐会由主宾国意大利的著名指挥家安德里亚·莫利诺与谭利华指挥，著名小提琴家吕思清与多位中意知名歌唱家联袂登台表演，意大利经典歌剧选段和中国名曲交相辉映。除了多项意大利相关展演，波兰默剧、法国新马戏、希腊话剧、匈牙利的木偶剧及柬埔寨的舞蹈都亮相“相约北京”，充分展现了“一带一路”沿线及相关国家的文化发展现状和民俗风情，取得了共享文明成果、促进民心相通的效果。

2020年新冠肺炎疫情发生以来，北京不断创新模式，实现国际文化交流云端化和数字化发展。北京国际电影节、北京国际音乐节、北京国际图书节、北京国际设计周等活动均以“线上+线下”的方式举办，实现文化交流互鉴的持续进行。

（四）加强对外交流：提升中华文化影响力

在“引进来”的同时，北京依托区域文化产业优势，积极推动中华文化“走出去”，参与国际文化贸易与国际文化交流，推动中华文化影响力的提升，助力国家形象的国际影响。

在对外文化贸易方面，北京文化出口规模整体保持增长态势，动漫游戏、新闻出版、广播影视等核心文化产品和文化服务贸易发展较快，出口结构持续优化，呈现出文化服务贸易带动文化贸易整体发展的特点。2016年，北京文化贸易出口19.4亿美元，同比增长22.4%，其中，核心文化服务出口13.2亿美元，同比增长16.2%；核心文化产品出口6.2亿美元，同比增长38.1%[①]。2018年，北京文化贸易出口24.3亿美元，同比增长9.9%。受到疫情影响，2020年，北京文化产品出口降为7.68亿美元，同比减少15.6%。受“宅经济”影响，国际文化娱乐服务需求增长，出口6.8亿美元，同比增长24.7%。以字节跳动、完美世界等为代表的网络视频、网络

① 《2016年北京市文化贸易进出口总额达46.9亿美元　同比增长9.5%》，千龙网，http://finance.qianlong.com/2017/0124/1349306.shtml，最后访问时间：2022年3月24日。

游戏、网络直播等文化企业“走出去”竞争力日趋增强①。北京市文化产品与服务的出口地区范围持续扩大，已遍及世界140多个国家和地区，且培育了完美世界、四达时代、猎豹移动等一批瞄准国际文化市场、不断提升国际传播能力的外向型民营文化企业②。在商务部“2021~2022年度国家文化出口重点企业”和“2021~2022年度国家文化出口重点项目”中，北京有四达时代等32家企业入选，入选数量仅次于江苏省（37家）。北京“魅力中国IPTV中华文化海外传播项目”等11个项目入选国家文化出口重点项目，位于上海（13个项目）之后，与江苏和四川并列③。这些优秀文化企业和文化项目，为北京推动中国文化“走出去”提供了坚实的保障。

在对外文化交流方面，北京在多个海外国家和地区开展了丰富多样的文化交流活动，包括文物海外展出、海外文艺演出、文化教育与研习等活动，极大地促进了国家间的文化交流互鉴。2018年国家文物局、沙特旅游与民族遗产总机构在沙特利雅得国家博物馆举办“华夏瑰宝展”，展出来自故宫博物院、陕西历史博物馆等国内知名博物院的200余件展品，向全世界讲述中华故事；故宫博物院和葡萄牙阿茹达国家宫在葡萄牙里斯本阿茹达国家宫联合举办“东风西韵——紫禁城与海上丝绸之路”展览，展现了明清时期我国与海上丝绸之路沿线国家的文化交流与商贸往来。

（五）服务国家大局：提升外交活动和国际节事的服务保障能力

北京为服务国家总体外交大局发挥了不可替代的作用。随着中国特色大国外交的全面推进，北京不断完善举办大型国际高端活动的软硬件设施，不

---

① 《〈北京文化产业发展白皮书（2021）〉发布》，北京国有文化资产管理中心，http://wzb.beijing.gov.cn/wzbdwdt/wzdt/ff8080817a1cad4b017d944d413d0416.html，最后访问时间：2022年3月27日。

② 《2018年北京文化贸易进出口额达到60.2亿美元》，北京商报网，http://www.bbtnews.com.cn/2019/0529/303556.shtml，最后访问时间：2022年3月24日。

③ 《关于公示2021~2022年度国家文化出口重点企业和重点项目名单的通知》，中华人民共和国商务部，http://www.mofcom.gov.cn/article/zwgk/gztz/202107/20210703180727.shtml，最后访问时间：2022年3月27日。

断提升国际交往综合承载能力，全力优化中国特色大国外交核心承载地硬件设施，承担国际交往中心的重要使命。

近年来，在北京举办的重大国事活动和外事活动，无论是在数量、频次，还是在规模和影响力等方面，都有明显的提升。2010~2019年，北京共举办1228场国际会议，在亚太地区排名第三。2017第一届“一带一路”国际合作高峰论坛、2018中非合作论坛北京峰会、2019中国北京世界园艺博览会、2022北京冬奥会冬残奥会等一系列重大国事活动举办。北京外交活动和国际节事的服务保障能力得到中央领导、与会嘉宾和社会各界的高度肯定。每一场大型国际活动都需要策划编导、组织协调、服化道和后勤服务、安全保障等多个环节、数十个专项小组的配合，是一个庞大的系统工程。经过不断历练，北京形成“政府部门主导，企业操作统筹执行”的大型活动运营模式，汇聚和培养了一批具备国际视野、前沿创意理念和高效统筹执行的专业人才和专业团队，确保各类外事活动和国际节事的圆满完成。

在城市对外交往方面，北京已与50个国家和地区的55座城市缔结市级姐妹友城关系，开展了城市管理、经贸、文化、科技、旅游等多方面的对外交流与项目合作。通过友城合作，北京积极促成了北京银行与荷兰ING集团、华夏银行与德意志银行等多个合作项目。北京与“一带一路”沿线国家24座城市相继结成友城关系，打造“中国—中东欧国家首都市长论坛”等品牌项目，拓宽了文化交流互鉴的领域。北京通过友城合作积极探索大气污染、交通拥堵、垃圾污水等“大城市病”的破解之道。比如，北京市环保局与伦敦市、巴黎大区环境监测部门就城市空气质量检测、空气污染成因分析和环保扶持政策等开展深入交流，北京市交通委与东京都、首尔市交通部门共同探讨特大型城市的交通管理问题，打造“北京—柏林城市可持续发展研讨会”“中荷智慧城市高峰论坛”等交流平台。

在国际高端资源方面，北京发挥得天独厚的国际都市人才聚集优势，吸引了5家政府间国际组织总部设在北京、26家政府间国际组织在华代表机构设在北京。随着营商环境的持续优化，北京拥有世界500强企业总部56家，居世界第一。在科尔尼咨询公司发布的《全球城市指数报告》中，

2020年北京排名第五，城市竞争力显著增强。北京常住外籍人士10余万人，其中3万余人在京长期工作，国际人才社区陆续建成①。

2020年，北京市编制《北京推进国际交往中心功能专项规划》，确定“一核、两轴、多板块”的空间布局，出台《北京推进国际交往中心功能建设行动计划（2019~2022年）》，提出48项硬件项目和30项软件任务，明确了具体可操作的任务书、时间表和路线图。今后，北京将继续推进国际交往中心建设，争取到2035年将北京建设成为承担我国重大外交外事活动的首要舞台、引领全球科技创新和交流合作的中心枢纽、展现中国文化自信与多元包容魅力的重要窗口、彰显我国参与全球治理能力的国家交往之都。

四　在新发展征程中彰显大国担当的首都气象

面对百年未有之大变局的时代挑战和实现中华民族伟大复兴的历史机遇，首都北京将与时代同脉搏，与国家共奋进，保有友好包容的气度、古今交融的气质、现代宜居的气场、互利共赢的气魄，展现大国首都气象，推动文化交流互鉴，为构建人类命运共同体贡献北京力量和北京范本。

（一）友好包容的气度：打造多元立体的首都文化外交体系

北京作为中国首都，是国家功能的聚集区域和国家形象的展示窗口。北京在国际交往中展现的气度，代表了中国姿态和中国声音。为推动构建人类命运共同体，北京应积极推动中外文化交流与合作，构建政府引导、社会机构主导、民间人士参与的多渠道、多形式、多层次文化交流体系，用友好包容的气度展现中国作为一个世界大国的格局和担当。

在政府层面，要充分发挥北京市委外事工作委员会和北京推进国际交往中心功能建设领导小组的统领作用，继续推进友好城市建设，加快与“一带一路”沿线重点国家的枢纽城市结成新友城；举办文化艺术周节活动，推动

① 本刊报道组：《建言国际交往中心建设新发展》，《北京观察》2020年第11期，第16~21页。

国际交流从一次性活动向可持续国际交流平台转型；统筹协调资源，服务保障重大国事活动和外事活动的顺利进行，展现古都风貌，促进中外交往。

在社会机构层面，既要发挥国有文化企业的规模和资源优势，也要调动民营文化企业的积极性和能动性，打造一批以文化创意为主的品牌园区、品牌企业、品牌活动，推动文化交流和文化贸易发展；推动中外民间智库、高校和研究机构、在京外国商会和文化机构等在各自专业领域的国际合作，架起中外交流与合作的桥梁。

在民间人士层面，继续深化与国外友好民间团体、友好人士的良好关系，积极鼓励和引导知华友华的青年精英运用新媒体和国际社交媒体平台讲述中国故事、传播中国声音。

（二）古今交融的气质：形成大国首都的独特气质

北京正在建设成为传统文化与现代文明交相辉映的魅力之城。北京将继续落实党中央国务院批复的最新城市规划，保护好北京历史文化名片，彰显首都风范、古都风韵、时代风貌，形成大国首都的独特气质。

首都风范，指北京作为国家形象的代表地区，应着重塑造大气稳重、规整有序的城市形象，营造和谐优美的城市环境和向上向善诚信互助的社会风尚，打造弘扬社会主义核心价值观的首善之区。古都风韵，指北京应深入挖掘历史文化底蕴，保护和利用好胡同、四合院、河道水系、宫殿寺庙等丰富的历史文化遗存，保护其严整、平缓、有度的风格，展现古都的文化底蕴与宁静之美，将城市历史文脉完好地延续下去。时代风貌，指北京的城市建设应充分体现出世界城市的特质，要顺应时代特点和要求，在萃取传统文化精髓、提炼传统文化基因的基础上，赋予其新的时代内涵和现代表现形式，学习借鉴其他国家和城市创造的优秀文化成果，进行创造性转化和创新性发展，将北京建设成为引领时代潮流的全球中心城市[①]。

---

① 《加强历史文化名城保护　建设世界文化名城》，北京市东城区人民政府官网，http：//www.bjdch.gov.cn/n1515644/n5685672/n5685687/c7040884/content.html，最后访问时间：2022 年 3 月 31 日。

（三）现代宜居的气场：提升国际都市的综合竞争力

随着北京大兴国际机场的投入使用和怀柔国际科创中心的建设，北京国际化氛围和硬件设施建设水平进一步提升。但是，与之相应的服务软实力，如宜居的生态环境、友善的营商环境、吸引国际人才和机构入驻的人才制度、城市文化活力的营造等方面，北京尚有待加强。

北京将进一步加强城市空气治理，提升城市绿化率，打造景观优美的城市环境，提升城市的生态宜居性；继续优化营商环境，争取国际企业、国际机构落户；为外籍人才的引进、居住和工作提供便利，打造温馨、便利的国际人才社区；促进文化和旅游深度融合，吸引国际游客，让美好的城市形象广为传播；打造“博物馆之城”，在展示中华优秀传统文化的同时也展示人类不同文明的成果交融；推进“书香北京”等公共文化服务，涵养城市文化氛围。

总之，北京要有国际视野，对标纽约、伦敦、巴黎等全球城市，构建全面且复合的城市综合竞争力指标，不断提升城市的整体魅力。

（四）互利共赢的气魄：推动文化交流与文化贸易的融合发展

构建人类命运共同体需要各国携手打造新经济发展模式，将“赢家通吃的西方思维”转变为“互利共赢的东方思维”。习近平总书记在多个重要的国际场合表示，中国将继续扩大对外开放，欢迎世界各国搭乘中国发展的快车。在2020年中国国际服务贸易交易会上，习近平总书记提出，要大力支持北京打造国家服务业扩大开放综合示范区，加大先行先试力度，探索更多可复制可推广经验；设立以科技创新、服务业开放、数字经济为主要特征的自由贸易试验区。高标准推进“国家服务业扩大开放综合示范区和中国（北京）自由贸易试验区”（“两区”建设），孵化一批符合首都发展定位的高精尖产业、未来前沿产业，抢先布局，打造以数字经济为代表的新业态、新模式、新技术，培育北京经济发展新的增长极；发挥自身在文化产业和文化贸易领域的资源禀赋和创新优势，扮演文化创新“中间环”角色，向上衔接文化产业发达国家的资源与技术，向下加强与发展中国家的交流合作，鼓励演艺、出版、动漫、游戏等领域具有国际化发展经验的北京文化企业“走出去”，与发展中国家相关机构开展项目合作，共同开发国际文化市场，实现合作共赢。

文化是一个国家、一个民族的灵魂。北京的首都建设和经济社会高质量发展始终承载着党的重托和人民的期许。迈向新发展征程的首都北京，要在文化交流互鉴中不断博采众长、推陈出新，持续激发文化创新活力，发挥大国首都的独特功能，挖掘历史古都的资源禀赋，打造国际新都的综合优势，不断坚定文化自觉，增强文化自信，创新推进全国文化中心和国际交往中心建设，为实现社会主义文化强国建设目标践行大国首都的使命担当。

Abstract

Annual Report on Cultural Development of Beijing (2020-2021) is based on the teamwork of researchers in Institute of Culture in Beijing Academy of Social Sciences, and coordinated with experts and scholars from various sectors of society, which analyses every aspect of cultural developments of Beijing and provides an annual report. This report is under the guidelines of Xi Jinping Thought on Socialism with Chinese Characteristics for a New Era and Xi Jinping's speech during the work inspections in Beijing, and followed the principles and policies of General Office of Beijing Municipal People's Government on Cultural development and progress, in combination with the realities of cultural development and key goals of Beijing's 14th Five-Year Plan for cultural development.

Annual report on cultural development of Beijing (2021-2022) has been retrospectively generalized the general trend and integral situations of Beijing's cultural development in the year of 2021, and has stuck to the standard of national capital, which based on the theme of "guiding, inheriting, innovation, communication", then analyzed the new developments and trends in the first year of the 14th Five-Year Plan. This report focused on the important policies, projects and researched the progress in related areas, and gave consideration to the all-sideness, strategy and practicality of the research of the cultural development, then analyzed the prospects and trends of Beijing's cultural development, and put forward targeted and feasible suggestions.

Annual report on cultural development of Beijing (2021-2022) contains a general report and five divisional sections. The general report focused on the analysis of Beijing's construction of the national cultural center, and can be divided into four parts. The first part analyzed the general situation of Beijing's cultural development, the second part made an inventory of the important policies, initiatives and projects of the construction of the national cultural center, the third part provided further research of the progress and developing achievements of all fields of culture, and the fourth part forecast the promising future of the construction of the national center of Beijing.

Five divisional sections are ideological guidance and cultural demonstration, cultural inheritance and conservation of heritage, cultural benefits for people and public service, cultural innovation and integrated development, cultural communication and mutual learning among civilizations. The divisional sections analyzed the key and hot points of Beijing's mission and responsibility in the construction of the cultural power, the development of red culture, the conservation of the historic city, the application for world heritage of the central axis, the construction of the system of the public cultural service, the construction of the museum city, the new trend of the cultural industries, the integration of culture and tourism, cultural trade, as well as culture communication and mutual learning among civilizations. These sections not only provided the general situations of Beijing's cultural development from macroscopic view, but also gave research findings in depth in specific areas, and proposed practical countermeasures based on the problems of cultural development.

Keywords: National Cultural Center; Cultural Consideration; Public-interest Cultural Programs; Beijing

Contents

I General Report

Abstract: In the first year of the 14th Five-Year Plan, the construction of the national cultural center of Beijing has put forward steadily, in the context of serving and safeguarding the central tasks such as celebrating one hundred years anniversary of the establishment of the Communist Party of China, the preparation and organization of Beijing Winter Olympics and fighting the epidemic, the capital has shown the active spirit and reflected leading style of innovation. This year Beijing has made great progress in all fields of the construction of the national cultural center, preservation of cultural heritage has advanced orderly, construction of the system of public culture service has promoted continuously, cultural industry has developed a mode of integrated and high-quality development, and cultural communication has create a new situation. In the meantime, the cultural construction of Beijing had made breakthrough in several aspects, on the one hand progress had been made in the application for world heritage of the Central Axis, construction of the museum city and digital development of cultural industry, on the other hand major projects such as Beijing theatrical performance, national cultural park construction of the Great Wall and the Grand Canal, the opening of Universal Beijing Resort, which have driven the related cultural fields developed sustainably. As the capital city of the big country, Beijing is the model in cultural development, and has explored Beijing Experiences and Beijing Modes continuously, taken the responsibility of building a culturally strong country in the new era. During the period of the 14th Five-Year Plan, when confronted with the new tasks and new targets in cultural development in the new era, Beijing is keeping on playing the role model in the construction of the national cultural center and continue to move forward along the path of cultural development.

Keywords: National Cultural Center; Cultural Industry; Public Culture Service; Cultural Heritage

Ⅱ Ideological Guidance and Cultural Demonstration

Abstract: The capital is the political and cultural center of a country. This report reviews the practice of ancient capital construction as the best area and a place of diverse cultures, as well as the function of promoting cultural innovation and enhancing national cultural influence and radiation in the transformation of urban functions in modern society. It analyzes that Beijing's status as a national cultural center has been constantly strengthened since the founding of the People's Republic of China and highlighted the leading role of culture in various fields of cultural construction after the 18th National Congress of the CPC. This report argues that the capital should make new explorations and new achievements in promoting the modern cultural governance and improving the cultural governance efficiency in the construction of culturally powerful country in the new era, and focus on three tasks which include building a modern system of public cultural services, improving the modern cultural market system, and elevating the level of opening-up of integration of culture and tourism through abiding by the international economic and trade rules, as well as solve four problems which are balance of related factors of culture governance modernization, optimization of arrangement of cultural elements and resources, handling properly the relationship between central departments and the capital, and coordinating correctly the relationship between cultural security and cultural development.

Keywords: Culturally Powerful Country; Responsibility of the Capital; Modernization of Cultural Governance System

Abstract: Culture is the soul of a country or a nation. Cultural confidence is a more basic, broader, and deeper confidence, and a more basic, deeper, and lasting power. The sixth Plenary Session of the 17th CPC Central Committee proposed to "build China into a socialist cultural power", and the strategy of "Cultural Nation" has been continuously strengthened. The sixth plenary session of the 19 released "the central committee of the communist party of China about the party's one hundred years of significant achievement and historical experience for resolution", proposed to the construction of socialist culture power, stimulate the creativity of the whole nation culture innovation, better construction of Chinese spirit, Chinese value, China's power, consolidating the party common ideological basis of the united struggle of all nationalities in China. To clarify the existing conditions and advantages of Beijing's construction of the national cultural center, and to play the window role of Beijing in the construction of a cultural power, this is the topic of The Times that the Capital district must face in the new journey of the next century of party building.

Keywords: Cultural Nation; National Cultural Center; Beijing; "Five forces" Index

B.4 Practice of Theoretical Research and Interpretation of Sinicization of Marxism in the New Era

You Guozhen, Yang Qiaorong and Liu Changjun / 074

Abstract: The Theory of Sinicization of Marxism in the New Era has achieved a new leap in the journey of Sinicization of Marxism. It must be further studied and explained, so that it can better arm people's minds, guide people's practice, and promote the development of various tasks. In 2021, the party and the country faced plenty of important events. The new practice pointed out the direction for the research and interpretation of the theory of Sinicization of Marxism, and also put forward new requirements for the research and interpretation of the theory of Sinicization of Marxism in the capital. The capital promoted the construction of the "Learning Center" by focusing on various research topics at all levels, making full use of Beijing's philosophy and social science resources to conduct in-depth research and interpretation of Sinicization of Marxism in the New Era, and conducting efficient propaganda of the Sinicization of Marxism through various forms. By exploring the long-term mechanism, the study and education of party history were carried out more solidly and profoundly. In 2022, the capital will continue to promote the importance of "Learning Center" in the Sinicization theory of Marxism in the New Era. Beijing will insist on deepening the theoretical research on the Sinicization of Marxism in the New Era, and further enhance the dissemination and influence of the spirit of the Sixth Plenary Session of the 19th CPC Central Committee and the spirit of the 20th CPC National Congress. Beijing will also actively explore a way to institutionalize the party history learning and education work, making them more standardized and long-term effective.

Keywords: New Era; Marxism Sinicization Theory; Capital Practice; Study and Education of Party History

Abstract: In the year of 2021, on the occasion of celebrating one hundred years anniversary of the establishment of the Communist Party of China, Beijing had relied on the red culture resources, and put forward the book publishing, cultural tourism, broadcasting and held kinds of Red mass cultural activities, thus improve the study and education of CPC's history, as well as promote high quality development. The next step is to develop and expand the red culture, inherit the red gene and strengthen the preservation of revolutionary relic, in order to present compelling China stories, pass the flame of red culture and advance with the times.

Keywords: Beijing; the Red Culture; the Red Tourism; Preservation and Inheritance; Development and Utilization

Ⅲ Cultural Inheritance and Conservation of Heritage

Abstract: In the year of 2021, the preservation and governance system of historic city in Beijing has been further improved, the protection and utilization of cultural heritage has been further strengthened. The application for world Heritage protection of the central axis has been steadily implemented, the inheritance and utilization of revolutionary cultural relics has been strengthened, the management and control of the spatial order of the old city has been further promoted, overall protection of the royal garden in the western suburbs of Beijing has been carried out in an orderly manner and the three cultural belts set up a new symbol of national cultural center construction. Cultural relic and museum career, cultural and creative industry, cultural tourism industry and digital intelligence technology have made remarkable achievements in promoting the preservation of the historic city. In the new stage of preservation and inheritance of historic city in Beijing, the preservation work still needs to adhere to policy guidance and learn from practical experience. And continue to work hard on cultural heritage display, cross-regional collaborative protection and cultural connotation excavation to make greater achievements in the preservation of historic city in Beijing.

Keywords: Preservation of the historic city; Application for the List of the World Heritage of the Central Axis; Protection and Utilization of Cultural Heritage; Royal Garden in the Western Suburbs of Beijing; The Three Cultural Belts

Abstract: The central axis of Beijing is the soul and backbone of Beijing city, and the premise of the central axis is to clearly explain the cultural connotation contained in the central axis, and express the inclusiveness of Chinese civilization across time and space and the continuity of ancient and modern communication. The application and dissemination of the central axis will contribute to the overall protection and protection of the old city, enhance the heritage of Beijing's historical and cultural city, and promote the people's understanding of the history and culture of Beijing.

Keywords: Central Axis; Cultural; Connotation; Application for Heritage; Dissemination

B.8 Beijing Model of Intangible Cultural Heritage Safeguarding

Abstract: In 2021, the safeguarding and transmission of the intangible cultural heritage in Beijing has developed steadily and in an orderly manner under the normalization of epidemic prevention and control, and actively integrated into modern life. Certain achievements have been made in the listing system, promotion and display, academic research and the path of dissemination. In addition, it has formed a highlight of empowering intangible cultural heritage safeguarding with scientific and technological means, improving the quality of intangible cultural heritage safeguarding with research and training, enhancing the efficiency of intangible cultural heritage safeguarding with major projects, and expanding the capacity of intangible cultural heritage safeguarding with innovative mechanisms, thus establishing a Beijing model of intangible cultural heritage safeguarding. Although the general and persistent problems that plague the safeguarding of the intangible cultural heritage still exist, with the advancement of a series of measures, such as taking the opportunity of "double reduction" to gradually realize intangible cultural heritage education for all, formulating relevant standards to promote the standardized safeguarding and transmission of the intangible cultural heritage, Strengthening the overall safeguarding to promote the sustainable development of the intangible cultural heritage, and exploring Chinese cultural genes to deeply interpret the value connotation of the intangible cultural heritage. Intangible cultural heritage will surely bloom with fresh vitality in the new era and become an effective means to meet the needs of the people for a better life.

Keywords: Intangible Cultural Heritage; Safeguarding and Transmission; Beijing Model

B.9 New progress of archaeological work in Beijing in 2021

Zhang Zhonghua, Liu Naitao, Sun Meng, Zhang Lifang and Ding Lina / 156

Abstract: Archaeological work is an important task in the presentation and construction of the history of the Chinese nation and the treasures of Chinese civilization. Understanding history is inseparable from archaeology. In 2021, Beijing municipal cultural heritage department is based on a new stage of development and implementing a new concept of development, making great efforts in archaeology and protection of great heritage relic, which has made a series of important archaeological discoveries and effectively conserved a number of important cultural relics. It profoundly reveals the glorious social, political, economic, technological, cultural, and artistic achievements of the ancient capital Beijing during the formation of the pluralistic pattern of the Chinese nation. It has effectively achieved protection in development and development in protection, forming a win-win situation between urban development and cultural relics protection.

Keywords: Archaeology; Discovery; Achievement; Cultural lineage; Pattern.

B.10 The Sustainable Utilization of Winter Olympic Legacy of Beijing, the "Dual Olympic City"

Ruan Fei / 173

Abstract: The Beijing Winter Olympics is a major landmark activity at an important historical node in China, and a stage to show the cultures. 2021 is the year of sprint for the Games, Beijing takes the preparation of Olympic winter Games as an opportunity, provided various types of artistic creation and cultural activities, built lively atmosphere of welcoming the winter Olympics; created public culture space to enrich cultural life of citizens based on winter Olympic parks and squares. The host of Beijing 2022 makes several Beijing 2008 venues become the "Dual Olympic" venues, which realized the two-way functional transform in summer and winter games, and host more international winter games in the future. Meanwhile, during the preparation and hosting the winter Olympics, Beijing organized the Olympic education activities, created various Olympic educational legacy; and also organized international communication activities by the winter Olympic topics, enhance the cultural communication.

Keywords: Olympic Winter Games; Culture; Winter Olympic Legacy; Winter Games

Ⅳ Cultural Benefits for People and Public Service

Abstract: In 2021, Beijing has overcome the difficulties brought by the COVID-19, in which the construction of public cultural services have been constantly promoted. The public cultural service field of the whole city takes the celebration of the 100th anniversary since the founding of the Communist Party of China and the holding of the Winter Olympics and Paralympics as the main lines, the promotion of the high-quality development is taken as the theme, the implementation of work is emphasized, the pursuit of forging ahead is greatly implemented, the public cultural services are promoted to a new level, and a good start in the "14th Five-Year Plan" is achieved. In this report, the development achievements of Beijing's public cultural service development in 2021 are combed in terms of top-level supporting policy design, facility construction, service provision, integration of Beijing's characteristics into public cultural services, innovative development models and so on. In the meantime, the existing shortcomings in further optimizing the quality and efficiency of public cultural services are analyzed. The suggestions on the aspects of cultural service governance capacity and efficiency improvement are proposed, such as the participation of multiple social subjects, the innovation of product and service supply mechanism, the optimization of governance structure and so on.

Keywords: Public cultural Service; Cultural Rights and Interests; Demonstration of Capital Beijing

Abstract: In 2021, Beijing promoted the construction of public cultural service facilities and cultural space in the requirement of high-quality development, and made important progress in policy guidance, improvement of quality and efficiency of facilities, activation and utilization of vacationing space, "City of books", Winter Olympics cultural square and urban park construction. This report summarizes the status quo of construction of public cultural service facilities and cultural space in Beijing in 2021, and points out that in order to ensure the high-quality development of public cultural services, Beijing needs to continue to make up for the shortcomings of urban and rural public cultural service facilities and ensuring the right of all people to share cultural achievements; expanding the layout of new public cultural spaces and weaving a dense network of public cultural services; inheriting the cultural heritage of the Winter Olympics and highlighting the "Double Olympic City" sports culture; promoting the reformation of management mechanism of public cultural service institutions and improving the quality and efficiency of their services.

Keywords: the 14th Five-Year Plan; Public Cultural Service Facilities; New Public Cultural Space

B.13 The Analysis Report of Drama Center in Beijing

Jing Junmei / 216

Abstract: Drama is a beautiful cultural card in Beijing. From the current development situation, there are three highlights. First, the formulation of cultural policies is timely and the regional advantages are prominent. Second, it is rich in cultural resources, and the existing brands continue to make efforts. Third, the brand of "guild hall with drama" with distinctive theme and diversified content made a wonderful appearance. But there are also some problems in the process of development. Compared with the west end of London and American Broadway, there are great challenges. It is suggested to explore and implement the policy guidance and special support mechanism to produce more talents, high-quality products and brands; Give full play to the role of the main force in the creation of fine works of municipal art troupes, and actively cultivate diversified performance space; Promote the integrated development of performing arts and science and technology in a multidimensional manner, and continue to do a good job in the construction of cultural networks.

Keywords: Drama Center; National Cultural Center; Cultural Policy; Cultural Resources; Brand Activities

B.14 Beijing Model for the Construction of "City of Museums"

Li Chongrong / 229

Abstract: Since the first proposal to construct the "City of museums" in 2020, Beijing has actively developed and vigorously promoted this work, which made it be a more mature model to other cities, though it has still been in its infancy. According to the relevant data released by the State Administration of cultural relics and Beijing Municipal Bureau of cultural relics, this paper analyses the situation of Beijing museums during the Thirteenth Five-Year Plan, from the aspects of quantity and level, ownership and classification, number of collections, exhibition and educational activities, and number of visitors. This paper summarizes lessons of Beijing, fromgovernment guidance, technological innovation, exhibition brand and multi-party cooperation, etc. For the problem, this paper puts forward some suggestions, such as overall planning, accelerated reform, strategic cooperation.

Keywords: Beijing; "City of Museums"; Overall Planning; Accelerated Reform; Strategic Cooperation

V Cultural Innovation and Integrated Development

Abstract: Beijing's cultural industry has entered a new stage of development characterized by the "Interactive Empowerment" of culture and technology. This is determined by various factors such as the digital cultural industry becoming an important development strategy, the continuous improvement of the integration mechanism, and the proposal of the "metaverse" as the ultimate application scenario. In the practice of "Interactive Empowerment", Beijing's cultural industry presents trends and characteristics such as a support system centered on IP, a structural system led by new formats, and a consumption system caused by new consumption. Strengthen the basic role of "Interactive Empowerment" in the development of the cultural industry, and build a cultural resource data platform that enables "Interactive Empowerment" in the context of infrastructure, cultural leadership, content design, and the creation of "specialized, specialized, and new" enterprises. Strengthen the leading role of "one city and three belts" as the overall cultural IP, strengthen the value connotation support of "Interactive Empowerment", and enhance the competitiveness of small and micro cultural enterprises.

Keywords: Cultural Industry; "Interactive Empowerment"; "One City and Three Belts"; Metaverse; "Specialized, Specialized and New"

Abstract: This paper analyzes the overall development of Tourism in Beijing under the background of COVID-19 epidemic. From three dimensions of cognition, emotion and behavioral intention, select Beijing residents as the main sampling objects, investigate the changes of tourists' consumption attitudes under the normalization of epidemic prevention and control. Predict the new trend and model of Beijing cultural tourism development in the future, and put forward corresponding strategy suggestions.

Keywords: Cultural and Tourism Integration; Tourism Consumption; Tourism Industry; Beijing

Abstract: Affected by the epidemic, theme parks around the world continue to accelerate their development at a slower pace. The development model has changed from a single entertainment project to a multi-functional integrated cluster. Development is increasingly driven by high-quality copyright and the application of new technologies. The development path is increasingly intelligent, digital and networked. The evolution law of international famous cultural theme park presents a series of characteristics. Cultural and tourism business industry is highly integrated, accelerating market cycle and scale expansion, and forming regional consumption highland. Industrial cluster develops, while all kinds of factors achieve the best combination, which amplifies economic scale effect. With flexible and diversified business mode, abundant copyright resources enhance innovation vitality and cultural confidence. Based on localized supply chain, optimize regional division of labor and cooperation, and maintain operation safety in coordinated development. To foster a professional training market, build a "reservoir" of cultural and tourism talents, and provide high-quality manpower for high-quality development. To fully grasp the evolution law, we need to focus on five aspects of planning: strengthening consumption diversion effect, improving regional functions, promoting industrial linkage, integrating into the coordinated development pattern of Beijing-Tianjin-Hebei, while superimposed the brand effect of Beijing Winter Olympics, which help to promote high-quality development of Universal Beijing Resort.

Keywords: Theme parks; Beijing; Universal Studios

Abstract: In 2021, against the backdrop of the normalization and recurrence of the epidemic, Beijing has realized various innovations in the cultural, financial and financial fields. In terms of cultural finance, Beijing continues to promote the digital development of cultural industry, enhance the protection of intangible cultural heritage, and promote the release of cultural and tourism consumption. In terms of culture and finance, Beijing's official platform continues to be active, playing a role of financial support and flexibly responding to the post-epidemic era. However, Beijing's cultural, financial and financial sectors are also faced with the lack of normative guidance for the development of digital cultural industry in the post-epidemic era, and are in urgent need of interdisciplinary talents. Therefore, measures can be taken to constantly improve the business environment for the development of digital cultural industry in Beijing, support the development of new business forms, and expand investment and financing channels by digital finance to meet these challenges.

Keywords: Beijing; Cultural Industry; Cultural Finance; Cultural Financial Innovation

Abstract: 2021 is the 100th anniversary of the founding of the Communist Party of China (CPC). It is a year of warm-up for the 2022 Beijing Winter Olympics, a year of all-out efforts to build a digital China, and an especially important year for the coordinated development of The Beijing-Tianjin-Hebei region. After last year's efforts to fight the COVID-19 with arts, the coordinated development of culture in The Beijing-Tianjin-Hebei region has steadily recovered, but there are still some problems to be improved. In the past year, Beijing, Tianjin and Hebei have worked together to dispel the haze of the epidemic and create a new chapter of collaborative cultural development with the spiritual support of Revolution Culture, technological innovation as the driving force and a strong body as the auxiliary.

Keywords: BeiJing-TianJin-HeBei Cultural; Coordinated Development; The 100th Anniversary of the Founding of the CPC; Technology Innovation; Olympic Culture

Abstract: In 2021, Beijing's nighttime culture construction has steadily advanced and shown some new trends, including the development of nighttime cultural tourism consumption cluster, the promotion of multicultural development, the support of nighttime cultural activities in museums and bookstores, and the improvement of cultural tourism routes and resource allocation. Six places, including Qianmen Avenue in Beijing, have been selected as national nighttime culture and tourism consumption cluster, representing six major types of development. However, there are also problems such as lack of knockout brands, lack of cultural and catering dependent development formats, and insufficient supply. To this end, it is recommended to take the following measures, such as developing cultural cluster that must be visited at night, providing diversified nighttime cultural products for different groups of people, using culture as the core drive to stimulate the consumption of surrounding cultural tourism, and improving supporting guarantees and platform construction to promote the sustainable development of nighttime cultural activities in Beijing.

Keywords: Night Economy; Nighttime Cultural Activities; Tourism Consumption Cluster; Beijing

Ⅵ Cultural Communication and Mutual Learning Among Civilizations

Abstract: In the context of building a national cultural center, significant progress has been made in Beijing's cultural communication and cultural exchange in 2021. It is more inclusive, creative and international than ever before in terms of policy environment, overall deployment, hardware facilities, utilization of cultural resources and carrier forms of communication and exchange. However, from the perspective of the overall economic and social development of the country and the capital city, there is still much room for improvement in Beijing's cultural communication and cultural exchange. It is still necessary to vigorously strengthen the construction of urban cultural soft power, improve cultural communication and cultural exchange to leap into the ranks of world-class international cities, match the status of the capital of our country, and display the cultural image of the capital city of our country.

Keywords: Beijing; Cultural Communication; Cultural Exchange

Abstract: In 2021, Beijing will actively explore the docking measures between the cultural industry and the international cultural market, intensify efforts to promote the entry of cultural products and services into the international market, digital technology promotes the innovation of foreign cultural trade system, cultural export bases expand cultural cooperation channels with foreign countries, the export of traditional cultural products has been transformed into digital cultural trade, digital culture has led the export of cultural services to show a new trend, the export of personal, cultural and entertainment services ranks in the forefront of the country, overseas cultural investment has been continuously deepened, the national key cultural export enterprises have been growing steadily with high quality, international exhibitions have built Beijing brands for foreign cultural services, and foreign cultural trade has innovative developed. In 2022, the COVID-19 epidemic will still seriously affect the world cultural market, and the international cultural trade will be digitized and fiercely competitive, so Beijing's foreign cultural trade will face new challenges. At the same time, with the high-quality development of China's cultural industry in the new era, Beijing is actively building a digital trade demonstration zone, and there is a huge development opportunity for foreign cultural trade. We should rely on the advantages of the national cultural center, implement national policies, seize the development opportunities of digital culture, continue to explore innovative modes of foreign cultural trade, adhere to the concept of open development, and create innovative development paths of foreign cultural trade in several aspects, such as platform construction of foreign cultural trade, cultivation of main body and brand image building.

Keywords: Foreign Cultural Trade; Beijing; Cultural Artifact; Cultural Service

Abstract: With the changes in the international economic order, the international cultural development pattern varies accordingly. As the world's biggest developing country and the world's second economy, confronted with the global governance issues such as "the questions of the time" and "the questions of the century", China proposes an initiative of "advocating mutual learning among civilizations, building a community of shared future for mankind". As the big country's capital city and is fulfilling the great rejuvenation of the Chinese nation, Beijing has advanced the construction of the national cultural center, and taken on the historical mission of external communication of national image. Based on the national diplomatic strategy, Beijing should adopt innovative mechanism and modes of cultural communication and mutual learning among civilizations to strengthen international cultural communication and cooperation, thus create friendly and inclusive, traditional yet dynamic, modern and livable, and win-win atmosphere of capital city.

Keywords: Centennial Changes; Cultural Confidence; Cultural Communication; Mutual Learning Among Civilizations

皮 书

智库成果出版与传播平台

皮书定义

皮书是对中国与世界发展状况和热点问题进行年度监测，以专业的角度、专家的视野和实证研究方法，针对某一领域或区域现状与发展态势展开分析和预测，具备前沿性、原创性、实证性、连续性、时效性等特点的公开出版物，由一系列权威研究报告组成。

皮书作者

皮书系列报告作者以国内外一流研究机构、知名高校等重点智库的研究人员为主，多为相关领域一流专家学者，他们的观点代表了当下学界对中国与世界的现实和未来最高水平的解读与分析。截至 2021 年底，皮书研创机构逾千家，报告作者累计超过 10 万人。

皮书荣誉

皮书作为中国社会科学院基础理论研究与应用对策研究融合发展的代表性成果，不仅是哲学社会科学工作者服务中国特色社会主义现代化建设的重要成果，更是助力中国特色新型智库建设、构建中国特色哲学社会科学“三大体系”的重要平台。皮书系列先后被列入“十二五”“十三五”“十四五”时期国家重点出版物出版专项规划项目；2013~2022 年，重点皮书列入中国社会科学院国家哲学社会科学创新工程项目。

皮书网

（网址：www.pishu.cn）

发布皮书研创资讯，传播皮书精彩内容
引领皮书出版潮流，打造皮书服务平台

栏目设置

◆ **关于皮书**

何谓皮书、皮书分类、皮书大事记、皮书荣誉、皮书出版第一人、皮书编辑部

◆ **最新资讯**

通知公告、新闻动态、媒体聚焦、网站专题、视频直播、下载专区

◆ **皮书研创**

皮书规范、皮书选题、皮书出版、皮书研究、研创团队

◆ **皮书评奖评价**

指标体系、皮书评价、皮书评奖

◆ **皮书研究院理事会**

理事会章程、理事单位、个人理事、高级研究员、理事会秘书处、入会指南

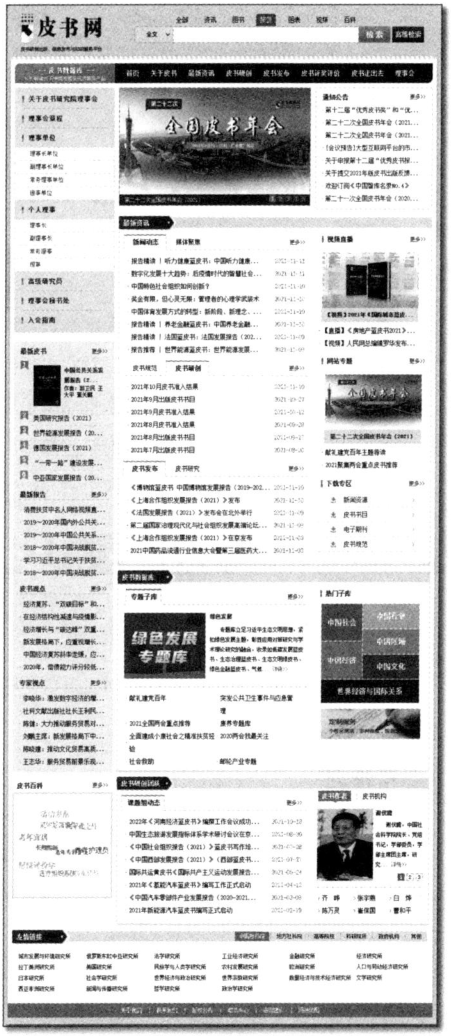

所获荣誉

◆ 2008 年、2011 年、2014 年，皮书网均在全国新闻出版业网站荣誉评选中获得“最具商业价值网站”称号；

◆ 2012 年，获得“出版业网站百强”称号。

网库合一

2014年，皮书网与皮书数据库端口合一，实现资源共享，搭建智库成果融合创新平台。

皮书网　　“皮书说”微信公众号　　皮书微博

S 基本子库
UB DATABASE

中国社会发展数据库（下设 12 个专题子库）

紧扣人口、政治、外交、法律、教育、医疗卫生、资源环境等 12 个社会发展领域的前沿和热点，全面整合专业著作、智库报告、学术资讯、调研数据等类型资源，帮助用户追踪中国社会发展动态、研究社会发展战略与政策、了解社会热点问题、分析社会发展趋势。

中国经济发展数据库（下设 12 专题子库）

内容涵盖宏观经济、产业经济、工业经济、农业经济、财政金融、房地产经济、城市经济、商业贸易等12个重点经济领域，为把握经济运行态势、洞察经济发展规律、研判经济发展趋势、进行经济调控决策提供参考和依据。

中国行业发展数据库（下设 17 个专题子库）

以中国国民经济行业分类为依据，覆盖金融业、旅游业、交通运输业、能源矿产业、制造业等 100 多个行业，跟踪分析国民经济相关行业市场运行状况和政策导向，汇集行业发展前沿资讯，为投资、从业及各种经济决策提供理论支撑和实践指导。

中国区域发展数据库（下设 4 个专题子库）

对中国特定区域内的经济、社会、文化等领域现状与发展情况进行深度分析和预测，涉及省级行政区、城市群、城市、农村等不同维度，研究层级至县及县以下行政区，为学者研究地方经济社会宏观态势、经验模式、发展案例提供支撑，为地方政府决策提供参考。

中国文化传媒数据库（下设 18 个专题子库）

内容覆盖文化产业、新闻传播、电影娱乐、文学艺术、群众文化、图书情报等 18 个重点研究领域，聚焦文化传媒领域发展前沿、热点话题、行业实践，服务用户的教学科研、文化投资、企业规划等需要。

世界经济与国际关系数据库（下设 6 个专题子库）

整合世界经济、国际政治、世界文化与科技、全球性问题、国际组织与国际法、区域研究 6 大领域研究成果，对世界经济形势、国际形势进行连续性深度分析，对年度热点问题进行专题解读，为研判全球发展趋势提供事实和数据支持。